为了人与书的相遇

郑培凯 鄢秀 主编

史景遷作品

太平天國

God's Chinese Son: The Taiping Heavenly Kingdom of Hong Xiuquan

[美] 史景迁 著

朱庆葆 计秋枫 郑忠 蒋婕虹 李永刚 译

Jonathan D. Spence

广西师范大学出版社

·桂林·

著作权合同登记图字：20-2010-094

审图号：GS（2024）2707号

图书在版编目(CIP)数据

太平天国 /（美）史景迁著；朱庆葆等译．
— 桂林：广西师范大学出版社，2011.9（2024.7 重印）
（史景迁作品）
ISBN 978-7-5495-0710-8
Ⅰ．①太… Ⅱ．①史… ②朱… Ⅲ．①太平天国革命
–研究 Ⅳ．① K254.07
中国版本图书馆 CIP 数据核字 (2011) 第 157334 号

广西师范大学出版社出版发行
广西桂林市五里店路9号　邮政编码：541004
网址：www.bbtpress.com

出 版 人：黄轩庄
责任编辑：马希哲　吴晓斌
校　　对：汤晓沙　王　颖
书名题签：黄华侨
装帧设计：陆智昌
内文制作：陈基胜
全国新华书店经销
发行热线：010-64284815
山东韵杰文化科技有限公司
山东省淄博市桓台县　邮政编码：256401

开本：880mm × 1230mm　1/32
印张：14.625　字数：312千字
2011年9月第1版　2024年7月第17次印刷
定价：78.00元

总　序

妙笔生花史景迁

郑培凯　鄢　秀

一

近半个世纪以来，西方列强对中国虽已停止了侵略殖民，但西方一般民众对中国的认识，仍然带有殖民心态与说不清道不明的迷思，三分猎奇、三分轻蔑、三分怜悯，还有一分“非我族类”的敌意。想到中国的山河广袤、人口众多、历史悠久，心目中浮现的图景就似真似幻，好像乘坐荒野打猎的越野吉普，手持望远镜，驰骋过山林丛莽，观看熊罴虎豹、狮子大象、猿猴猩猩、斑马羚羊，倏忽群兽遍野，狼奔豖突，倏忽蒿草无垠，万籁俱寂。中国像万花筒，什么都有，什么花样组合都变得出来；中国历史像变魔术，可以把一切想象变成真实，又可以把一切真实变成幻象；中国文化传统玄之又玄，阴阳变化，万象归一，天下万物生于有，有生于无，变是不变，不变是变。不要说听的人越听越糊涂，讲的人也是越讲越糊涂，于是，中国也就“假作真时真亦假”，神龙见首不见尾了。

其实，在欧美真想了解中国历史文化，也有不少西文学术书可供阅读，从孔子到毛泽东，都有所论述，而且大体上都提供了史实正确的知识。读者对中国近代有兴趣，也可以从各类学术专著与教材，知道些翻云覆雨的历史大人物，得知鸦片战争肇启列强对中国领土资源的觊觎与蚕食，得知中国从几千年的帝制转为民国政体，得知军阀混战与日本侵略，得知国共内战与共产党的胜利。耐下心来读点思想史与社会经济史，还能知道耶稣会传教给中国带来一些科学新知、早期中西文化接触给西方启蒙运动提供滋养、清代思想统治影响学术变化、明清以来人口流动与增长的情况、美洲白银与农作物传入改变了中国经济结构。甚至会发现，原来有这么许多学术专著讨论中国近代历史事件与特定人物，探讨传统社会生产与伦理关系的解体，研究政体改变与城乡结构的变化，以及西潮如何冲击文化传统、思维逻辑与教育制度，等等。但是，对一般读者而言，学术专著太深奥，教科书又太枯燥，陌生的人名、地名、事端、争论，令人越看越纷乱，满脑都是糨糊。实在不懂为什么中华帝国会反对通商、反对自由贸易、反对门户开放，不懂为什么一向讲究礼义和平的老百姓会突然变成革命群众，不懂中国人民到底在想什么。好像愈知道许多人物与事件，却愈加糊涂，有如雾里看花。

这几十年来欧美出了一位研究中国史的奇才史景迁（Jonathan Spence），他最大的贡献就是以优美流畅的文笔，把中国近代错综复杂的人物与史事，通过严谨的历史考证，参照专家的钻研成果，以“说故事”的传统历史方法，娓娓道来，让西方读者“拨开云雾见青天”，对中国的历史经历有了“感觉”。

二

“史景迁”这个华文名字，是他在耶鲁大学研读历史学博士学位期间，一位中国史学前辈房兆楹给他取的，寓意明显，期望也高，学历史就要景仰司马迁，以司马迁为楷模。司马迁的《史记》，材料丰富，考辨严谨，叙事清楚，条理分明，文笔生动，“究天人之际，通古今之变，成一家之言”。史景迁是现代史家，不像司马迁出身“史卜巫祝”传统，有着“究天人之际”的使命，但是，他研究晚明以迄当代的中国历史，叙事的方法与文体却循着《史记》的精神，的确当得起“通古今之变，成一家之言”的赞誉。从他第一部《曹寅与康熙》（*Ts'ao Yin and the K'ang-hsi Emperor: Bondservant and Master*）开始，他就结合档案史料与研究曹雪芹先世的各类文史资料，写了康熙皇帝的治术，同时也勾勒了清朝天子的内心世界。这种对原始资料的扎实研究基础，让他在第三部著作《康熙》（*Emperor of China: Self-Portrait of K'ang-hsi*）中，得以化身康熙，以第一人称的叙事方法，发挥历史想象，充分展现康熙大帝的喜怒哀乐，让西方读者看到一个有血有肉的中国皇帝。书写康熙，把一切客观历史材料转为自传文体，必须从天子的角度看天下，涉及各种各样的天下大小事，以宏观的视野，高屋建瓴，为大清帝国的长治久安着想。如此，表面是书写假托的康熙自传，实际上却必须考虑中华帝国的方方面面，从统治天下的全相角度呈现中华帝国的全貌。

史景迁第二部书《改变中国》（*To Change China: Western Advisers in China,1620-1960*），探讨近代西方人士如何参与及推动中

国的历史变化，从早期的传教士汤若望、南怀仁，清末的戈登、赫德、丁韪良、傅兰雅，一直写到民国时期的鲍罗廷、白求恩、陈纳德、史迪威，开启了他对中西文化接触与交流的研究兴趣，撰写了后来一系列相关著作。他的兴趣，从西方人在华活动扩展到中西文化接触所引发的思维刺激与调适，探讨不同文化碰撞时相互理解与误解的困境。具体的人物在特定的历史环境中，都有独特的引人入胜的故事发生，不但是西方人在明末的中华帝国会有各种奇特遭遇，中国人在 18 世纪初欧洲的异国遭遇更令人难以想象。史景迁就像福尔摩斯一样，利用他掌握多种欧洲语言的优势，进入中外历史材料的迷宫之中，追索隐藏在历史帷幕后面的蛛丝马迹，想象中外历史文化接触的夹缝中，远赴异乡的人物是如何生活的，而其遭遇又如何存留成历史的记忆。他混合运用中外史料，披沙拣金，追索明末利玛窦远渡重洋，由西徂东，来华传教的经历，也写了广东天主教徒胡若望流落法国的一桩公案，更整合了蒙古西征之后，西方对中国的想象与描绘。

《利玛窦的记忆宫殿》(*The Memory Palace of Matteo Ricci*)，上溯到明末耶稣会士来华传教，如何适应中国的文化环境，如何利用欧洲流行的记忆术作为敲门砖，打入热衷科举考试、重视背诵诗书的士大夫群体。《胡若望的疑问》(*The Question of Hu*)，写一个中国天主教徒胡若望因傅圣泽神父（Jean-François Foucquet）的提携，远赴法国，却因举止乖张，流落异乡，甚至被关进疯人院里，三年后才得以返回广东家乡。史景迁利用了梵蒂冈的教廷档案、大英图书馆档案及巴黎的国家外事档案，拼成一幅匪夷所思的雍正初年广东华人流落法兰西的故事图景。《大汗之国》（*The Chan's Great Continent: China in Western Minds*）则综观西方人如何想象中国的历史历程，从蒙元时期的鲁不鲁乞修士、马可波罗，一直到当代的尼克松、基辛格，不但写来华西方人所记的中国经历，也写没来过中国的文人作家如何想象中国，影响了一般民众的中国印象。对于中国读者而言，这些经由仔细爬梳欧西档案与文史群籍得来的历史资料，经过天孙巧手缝缀成一个个动听的故事，就像一面面精美的缂丝挂毯，不但引人入胜，也开拓了我们的眼界，了解不同文化的相遇、碰撞与互动是多么的错综复杂，时常还惊心动魄，比小说虚构还要离奇。

《康熙》在 1974 年出版之后，引起出版界的轰动效应，深受读者欢迎，成为畅销书，甚至被白修德（Theodore H.White）誉为“经典之作：把学术提升到美的范畴”。西方史学界也开始注意史景迁书写历史的修辞策略，称赞他文体自成一格，剪裁史料别具慧心，从不大张旗鼓宣扬新的理论架构，却在不经意处，以生动的故事叙述，展现了历史人物与事件所能带给我们的历史文化思考。他继之在 1978 年，写了第四部著作《王氏之死》（*The Death of Woman Wang*），以山东郯城的地方志、黄六鸿的《福惠全书》、蒲松龄的《聊斋志异》为史料基础，探讨清初小老百姓的生活环境与想象空间，从宏观的天下全相与中西文化观照，推移镜头至偏僻乡间农民与农妇的生活，把蒲松龄的文学想象穿插到梦境之中，以不同角度的现实与虚构特写，重组了十七世纪山东农村的生存处境。这部书最引起史学界议论的，就是剪裁蒲松龄如梦如幻的优美文字，用以虚构妇人王氏临死之前的梦境。史景迁运用文学材料书写历史，当然不是要呈现实际发生的史实，不是妇人王氏的“信史”，却可以引发读者想象清朝初年的山东，在历史意识上触及当时历史环境的“可能情况”。

书写历史，最重要的是要依靠文献证据，假若文献未曾明确提供材料，可不可以运用想象去重新构筑历史场景？这就是现代历史书写最蹊跷暧昧的领域，也是后现代史学不断质疑与解构的关键。他们不但质疑史料经常不足，或是一批“断烂朝报”，缺失的比留存的材料可能要多，不足以反映历史实况，令人更加质疑所有历史材料的可靠性。像海登·怀特（Hayden White）这样的历史哲学论者，就在他的《元史学》（*Metahistory*）中提出，所有的史料，包括第一手材料与档案，都是具体的个人记录下来的，一牵涉到具体的人，就有主观的思想感情倾向，就不可避免有“人”的历史局限，就不可能完全科学客观，做到巨细靡遗地记录牵扯到人与事的复杂情况，而不掺入运用修辞逻辑的历史想象。他甚至进而指出，历史写作与文学写作无大差别，都是运用文字，通过想象修辞的手段，与不同倾向的书写策略，虚构出一个文本。这种推衍到极端的主观书写论，有其立论的根据与辩难的目标，很难斥为无稽，但却故意扭曲了文学创作与历史求真求实的基本意图有所不同。值得在此提出的是，史景迁的著作不能归入“后现代”的主观虚构历史书写之中，因为他写每一本书，都恪遵传统史学的规律，尽量使用存世的史料，上穷碧落下黄泉，从中国史书方志档案到西方史志档案，几乎做到“无一字无来历”。他在连接史料罅隙，推理可能历史情况时，也明白告诉读者，文献材料是什么，作者解读的历史“可能”是什么，从不混淆视听。

三

史景迁的史学著作，经常是雅俗共赏，兼顾学术研究与通俗阅读，一方面让专家学者思考史学探索的意义与方向，另一方面又让一般读者深入理解中国近代的历史，特别是中国人生存的时代环境与生命意义的追寻。他写的《天安门：中国人及其革命，1895—1980》（*The Gate of Heavenly Peace: The Chinese and Their Revolution, 1895-1980*）与《追寻现代中国》（*The Search for Modern China*），最能显示他史识的通达与文笔之流畅，能够不偏不倚，就事论事，却又充满了历史的同情与了解，让西方读者理解，中国是一个实实在在的地方，即使难以认同中国历史的发展，却也看到生活与奋斗其中的历史人物，都是有血有肉有感情的人，在特定的黯淡历史环境中，奋勇追寻茫茫前途的一丝光明。《天安门：中国人及其革命，1895—1980》着眼中国近百年文化人与文学家的处境，环绕着康有为、鲁迅、丁玲以及他们的师生亲友，旁及所处的历史环境与文化空间，写他们的追求、挫折、困境与期盼；《追寻现代中国》则以教科书撰述通史的形式，历述明末以迄当代的政治经济变化，从晚明的繁华到清兵入关，从康乾盛世到晚清颓败，从鸦片战争到康梁变法，从五四运动到共产党执政，从“大跃进”一直述说到改革开放，同时没忘了论及曹雪芹与《红楼梦》、“五四”时期的蔡元培、陈独秀、胡适、鲁迅等，指出文化变迁的长远影响。这两本历史著作的书写方式，都是传统史学呈现历史全相的主流写法，出版后，都在欧美图书市场成了历史畅销书，并且自 1990 年以来，成为西方大学中国史课程的通用教科书，影响了好几代大学生与文化人。他接着出版的《太平天国》(*God 's Chinese Son: The Taiping Heavenly Kingdom of Hong Xiuquan*)、《雍正王朝之大义觉迷》(*Treason by the Book*) 等等，一直到近年的《前朝梦忆》(*Return to Dragon Mountain: Memories of a Late Ming Man*)，每一本书问世，都能生动活泼地呈现中国的历史经验，掀起畅销热潮，使西方读者对中国近代历史变化的认识更加深入，加深对于中国历史文化的同情。

史景迁的历史著作如此畅销，受到广大读者的喜爱，也就遭到一些传统学究型历史学家的讽刺，说他是“说故事的”史学家，不曾皓首穷经、在故纸堆中考据出前人未见的史实，而且视野过度宽广，未曾穷毕生之力，专注某一桩历史事件，成为特定历史题材的“权威专家”。也有些以社会科学方法自诩的社会经济史学者，认为史景迁著述虽多，但提不出一套理论架构，对历史研究的科学性毫无贡献，又不以社会科学“放之四海而皆准”的普世性为依归，不曾努力把中国历史文化研究纳入普世性社会科学，充其量只是引起西方对中国历史文化的兴趣。这些批评其实都是皮相之论，以狭隘的学术观点、本位主义的专业立场，排斥历史学的基本人文精神与开发多元的普世关怀。

从政治大事的角度书写历史全相，是中国传统史学的主流写法，《春秋》纪事罗列重要事迹，《史记》叙事以“本纪”为经，“列传”为纬，辅以表记志书，成为中国正史的写作通例。司马光的《资治通鉴》与后来的各种“纪事本末”，虽在传统史学体例之中另列一格，其实还是全相式的政治事件书写。不仅中国史学传统如此，西方史学从古希腊开始，也是以叙述“故事”为主。希罗多德（Herodotus）的《历史》，糅合各种资料与传闻，删汰芜杂，以“说书”的叙述方式呈现。古希腊文 historein，本义是“问询”，意即司马迁在《史记 · 太史公自序》所说的，“罔（网）罗天下放失旧闻，王迹所兴，原始察终，见盛观衰”。太史公作《五帝本纪》，记述上古传闻资料，也面临类似的问题，自己还作了检讨：“百家言黄帝，其文不雅驯，荐绅先生难言之。……余尝西至空桐，北过涿鹿，东渐于海，南浮江淮矣，至长老皆各往往称黄帝、尧、舜之处，风教固殊焉，总之不离古文者近是。”希罗多德之后的修昔底德（Thucydides），对记述往古的传闻颇不以为然，认为可靠的历史只有当代的记录，因此撰写当代的战争大事为《伯罗奔尼撒战争史》，在资料的“问询”上有亲身的经历，还可以采访许多身历其境的当事人，得以对勘论辩。虽说着史风格有所不同，更加强调资料源的可靠性，但其呈现战事发生的前因后果，仍是政治事件的全相叙述。不论是司马迁、希罗多德，还是修昔底德，叙述历史的修辞手法，都是去芜存菁，运用明畅的文字，讲一个动听的故事。到了欧洲启蒙时代，吉本（Edward Gibbon）写《罗马帝国衰亡史》，还是遵守这个写历史“说故事”的基本原则。

倒是近代的历史学家，先受到 19 世纪兰克学派的影响，在历史研究领域强调科学实证，以考辨史实为历史研究主要任务，长篇累牍进行饤饾考证，以显示历史研究的专业化。学术机构的建立、文史哲的专业分科、学术专业职场化、学术职业升迁的专业评核，把文化学术的理想转为薪酬饭碗的优渥，加剧了历史研究钻牛角尖的倾向，迫使严肃而有才华的历史学家随波逐流，把全副精神放在历史学科制度的规范要求上面，使得全相性叙事的历史著作遭到学院的排斥，沦为毫无史观与史识的历史教科书与通俗历史演义的领域。到了20世纪后半叶，历史研究的科学客观性遭到挑战，许多史学家又从一个极端摆荡到另一个极端，转向以“观点”与“问题意识”为主导的探讨，充满了政治正确与社会意识的信念，强调阶级、种族、性别、弱势群体，从各种文化批判角度，进行“把历史颠倒的重新颠倒过来”的工作，化历史研究为意识形态斗争的场域。

总而言之，以新角度新观点来书写历史，拓展我们对历史的认识，或者指出传统历史书写的局限与歧视，固然有其价值，但全相叙述的历史书写传统，还是不该断绝的。不仅如此，历史研究虽然已经成为学术专业领域，却也不能放弃学术研究的基本人文关怀，不能排斥学术通俗化的努力，不能把一般人有兴趣的历史题材当作没有价值的老生常谈，更不能把自己文字能力的艰涩鲁钝作为学殖深厚的借口。由此看来，史景迁既能著述宏观全相的中国历史，又能在历史叙述的实践上探索新的历史研究领域，以生动的笔触揭示新的观点与问题意识，难怪可以雅俗共赏，也为中国历史研究提供了值得深思的启示。

中国史学传统要求史家具备“才、学、识”（刘知几），章学诚又加了“德”。在《文史通义》中，章学诚是这么解释的：“义理存乎识，辞章存乎才，征实存乎学”，强调的是，要有文化传统的认识与关怀，要有书写叙述的文采，要有辨伪存真的学殖。对于他自己提出的“史德”，章学诚在《文史通义》立有专章，作了详细的疏解，关键在于：

“能具史识者，必知史德。德者何？谓著书者之心术也。”余英时在《论戴震与章学诚》一书中指出，章学诚的史学思想承袭了中国儒家传统，太注重政治伦理，所强调的“史德”偏于传统道德的臧否，而不同于现代史学强调的客观性：“其主旨虽在说明历史学家于善恶是非之际必须力求公正，毋使一己偏私之见（人）损害历史的‘大道之公’（天）！但是这种天人之辨仍与西方近代史学界所常讨论的历史的客观性和主观性有不同处。”我们若把章学诚对“史德”的要求与余英时的评论放在一起，借来观测史景迁的历史著作，就会发现，史景迁的现代西方史学训练，使他不可能陷入儒家道德臧否性的中国传统“史德”误区。反倒是因为他身为西方学者，远离中国政治，与中国近代的政治伦理没有切身的关联，没有族群兴衰的认同，没有利益的瓜葛，不会以一己偏私之见损害历史之大公。从这一点来说，史景迁书写中国历史的实践，配合了余英时的现代史学反思，为中国史学传统的“才、学、识、德”，提供了颇饶兴味的现代诠释。

四

这套丛书两位主编之一的郑培凯，与史景迁先生有师生之谊，是史先生在耶鲁大学历史系任教时正式招收的第一个博士研究生。自 1972 年开始，他就在史先生指导之下，浸润历史学的研读与思考，并且从一个学生的角度，反复阅读老师的历史著作，以期学习历史研究与书写的诀窍。从《康熙》的写作时期开始，郑培凯就不时与老师切磋问学，还会唐突地询问老师写作进度与历史书写的策略。史先生写《王氏之死》、写《天安门：中国人及其革命，1895—1980》、写《利玛窦的记忆宫殿》、写《追寻现代中国》，从开题到完书出版，郑培凯都有幸过从，亲聆教诲，还时而效法“有事弟子服其劳”的古训，提供一些不轻易经眼的文献资料。老师对这个学生倒也施以青眼，采取自由放任态度，提供了最优渥的奖学金，有酒食则师生同馔，老师埋单付账。在耶鲁大学学习期间，郑培凯自己说，从老师习得的最大收获，就是如何平衡历史书写的客观材料与剪辑材料的主观想象，运用之妙，存乎一心。而那个“一心”，则类乎章学诚说的“著书者之心术”。

《天安门：中国人及其革命，1895—1980》一书在1981年出版之后，郑培凯立即以之作为讲授中国近代史的辅助教材，并深深佩服史景迁驾驭纷繁史料的本领。此书不但资料剪裁得当，文笔也在流畅之中流露深厚的历史同情，使得历史人物跃跃欲出。郑培凯曾自动请缨，向史景迁建议申请一笔译书经费，翻译成中文出版。他当时也大感兴趣，认为由这个亲自指导的学生迻译成中文，应当可以掌握他的文气与风格，忠实呈现他的史笔。然而，后来因为经费没有着落，郑培凯又教研两忙，杂事纷沓，抽不出时间进行这项工作，只好放弃了一件学术功德，让它变成“姑妄言之，姑妄听之”的逸事，回想起来，不禁感到有愧师门。这本书翻译未成，倒是触动了史景迁编写一部中国近代史教科书，同时辅以一本中国近代社会文化史料选译集的想法，商之于郑培凯与李文玺（Michael Lestz）。这两位学生遵从师教，花费了五六年的时间，终于完成了这项史料翻译选辑工作，出版了《寻找近代中国之史料选辑》（*The Search for Modern China: A Documentary Collection*, New York, Norton, 1999）。

近年来，出现了不少史景迁著作的中文译本，几乎包括了他所有的专书，质量则良莠不齐，有好有坏。有鉴于此，广西师范大学出版社的总编辑刘瑞琳女士想出一个方案，策划集中所有中文译本，邀请郑培凯做主编，选择优秀可靠的译本为底本，重新校订出版。郑培凯与史景迁商议此事，立即获得他的首肯。广西师大出版社经过一番努力，终于取得史景迁全部著作的中文翻译版权，也让郑培凯感到可以借此得赎前愆，完成二十年前未遂的心愿，可以亲自监督校订工作，参与翻译大计。然而兹事体大，怕自己精力有限，不能逐字逐句校读所有的篇章，无法照顾得面面俱到，便特别延请了研究翻译学的鄢秀，共同担任主编，同心协力，校阅选出的译本。

在校阅的过程中，我们发现，即使是优秀的译本，也难免鲁鱼亥豕之误。若是笔误或排印的问题，便直接在校阅之中一一更正。还有一些个别的小错，是译者误读了原文，我们便效法古人校雠之意，经过彼此核对原文之后，尽量保持译文语句，稍作改译，以符合原文之意。

我们在校读的过程中，发现最难处理的，是译文如何忠实表现史景迁原书的风貌。史景迁文笔流畅，如行云流水，优美秀丽，时有隽永笔触，如画龙点睛，衬托出历史人物的特质或历史事件的关键，使读者会心，印象深刻，感到有余不尽。我们看到的各种译本，虽然有的难以摆脱欧化语法，大体上都还能忠于原作，在“信”与“达”方面，差强人意。但若说到文辞的“雅”，即使是最优秀的译本，也因为过于堆砌辞藻，而显得文句华丽繁复，叠床架屋，是与原著风格有一定差距的。由于译本出于众手，每位译者都有自己的文字表达风格，因此，我们校读不同的译本，只能改正一些排版的错误与翻译的误读，无法另起炉灶，进行全面的文体风格校订。

翻译实在是难事，连严复都说，“一名之立，旬月踯躅”，真要挑剔起来也是没有止境的。我们作为史景迁系列作品的主编，当然要向原作者、译者及读者负责，尽心尽力，精益求精，作为学术功德，完成这项计划，为中国读者提供一套最为精审的译本。我们也希望，读这套译本的中国读者，要体谅翻译的限制，能够从字里行间，感到原作的神韵，体会原作的惨淡经营，又能出以行云流水的笔调，向我们诉说中国近代历史与人物。故事原来都是我们的，听史景迁说起来，却是如此动听，如此精彩，如此引人入胜。

目 录

致 谢

我在努力理解洪秀全的多层世界时，得到了许多朋友和学者的帮助。他们毋需对本书的结构体系及史实或推想方面可能含有的讹误感到负有责任，但我希望他们能接受我的感谢。王庆成是一位十分热心的指点者，在我 1991、1993 年两次访问北京及随后他本人访问美国期间，他让我分享了他个人丰富的太平天国藏书，为我解惑无数，并介绍我结识了他以前的研究生夏春涛，他与王先生一样学识渊博、为人慷慨。我还要感谢王庆成的是，承蒙他的帮助，我的太太金安平和我得以会晤了她祖父金毓黻的几位从前的同仁和弟子，令我们领略到了这位已故学者的大家风范。王先生还介绍我结识了另一位主要的太平天国史学者钟文典。钟文典在桂林对我关照有加，并赐教了许多有关客家人的观点。他还妥善地安排了我赴桂平的行程，向我推荐了陪同访问金田的向导黄伟林。承蒙黄先生的热情，我生平第一次品尝了醇郁芳香的桂平壁虎酒；也是在他的陪同下，在广西炎热燥闷的夏天，我有幸见识了紫荆山群麓茂绿丛中的那些时隐时现的涓涓细流。在南京，这座凌乱伸展、尘雾弥漫而又赤日炎炎的扬子江江畔古城，当我寻古访幽，力图感受那个已消逝的天国圣地的气息时，是茅家琦和朱庆葆充当了我的灵魂引导师。似乎是为了给我上述的所有这些寻访画上一个圆满的句号，Willie Ruff 在又一个夏日开着他那辆火红色的保时捷带我驶进了田纳西州的谢尔比维尔，让我看一看浸礼会传道士罗孝全在 19 世纪 30 年代潜心传教的地方。罗孝全后来听到了前往中国传道的召唤，他抓住了这个机会，得以向未来的太平天国天王传授《圣经》。

我还要特别感谢下面这些人：Judy Chiu-ti Liu 在中文基督教文献和中国典籍方面拥有广博的学识，她在我研读新发现的太平天国预言书籍和早期新教皈依者梁阿发的小册子时为我提供了宝贵的引导；Laura McDaniel 查阅了浸礼会档案中有关罗孝全的资料，并在国家档案馆查找了有关叛教者和外交官的资料；Min Ye、Richard Menard、Hong Xiang 和她的丈夫 Che Wei、梁侃、Wen-wen Liu、Yar and Mei Woo、Nicholas Spence 和其他一些人提供了指点和翻译的帮助。许多研究所和图书馆的人员也始终给予我极大的帮助，这里所指的不仅有耶鲁大学的各个部门，也有哈佛大学、纽约、华盛顿特区的诸多单位，还包括一些海外机构——特别是设在伦敦的英国图书馆东方和印度分部（该部的 Francis Wood、Linda Raymond 和 Graham Hutt 等人都尽心照顾），设在科林戴尔的英国图书馆报刊分部、伦敦大学的东方与非洲研究院，设在丘加敦的伦敦档案局、维多利亚和阿尔伯特博物馆的印刷与书画分馆。在中国台湾省，我极大地受惠于对“中央研究院”和台北故宫博物院所藏书刊的查阅，也得到庄吉发、陈国栋和王瑷玲诸君的帮助。在“中央研究院”以及在博懋大学（Boyn Mawr）、哈佛大学、圣路易斯的华盛顿大学和麦克吉尔学院等地的各类讲座期间，一些学术提问或随后的通信交流激发了我的一些新观点，也纠正了一些旧有的错误想法。

下列太平天国史或宗教原教旨主义领域的这些专家回答了我的咨询信函，或让我分享了他们的收藏资料，他们是：韦思谛（Stephen Averill）、Richard Bohr、柯饶富（Ralph Covell）、Joseph Davis、Williams Doezema、Linda Gerstein、Norman Girardot、Steven Leibo、Jessie Lutz、韩书瑞（Susan Naquain）、Eileen Scully、司白乐（Audrey Spiro）、J. Barton Starr、Barend ter Haar、于君方。在墨尔本，Jack Gregory与我分享了他的思想，还赠送我一本他与Prescott Clarke合编的极有价值的西方人有关太平天国报道的文集；在伦敦，R.G.Tiedemann让我分享了他长期收集且仍在增加的有关太平天国论题的西语文献书目；Rudolf Wagner在多种场合让我分享了他在秘传资料方面的广博学识和一些未经挖掘的珍贵档案文献（这些文献有时是秘不示人的）。

最终形成本书的部分研究及大部分旅行和思考是我在受麦克阿瑟基金赞助期间进行的。我在那时写的部分章节现在被我去掉了，但错误的开端却是最引人入胜的探索之组成部分，因此我很感谢那项基金赞助，它使我得以自由自在地进行了那样一段时期的实验。我那潦草凌乱的手写原稿因我的打字员Peggy Ryan的耐心处理变得井然有序。Betsy McCaully在必要的时候为我挡掉了许多杂务，使我能够潜心写作。诺顿出版社的Donald Lamm和Steven Forman两人从一开始就鼓励本书的撰写计划，他俩以他们高超的激励手段而不是通过设置最后期限来设法让我加油工作。而金安平则以她的挚爱、激情和始终健全的常识保证我能全身心地投入对洪秀全的探究，但又不至于钻进牛角尖。

乃有奇美新造

天民为之赞叹

——济慈《休佩利恩》

前言

洪秀全和太平天国是中国历史上最诡奇的人和事件之一。19世纪初，洪秀全生于华南一个普通农家，做过村里的塾师，当时传入中国的西洋思想让年轻的洪秀全深为着迷，其中以某些基督教教义影响他的命运最深（有一群新教传教士和当地信徒专心把《圣经》和一些阐释教义的文字译成中文）。洪秀全刚接触这个宗教不久，但他的内心有一部分与时代的脉动相契合，使得他对基督教里头的一些要素作了字面上的理解，深信自己是耶稣的幼弟，天父交付给他特殊的使命，要把神州从满洲妖族的统治下解救出来，带领着选民，到他们自己的人间天堂去。

洪秀全怀抱着这种千禧年式的信念，从1840年代末开始纠集一支“拜上帝教”信徒，到了1850年汇成太平天军。洪秀全带领这支军队，转战华南华中，攻无不克，但也生灵涂炭。1853年年中，洪秀全麾下的水陆联军攻占了长江重镇南京，把那只存在于经文上、出于想象、扎根于土地的社会，创建为他们的太平圣地，并以此作根据地达十一年之久，直到1864年为止——其间有两千多万人或战死、或饿死——洪秀全及其残兵则死于兵燹饥馑。[1]

洪秀全及其信徒在一种天启式的灵视（apocalyptic visions）之中步上这场惊心动魄的大浩劫，其根源可追溯到公元前 2 世纪。在这种灵视出现之前，许多文明盛行的是不同的信仰模式——在埃及文明、美索不达米亚文明和印度—伊朗文明中尤其明显。照之前的这种信仰模式来看，宇宙是秩序、繁荣与黑暗、混乱、毁灭这两种力量之间脆弱但又僵持不下的平衡。用《奈费尔提蒂预言书》（*The Prophecies of Nefertiti*）来说，尼罗河的潮涨潮落本身就是这种恒定模式的明证：

> 赤足过对岸，
> 欲求水载舟，
> 奈何河变岸。
> 岸地将变河，
> 水流复变岸。[2]

在当时，死亡被视为沉寂，一种永久的等待，毫无苏醒的希望。虽然当时可能借着各种厚葬仪式，或是把心力放在生者身上来表达慰藉，但是人死是不可能复生的。在苏美尔人的《吉尔伽美什史诗》（*Epic of Gilgamesh*）中，死亡把人带到了终点：

> 进此屋者永不可出，
> 入此路者永不可还，

进入此屋永无光亮。[3]

但是约自公元前1500年起，被称为琐罗亚斯德（Zoroaster，或作Zarathustra）的波斯先知创立了一种信仰模式，我们称之为“千年盛世说”，向人许诺了一个臻于至善的世界，混沌消弭，和平万代，由一位不受挑战的神灵统治没有改变的国度[4]。这些信念动人心弦，力量极大，也渗入许多民族的思想意识之中，透过叙利亚—巴勒斯坦各部族，又启发了杰里迈亚、但以理、以西结等人做先知式的预言，这些犹太教先知又影响了拿撒勒的耶稣和《启示录》的作者。这些经师和先知预见，在新世界实现之前，两股力量会有一场天启式的殊死争斗，善的力量历尽艰难之后，终将胜利，而恶的力量则将从世界消失。

中国后来也出现了类似的转变，而且就我们所知，这个转变是独立衍发的。中国人一直接受物质相生相灭的观念，成于公元前1000年的《易经》是最有名的说明。照《易经》的说法，创造的力量至多“或跃在渊”。若是发生冲突，“不永所事，小有言，终吉”，而世间事物如火，“焚如，死如，弃如”[5]。成于公元前5世纪的《老子》影响后世中国人极大，在书中，相生、相克和天道无常的概念互为补充、相得益彰。老子有言，“反者道之动，弱者道之用”；在所有存在形态中，“万物负阴而抱阳，冲气以为和”[6]。

这些观念看似根深蒂固，但也逐渐有所变化，各个文明都有这个情形。《老子》的经文有歧异，含义也差异很大，到了公元2世纪，“太平道”的观念伴随着“天师道”的观念开始在中国生根，便是应经文的歧异而生。这些宗教运动有其救世的成分，企求一个至高的救世主，解世人于灾厄，开创太平世道，结束以往的一切。公元2世纪的一部经文中有“僮儿为群……吾自移运当世之时，简滓（择）良民，不须自去，端质守身，吾自知之”[7]。

在公元3世纪到6世纪之间，随着道教各种门派和传入中国的佛教相互补充加强，这些天启式的想法变得越来越明确而强烈。疫病饥荒四起，君主暴虐无道，洪涝时有所闻，在在说明毁灭之日不远矣。只有少数人在天上救星及其在世间的代表带领下，才能躲过这场浩劫。大难结束之后，虔诚的信徒聚在一起，共组桃花源，过着安详和谐的生活。[8]

自彼时以降，千年盛世的思想和天启式的信仰始终活跃，而且中外皆然。无论在中国或欧洲，倡导这些信仰的人将之同激进的政治与平权主张相连结，从穷人中吸收到信徒无数，每隔一段时间就率领他们与国家作武力对抗。在中国，从10世纪到19世纪这段时期里，朝廷常将这类起事归咎于“白莲教”的教众，但其实在白莲教教众之间并没有统一的中心教旨，他们只是一群彼此冲突、相互竞争的宣教和反抗群体[9]。

在欧洲，宗教改革之后仍有许多支千年盛世派别挑战罗马教廷，而且力量更为猛烈。清教徒的理想转到北美殖民地的沃土，乍看之下找到了建立各种“新耶路撒冷”和“祈祷之城”的完美环境。虽然那些抨击过分自由和平等的人仍然在为这个世界的末日提出新的时程，并以“联邦主义者的千年盛世论”（federalist millennialism[10]），让《圣经》中《但以理书》和《启示录》所展现的世界如在眼前，但是这种理想面对18世纪的现实，势力已不如从前。这些信仰的力量在19世纪初透过美国浸礼会传教士而带到中国，并强化了原先来自英伦三岛和中欧的福音派新教传教士的讯息。到了1830年代初，这些新势力在华南扎了根，将与中国固有文化一同争相影响年轻的洪秀全。本书就是要讲述这番因缘际会的结果。

我有幸承简又文的教诲，接触到太平天国史的各个层面；简先生是研究这场奇异起义的大学者之一，恩师芮玛丽（Mary C. Wright）在60年代末邀请简先生访问耶鲁，以期他能将那部洋洋洒洒的三卷本太平天国史简写成一本英文书册[11]。我当时虽然很迷太平天国史，但是这二十年我压根没想过会去写太平天国。在大陆，除了简又文之外，还有几百位历史学家和编辑人员在从事太平天国研究，他们的经验可作为革命的借镜，而且太平天国的失败也说明：如果没有纪律严明的马列政党来领导，这类农民起义不可能竟其功。而且，几乎所有现存已知的太平天国文献都已译成英文，不难找到；我以前以为，太平天国的相关研究都已做尽。

不过，在80年代末，我获悉在伦敦大英图书馆发现了两种太平天国文书，共分三卷，是1860年代初在南京印刷的。这些文书记录了一系列的显圣，据称是耶稣和天父传给世间的太平天国信徒的。承蒙大英图书馆准许，我得以查阅这些文书的原件并制作复本；后来我去了北京，见到了发现这些文书的王庆成，并就其意义作了充分的讨论[12]。我才了解到，这些文书的发现确能让我们对太平天国有新的认识。

当然也可说，新发现的文书所载的这类显圣算不上是确切的史料。但是这些显圣的时间地点是如此精确，而且还细述了几位太平天国首领及其信徒的举止，在我看来，这的确照见了这场起义。更有甚者，这些记录编排清楚，让我们一窥太平天国两段关键时期：其中一组（据说是来自耶稣）集中在太平天国在广西山区的成形时期；另一组（据说是来自天父）则集中在太平天国治理南京的头几年。这些显圣也与太平天国史上的许多别的事件有关：在记录耶稣降凡的那两卷，在当时农村社会这方面，提供了许多全新的资料；而天父显圣的部分则让我们对太平天国史上各个事件与洋人访问天京之间有何关联，提供了重要的数据。不过对我而言，这些新文件的用处主要在于照见了洪秀全这个人，它们也有助于我们了解受他感召的信众，以及洪秀全及其追随者如何回应那些信众。我们若想了解这些以救世主姿态出现的领袖如何创建一个可供驱策的实践基础，那么这些问题至关重要。[13]

以洪秀全为题写作，我几乎马上就意识到，这既是写经也是写人，而且写的还是经文中的经文——《圣经》。我不是专门研究《圣经》的专家，也不敢以《圣经》专家自居，前景一片茫茫。但我曾在几所每天必读《圣经》的学校里读过十几年书，我能了解，洪秀全从《圣经》中得到的力量、灵感和使命感是无可否认的，虽然他对《圣经》的反应是那么的个人化。这有一部分是因为洪秀全读的是中文的《圣经》，翻译的人是皈依基督教的中国人，或是住在东南沿海城镇、略通中文的西方新教传教士。这些翻译颇多任意发挥之处，语意含糊、讹误，原文所无之反意，造就了洪秀全的信念和命定感，却没有正式的宗教教育，这让我倍感兴趣[14]。这等于再次说明了在没有引导的情形下，传递这么一本有爆炸性的书，是非常危险的，而且也说明了西方对洪秀全的影响有多大；它也助我了解洪秀全最后得到《圣经》时,为何将之据为己有。也因为《圣经》是洪秀全的，所以他想了一段时间之后，觉得可以照自己的意思来进行修改，如此便能以"更纯正"的方式把上帝的旨意传达给信众。

我无意写一本太平天国全史，也无意阐述洪秀全宗教信念的各个层面[15]。我当然也无意说洪秀全对中国的社会、宗教，还有他军事神学的思想都是混沌一片，不够完整。本书的用意在于提供一个排比有序的脉络，来了解洪秀全的内心世界，并说明当他内心的想法和外在的脉络合拍的时候，吾人便能追索他行为的逻辑。

许多问题仍无答案，最关键的或许是洪秀全的性格和他挑起的那场天启运动之间有何关系。1840 年代，洪秀全开始向广西山区一小帮农民和短工传道时，他曾想过由他的信念所启动的事件，其发展将导致千百万生灵涂炭，让中国一流的政治人物集中财力兵力，耗十年岁月来镇压吗？大概不太可能，因为洪秀全以为自己就是上天的力量，慢慢相信自己已经不受世道评判。如果，他真的想过的话，那么他仔细读过的《启示录》已明载，这等浩劫早已被道出了，混沌惧怖不过就是行将来临的光荣和平的一部分而已。我心里头没有希望洪秀全实现目标的念头，但我也不能全然否认他的追寻中有真诚的热情。本书卷首语引了济慈的诗，它就是由《启示录》而来，有些人相信自己身负使命，要让一切"乃有奇美新造，天民为之赞叹”，而洪秀全就是其中之一。那些从事这等使命的人极少算计后果，而这就是历史的一大苦痛。

史景迁

1995 年 5 月 15 日书于美国康州西港

太平玉玺

天父上帝　天兄基督

天王洪日　主王舆笃

救世幼主　真王贵福

八位万岁　永锡天禄

永定乾坤　恩辑和睦

太平天国玉玺。这一方玉玺为20.5厘米见方，很可能制于1860年或1861年，此时太平天国已近尾声。玺文有如字谜，故历来学者对于玺文的行文顺序与解释素无定论。近来最广为接受的说法系王庆成提出，他认为应从中间的“天父上帝”开始，然后是下半部的玺文，四字一行，右左交替，最后结束在上半部“恩辑和睦”四字。

注释

1. 在急剧变化和深受外国影响的时代中，太平天国运动的发展和其公社意识的某些方面，很符合安德森（Benedict Anderson）在《想象的共同体》（*Imagined Communities*）一书中的分析。参阅时请特别注意该书英文原著 20、22 页，关于“神圣”和“真谛”语言的部分；40 页，关于“特许的接近”和“高层中心”；55 页，关于朝圣和“神圣地势的中心”。
2. 科恩（Norman Cohn）《和诸》（*Cosmos*），19—20 页。译按：奈费尔提蒂是公元前 14 世纪的埃及皇后，助其夫婿阿肯纳顿（Akhenaton）制定新的宗教仪式。
3. 前揭书，55 页。译按：《吉尔伽美什史诗》成于公元前 7 世纪，亚述王亚述巴尼帕（Ashurbanipal）之时，内容是巴比伦时代的传说故事。这是有关古代美索不达米亚最重要的文献资料。
4. 关于千年盛世理念的形成期，见前揭书 77、95 页；引文则引自 56、99 页。科恩（1996）假设，由于琐罗亚斯德（Zoroaster）和其他思想家的“古老生活方式与其中熟悉的确定性和保护”被毁坏，他们从这种“痛楚”中引发了千年盛世的信念。译按：史景迁与一般的说法有所不同。一般认为琐罗亚斯德的生卒年约为公元前 628 至前 551 年，也有人较含糊地说他活动的期间约在公元前 10 至前 7 世纪之间。
5. 卫礼贤（Richard Wilhelm）译《易经》，9、29、121 页，“乾”卦、“讼”卦和“离”卦。
6. 刘殿爵（D.C.Lau）译《老子道德经》，101、103 页。
7. 参见索安（Seidel）《形象》（*Image*），216、223 页。其 225 页的引文引自《老子变化经》。
8. 许理和（Erik Zürcher）《月光王子》（*Prince Moonlight*），215、12—18、21、53 页。博德曼（Eugene P. Boardman）《太平天国叛乱的千年盛世观》（*Millenary Aspects of the Taiping Rebellion, 1851-64*）的 70—71、79 页，以科恩的千年盛世信仰之范畴对太平天国进行了讨论。
9. 特尔 · 哈尔（Ter Hair）《白莲教》（*White Lotus*），212、260 页。在该书的 120 页，哈尔特别批驳认为摩尼教教义影响了中国的观点。
10. 关于欧洲传统较好的入门书之一，是麦金（McGinn）的《末日观念》（*Visions*）。关于胡斯派、塔博尔派和再洗礼派，见科恩的《千年盛世的追求》（*Pursuit of the Millennium*）；关于清教“掘地派”和“平等派”，见伍德豪斯（Woodhouse）的《清教主义和自由》（*Puritanism and Liberty*）；关于班扬（John Bunyan）的世界思潮，见希尔（Hill）的《修理匠》（*Tinker*）。关于美国的经历，参见布洛克（Bloch）《幻想的共和国》（*Visionary Republic*），25、12、205 页；以及霍尔斯顿（Holstun）的《理性的千年盛世论》（*Rational Millennialism*），特别是 103—165 页，讨论艾略特（John

Eloit)与其“实征千年盛世主义”的部分。鲁宾斯坦(Rubinstein)的《起源》(*Origins*)，对19世纪初新教传教士在中国的活动做了分析。

11. 简又文著作的英文版在芮玛丽（Mary Wright）死后，由萨达德（Adrienne Suddard）续完，出版时书名定为《太平天国革命运动》（*The Taiping Revolutionary Movement*）（纽海文：耶鲁大学出版社，1973年）。
12. 这些文书被冠以《天父圣旨》和《天兄圣旨》的书名。关于王庆成对这些文书之重要性的最新分析，见《〈天父圣旨〉、〈天兄圣旨〉和太平天国历史》一文，收录于他的《太平天国的文献和历史》（北京：1993年），197—244页。
13. 这种观点的有力论证见于周锡瑞（Esherick）的《起源》（*Origins*）一书，特别是326页，他在此处主张，就像其他由农民组成的社会，中国也充斥着“宣扬形形色色的新迷信和新教义的教师、先知，或纯粹的疯子”，因此，“搞清楚他们从哪里获得了他们的观念并不重要，重要的是理解他们的观念是如何吸引听众的”。关于最新的洪秀全传记总结，参见威尔斯（Wills）《名望之山》（*Mountain of Fame*），259—273页。
14. 关于《圣经》的翻译和传教这个重要领域的最新探讨，是斯莫利(Smalley)所著的《翻译以传教》(*Translation as Mission*)。
15. 考察太平天国历史最好的英文著作仍是简又文的《太平天国革命运动》（*Revolutionary Movement*）和梅谷（Franz Michael）的《太平叛乱：历史和档案》。关于太平天国的宗教，最细致的论述见于博尔（Bohr）的《末世学》（*Eschatology*）和瓦格纳（Wagner）的《天国观念》（*Heavenly Vision*）。

第一章　城　墙

老是待在外头朝里望是很难耐的，可是这些洋人别无选择。他们麇集水边而居，离广州城西南角约两百码远，这城墙虽然日渐崩颓，但气势仍在。这些洋人常爬到租来的寓所屋顶，隔着城墙眺望栉比鳞次的街道和庭园幽深的大宅院。他们获准沿着西墙的外沿闲步，城门警卫森严，兵丁成群，洋人走过的时候，对着又长又黑的甬道朝城里望。如果时局安定，三五洋人会事先约好，在一大清早碰头，绕着外城墙走上一圈。假如没人挡路的话，这一趟大概要花上一个时辰。1835 年年底有场大火，烧了一整夜，毁了逾千户房舍，有个洋人爬上城墙看火；兵丁先是把他赶走，后来又准他第二天下午来看，还可在城墙上闲逛。但这只是破例施恩，下不为例。有些人得到允许，到城外小山上的庙里走走，从庙的塔楼上远眺城墙里的大千世界，景观自是不同。还有些人看旧地图，把城里的地标安在他们从未走过的街道上。[1]

洋人在郁闷之中，度量出他们居住地的范围。从东走到西是二百七十步，从北到南距离更短。这块地区南临珠江，江边有一块空地，洋人管这叫“广场”。房子正门离江边只有五十步之遥，挤满了房舍，只有三条南北走向的窄巷将房屋稍稍隔开，巷尾的大门到夜里还要上锁。1836 年，这里住了三百零七人——主要是英、美两国人，但也有一些帕西人和印度人、荷兰人、葡萄牙人、普鲁士人、法国人和丹麦人。他们不准带女眷，二十四个已婚男人必须把妻子留在一百英里外的澳门，乘舢板走沿岸水路最安全，但要花三天工夫。在 1830 年，有两次有些人不守规定，带了妻子女眷前来。这些妇女头戴绒帽，披着斗篷怕人识破，镇日都留在屋里，到了晚上才出门四处看看（选这个时间是因为店铺已打烊,街上似乎没人），结果立刻有人大喊“洋鬼婆娘来了”。当地人打亮了灯笼，把路给堵住，到洋人都退回家里才罢休。官府以不让做生意来逼他们把妇女送回澳门，终于是遂了愿。[2]

但是生活也并非没有补偿。钱不难赚，而且不管年纪大小都赚得到。如果做的是鸦片买卖，而买主又急着要的话，几分钟就能赚到两千美元；买卖茶叶、生丝、皮毛、药品、钟表、瓷器和家具，赚的钱较少，但比较稳定。洋人自己印了两份周报，报道当地新闻以及有关商务和国家政策的冲突和争论。这里有个成立未久的商会，还有两家客栈，每晚花个一美元就可享用带蚊帐的床，还有热水可漱洗，可惜没镜子。这里每天都有鲜奶可喝，附近总有洋人养几头奶牛，或是在当地的牧场，或是在泊于珠江的船上（船只经过改装）。这里还有座可容纳一百个座位的小教堂和“在华实用知识传播会”（Society for Diffusion of Useful Knowledge）的分会。甚至还有一套新的邮寄设施，往来于广州洋行和澳门之间，取代了老式邮船。每星期三、六收邮件，信件的邮资五美分，包裹收二十美分。老邮船上的水手脾气坏，有时把邮包扔到水里，任其漂浮，如果没沉下去的话，才把它捞起来。[3]

有十三排房舍被称为“行”或“商馆”，这是从一小帮中国商人手里租来，他们得了官府特许，可以同洋人做生意。屋子宽敞，通风良好。其中有好几间毁于1822年的大火，但又用花岗岩和当地的砖瓦石材修葺一新，靠河边一侧修成两层楼，后边则加成三楼。新屋更能防火，附近就有设计巧妙的水龙。十三间房舍各有套间、储藏室、写字间，彼此之间有拱顶过道相连，又保有隐私，长长的走廊和威尼斯式百叶窗挡住夏天烈日。尽管天气炎热，但人在硬藤席或竹席床上睡得很香，一点也不怀念家乡的羽绒被。

每一组房舍是看里头哪个国家租的房间最多来命名，所以会有西班牙馆、丹麦馆、瑞行（即瑞士行）、英国馆、荷兰馆，最近还有美国馆。但并不是说里头就没有别国的商人，而十三洋行之间有许多小团体交错并存。有些房舍里还有弹子房和图书室，宽敞的游廊伸向河边，阵阵轻柔晚风吹来。华丽的餐室摆着灿亮的烛台，映照在银盘和光滑无疵的餐具上。山珍海味，每张椅子后头静静站着穿戴正式、神色肃穆的中国仆人[4]。从一个美国年轻人的财产清单（由细心的中国账房列出来），便可窥见这种生活的模样：刀叉各三十把，三十只玻璃杯和细颈瓶，一皮箱羊毛衫，剃须盒和各式古龙水，镜子，肥皂和蜡烛，帽子和小望远镜，裱了框的画，一把枪，一柄剑，五十磅方头雪茄和五百四十二瓶“洋酒”[5]。

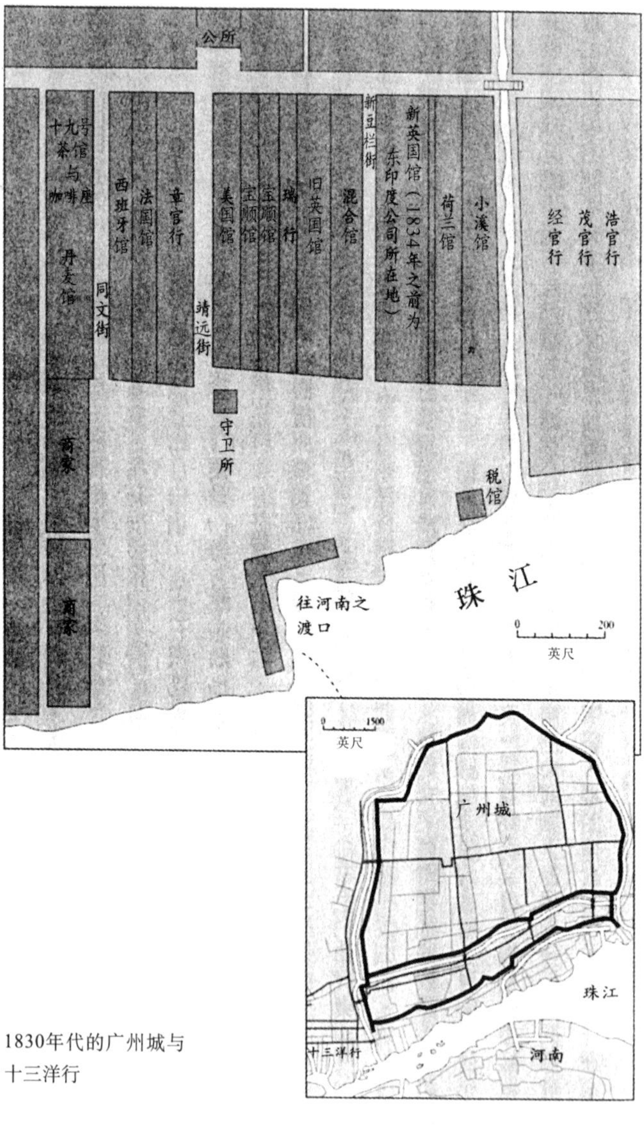

1830年代的广州城与十三洋行

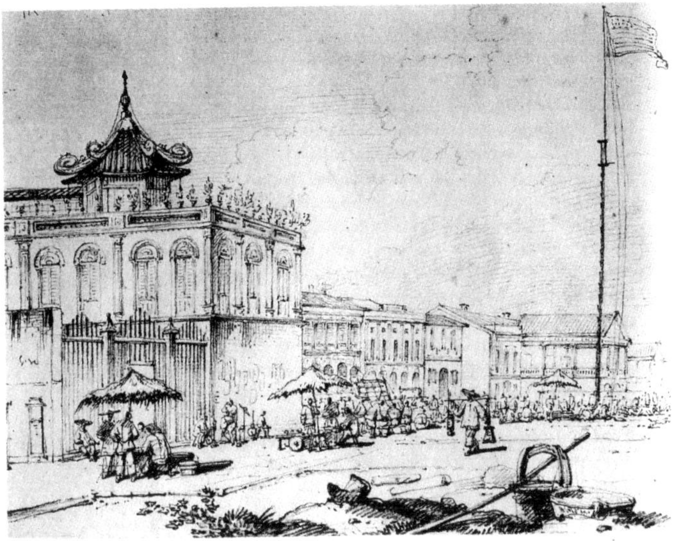

广州洋行。这些西洋人局限于广州西南一隅，自成天地，个中风貌毕现于英国画家钱纳利（George Chinnery，1774—1852）笔下。钱纳利在1825年定居于澳门，在1826年画了广州的美国馆。

钱纳利也喜欢速写在广州的洋人，1838年画了传教士郭士立（Karl Gutzlaff）作福建渔民打扮。郭士立精于语言，经常穿着这身打扮在中国东南沿海传教，操着各地方言，散发宣传基督教的小册。郭士立在1835年与美国传教士史蒂文斯（Edwin Stevens）沿岸航行传教。1836年，史蒂文斯给了年轻的洪秀全一套基督教小册子。

钱纳利也训练了一些中国画师，其中一名在1830年代画了这幅十三洋行图。在钱纳利速写了美国馆之后，而昔日空旷的广场，如今也有些地方给围了起来，成了私人花园。图中所见的商行区在1841年的鸦片战争中为清兵所占领，并于1842年焚毁。

洋人之间颇有来往，有时也奏乐助兴。来访船上有红衣乐手会在广场上演奏，让洋人听得兴起，但让一旁的中国人惊诧不已，听得挺不舒服[6]。1835 年的广州还出现了从未见过的新玩意儿，在蒸汽船上开宴会，还有乐手相伴，沿河而下，航向岛屿密布、风光旖旎的大海[7]。出了港湾，循小径登伶仃山顶，在十五个挑夫的簇拥下，找一块平坦的大石，摆上鸡鸭鱼肉、美酒糕点，当然也是有乐队助兴。吃饱歇足之后，如果你希望的话，还可顺着山坡踏上厚实干爽的野草，一路滑到山脚[8]。

语言似乎是个问题，因为放眼广州城和洋行，没半个中国人能读写英语或其他欧洲语言，只有几个洋人能勉强写些粗浅的汉文。但情况也不总是如此——在 1810 至 1820 年代东印度公司的全盛期，有十来个英国年轻人来广州洋行学习汉语。他们译了一些中国小说戏曲，甚至还译了一些中国典章，这样便能更审慎评估官府规章是否公正。虽然官吏有时把那些教洋人汉语的中国人关起来，甚至还处决了一人，而教汉文的人往往得偷偷躲到学生的寓所。东印度公司的代表奋力抗争，努力不懈，终于争得以汉语译文（而非英文）呈递商务文书，以及雇中国教习学中国典籍和广东方言的权利。虽然公司董事始终没争得雇佣中国刻工的权利，但他们还是自己用木版刻刊了一本英汉字典。而且他们还设法收了四千本书，里头有不少中文书，在宏伟的洋行里设了图书馆，请公司的资深医生代为管理图书馆。[9]

随着英国政府在 1834 年取消东印度公司的对华贸易特权，这段辉煌的岁月也一去不复返。大部分的学生和精通汉文的人被派到其他国家。良师马礼逊（Robert Morrison）死于垄断权废除这年。那所图书馆也撤掉。到了1836年，只有三个在公司的花名册上被列为“学有所成”、可领享年金的年轻人留在广州，其主要工作是照看公司留下的房屋，督办撤离事宜[10]。在划定给洋人住的区域里，连一家书铺也找不到，因为律令明文规定，不准卖中文书给洋人，即使把地方史志给洋人看也属违法。想找书的话得多走几步路，到城西的一条小巷（这条小巷两头有门，夜里会上锁），里头有两家书铺敢于犯禁，把一些小说、演义和“志怪故事”卖给洋人；有时还代为设法从城里的大书铺买些其他书籍[11]。

但是多年经验衍生出一种被称为“广东洋泾浜”或“皮钦英语”的语言，几乎所有在洋行间讨生活的人都用它。这种语言把借自葡萄牙语、印度语、英语和各地方言的词汇糅为一体，而后根据汉语来拼读，在发音时把“r”转成“l”，把“b”转成“p”，让来自五湖四海的人能互相联系。“Pidgin”一词源自英语的“business”（生意），发音误转为“pidginess”；而“Deos”（上帝）则成了“joss”，因此“宗教活动”就说成“joss pidgin”。“性”是“lof pidgin”，“窃贼”则是“la-le-loons”，源自“ladrao”，“船只”说成“junks”，“市场”是“bazaars”，“午餐”是“tiffin”，“信件”是“chit”，“管事的人”（mandar）说成“man-ta-le”或“mandarin”，“文书”说成“chop”，“紧急文书”说成“chop-chop”，“十万”是“lac”，“劳工”是“coolie”，“会议”是“chin-chin”，“熟人”说成“number one olo flen”[12]。在齿辅音之后会加两个“e”，这样“want”就成了“wantee”，“catch”就成了“catchee”。店铺伙计手头放有一本手册，由当地人编纂，当做生意指南。里头列着某个事物的中文名称，再以广东方言标注英文的发音。例如“秤”标作“士开了士”，“一月”就标作“叶那里了”，“西风”标作“威斯温”，“一、二、三”就标作“温、吐、特里”[13]。所以，富商伍浩官知会一个年轻的美国商人，有个大官要来，要一大笔钱，语带无奈地说：“Man-ta-le sendeeone uece chop.He come tomollo, wantee too-lac dollar”，而每个人都会明白这意思[14]。

虽然洋人进不了广州城，但中国人的生活却将洋人那一小块地团团围住。河岸停满了形状大小各异的船只，几乎看不到水面。有从上游来的货船、运送旅客的客船、以船为家的疍户、招揽嫖客的花船、浪迹天涯的算命先生、官府的巡艇、剃头匠的小船，贩卖吃食、玩具、布匹或家用杂货的船只[15]。这些的吵嚷声此起彼落，往返于牡驴尖（Jackass point）码头和河南（指珠江以南）岛之间的摆渡船穿梭其间。河南岛上有茶园、园林和寺庙，洋人有时可获准到那儿散心[16]。此处有八十艘小渡船，每艘可载客八人，每人收两个铜板，如果不想跟人挤的话可包船，十六个铜板。还有很大的戏舫，沿途卖艺，戏子就在途中排练，戏船上还提供鸦片，出得起钱就有[17]。

这些戏舫的主人满脸堆笑、点头哈腰把洋人请上船，固然是想赚点钱，但不能就此一概而论，真诚好客和热情也是有的。那些干了一天活的磨坊伙计洗了澡，大口吞着青菜白饭，很欢迎带人去看看那十一个大磨盘和推磨的老牛。夕阳西下，一伙木匠、泥瓦匠聚在街角遮阳篷下吵闹着、吃着酒菜，也会招呼路过的洋人坐下来。一群群健壮如牛、或光着脚板或穿着草鞋，身上几乎不着衣物的苦力，扛着扁担和空荡荡的挑索，在铺棚和市场间或蹲或站，他们在大太阳底下耐心等候好几个时辰，图的就是一份零工，可他们还是会快活地同你打招呼，表现一片善意[18]。

洋人叫得出一些同他们打交道的中国人的名字，或至少用洋腔洋调的变音。其中包括那些有权与洋人做生意的十三行商，洋人住的房屋，产权都归他们所有，并居间把洋人的请求和抱怨转呈官宪。伍浩官、梁经官、潘海官等行商的深宅大院和库房也建在十三行商馆东西两侧的珠江岸边。此外，人人也都识得官府的“通事”，1836 年的通事有五个：阿唐、阿通、小唐、赖才和阿衡（均为音译），操着一口洋泾浜英语，挨门挨户转达重要消息[19]。

我们知其名的还有上伯驾医生（Dr. Peter Parker）诊疗所看病的人，挂号簿上仔细登记了他们的名字。伯驾的“普爱”（或译“博爱”）医院在 1835 年下半年开办，设在新豆栏街（Hog Lane）七号“丰泰行”的二楼，房子是伍浩官的，租金一年五百美元。从 1835 年 11 月 4 日到 1836 年 3 月 4 日之间，就收治了九百二十五名患有白内障、肿瘤、脓肿、耳聋、偏瘫等各式疾病的人，其中有米商阿兆、阿洁姑娘、衙门里的书吏马泽敖、兵丁张山、裁缝庞氏（均为音译）等[20]。

初见新豆栏街，实在不像是个治病救人的地方，但医院院址位于这窄巷的北端，远离河岸，靠近那条划为洋行商馆区北界的通衢大道。伯驾选这地方自有他的考虑，“病人来去可不用穿过商馆，惊动洋人，本地人也不会因为进了洋人的屋子而遭人物议”。竹签上头写了汉字和英文，由楼下的杂役发给前来问诊的人（有些人已等了通宵），然后一一上楼，伯驾治得了的就全力医治。病人小至六岁，大至七十八岁，有男有女，且人数极多，令伯驾颇感意外，他说：“我以为在诊所里医治女性病人会有困难，女子走进洋行被视为是犯法的”，但由于多半都有男性亲属陪同，既可照料也省得让人闲话，“结果没有想象中那么困难”，女性病人大约占了三分之一[21]。

还有一些人，虽叫不上名字，其经历却也让人对中国人的生活有更完整的印象。两个瞎了眼的女童，顶多不超过九岁，拿着木碗讨饭，相互扶着走到广场，她们虽然衣衫褴褛，光着脚，满身虱子，可她们依然有说有笑[22]。书贩肩挑两筐时兴小说，摇着拨浪鼓，挨家挨户向伙计工人卖书，好避开约束书铺的那套规定。他把手中货色给前来问货的洋人瞧，说他心里对官府的规定并无怨言。他赊账批来的一千多本书已卖得差不多，只剩下他现在挑着的这三百本软面装帧的小薄书[23]。

广场上有几排货摊，卖的东西不同，叫卖声也互异——卖水果糕点、甜食羹汤、猫狗、各类家禽，还有连着蹄子的大块马肉、一串串风干的鸭舌头，那鸭舌形如锥，硬如石[24]。还有人怂恿客人去看那漆得鲜红的西洋镜，或是搭座小戏台，搬演木偶戏。上年纪的妇人带着针线席地而坐，给人缝补衣裳，或是摆些博彩游戏摊，赢的人可得一双鞋子；郎中给人拔罐疗伤；修补匠坐在铺棚里修理挂锁、烟筒、玻璃陶瓷器皿和金属容器；玩鸟的人三五成群蹲坐在一起，爱鸟或在笼中，或栖歇在棍棒上，或是让人捧在手里抚弄[25]。

三条穿过洋人商馆和寓所的街道把行馆区的房屋划分成四块宽度不等的街区，每块街区都是店铺林立。最宽的“靖远街”（Old Chinese street）有十二英尺宽，“同文街”（New Chinese street）和新豆栏街稍窄一些。总的来说，这几条街窄到几乎动弹不得，被人挤得晕头转向，也可能被抬着四人大轿或挑着重担的苦工狠狠撞上一下[26]。道士，尼姑，和尚，捕鼠人用扁担挂着十几只老鼠，算命先生，江湖郎中，换银两铜钱的人，从城外山上捉蝈蝈来卖的人——全都挤到这里[27]。卖着洋人可能会喜欢的贵重物品的店铺，用罗马字母标着店主的名字，还用英文将货品描述一番：象牙雕刻、玳瑁壳、珍珠母贝、各色丝绸、漆器、虫鱼花鸟画或以著名战役为题的画，其中身穿红色军装、头戴三角帽的英国人在清兵枪炮猛击下，直挺挺地列队坐在地上。每买一件东西，都得从店主处取得文书或让店主在货单上盖章，否则人离开广州时，东西会被没收[28]。

1835 年 6 月的一个晚上，在通往广州近郊的一条小巷口处，一具死婴躺在垃圾堆中的提篮里，身躯弯曲，微微浮肿的头颅挂在篮筐边上。巷口很窄，一个从乡间散步回来的洋人路过时不得不跨过提篮，他的腿还悬在半空的当儿，看到了篮子里的东西。他又是惊讶、又是迷惘地盯着婴儿的脸孔，而一群路过的中国人也以同样迷惘的眼神看着他[29]。

注释

1 《中国丛报》(*Chinese Repository*),卷二,196 页;关于城墙顶部,见《中国丛报》卷四,536 页;关于绕城散步一事,见《广州纪录报》(*Canton Register*) 1836 年 1 月 26 日,关于大火,见《广州周报》(*Canton Press*) 1835 年 11 月 28 日;关于公行的屋顶,见唐宁《番鬼》(*Fan-qui*),卷三,74 页。卫三畏在一封给他的兄弟弗雷德的信(1835 年 11 月 24 日写于广州)中谈到了这场大火,见卫三畏手稿,547 页。

2 希拉德《家母日记》(*Journal*),78—82 页;亨特《番鬼》(*Fan Kwae*),74 页;关于 1840 年制订的公行详细规划,载于马士《东印度公司》(*East India Company*),卷三,1 页。

3 有关鸦片贸易,见霍奇《孔雀号》(*Peacock*),347 页,注 20;关于邮件等商务点滴,见马礼逊(Robert Morrison)《商务指南》(*Commercial Guide*),11 页。关于奶牛,见金和克拉克合著《中国沿海报纸研究指南》(*Research Guide*)、《广州纪录报》1834 年 8 月 26 日、亨特《番鬼》,50—51 页;建筑的图示,参见赫奇翁《钱纳利:其人其迹》(*Chinnery*),65、78、109 页;关于旅店,见唐宁《番鬼》,卷一,259—267 页。

4 亨特《番鬼》,12—15、18—19、78 页;赫奇翁《钱纳利:其人其迹》,65、78、109 页。马礼逊对那场大火的生动描述载于《中国丛报》,卷四,34—36 页。关于 1730—1832 年间各时期公行及岸边的全景,参见马士《东印度公司》,卷一,192、256 页;卷二,144 页;卷三,218、368 页;卷四,64、336 页。

5 亨特《番鬼》,54—55 页。

6 同上,46 页。

7 《中国丛报》,卷四,437 页。

8 霍奇《孔雀号》,158—159、343—344 页;希拉德《家母日记》,153—154 页。

9 斯蒂夫勒《语言学生》(*Language Students*),621、187 页。

10 详见注 9;亨特《番鬼》,19、37 页;史蒂文斯《福音》(Gospel),432 页;巴雷特《漫不经心》(*Singular Listlessness*)。

11 《中国丛报》,卷四,535 页;马礼逊《商务指南》,46 页。

12 亨特《番鬼》,27、37—39 页;《中国丛报》,卷四,428—435 页;《广州的混合方言》(*Jargon spoken at Canton*),《广州纪录报》1836 年 2 月 6 日;马礼逊《商务指南》,xii 页后的词汇表;费正清《贸易》(*Trade*),13 页。唐宁《番鬼》,卷二,124 页。

13 《中国丛报》,卷四,432—433 页。

14 引自亨特《番鬼》,22 页。

15 同注 14,8—9 页。

16 《中国丛报》,卷四,189 页;霍奇《孔雀号》,180—181 页。

17 《中国丛报》，卷四，44、342 页。

18 《中国丛报》，卷四，192—193 页。

19 亨特《番鬼》，21—24、31—32 页；《中国丛报》，卷五，432 页。

20 《中国丛报》，卷四，464—471 页；与胡六（Hoo Loo）相比，1831 年胡六死在盖伊医院（Guys Hospital）；《中国丛报》，卷三，489—496 页。

21 《中国丛报》，卷四，462—464 页、图表及 472 页；久利克《伯驾》（*Parker*）。

22 《中国丛报》，卷四，244 页。

23 《中国丛报》，卷四，190 页。

24 《中国丛报》，卷四，342、535 页。

25 《中国丛报》，卷四，38—39、43—44、191 页。

26 霍奇《孔雀号》，179 页。

27 《中国丛报》，卷四，44—45、101—102、245 页。

28 霍奇《孔雀号》，171—172 页；马礼逊《商务指南》，13 页；关于书画，包括“虎门之役”，见《中国丛报》，卷四，291—292 页。

29 《中国丛报》，卷四，102 页，1835 年 6 月 6 日（星期六）的“遗弃者”（An Outcast）。

第二章　传　经

埃德温·史蒂文斯牧师（Rev. Edwin Stevens）从1832年10月之后就在广州了。此公眼界甚高，他在耶鲁学院（Yale College）读书时正赶上席卷新英格兰的宗教“觉醒”大潮。他进了纽海文神学院（New Haven Theological Seminary），之后被授为牧师，接受赴广州担任“美国海员友好协会”（American Seaman's Friend Society）牧师一职。他住在美国馆，遵循严格的读经传教的规律，每到礼拜六就坐上愿意载他的洋船副艇，沿珠江顺流而下，前往黄埔布道、散发传单，远洋船舶主要停泊在此，到礼拜一再返回洋行。史蒂文斯若是找不到外国船可搭，便得雇当地的华人船工送他去传教。这趟路有十二英里长，租船费是四块西班牙元，若是碰上涨潮，要费上两个时辰，路经关卡也还要耗掉一些验关检查的工夫。即使这么短的一趟路也有危险——在这条航道上往返的洋人、水手、官兵若碰上海贼，则会被洗劫或沦为肉票。史蒂文斯有时会觉得难以说动船长，让他借用甲板或船舱宣讲布道，因为一些船长觉得他“古板”、“不合群”，他躲避一切“浮华或喧闹”的事情，全心反对酗酒等恶习，访慰病人和濒死的人，为死者安排基督教葬礼[1]。

他所布道的那些水手在海上已经航行了好几个月，十几个人挤在二十英尺长十英尺宽的船舱里，已是苦闷不堪。这趟航程从费城或利物浦启程，长途航行之后有三天的休假，兴奋之情自是难耐。中国人火上加油，向酒瘾难耐的水手兜售所谓“烧锅”的土酒，这是由酒精、烟汁、蔗糖和砒霜混合而成，如史蒂文斯所述，会导致“比喝任何烈酒的醉状还猛烈”。新豆栏街里那些做洋水手生意的店铺用罗马字母写出诱人的招牌：“老杰米店铺”（Old Jemmy Apoo）、“老好人汤姆老店”（Old Good Tom）、“小汤姆，销售各色酒水，丰俭自便”（Young Tom，seller of wines of all kinds and prices），等等[2]；这烧锅能把喝的人“理智毁掉”，水手最先只是找乐子，但往往一发而为“无法无天的狂乱境地”。酩酊大醉的水手常被当地地痞抢劫，甚至被剥得一丝不挂，而官府也不断贴告示，禁止卖酒给洋人。教会的善心人士忧心忡忡，在同文街十九号设了比较安全的茶馆和咖啡屋，但是吃过亏的水手不想去，还是照常上新豆栏街冒险[3]。

各色诱惑不可胜数。那些想罗列这类事情的洋人认为在广州一带至少有八千名妓女。有些在城里，洋人接触不到，但有许多妓女在河南岛，水手喜欢管这地方叫“朴茨茅斯角”。有些洋人雇的苦力也聚居在此。逆河而上的水手或传教士都会看到有些妇人在随波起伏的“花船”甲板上搔首弄姿，她们或是三寸金莲，或是赤赤天足，身穿红袄绿衫，脚蹬蝴蝶绣鞋，戴着白银脚镯丁当作响[4]。

此外，还有一些小巧玲珑的“洗衣船”，有三四名妇人摆弄。

这些妇人穿着灰暗褪色的土布衣裤，头上却戴着鲜艳的头巾——这是从葡萄牙人那儿学来的时髦——若有洋船下锚，她们便会把船摇近洋船，除了招揽洗衣生意之外，还用洋泾浜英语开心地向洋人打招呼："喂，讨人喜欢的好兄弟，过得好吗？打你上次来黄埔后，我就一直念着你呢。"[5] 这类打情骂俏到此也就打住了，因为每艘洋船在港湾停泊期间，名义上都有两名衙役驻在船上，不过这些规章执行起来马虎得很。按道理讲，是不准把烈酒带上船的，不过水手想尽办法带酒上船，从把酒瓶系在腰间到用副艇偷运成桶的烧锅，不一而足[6]。难怪有时做礼拜的人哑口无言。史蒂文斯在日记中写道："今天在'光荣'号上布道，来听的人约有百八十个，宣讲内容是'蠢人嘲笑罪过'。我有相当的挥洒空间，听众听得入神；但我看不出他们有丝毫认罪或悔过的迹象。"一个星期之后，史蒂文斯对"水獭塘"号的船员布道，讲解《圣经》中的话语："凡劳苦担重担的人，可以到我这里来，我就使你们得安息"，这次他发现"没一个人看上去被打动"。[7]

这种事情一看就知道是挫败，但史蒂文斯将之视为更大的事功的一部分，正如他在礼拜上对众人说道："主的话语已被各种方式加以试炼。历史考验过它，并不见它有所不足。它被占星学、地理学辩驳和嘲弄考验过。在过去的几千年，想考验它的人就考验它，随便用什么方式；有学识的人想挑它毛病，狂妄之徒和无知之辈考验它；敌、友、信徒，不信的人都考验过它。它饱经试炼，仍屹立不摇。"[8]

史蒂文斯为了更了解在中国传教的工作，曾与一位来自广州的华人基督徒梁发长谈[译按:原文因其俗名被称为“梁阿发”，今改为通行的“梁发”。]。1789年，梁发生于贫家，只读了四年书就得出外张罗生计，最早做毛笔，后来在广州附近刻字版为生。1815年，苏格兰新教传教士米怜（William Milne）和新教同道翻译一系列宗教小册和《圣经》节录，便雇了梁发来刻字版，此时梁发还信佛信得很诚。梁最早刻的是《申命记》和《约书亚记》的汉译本，从而知道了《圣经》的一些内容和体例[9]。这些知识不久更是精进，因为米怜严格要求，受雇于他的人都要参加他每天的崇拜仪式，不管他们信不信教。这些当地人听道时“有人在闲聊，有人嘲笑教义中新鲜的事情，有人叼着烟袋抽烟”，但米怜毫不气馁。他用汉语布道，诘难会众，要他们看出佛教济世之道的谬误，从而选择耶和华、耶稣之道，这条路虽难走，但才是正道。梁发经过内心一番挣扎，终于皈依了基督教，在1816年11月的一个礼拜天，让米怜给他行了洗礼[10]。

梁发信了教之后开始写东西。他把他第一本华文小册子起名为《济世经注读本》，在这本三十七页的小册子中说了造物主的权威，说了神的“十诫”，还援用保罗使徒书的多处文字，来描述上帝的愤怒和恩典。梁发自己刻版刊印了两百本，1819年春开始在广州城内外散发，旋即被官府逮捕，囚禁定刑，并遭鞭笞。官府还没入了梁发的屋子，把他已刻好的刻版付之一炬。梁发不为所动，出狱后劝说妻子入了教，由他给她做了洗礼。不久以后，这对夫妇又让马礼逊（Robert Morrison）给他们的儿子行了洗礼[11]。

1822年，米怜去世，梁发以福音传道师和汉语教习的身份，为“伦敦传道会”（London Missionary Society）工作，1827年被任命为传教士。在这些年间，他想办法用汉语编撰一部篇幅更长的著作，充分阐述他关于基督教的思想，并全面介绍他新发现的信仰，他在1832年完成这项工作，名之为《劝世良言》，并请懂汉语的西洋传教士改正了书中涉及神学的错误，同年在广州刊印了此书。

这本书分成九篇，梁发把他跟随洋人十五年所学到的东西都写在书里。他从新旧约《圣经》中引了许多段落，长短不一，并从音（而非从义）把《圣经》里头那些佶屈聱牙的名字转成汉字，一如教他的传教士所用的办法。他叙述夏娃和亚当在蛇的引诱下吃下禁果，结果被逐出伊甸园。他讲述挪亚方舟，还有几乎毁掉世上一切的大洪水，他还描述所多玛和蛾摩拉的毁灭。他用以赛亚和杰里迈亚的警句来告诫同胞，用《诗篇》第19篇和第33篇的诗句来鼓励他们。他转录了《马太福音》耶稣山上宝训的全文，还引了圣徒约翰《启示录》的最后一章，以上帝可怕的话语结束了《圣经》。梁发探索了上帝恩典的奥秘和人的各种堕落，在引经据典的时候抒发了自己的意见，或简略或详细；他提出了他对命运和信仰的琢磨体会，并在第六章把他自己性灵追求的历程与众人分享[12]。

说到刊印和散发小册子，梁发是专家。他经常乘船或徒步到广州城四周的村庄。他选用完好无瑕的印版，雇请刻工（还跟他们讨价还价），然后把活儿派给他们，再由一位名叫屈昂 [Agong] 的教友将书页装订成册。这两人还学会了使用传教士引入的新式石版印刷术，不久就能印出单张双面传单，一面印上插图，另一面印上一小段文字或长篇的福音[13]。

史蒂文斯在1832年见着梁发，此时他已开始在广州城近郊传教，离城可达二百五十英里远，一次传教可散发七千册传教小册子之多。新教传教士不顾官府禁令，已经开始由海路入中国沿海，只要能上岸的地方，就会散发一些《圣经》或小册子。而梁发想出一套新办法：他同屈昂一道，跟着那些逐县逐城主持科试的学政，希望借此把他的小册子送到赶考生员的手里——生员虽然不见得有兴趣，但是他们却颇有影响力[14]。梁发到了1830年代中，又想了更好的办法，他开始在广州城的贡院附近散发小册子，那些考中县试的生员就是在此参加府试和乡试。在华东华南一带，只有在贡院才看得到受过相当教育、对乡里有所影响的人聚在一块儿[15]。

史蒂文斯很快就看出用印刷品来传播基督教教义的好处：

> 留下《圣经》和书籍，让一两千万人接而触之，说不定没有讲道也能宣教，这和完全接触不到是很不相同的。是的，绝不一样！谁能相信，在这三年来流传的数千册书籍会在神的面前无人问津，会“徒然返回”呢？此刻，那些小册子或许正在启迪一些生活在沿海的中国草民；是啊，或许它们正在把来自天国的真正曙光照进失落在异教黑暗中的某些心灵，难道我们不应该做这样的冀望吗？[16]

史蒂文斯认为，不应冀望中国会有人揭竿起义，“我们并非说中国人公众意识日益高涨（一如其他国家），不久就会呼声四起，要自由，享人权”；但中国人“像可怜的波兰人一样聪明又被误解”，他们天性开放——要不是有朝廷官府的话——会把洋人当朋友，而且可能接受基督教教义[17]。

情形既然如此，那么洋人在这种情况下能学梁发学到什么地步呢？1835年春秋两季，史蒂文斯同一些会讲汉语的外国传教士作了两次长途探险，在这两次探险中，算是实现了广发小册子的梦想。他暂时离开黄埔，乘一艘美国双桅帆船驶离广州，沿中国海岸航行，入闽江的狭窄水道和河滨泥滩，探吴淞江宽阔的海口，史蒂文斯终于望见了上海口岸樯桅如林的中国船，最远北至山东沿岸层峦叠嶂的港湾。史蒂文斯在这两次航行中散发了许多小册子，见识了秀丽山河，尤其是福建沿海岬角星罗，少有西洋人有缘得见，史蒂文斯大受鼓舞。当这些洋人返航归去，淡出当地居民的生活时，史蒂文斯可回味他留下“几百册书，或可指引救赎之道”，在“眼前喧嚣沉寂良久之后”，仍可提醒中国人“洋人的仁慈友善”[18]。

史蒂文斯身边带着几箱中文本基督教书籍，有米怜、梁发、马礼逊等人精心准备的书，包括耶稣生平事迹的译本、有关“十诫”的评注、布道讲稿文集、福音书注释本、赞美诗集等，他有时乘双桅帆船的副艇，同一帮印度和马来水手躺在尾舱油布篷下柴米油盐等给养物的中间；有时则在人烟稠密的乡下徒步跋涉。史蒂文斯一伙人第一次航行就发了几千册，第二次航行发了两千多册。史蒂文斯所乘的帆船多有满载兵丁的水师船尾随在后，而史蒂文斯乘副艇探索内河水道时，官府巡艇也紧跟在后，有一次还朝他的船开了炮，炸伤了两名水手。有时，骑着马的尉官会前来驱赶村民，穿便衣的捕快混杂在人群中，而当地学塾里的学生会大声抗议这些不敬儒道的基督徒。有一次，当地官吏还当着史蒂文斯的面，把从他那儿没收到的书籍全给撕碎，装进一只烂草筐，烧了个精光。

虽然诸多不顺，但这些书只要能卸下船，一上岸就被索求一空。有时候，发书过程井然有序，民众心里虽急切，但还是面带微笑，相互礼让；有时则是挤成一团，史蒂文斯只得爬到墙上躲开争抢，或将书本和小册子往空中一撒，任人接取。有时，在一些偏僻的村落，他在每户人家的门槛上放上一本书。有一次还有一大群人站在倾盆大雨中听史蒂文斯宣讲，一动也不动，史蒂文斯也是淋得全身湿透。有一次，围在他边上的中国人以指触嘴，表示官府禁止他们大声同洋人说话，但他们还是领了书。庙里的和尚、家里的文人也会领书。有时，史蒂文斯的船还没靠岸，就有人涉水前去要书，有如预示了洗礼一般。[19]

史蒂文斯经历了这些事情，到了1836年已在想别的问题了。在中国传播上帝的话语，应该中国化到什么程度呢？史蒂文斯对于传教士因时因地而制宜略知一二。他有幸与马礼逊密切往来了两年，他知道这位杰出的学者型传教士刚来中国的轶事，其时马礼逊与汉语教习一道用筷子吃饭，“还着本地服饰，留上长指甲，蓄起辫子，穿着长袍马褂和厚底靴在公行附近走动”，甚至还“用蹩脚的汉语”做晚祷。[20]

马礼逊“不久就改掉了他的中国习惯”，但郭士立（Karl Gutzlaff）却没这么做。郭士立是来自波美拉尼亚（Pomerania）的传教士，他曾在1835年与史蒂文斯一起沿岸北行。郭士立在出门时喜欢做福建水手打扮，或穿其他的汉服。有些中国人觉得郭士立同他们一样，还以为他是生在外国的中国人。郭士立汉语说得极好，更是让人迷惑：他只要专心学一下，就能分辨各种方言土话之间的细微差别。中国人听到郭士立讲他们的土话时，惊讶之余还会朝帽子底沿偷瞄，看看他是不是把辫子给藏了起来[21]。似汉非汉有利有弊。史蒂文斯在一次旅行之后写道："如果穿的是中国服饰，一时或可不为人所察觉，但也大大降低人身安全。"——纸终究是包不住火的，而随之而来的便是严加惩处[22]。非法沿岸航行的消息很快传到了皇上耳中，他颁了一道严厉的上谕，斥责这帮人试图"散发洋书，意在妖言惑众——其行为怪谲惊诧至极！"云云，并将这些人的行为与早先"私招番妇潜入广州"一事相提并论[23]。

假若有洋人进了广州城（无论是否易容改装），结果会如何呢？城里当然有些中国人会同情基督教，不过很难说出究竟有多少人。一份名曰《广州纪录报》的英文报在1834年春，详细报道了郭士立接手《察世俗每月统计传》（*Chinese Monthly Magazine*）的情形，米怜和梁发在大约二十年前创办了《察世俗每月统计传》，历久不衰。每一期"都由洋人以中文写成"并"在城里印刷"，然后"从华人印坊送达发送者；由他送到订户手上；再由订户免费散发"给中国人，如此便"使这份杂志走进了广州民众之中"。后来私人报贩接手发行，提高了流通速度。报贩"印好部分内容，沿街叫卖"。时有中国人聚在一起，听人阅读讲解其中内容。编《广州纪录报》的人特别着力介绍科学商业新知，中国人于是怀疑这么一来，洋人会"控制中国人的思想"。传教士怎么会不去想想，借此控制中国人的灵魂呢？[24]

到了1836年，传教的机会越来越多，但压力也越来越大。一方面是由于圣旨斥责未得官府允许的旅行，一方面也由于天主教传教士在澳门有新的活动，广东方面的官员感到有必要采取行动。1836年初，官府搜查了澳门一家主要的印刷工坊，没入“八种洋书”。印坊的人入狱，财产遭没入。官府并限令澳门和广州地区的居民在六个月内上缴所有教习“亚素”（即耶稣）教或天帝教的洋书，可免究其罪，否则将予以严惩[25]。

不过还有一个关键因素。就算有人进城散发宗教书籍，但中国人拿书的动机不一，史蒂文斯也很清楚，他在两次沿岸航行便有记载，善念总有无聊的好奇心与贪婪相随。有些中国人神色泰然自若，似乎知道这些书籍的目的，还会送上一些小东西作为回报，如几串白葡萄、几只梨子、一小袋烟丝、一捧小米或一小把鱼干，等等；但有些人却恰恰相反，他们拿了一本红皮面的书，还拼命想拿一本灰皮的书，而这两本书的内容其实是一样的；史蒂文斯还没离开，有些人就把刚领到的书拿到路口去卖掉；有些人死赖着不走，花言巧语就为了要鸦片（史蒂文斯搭的帆船上也确实带着鸦片）或传教士自备的药品，这说明他们的动机只是要钱或怕生病，倒不是性灵有所需求[26]。

但整个来说，史蒂文斯在思索在这样一个国度散发教义所面临的机遇和挑战时，他不认为我们在全世界宣扬福音的权利，胜过中国皇帝的传位诏书。中国的普天万民凭什么被拒于基督教之外？这统治者的权位是篡夺来的，他们剥夺了人民在此生、在永世得喜乐的机会，只是人民无力抵抗；他们累世历代都崇拜偶像，至今犹然，而且没有得到他们的同意，就与能让他们的生活得着福佑的事物无缘。我抗议这种压制人类良知的精神暴君，抗议这种对天国的背叛；如果我们要承担官府报复的后果，但又有谁能说我们对什么人做错了什么事呢？[27]

注释

1 裨治文（Bridgman）《讣告》（*Obituary*），314—315 页；韦烈亚力（Wylie）《回忆录》（*Memorials*），84 页；关于抢劫，见《中国丛报》，卷四，436—437 页：关于此行程，见马礼逊《商务指南》，12 页；关于广州新教社团的详细背景，见鲁宾斯坦《起源》，第五至八章。

2 《中国丛报》，卷四，45 页。

3 史蒂文斯《水手》（*Seamen*），423—424 页；马礼逊《商务指南》，13 页。

4 《中国丛报》，卷一，292 页；唐宁《番鬼》，卷一，239—244 页；《广州纪录报》，1836 年 10 月 4 日（关于“朴茨茅斯角”），及 1836 年 11 月 15 日。

5 引自唐宁《番鬼》，卷一，84 页；类似的对话，也见于赫奇翁《钱纳利：其人其迹》，88—89 页，以及科里斯（Collis）《异乡泥地》（*Foreign Mud*），33 页。关于疍民的穿着与道德风俗，见平安（Bingham）《远征中国记事》（*Narrative*），卷二，272 页。

6 《商务指南》，12 页；唐宁《番鬼》，200—201 页。

7 裨治文，《讣告》，516 页。

8 同上，515—516 页。

9 梁发《劝世良言》，页 96、291；博尔（Bohr）《梁发的追求》（*Liang Fa's Quest*），36—38 页；史蒂文斯《米怜》（*Milne*），322 页；米怜（Milne）《回忆录》（*Memorials*），22—30 页。

10 梁发《劝世良言》，302 页；韦烈亚力《回忆录》，21 页；郭士立《日记》，ixxi—ixxvii 页；拜斯（Bays）《基督教小册子》（*Christian Tracts*），22—25 页。

11 梁发《劝世良言》，306 页；韦烈亚力《回忆录》，22 页；马礼逊，1819 年 11 月 26 日信，藏于“伦敦传教士协会”档案，“华南”第三箱第一卷。

12 梁发《劝世良言》；麦克纽尔（McNeur）《梁阿发》（*Liang A-fa*）；博尔《梁发的追求》，40—46 页。

13 梁发在日记里，谈到刊印小册子的方法；马礼逊于 1830—1833 年间的很多封信中，摘录了梁发的一些日记。参见“伦敦传教士协会”档案，“华南”第三箱第一至二卷。

14 关于屈昂（音译），见韦烈亚力《回忆录》，11—12 页。

15 同上，22 页。

16 史蒂文斯，《福音》，434 页。

17 同上，436 页；施莱特尔（Schlyter）《在中国传教的郭士立》（*Gutzlaff als Missionar*），92—93、294—295 页。卢茨（Lutz）在《大幻觉》（*Grand Illusion*）一文中探讨了郭士立在美国的巨大影响。

18 史蒂文斯《白云山》（*Bohea*），92—93 页。卫三畏手稿，1835 年 8 月 27 日卫三畏致伯驾信。

19　同上，87—88、93 页；史蒂文斯《休伦号之旅》(*Huron*)，330—333 页；麦都思(Medlhurst)《休伦号日记》(*Huron*) 408 页所载就不那么令人兴奋，该文称在山东只散发了三千五百本书。

20　史蒂文斯《马礼逊》(*Morrison*)，180—181 页；关于马礼逊和传教背景，参见鲁宾斯坦《起源》，第一至四章。

21　亨特《番鬼》，43 页；卢茨《郭士立》(*Karl Gutzlaff*)，68—69 页；郭士立《日记》(*Journal*)，85、89、103 页。郭士立穿中国服饰的画像见《钱纳利：其人其迹》，102 页；也见斯蒂夫勒《语言学生》，64、74、79 页。

22　史蒂文斯《白云山》，93 页。卫三畏在一封给他兄弟的信（1835 年 2 月 19 日写于广州）当中，谈到了史蒂文斯的出现、郭士立目前的工作和梁发最近的离开。见卫三畏手稿，第五四七件。

23　《中国丛报》，卷四，343 页，提到道光皇帝的上谕。

24　《广州纪录报》，1834 年 4 月 15 日；韦烈亚力概述了米怜的原始版本，见其《回忆录》，19—20 页。德列克 (Drake)《新教徒地理》(*Protestant Geography*)，95—100 页，对郭士立日记所言表怀疑的态度。

25　《广州纪录报》，1836 年 6 月 14 日，提到印刷商寇阿朝（音译）“仍在狱中，他已在那里待了好几个月”。

26　史蒂文斯《白云山》，94 页；史蒂文斯《休伦号之旅》，317—319 页。

27　史蒂文斯《白云山》，95—96 页。

第三章 家 境

1836 年春初，洪火秀到广州参加府试。一个月前，他刚在老家附近的花县县城考了县试，如今他得与来自广州府所辖十四县的生员竞争。老城城东的贡院每回总会有几千名考生，经过严酷淘汰之后，只有极少部分能通过。这年出现了一个异兆：广州下了一场雪。据当地老人说，广州有四十年没下过雪了，足足有两英寸厚，一时间，树梢屋脊便成银装素裹。这种异兆可以作各种解读。[1]

洪火秀在备考的这些年都与家人同住——上有老父，洪火秀的生母亡故后，父亲再婚，但继母无出，有两个兄长及嫂子，还有一个姐姐。洪火秀在媒妁之言聘定的妻子夭亡后，新娶了媳妇赖氏。洪火秀是家里的读书人，亲戚都希望他能出头，但家里靠务农为生，供不起他专事攻读。洪火秀便在私塾里教书挣些收入——部分是银两，部分是用食物、灯油、盐和茶来抵付。[2]

按当地风俗，会为考中广州府试的人举行庆典，这让人想起神祇配享的祭祀。虽然龙门之路遥遥，但是高中广州府试，一偿数年寒窗苦读，在乡民眼中，这总是一大成就。一发了榜，榜上有名者便头戴大红帽，身穿蓝长袍，脚蹬黑锦靴，一体乘轿往广州孔庙而去，恭参孔圣人。之后再去拜见主考官致谢，并接受两枚金簪、一条红绶带和一杯喜酒。这才一一离开府衙，在亲友簇拥、"鼓乐锦旒"之下荣归故里，祭祖，拜谢父母。翌日，带着备好的礼品拜谢业师多年教诲。[3] 凡是年轻人都可怀着这般美梦。

洪火秀住的花县在广州以北，从陆路去广州需走三十英里，走水路则需四十英里。花县在 1685 年设县，算是个新县。此地本名花山，崎岖多岩、树木繁茂，由五县分辖，遂成土匪马贼盘踞之地，他们只要走个几里路，甚至连巢穴都不用离开，就能在各县辖区流窜，而五县会同剿匪的机会又是微乎其微。

1630 年代，明朝气数已尽，兵灾四起，清兵从 1645 年到 1680 年逐步征服南方，兵燹连天，此地几无人烟。当地士绅吁请官府整顿，被驳回了一次才有回应。将广州城周围两个人口稠密的大县北部，划出一块长四十英里宽三十英里的区域，新设为花县。花县有知县、县署、县学、典史衙、巡检司署、粮仓和养济院，县城筑有城墙，有城门四处和兵丁四百人。其中一半守卫县治，另一半散驻四周村庄。经过这番分辖，共有 5223 户注籍，含男丁 7743 人，妇女 6775 人，耕种约四万亩耕地。[4]

洪火秀的祖上在 1680 年代从广东东北迁徙而来，其时新县治刚刚设立，定居在县城西面的官禄坾，地势开阔，水源充足，倚山面东。他们初到之时，官禄坾只有几家店铺而已，但过了一百五十年，等到洪火秀赶考时，已是一座颇具规模的村落了；至少有三条土街，村前有一口大水塘，村民绝大多数是洪姓族人[5]。

洪氏家族是客家人，“客家”在广州方言读如“哈嘎”，以客家土话则读如“宁哈”。客家人与当地人有别。科考还留了两个特设的考席给客家人，以助其同化。祖上较早定居在此地的广州人自称“本地人”，以示优越。[6]

但客家人也不完全是异族，这不同于广西的苗族人。苗族人有时驾船沿西江到广州来卖油，换些城里的东西。苗人的外表便异于汉人，他们有自己的宗教、自己的语言，客家人和广州人都听不懂；满人在 1645 年颁布薙发令，男子皆须剃光前额的头发，辫子扎于后脑，但苗族人则是披头散发[7]。客家人的社会地位并不低，他们可参加科举考试，也无通婚限制。不准参加科考、不准通婚的规定只限于戏子、剃头匠或居无定所的“疍民”——疍民住在长十二英尺的圆形船上，形如半月蛋壳，因而得名。他们一辈子在水上飘泊，即使有能力，也不准在岸上置地建屋或结婚。在这个地区，客家人和汉人最大的不同是，客家妇女不裹足，所以客家妇女可以四处走动，同男人一起下田干活；客家妇女多与客家男人结婚，因为别族的人会觉得她们不迷人[8]。

客家人来自黄河南岸开封一带的华中平原，从客家人的世代口传和成文宗谱，可知其数百年来为躲避外族、内战和经济掠夺，不断向南迁徙。对许多广州附近的人来说，客家话不啻是“外语”，但他们自己却认为这保留了纯正的汉语古音。此说不虚，在洪秀全出生前不久，音韵学者已开始细考客家话词语句法源头，来勾勒汉人的历史。[9]

洪氏的族谱上溯 12 世纪宋朝的学者大臣，远至唐朝人物，洪姓最早见于2世纪的东汉。洪氏族人在这几百年间还有些在科举考试脱颖而出，甚至还有一人进士及第，先入翰林院，官至兵部侍郎[10]。移居官禄㘵的这支洪氏族人，祖上在宋代迁至靠近福建的粤省东北，主要集中在梅县（这是客家人的重镇，至今犹然），不过也有一些族人散居各地[11]。

洪火秀的四世祖迁至花县这不为人知之地，此举确是大胆，因为花县不像梅县是客家人生活和语言的中心。花县一带虽然很繁荣，盛产稻麦、大麻、大豆、各类蔬菜瓜果、酒、蜂蜜、食油、鱼虾家禽等[12]，但洪氏族人即使想来此垦荒，也不太可能找到一整块地来耕种，所以无法整族迁徙，而必须零星行动。由于土地已有当地人定居，而且客家人风俗有别于汉人，在华南许多地方并不甚受欢迎。但即使客家人受到孤立，也透过方言纽带繁衍生息，团结一致。若有媳妇从外村嫁过来，操的是其他方言，那也不得不学说她夫家的话，所生的孩子自然也是如此[13]。

从17世纪洪家南迁，到洪火秀赶考这段期间，花县的洪氏家族还没有人中过府试。据洪氏族谱记载，洪火秀的父亲很受地方尊敬，排解邻里纠纷，但他的房舍却是不胜简陋：它位于从水塘往后数起第三排屋子的西端，中间是通风良好、颇为宽敞的客堂，客堂前有一小块空地，两旁是家人住的厢房，全是泥地土灰墙及板条瓦顶盖成的平房[14]。

官府制定各项仪典，由花县知县领县民履行。开年岁末、季节更替皆在县庙举行祭典，而远在北京的皇帝、太后、太子也是行礼如仪。康熙皇帝钦颁“圣谕十六条”，地方须定期宣讲，中考的举

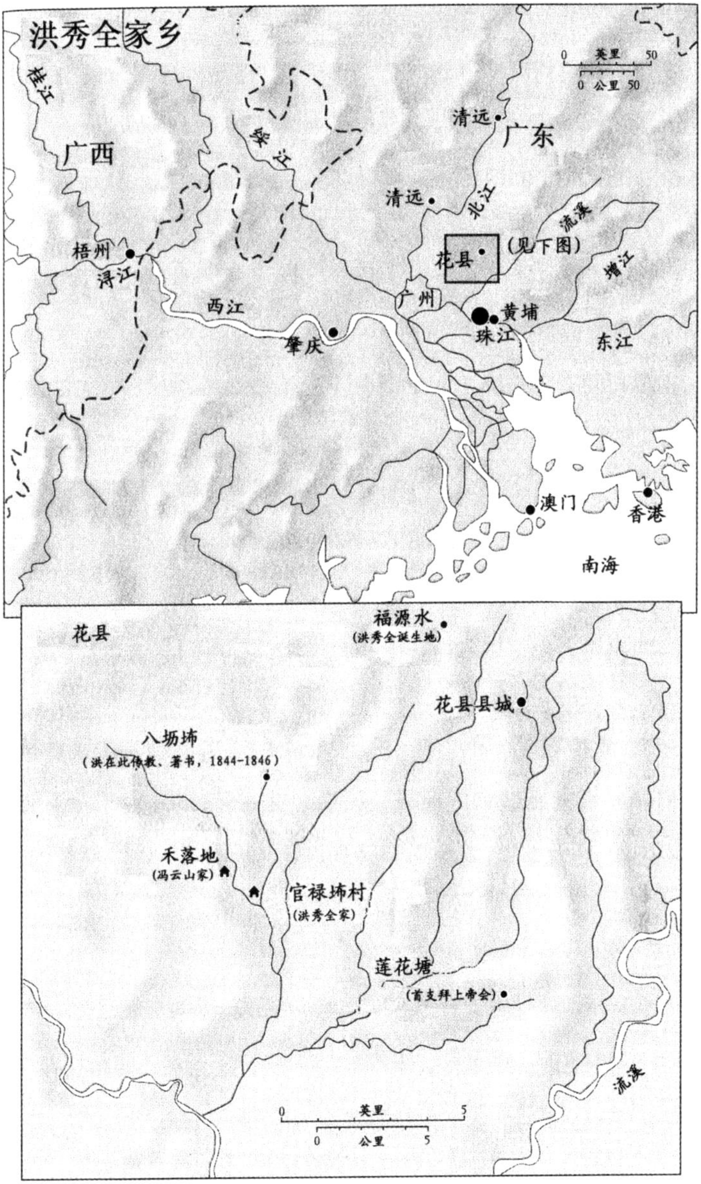
洪秀全家乡
英里
0
50
公里
0
50
桂江
广西
绥江
清远
广东
清远
北江
流溪
花县
(见下图)
增江
梧州
浔江
西江
广州
黄埔
肇庆
珠江
东江
澳门
香港
南海
花县
福源水
(洪秀全诞生地)
花县县城
八埗埲
(洪在此传教、著书，1844-1846)
禾落地
(冯云山家)
官禄埲村
(洪秀全家)
莲花塘
(首支拜上帝会)
流溪
英里
0
5
公里
0
5

子会同当地文武众官，在礼乐声中奉祭叩拜[15]。“圣谕十六条”经过雍乾两朝大儒的诠注得以扩充，概括了在各地均应奉行的立身处世之道，宣扬“敦孝弟以重人伦，笃宗族以昭雍睦，和乡党以息争讼，重农桑以足衣食，尚节俭以惜财用，隆学校以端士习，黜异端以崇正学，讲法律以儆愚顽，明礼仪以厚风俗，务本业以定民志，训子弟以禁非为，息诬告以全良善，戒窃逃以免株连，完钱粮以省催科，联保甲以弭盗贼，解仇忿以重身命”[16]。

在春秋两季的祭典上，还要供奉龙王爷（云雨风雷坛）、土神爷（山川社稷坛）和城隍爷，祈求保佑花县。每尊神灵的祭品各有其规格，以显其品位：龙王爷配飨酒四爵、帛四端，土神爷配飨酒三爵、帛两端，城隍爷则配飨酒三爵、帛一端。不过遇到干旱，却是先恭祭城隍爷祈雨。城隍爷也主理冥籍。[17]

这些神灵关乎社稷安危，因此祭祀多有繁文缛节。至于普通人家到祖坟祭扫祖先，知县并不闻问。但是那些死后无人祭祀的“孤魂野鬼”，官府是要管的。善心人士会在中元鬼节合祭这些亡灵，给他们烧些纸衣纸裤，供奉果菜酒饭，这叫做“烧路头”。不过，孤魂野鬼还有可能害人，所以官府会在城北搭建祭坛，由知县亲临主祭。当地文人曾撰有超度祷文，仍在花县回荡：

> 尚念冥冥之中，无祀鬼神者，昔众生民，未知何故而殁，其间有遭兵刃而殒命者，有死于水火盗贼者，有被人取财而逼死者，有被人强夺妻妾而死者，有遭刑祸而负屈死者，有天灾流行而疫死者，有为猛兽毒虫所害者，有为饥饿冻死者，

有因战斗而殒身者，有因危急而自缢者，有因墙屋倾颓而压死者，有死后无子孙者。[18]

首任花县知县在1686年将这篇祷文刻于碑上以飨亡魂："虎狼尽远窜，盗贼永不生，万姓毕革面，国赋年年足，民心个个善，从此乐尧天，乾坤万古奠。"[19]

即便是庄严仪典也会因夸张而有损品位，或成了喧闹场面。1835年，久旱不雨，广东巡抚不由向城隍爷祈雨的祭典，而以重金悬赏"仙人"或"术士"，无论来自何处、信仰为何，只要能施展法术"驱走"紧锁云层的"恶龙"招降甘雨就行。百姓公开嘲笑巡抚此举，写了诗贴在城墙上。但是有人自告奋勇前来驱赶恶龙时，众人还是蜂拥而至。这人自称是四川来的和尚，法杖朝地里一插，在巡抚衙门里的祭坛前站了三天，烈日当空，他脸上却一滴汗也没有，也没有疲倦的征象，祭坛上有一坛清水，旁边点着长明蜡烛。众人开始嘲笑起来，突然间，大雨滂沱，众人才止了笑声。巡抚为恭谢神灵，令十名妇人在广州城南门祭宰母猪一头，烧烤其尾，众人又讪笑起来。[20]先旱后涝，不到一个月，疫病四起，百姓将公元2世纪的神医华佗［译按：原文作 Yingtuo，疑误］塑像从广州城正南门的庙中请出，在一群挑选出来的妙龄女子簇拥下，沿街敲锣打鼓[21]。

在这类祭典欢娱的场合常有人伺机行骗偷抢，因为这类活动所费不赀，人潮拥挤，若想维持秩序，有时还会以意外收场。中元鬼节原是最庄严的盛会，1836年的中元节，在广州城西郊一处村庄，有当地商人和富户筹了七千两银子之多，在庙前广场搭建竹席凉棚，施放焰口。知县下令修了两条通往庙会的路，彼此平行，一条供男子行走，另一条供妇人行走。结果有两个年轻人扮成妇人，想走妇人专道行抢，但是扮相露了馅，立遭拘捕，并“迫令示众”。[22]

1836年，二十二岁的洪火秀夹杂在生员之中，走在贡院附近布政使衙署外的大街，有两个人引起他的注意。一个是广州人，像是给另外一个汉语讲得结结巴巴的洋人做翻译。这洋人穿戴奇特，洪火秀后来想起，他穿一件似乎是前明式样的“宽袖短袍”，头发则是“在头顶结成一束”。此人透过翻译给旁观的人“算命”，虽然并没人要他这么做。他对洪火秀说道：“你将位居至尊，但伤感致病，须忌之。”[23]

第二天，洪火秀又见到这两人站在龙藏街上，比他们昨天站的地方还南面一点，但更靠近贡院。这次他们没说话，但其中一人递给洪火秀一本书。洪火秀接了过来。这本书是梁发的《劝世良言》。[24]

洪火秀对这洋人的描述不清不楚，用语也不着边际。但种种迹象说明这洋人就是史蒂文斯，他刚从那趟路途最长的沿海之行回广州没几个月。1836年初春，史蒂文斯除保有“美国海员友好协会”牧师的正式头衔之外，又担任“中国传教团”牧师的新职。他的友人说“散发《圣经》和小册子”此时成了史蒂文斯最热衷的事[25]。史蒂文斯在中国虽然已有好几年，但他还是需要翻译，他觉得汉语实在是太难了。他不久前才写道，对学习汉语一事有两种看法，“一种看法认为不可能学通汉语；另一种看法较新，认为学汉语易如学拉丁文或希腊文。吾人不取极端，但吾人承认偏于前者”[26]。史蒂文斯死后，有个在广州与他很近的人写道，史蒂文斯虽“在学习汉语方面造诣颇深”，但实情是，“他的进步主要在于准确，而不以速度见长”。只有纯正的语言在这个背景下才有用。想用商人和水手的那种洋泾浜英语去传播上帝福音，几乎是不可能的。[27]

广州城城门雄伟，戍守兵丁身穿红黄相间的上衣，前胸后背写着大大的“勇”字，他们看似勇敢，实则懒散，贿赂也是家常便饭。史蒂文斯在广州城边上住了很久，对此当然是心知肚明[28]。而且，他最近从沿海之行对北方人和南方人之间的差异有所体会，他觉得北方人“多疑矜持”，相较之下，他所接触的南方人“易于结交”，还有点“痞”气[29]。

洪火秀对那洋人身边翻译的描述也是同样含糊。我们知道，这人不可能是梁发，因为梁发因违禁散发基督教小册子一度遭官府拘捕，已在一年前离开广州。虽然广州的洋人将他保出狱，但他觉得他不能再冒身家性命之险，于是迁到较为安全的麻六甲（即马六甲）去了。梁发以前曾与屈昂一道向赶考生员散发过小册子，但那人也不是屈昂。屈昂的仇家向官府告发他，说他与洋人过从甚密，之后也被迫逃离广州藏匿[30]。那人也不可能是梁发或屈昂的儿子，因为梁发的儿子已逃到新加坡，而屈昂的儿子则顶替父亲，关在牢里。我们顶多只能从一个住在广州的英国人在这年春天写的一封信来推断此人身份，他在这封信里提到，所有曾与梁发在一起的华人基督徒都散了，“只有一人除外，此人有些文学底子，校对了我们付印的许多小册子，作了些润色”。[31] 如果这个中国人真有胆陪一个洋人进广州城里传播福音，他也未必会将此事形诸文字，公之于世。史蒂文斯也没有记下此事或与别人谈起。1836年年底，史蒂文斯在前往新加坡途中，突然头痛欲裂，高烧不退，群医束手无策。不到三周便蒙主宠召，得年三十四岁。[32]

就洪秀全记忆所及，他当时没有细读梁发这套小册子，只是“草览其目录”[33]。洪秀全到底读到了什么？他并未明言。但是小册的目录有他的姓。“洪”这个字在小册子的第四篇第四条里非常醒目，说“洪”水摧毁了世上一切生灵。这一段不断重复这个骇人听闻的讯息，并说这浩劫是创造万物的“爷火华”的意旨。中间这个“火”字又与洪秀全原名“火秀”相同，所以洪秀全与上帝之名有相同之处。小册子里有“洪水”，又有“火焰”。而“洪秀全”的名字居然这两种东西都有。[34]

洪秀全读到，这位上帝对他亲手创造之生灵的罪恶极为愤怒。只有一个名叫挪亚的人得上帝恩宠，因为在世人中间，只有挪亚一人行义。这个上帝叫挪亚造一艘船，此时挪亚已有六百岁，但他还是马上照办。他的三个儿子帮他造船。这艘船很大，有三层楼高，三百英尺长，五十英尺宽。船上有窗户和大门各一扇，各种走兽都来到船上，或是七公七母，或是两公两母，还有各种飞禽和爬虫。挪亚和妻子、三个儿子及三个儿妇也到了船上。上帝的洪水覆盖整个大地。上帝毁掉了一切，只有船上的生灵除外。上帝的洪水灭了巨人，所有的飞禽走兽，只有乘船漂到山顶的这一家八口活了下来，还有他们带在身边的动物[35]。

小册子有好几处也出现了“火”这个字。被称作“上主”的另一个上帝纵火烧毁两个名字古怪的城市，就像爷火华放洪水毁掉世人那般。这个神和第一个神一样愤怒，因为这两个城市的人恣意声色狂欢，犯遍了各种罪恶；上帝用火烧了它们，所有的人、所有的房屋荡然无存，连土地也没了，这地方成了一个大湖。不过，这一次上帝也选了一家人饶恕，这家的男人叫罗得。罗得有一个妻子和两个女儿，上帝救出了这四个人；罗得的妻子回头去看烈焰中的城市，结果变成盐柱。只有三个人保住性命。[36]

梁发的《劝世良言》没有提到这两个故事的结局。挪亚一家八口后来如何？他们身边的飞禽走兽又如何？他们的方舟就这么继续漂流吗？他们是不是永远在倾盆大雨中乘着那条大船随波逐流，茹毛饮血，最后消逝在一片汪洋、枯木和狂风之中？还有，为什么是变成盐柱呢？

洪秀全落了第。他留下了这本书。

注释

1 简又文《太平天国革命运动》，12—14 页；《广州纪录报》1836 年 2 月 9 日“大雪”和《中国丛报》卷五，581 页；开考时间是根据 1835 年 4 月 14 日的《广州纪录报》和《中国丛报》卷一，481 页推算出来的；比较早的推算日期，见博德曼《基督教的影响》（*Christian Influence*），98—99 页，注 124。

2 陈周棠《洪氏族谱》，54 页，澄清了以前有关洪秀全家庭的一些不一致之处，该书表明，洪秀全的母亲姓王，纠正了韩山文《太平天国起义记》所言姓朱的说法。另见王庆成《族谱》；罗尔纲《太平天国史》，1697—1699 页。关于洪秀全与苏世安（音译）之妹的第一次婚约，见陈周棠编《广东地区》，46—47 页。关于薪俸，见韩山文《太平天国起义记》，6 页。我感谢夏春涛大力帮助我搞清了这些关系。

3 《广州纪录报》，1835 年 9 月 8 日。

4 《花县志》，序；关于建治，见卷一，12—18 页，以及第四章，1—26 页；关于署衙及驻军，见卷三，1—7 页；关于田地人口，见卷二，25—26 页。

5 韩山文《太平天国起义记》，3 页；王庆成《族谱》，493—494 页。

6 桥本（Hashimoto）《客家语》（*Hakka Dialect*），1 页。博尔在《末世学》一文中，对客家的历史背景作了很透彻的分析，见该著 14—19、285—286 页。另外，关于客族移民的限额，见 296 页，注 67。

7 《中国丛报》，卷一，494 页。

8 对客家文化所作的最全面的历史考察是罗香林的《客家》一书。高先知《客家》则对目前台湾地区客家人中残留的客家风俗作了充分的分析。

9 桥本《客家语》，16 页，参考了常守朋和卢非（均为音译）在 1783 年做的研究成果。

10 陈周棠《洪氏族谱》，6、15、22—23 页；科恩的《客家》一文，对宋代以前的资料表示了怀疑。

11 陈周棠《洪氏族谱》，40—44 页。

12 《花县志》，卷三，37—46 页。

13 科恩《客家》，249—254、271—273 页；罗香林《客家》，336—345 页，插图 20—24 页。

14 韩山文《太平天国起义记》，4 页。

15 《花县志》，卷一，38—45 页。

16 魏伊格（Wieger）《道德信条》（*Moral Tenets*），133—134 页；迈尔（Mair）《语言与意识形态》（*Language and Ideology*），335—340、349—356 页。

17 《花县志》，卷一，46、51b—52 页。

18 同上，58—59 页。

19 同上，61 页。

20 《广州纪录报》，1835 年 4 月 28 日、5 月 5 日、5 月 12 日。
21 同上，1835 年 6 月 2 日。
22 同上，1836 年 9 月 6 日。
23 韩山文《太平天国起义记》，8 页。
24 同上，8—9 页；《广州府志》卷八中，载有贡院的详细地图和科考日程；简又文《太平天国革命运动》，14 页注释。
25 韦烈亚力《回忆录》，84 页；裨治文《史蒂文斯讣告》，515 页。
26 史蒂文斯《福音》，432 页。
27 裨治文《讣告》，514 页。
28 《中国丛报》卷五，169 页，以及沈复《浮生六记》，124 页，证实了广州城门的贿赂事例。
29 史蒂文斯《休伦号之旅》，326 页。
30 韦烈亚力《回忆录》，12、22 页。
31 马礼逊致艾里斯牧师（Rev.Ellis）信（1836 年 5 月 15 日写于广州），“伦敦传教士协会”档案，“华南”第三箱第二卷 C 套。
32 裨治文《讣告》，517 页；韦烈亚力《回忆录》，84 页。卫三畏于澳门写的三封信（1837 年 2 月 22 日、5 月 15 日、12 月 26 日）中，谈到了史蒂文斯的去世，见卫三畏手稿，第 547 件。
33 韩山文《太平天国起义记》，9 页。
34 关于“洪”和灭世，见梁发《劝世良言》，第二版，3 页第 7 行；关于爷火华，见 213 页第 4 行。关于中国早期的大洪水，见许理和《月光王子》，21—22、29 页。
35 《创世记》第 6 章，第 7 章的译文，见梁发《劝世良言》，213—220 页。
36 同上，索引第 6 行；271—274 页上，梁发意译了所多玛和蛾摩拉的毁灭。

第四章　天　战

洪秀全自幼在官禄㘵，接触了各方神明，以各种方式祭拜神明。一年到头，节庆不断，从春节和正月十五的元宵、清明到端午。端午纪念两千多年前楚国的屈原，他写完《离骚》之后投汨罗江自尽。每逢端午，广州一带人家会在家门口插上艾叶、菖蒲，并以角黍（粽子）祭祖，然后给家人邻里分而食之，孩童则将香包以五色线系于腰间，驱魔辟邪。龙舟典雅堂皇，舟手服饰多彩，但为了拔得头筹，多有寻衅斗殴的情事，再加上本来就有夙怨过节，更是火上加油。暴力相向时有所闻，以致广州巡抚在1835年下令禁止举行赛舟，不过遵守禁令的村庄没几个。[1]

过了夏至，日子便开始一天天走向年尾。据传说，天女在七月初六遣七仙女下凡，所以花县的妇人也打扮得漂漂亮亮，在这一天的未时聚在一起绣彩球，向下凡的仙女表崇敬之情，并祈求她们指点针线手艺，谓之“乞巧”。桌上会摆上鲜花素果和一些小摆设，并雇一些卖唱的盲童盲女来吟唱民歌童谣。次日便是“七夕”，牛郎织女在这一天借鹊桥在银河相会［译按：原文误作“借银河作桥相会”］。

七夕恰好与盂兰盆节相隔不久，这习俗据说已有一千一百年的历史，饿鬼将在这一天由佛陀求情被放离苦海。在中元鬼节，会给和尚、尼姑、道士、道姑和乞丐人等备好饭菜供食，但这种仪式并不是一天就完，从初七到初十，这些人是不会饿饭的。[2]

到了九九重阳日，又要上祖坟祭扫，并登高追忆隐士费长房，此人曾让徒弟携菊花酒，速与家眷登上高处，以避灾厄临门。徒弟一入家门，发现家中鸡犬牛羊悉数暴死在院里，费长房闻之曰："代之矣。"

到了九月底，便是火神的节日：整整三天的时间，家家户户都祈求火神保佑，因为火最令人畏惧，多少城镇村庄都是毁于大火。在这三天里，沿街结彩，灯火彻夜通明，有钱的人家和店家搭起戏台，行"祈火"祭典。有时也会发生像端午节赛舟那般情事，正是适得其反——1835 年，广州附近一个村子举行"祈火"祭典，演了五天五夜的戏，还放了烟火爆竹，结果烧着了戏台的布幕，众人吓得手足无措，连忙逃命，至少有十来个人被踩死踩伤。一年之后，广州城外一个村子又有戏台着火，这一次在混乱中竟有两百名男女丧命[3]。岁末还有两个庆节，一是冬至，此后白日渐长；另一个是祭灶神，对灶王爷优礼有加，让他吃饱喝足，来年便会得保平安[4]。

在花县，干旱、饥荒、水涝和疫病时有所闻，那些节庆也就不可或缺。据花县方志所载，花县人若有微恙，便会请郎中来，若是病情严重，那就要求神拜佛了。大年初一天未明，花县人便沐以加了香的水，在爆竹声中饮春酒，从初一到十二，每日测度雨量，以知来年荣枯。他们也测风向，希望朔风止息暖春回，但他们也祈祷不要刮南风，因为南风会带来厄运。男女老少会群聚在水牛和牛郎的塑像前祈祷；在街上搬演社戏以酬神，朝地上撒些谷豆以求丰年，还吃些青菜面饼以防出天花。过了正月十五，家家户户在门上挂几串大蒜，以恭迎黄帝，禳恶祛邪，还用糯米做些大圆饼，在圆饼上插一根针线，说是有助于神灵补天[5]。

到了四月，户户团聚吃斋饭。在庙前将佛像洒以香油，并吃用百味药草煮的甜米饼。有人说这样能治失心疯[6]。在夏至，会煮狗肉以祛疟疾。到了冬天，家家户户分食以肉、桃和芥菜混煮的羹汤[译注：原文如此，有误。按《花县志》载，“十月朔以羊桃芥菜煮汤啖之”，“羊桃”系指五敛子、猕猴桃之类山果，非指“羊肉”和“桃子”]。在六月底“分龙日”这一天会测雨水风向，其程序比正月还要仔细。当地土谚云：“分龙有雨耕上山，分龙无雨耕下塘。”但还有别的天象也要仔细观察，如来势汹汹却转眼消逝的暴风，风雷交加的暴雨，或是雨后断开的彩虹——这是飓风的先兆，恐有狂风暴雨将至，毁屋拔树，连在水上也无法行舟。这套观天象以知吉凶的方式都是彭祖所传下来的[7]。

在花县，人说要避穷就得在街上烧起大火，恭迎黄帝降临，并要向司稷神位祭供烤乳猪和美酒。为了确保好运，到了冬至还要吃鱼干。岁末，为了祈求玉皇大帝保佑，会烧化竹屋并彻夜守岁[译注：原文如此，有误。按《花县志》载，应是“是夕烧爆竹，家人阖饮团圆酒，通夜不寐，谓之守岁”，史景迁将该段断为“是夕烧爆竹家，人阖饮……”，故有“烧化竹屋”之误]；还在门前挂几串橘子，给门神刻些桃符。为了驱寒，用祭祀用的鼎来煮面。到了中秋，会准备三种式样的月饼，分别名为“胖鹅饼”、“硬壳饼”和“软壳饼”，分量从一二两到几斤不等，味道有甜有咸，饼面上还有人畜形象的彩画。皎月当空，吃着月饼，必能早配佳偶、儿女满堂[8]。

飞禽走兽不论出于虚构或真有其物，都与仙界难分难解。龙可使风调雨顺，譬如冬至，“潜龙表天气复归原位”，龙便代表了东方的阳气[9]。

老虎和雄鸡有多义，也与节气更替相连，尤以由冬入春为然。自古提到老虎，都会提到一棵长在极东之处的大桃树，老虎就在这棵树下。两位神明将鬼怪缚来给老虎吃。官府由此典故，会在衙门门口画上桃树图案花样，在门楣上画了老虎，上头还挂一些用来缚鬼的草绳。老虎代表了阳光，攘祛冬天、寒冷和阴气（北方）。[10]

桃花色红，能避邪恶。门上的红色对联其实代表了桃树，在驱魔做法时会用到桃树枝，也是这个道理。即使草笔所就的老虎，也能保佑合家平安，婴儿戴上一顶虎头帽，也是求个保佑[11]。但是白虎却是不祥——它与兵灾危厄有关，孕妇婴儿亦受其害。能保佑平安的神明换个面貌，也能带来死亡与毁灭[12]。

雄鸡在地方习俗里也常出现，有时以鸡为献祭，将鸡血涂到挂了老虎形象的门楣上，便能保平安。那棵老虎栖息吃食鬼怪的桃树，传说雄鸡也立在树梢。“桃都山上一大树，枝叶蔓蔓三千里；金鸡独立树梢顶，一唱高歌迎黎明。”[13]鸡血虽能祛鬼，但在大年初一不可杀鸡，在这一天只有雄鸡能抵御那些逃离虎爪的妖魔。有时会宰杀雄鸡（特别是色泽泛红的雄鸡）以祭日，有人说这习俗源自春秋时代的鲁国，“鸣鸡羽色红，能令邪不近王”。一般认为，雄鸡有如桃树，“因其阳气而祛疾，且续补活气，裨人大益”[14]。

《玉历至宝钞》也把整年的节令画成图画，不过方式比较吓人，画的是灵魂穿过地狱。《玉历》开章便说，地藏王菩萨和十殿阎君诸神把《玉历》呈给玉皇大帝，玉皇大帝将之颁布世间，其意在让世人明白，在阳间做了坏事，死后在阴间会受什么样的苦，而在阳间做了好事，又如何能在阴间免受罪。以这种方式来渲染地狱与死后的亡魂，显然是有违孔子的“未知生，焉知死”[15]。

传说《玉历》最初不是传给儒生，而是给了僧侣，再由僧侣传给云游道士。书中即言，此书成于“太平”年间，宋朝和辽国不谋而合，皆采这个年号，因此学者推断《玉历》应成于公元 982 年到 1030 年之间 [译注：原文如此，稍有误差，按宋太宗“太平兴国”年间在 976 至 983 年，辽圣宗“太平”年间在 1021 至 1030 年，故笼统的“太平”年间应在 976 至 1030 年]。只要读了《玉历》、并刊印翻印本让别人也能读得到的人，不仅能免受地狱中刀山油锅之刑，后代子孙兴旺昌盛，死后还能转世投胎为人，甚至投胎过上好日子——男人投胎到好地界，女人投胎成男人。而那些藐视、损毁或嘲笑《玉历》者则不会有如此恩遇，死后会被打入地狱，视其在阳间的罪孽受尽十层地狱的酷刑。[16]

《玉历》中的图画让那些不识字的人看到灵魂如何受审转世。只有少数能投胎为人，得享平安。有些也还能转世为人，但是又丑又穷，抑郁多病；大多以其罪孽而投胎为马、狗、鸟、鱼或其他爬虫[17]。即便“圣谕十六条”上有“黜异端以崇正学”的警诫，但在洪秀全赶考的那几年，《玉历》开始广为流传，四处都见得到翻印本[18]。

《玉历》定正月初一应供奉弥勒佛，在各处寺庙多有这个身宽体胖、笑容可掬的未来佛像，虔心礼拜便能求得保佑。正月初八则是拜阎罗王。说来奇怪,《玉历》说阎罗王已非阴间地位最高的神明。很久以前，他主掌阴间，对那些死于非命的人太过宽容，准其重返阳间。由于阎罗失之宽容，被天帝贬到他现在坐镇的第五殿地狱，不过他的名字仍代表了阴间。在阎罗殿的十六诛心小地狱里，凡是信佛不诚、生前不信因果报应之说、杀生、妄言、施展妖术、咒人死、胁诱无辜、诈骗、致邻人死、挑唆不和或以其他方式滋生邪念者，牛头马面会将之剖腹掏心。

阎罗王在殿外建了一座“望乡塔”，面如弓背，朝东西南三向，湾直八十一里，后如弓弦，坐北剑树为城，台高四十九丈，刀山为坡，砌就六十三级。恶鬼被鬼卒牵到这高处，能看到阳间他们刚刚死别的家人，但家人却看不见他们。人死后望乡甚近，均能见能闻，加上阎罗王之助，观听儿孙至亲如何在棺材前哭得呼天抢地，暗地里却在咒骂死者，违背遗愿，变卖死者辛苦挣来的家当，还为了遗产抢得你死我活，对簿公堂[19]。死者看了阳间的这些是非自是痛心疾首，阎罗王将之分派到诛心十六小地狱，里头关了匪徒娼妓，阎罗王对这些恶人也不必费心让他们上塔顶感怀一番。在地牢里，有罪者坐在铁板上，用铜锁铁链铐于铁柱。鬼卒以锋利的小刀开膛破腹，用钩子把心给掏出来，细细割下，心使蛇食，肠给狗吞[20]。

正月初八是阎王节，隔天的正月初九便是天帝的节日，必须许一些尽忠尽孝的愿。天帝亦称玉帝，或合而称为“玉皇大帝”，其权柄超越万物，但其起源不详。一般传说玉帝之母乃是王后，梦见老子前来拜访，之后便怀了玉帝。玉帝生在正月初九午时，降生之时通体光芒四射，普照大地。玉帝自幼尊荣，才智过人，无时无刻不慈爱怜悯，总把金银珠宝施舍给穷困病残、孤儿寡母。他在父王死后登基，但将政事托与大臣，自己隐居山林，冥思默想，臻于至善，升天成仙，长生不死。但他决定三度下凡，走访两千四百处，宣扬怜悯济世之道，救死扶伤，教化众生。宋真宗在 1015 至 1017 年间屡降圣旨，将之名为“玉皇大天帝”。[21]

地府还有九位像阎罗王这样的神明，皆受玉帝节制，各有其节日。凡人若祝祷得宜，或能免于激怒神明。神君审判凡人行为不当之处，少有能逃过惩罚。掌管第一殿地狱的秦广王负责初审刚死之人，然后将之发配给其他神君：入殿右侧竖立一高台，称作“孽镜台”，人到此处都要在镜子前亲眼看一看自己的罪孽。大部分照过镜子之后，马上推到其他层地狱，依其罪孽而受刑。但有两类人会留下来，多受些苦：第一类是那些因细故而自杀的人，这种人并非因为难以承受的苦难或耻辱，仅因一时郁愤就寻短见，既有违门灶诸神，也辜负了有养育之恩的父母，他们每隔十二天，就会重新体验那让他们动念自尽的苦难，直至永远。另一类是那些不专心念经，或借职务敛财，或欺诈轻信者的佛道僧侣，每一个都单独禁锢在狭窄的牢房里念经，牢房里有一盏灯，只用细线一根燃火，灯油重数十斤，要念到一字无误才能停止[22]。

其他那些活得不干净的人也通不过反照镜的审判，必须到其他各层地狱去受苦受难。其中有一意牟利、罔顾医德的庸医，诱奸童男童女的僧侣，吞匿他人字画卷轴的人，欺瞒真情的媒婆媒公[23]，欺骗顾客的伙计，越狱潜逃的囚徒，掘坟盗墓，偷税漏税，滥贴布告，拆散婚姻[24]，不给瘸子让道，偷盗铺路石板和公屋砖瓦，见死不救，贩卖假药或偷凿官银，污秽街面，强占穷人田地建屋的富人，无意或故意纵火焚烧山坡或财物，宰杀飞禽，在水源下毒，毁坏神像，涂毁书籍，著阅淫秽书刊，囤聚谷物，酗酒成性，挥霍无度，恃强凌弱，溺杀女婴，杀戮仆役，赌徒，冬烘先生，不肖之子，等等，皆会得到应有的惩罚。《玉历》列举了各类用刑，有闷捂、针刺、刀割火烤、折骨拔牙、毒蛇塞鼻、水蛭吸脑、阉割、碎膝、挖舌、拔指甲、挖眼睛——触目惊心，不胜枚举[25]。

不过，广州城内外常有横死暴毙之情事，足以考验十殿阎君的心志，磨损望乡台的台阶，倒是令人气馁之事。广州官府每年要处决几百个罪大恶极的人犯，那些凶手与被害者在阴间阎王殿前将再次面临审判[26]。有个广州妇人因谋杀亲夫被判凌迟处死，行刑时围观者极众，门庭若市，据说是受她的高傲、残忍、令人惊艳的美貌和她三寸金莲的吸引而来的[27]。有个谋杀婆婆的妇人在夫眼前被处决，也是引来人潮围观，或去看一个海盗被钉在大十字架上处死——这个海盗所属的匪帮杀了十二名无辜的洋水手[28]。

广州城一带还有一些犯下其他罪行的人，从当时的眼光看来，他们所受的惩罚无论在凡间或阴间的标准，似乎都说得过去。其中有扮成寻常轿夫拐卖卖唱盲女的男子，有假借东门外寺庙窝藏盗贼的和尚，还有一些盗墓贼，他们不但偷盗墓中的殉葬品，还偷部分尸骨，好去做些“谋财害命妖术”[29]。

《玉历》还记载了供祭其他神明的场所时日：大慈大悲的观音菩萨和佛祖释迦牟尼各有两天节日，一天是其诞生日，一天是其涅槃日；灶王爷也有两个节日，一个是生日，一个是岁末升天汇报他在凡间所见所闻的日子。城隍爷的节日在仲夏时分，土神爷的节日则在仲春时分。孟婆的节日在九月十三。孟婆的作用很重要，因为当亡魂在十殿地狱界内四处游荡受苦，其他阎君职司审判和回忆，好让亡魂受惩，偿还一切孽债。但孟婆却是要亡魂忘掉前事，这样，转世投胎时就不会受前世记忆所困或受惠。

孟婆的"酝忘台"隔成一百零八间，台居第十殿，亡魂皆在此听候转世投胎。在这些房间里，孟婆手下的鬼卒摆好一杯杯"似酒非酒"，所有亡魂都得喝，喝完之后，他们过去生活的种种便不复记忆，被扔到地狱最后一条河的红水中，随波逐流，冲到一堵红墙脚下，这堵墙上挂着四条竖幅，上头写着："为人容易做人难，再要为人恐更难，欲生福地无难处，口与心同却不难。"然后，两名鬼卒将之拖上岸，再到凡间走一遭。"活无常"头盖乌纱，身穿锦袄，手执纸笔，肩插利刀，腰挂刑具，撑圆二目，哈哈大笑。"死有分"垢面流血，身穿白衫，手捧算盘，肩背米袋，胸悬纸锭，愁紧双眉，声声长叹。[30]

《玉历》上说，有一类亡魂通过了地狱的种种考验，已准备好转世投胎，但却央求再当一段时间的鬼。有时这请求也会获准。这些亡魂是在前世受男子折磨的女子，她们希望做鬼到阳间报仇。这些女子有些在前世被抛弃，有些遭诱奸，有些说了要纳为正房，结果却发现丈夫早有原配。有些寡妇原本答应了要伺候年迈公婆或照顾子女，但因种种原因受辱或遭欺而轻生自尽。如果这些负心男子正要应考，她们也会跟着进考场，昔日玩弄女子，如今则受女子摆布，思路受扰乱，

成于19世纪的《玉历至宝钞》所绘的地狱第六殿，此书兼蓄民间传说与佛道色彩，劝人去恶向善，在洪秀全年轻时流行于华南。洪秀全改信基督之后，认为这些书都应予以销毁。由左图可见六殿卞城王坐在桌前，一副对联分贴两旁，上联曰：“阴报阳报迟报速报终须有报”，下联曰：“天知地知神知鬼知非谓无知”，横匾上书：“六殿卞城王”。卞城王右有一人做文人打扮，将亡魂在凡间的行为择要报告，左有一鬼吏监看刑罚。

《玉历》列举了各类用刑，有闷捂、针刺、刀割火烤、折骨拔牙、毒蛇塞鼻、水蛭吸脑、阉割、碎膝、挖舌、拔指甲、挖眼睛。卞城王所掌六殿中有“十六诛心小地狱”，亦各有其刑罚，右图为其中数种：以钉穿骨、剥皮、锯身、永跪朱砂。

亡魂在十殿地狱中偿还孽债之后，便到了孟婆的“酡忘台”，喝下一杯“似酒非酒”之后，忘掉前事，听候转世投胎。这一过程由“活无常”（左）和“死有分”（下）负责。

“活无常”头盖乌纱，身穿锦袍，手执纸笔，肩插利刀，腰挂刑具，圆睁二目，哈哈大笑。“死有分”垢面流血，身穿白衫，手捧算盘，肩背米袋，胸悬纸锭，愁紧双眉，声声长叹。（耶鲁大学图书馆提供）

胡写一气，这样他们就不可能及第。碰上这种事的男子只有一条路可走：在四月十七日掌管阴间第十殿（也是最后一殿）地狱之神君的祭日，如果他们虔心祈求，痛改前非，按《玉历》行事，那就能中试，摆脱女子的威胁，摆脱官吏敲诈勒索，免去水火之灾[31]。

1837 年新年一过，洪秀全参加了花县县试。就像 1836 年一样，这次也考过了，然后前往广州赶考府试。这一次，广州城里的气氛比去年更紧张。广东学政鉴于该地生员作弊之风横行，表示只要有行贿打点的考生，必遭严惩。他还把考生寻求特殊关照所用的委婉语记下："运动费"、"书金"或"开门钱"云云[32]。与往年不同，这次没人散发洋人的小册子，而且广州有那么多印工受拘禁，印坊很难在府试开考前印出来。但《玉历》却仍在流通，强调遵循书中的德行便是应试及第之道，还举了许多前朝的例子[33]。

1837 年阴历二月底，洪秀全得知，虽然他过了花县县考，却在广州府试再次失利。他心灰意懒，没力气走回家，便雇了两名轿夫抬他返乡，于三月初一回到官禄㘵村，这天恰是第二殿地狱神君的诞日，这位神君惩罚妄言好运者。洪秀全累得不能动弹，便上床休息了[34]。在他床前围了一大群人，唤他去见阎罗王。这是一场梦，但洪秀全觉得这是必死之兆。他把家人喊到床前，他的两个哥哥扶他坐起来。据他的堂弟回忆，他向家人诀别："我（在世）的日子短了，我的命不久了。父亲母亲啊！我不能报答大恩了！我不能一举成名以显扬父母了。"[35]洪秀全的妻子也在床边哭泣，洪对她说："尔为吾妻，尔不可嫁，尔身怀妊，未知男女，男欤当依兄勿嫁，女欤亦然。"[36]

洪秀全躺回床上，无力气再开口，家人晓得，他大限已到。洪秀全双目紧闭，身体一动不动。但他心里乱哄哄的，脑海里亦出现嘈杂的人群。未几，又见多人奏乐近前，伴着一些身穿黄袍的童子，来人抬着一华美大轿，请其乘坐，秀全登舆，任人抬向东方。[37]

洪秀全在轿中不胜惊异。不久停在大门前，男女浴在光里头迎接他。迎他的人身穿龙袍，头戴乌纱帽，穿戴不是“活无常”的那套锦装，也非“死有分”的那种污秽的斑杂土衫。虽然他们也像地狱的妖魔一样剖开他的肚子，但却不是折磨他，只是取出他腹中污秽，易以新脏腑，再将伤口复合，回它原貌。他们在他眼前慢慢展开一幅卷轴，其上文字清晰可辨，无一模糊，他逐字读完卷文，了然在心。

他读完后，一个妇人走来招呼洪秀全。此妪不是在红水河边强迫人喝下忘事酒的“孟婆”，因为她称他为“儿”，自称是他的母亲。她对洪秀全说：“我子，尔下凡身秽，待为母洁尔于河，然后可去见尔爷爷。”[38]

洪秀全见他的父亲身材高大，手按膝盖，巍然高踞宝座上，身穿乌龙袍，头戴高沿帽盔。金胡浓密，长及腹肚，几不见嘴。洪秀全朝他匍匐膜拜，极其谦恭地站到一边，而他一见洪秀全即悲愤交加，流下泪来。[39]

父亲说：“尔升来么？朕说尔知，甚矣凡间人多无本心也！凡间人谁非朕所生所养？谁非食朕食，衣朕衣？谁非享朕福？耗费朕所赐之物，以之敬妖魔，好似妖魔生他养他，殊不知妖魔害死他，缠捉他，他反不知，朕甚恨焉悯焉。”[40]

洪秀全被父亲的悲哀所动，立时要让世人识破魔道，但父亲拦住他："难！难！"他让儿子看到妖魔害人的种种手段。秀全看到父亲不忍目睹，黯然转过头去。[41]

秀全目睹此惨状亦是愤愤不已，他问父亲："爷爷，他们如此作怪，如何不诛灭他？"父亲答说，因妖魔不仅充塞凡间，甚至还冲进天上的三十三层界内。秀全又问："爷爷有这样大权能，要他生即生，要他死即死，缘何容他们闯来？"父亲言道："暂容他们作怪一阵，然后收他，难道他们还走得？"秀全说道，若是听任妖魔，那他情之所系的人便只能继续受苦了。父亲答说，如你觉得妖魔容他不得，或可起而行事。[42]

洪秀全细察妖魔，发现领头的是阎罗王，也即地狱之王，世人称之"东海龙王"。洪秀全再求父亲允他应战，这次天父许了，还给他两件宝贝，一个金印与一柄名曰"云中雪"的宝剑。于是秀全携印持剑代父出战。两人打得难分难解，穿透三十三层天界；洪秀全挥舞宝剑，兄长则站在身后手捧金印，金印发出火光，令妖魔头昏眼花，落荒而逃。洪秀全手臂酸痛，一停下休息便有天女围拢来保护，给他吃黄色果子，好恢复体力，歇足以后，他们又投入激战。阎罗王极是妖邪，最作怪多变——时而为蛇，时而为狗背上的虱子，时而为群鸟，时而为狮。众妖魔逐层慢慢退出天界，最后落到地上，秀全与大队天军紧追不舍。秀全还抓到阎罗，但父亲命他放这妖魔走，没的污了天界，且它仍会化成蛇，在天界继续欺骗世人，噬人灵魂。秀全虽出声争辩，但还是听了父命，饶过这魔王。至于阎罗手下的小鬼，秀全在凡界则可见一个杀一个。[43]

虽然除恶未尽，但洪秀全经过一番鏖战，回到天上休息。他与妻子“第一月宫”住在天堂的东边。她待他温柔体贴，给他生了个儿子，尚未取名。他们的天堂乐声处处，秀全发现很容易就乐不思蜀，忘却他原本住的那个世界。父亲耐心教导他再读一些劝善教德的书卷，待他转心性。但秀全毫无变化，父亲便逐字逐句教他，让他领悟。洪秀全的兄长则无此耐心，对洪秀全的愚顽很是恼火。此时秀全的嫂子居间调停，劝抚丈夫并安慰秀全。秀全渐渐视嫂如母了。[44]

洪秀全虽然日子过得快活，潜心研习，但父亲却不让他忘却凡间。父亲说，秀全必须回人世，妖魔势力仍强大，世人仍放荡纵欲。没有洪秀全，世人怎能点化呢？洪秀全返回人世之前，父亲又说他必须改名。“洪火秀”的名字犯了忌讳。父亲命他用“全”代替“火”字。父亲还告诉他，他可用三种方式来使用新名字。或是隐匿新名，自称“洪秀”；或是避开原名，自称“洪全”；也可使用不犯讳的名字，自称“洪秀全”。父亲给洪秀全一个正式头衔，以体现他新受的权力和威望：“天王大道君王全”[45]。父亲又吟了两首诗，作为临别赠礼，让他带回下界。他说，诗的含义隐晦，但以后就明白了。

秀全带着礼物辞别妻儿，他们不能与他一道下凡长游，得与父亲、兄长、嫂子及侄女儿留在天上。他们在此平安自得，等洪秀全从尘世凯旋。父亲别时祝福洪秀全，安慰他说：“尔勿惧，尔放胆为之，凡有烦难，有朕作主；左来左顶，右来右顶，随便来随便顶，尔何惧焉！”[46]

洪秀全半睡半醒、精神恍惚，而家人则日夜守护。他时而沉睡，时而大声疾呼“斩妖，斩妖”，手到处指着说“这里有一只，那里有一只”，有如妖魔从他身边掠过一样。他时而从床上跃起，满屋跳跃，手足并举，作搏斗状；时而跌回床上，精疲力竭，默不作声。他不断唱着两句当地的歌谣："有德青年浪游河海，救其朋友杀其仇人。"[47]有时他自称皇帝，人有以此尊号称之者，则欣然色喜。他用朱笔自书了他的新头衔"天王大道君王全"，并将之贴在他的房门上。洪秀全给大姐洪辛英写了另一个四字头衔"太平天子"。若有人来访，洪秀全则大声唱他学到的"高天之音"，他公开驳斥父亲，否认自己从他所出，他与兄长争辩。父亲、姐姐、兄长、来访者皆为他的言语刺伤，听他自称有评判世事、分辨妖魔善人的责任。他记得他在天战时所写的诗歌。其中一首云：

> 手握乾坤杀伐权，斩邪留正解民悬。
> 眼通西北江山外，声震东南日月边。[48]

又有诗云：

> 手提三尺定山河，四海民家共饮和。
> 擒尽妖魔归地网，收残奸宄落天罗。[49]

洪秀全的至亲和官禄㘵的村民私下议论，说他必是疯了。他的兄弟轮流查看他的屋子是否锁好，以确保他没逃出屋去。有必要如此谨慎。律令规定，家里若有人失心疯，全家人都须为他的暴力行为负责。疯子若是杀了人，全家人都要受罚。[50]

不过，洪秀全慢慢恢复平静。家人和朋友也逐渐习惯了他的新名字。妻子赖氏为他生了一个女儿。他回头读儒家经典，准备再次应考。他到附近一个村庄重执教鞭。那段梦境无法解释，因此大家都认为，这个梦毫无意义[51]。

注释

1 《花县志》，卷一，32—33 页；《广州纪录报》，1835 年 4 月 14 日、1836 年 2 月 23 日。

2 《花县志》，卷一，31—33 页；《广州纪录报》，1835 年 9 月 1 日。《花县志》中的描述，可与魏伊格（Wieger）《道德信条》（*Moral Tenets*），405—439 页作个比较。

3 《广州纪录报》，1835 年 9 月 29 日、7 月 19 日、1836 年 10 月 25 日。

4 《花县志》，卷一，30—33 页。

5 同上，卷一，32 页；《广州纪录报》，1836 年 2 月 16 日。

6 同上，卷一，32b 页。

7 同上，卷一，32b—33、35 页。

8 同上，卷一，32、33b、34 页；《广州纪录报》，1835 年 10 月 13 日；关于现代客家人遵从的这些习俗，参见高著《客家》第六章及各处。

9 康德谟（Kaltenmark）《意识形态》（*Ideology*），39 页；卫礼贤（Wilhelm）《易经》；魏伊格《道德信条》，399—400 页。

10 高延（De Groot）《宗教体系》（*Religious System*），卷六，953—955 页。

11 同上，963 页。

12 侯《灾星》，209—219 页。

13 高延《宗教体系》，卷六，957 页。

14 同上，967—968 页。

15 《玉历至宝钞》，39—40 页；克拉克《玉历》，233—244 页。关于这本书与太平天国信条之间可能的联系，参见瓦格纳（Wagner）《天国观念》（*Heavenly Vision*），50—51 页。

16 大英图书馆藏 1839 年版的《玉历至宝钞》（书号 15103.C35）含有一份登录由信徒捐赠的钱财数目和散发的抄本清单。

17 插图引自《玉历至宝钞》，33b—34 页。

18 魏伊格《道德信条》，119 页；关于编撰范围，见“阎罗和玉历”一文。

19 《玉历至宝钞》，43—44 页；魏伊格《道德信条》，363—367 页；克拉克《玉历》，324—327 页。

20 魏伊格《道德信条》，367 页；《玉历至宝钞》，44 页。

21 玉帝的称号是“玉皇大天帝”。参见瓦格纳《天国观念》，34—35、49—50 页；克拉克《玉历》，238—239 页。

22 《玉历至宝钞》，39 页；魏伊格《道德信条》，347—349 页；克拉克《玉历》，251—254 页。

23 克拉克《玉历》，272 页。

24 同上，289 页。

25 同上；《玉历至宝钞》和《道德信条》各书中随处可见。

26 关于每年处决数百人，一天最多时处决十七人的史实，见《中国丛报》，卷一，291 页，卷四，385 页。

27 《广州纪录报》，1835 年 8 月 25 日。

28 见《中国丛报》，卷四，376、384 页。

29 有关拐卖孩童横行的事迹，参见《广州纪录报》，1835 年 10 月 27 日；《中国丛报》，卷四，536 页。

30 《玉历至宝钞》，50b—51b、58b 页；克拉克《玉历》，398—400 页；魏伊格《道德信条》，391 页，与这些说法有所差异。

31 《玉历至宝钞》，50 页；克拉克《玉历》，394 页；魏伊格《道德信条》，385 页。

32 《广州纪录报》，1836 年 8 月 30 日。

33 关于黄、吴家族考试的成功，见《玉历至宝钞》，78b、79 页，以及克拉克《玉历》。关于印刷工人的短缺，见《广州纪录报》，1836 年 6 月 28 日。

34 韩山文《太平天国起义记》，9 页；《玉历至宝钞》，58 页。

35 韩山文《太平天国起义记》，9 页。

36 梅谷（Franz Michael）《太平叛乱：历史和档案》（*The Taiping Rebellion:History and Documents*，以下简称《太平叛乱》），卷 213，53 页。这里的描述，基本上根据金毓黻编《史料》，6 页，以及向达编《资料》卷二，632 页，只做了些微更动。

37 韩山文《太平天国起义记》，9 页；《太平叛乱》，53 页。这两段资料多有交叉，但并不完全相同，尽管两段都是由洪仁玕提供的。有关梦境的精细分析，参见瓦格纳《天国观念》，18—19、34 页。

38 见《太平天日》抄本，翻版载于《太平天国印书》，卷一，第三件，4 页；《太平叛乱》，54、15—16 页；韩山文，《太平天国起义记》，10 页。

39 《太平天日》，载于《印书》，4b 页；《太平叛乱》，54 页。

40 《太平天日》，载于《印书》，5b 页；《太平叛乱》，54 页。

41 《太平天日》，载于《印书》，6 页；《太平叛乱》，55 页。

42 《太平天日》，载于《印书》，6b—7b 页；《太平叛乱》，55—56 页。

43 关于宝剑和金印，见《太平天日》，载于《印书》，页 10b；关于宽恕阎罗王，见同书，11b 页。

44 《太平叛乱》，59—60 页。关于宫殿和家庭，见《太平天日》，载于《印书》，13 页。

45 关于名字，见《太平天日》，载于《印书》，13 页；《太平叛乱》，59—60 页。

46 《太平天日》，载于《印书》，16b 页；《太平叛乱》，62 页。

47 韩山文《太平天国起义记》，12 页。

48 转引自韩山文《太平天国起义记》，12 页，及《太平叛乱》1517 页中的译文。

49 《太平叛乱》，20 页；向达编《资料》，卷二，848 页。库恩《起源》一文（357—358 页）认为这些诗歌预示了一种“含糊但巨大的个人使命”。译注：这首诗并非洪秀全病后所作，而是日后铸剑时之作，亦见后文第六章。

50 关于他兄长的看护，见韩山文《太平天国起义记》，12 页。尼格（Ng）的《狂乱》（*Madness*）一书解释了这种错乱的含意。

51 瓦格纳《天国观念》，21—25 页，对这场梦的确证和类别作了相当有见地的分析。

第五章　启　惑

洪秀全在1843年夏天终于明白，解开问题的钥匙就在他手里，这把钥匙这七年都在那儿。在这些年里头，他都给周而复始的祭祀仪典、科考、家庭琐事绊住，而那场梦却是萦绕心头，历历在目，但他自己仍参不透其中奥秘。洪秀全有个远房亲戚，名叫李敬芳，洪秀全曾在他家设过教席。李敬芳有次到洪家，见到一本样子古怪的书，便借了去看。这本书便是梁发的九章本论集《劝世良言》，洪秀全在1836年带回家来，但既没读它也没扔掉它。李敬芳着了迷似的读了，他再上洪家时，力劝洪秀全看一看此书。洪照他的话做了。[1]

《劝世良言》探讨恶的本源和善的意义，在许多方面正合洪秀全的胃口[2]。此书内容驳杂奇诡，它向洪秀全的内心世界发声，也对广州一带在1839至1842年的战火喧嚣的世界发声。

这是一场怪异的战争，为了贸易、金钱、威信和鸦片而打打停停，这是一场互相威胁、虚张声势与闪躲规避的战争。珠江岸边的洋行世界已经变了样，英国人被逐出广州城，失之东隅，却收之香港。

起先在 1839 年，中国人似乎占了上风。英国人在印度监产的鸦片输入中国，规模不断增加，令中国人怒不可遏，强令英国人缴出烟土，总计 20283 箱，每箱含鸦片四十包，每包含三磅精炼的纯鸦片粉，用罂粟叶层层包着[3]。官府封锁了十三行商馆区，切断对外联系的水路，才迫使洋人作出让步。官军列队排在公行背后的街道，在公行前的广场部署，在珠江上用船舰设了三道警备线，从小溪行一直延伸到丹麦行。本地仆役厨师、通事买办、苦力挑夫共约八百多人，都不准再为洋人做工，否则一律斩首。向来热闹的商馆区一片沉寂，而这些与外界失了联系的洋人自己动手打扫房间，拖地，给油灯上油，擦拭银器，洗碗盘，做饭，他们的菜色就看存货和手艺而定了：水煮鸡蛋和马铃薯，烤面包和米饭[4]。至于鸦片，官府费了好些天来处理，将鸦片置于锅中，混以石灰，在向龙王爷祈求原谅之后，将之冲到海里。英国人呈缴了所有鸦片之后，便获准离开广州，其他洋人也是如此。

但英国商人被冒犯，伦敦闻讯大为震怒，派出一支舰队，将中国要塞的船舰摧毁，清廷在枪口下签了条约，旋即毁约；英国商人重返公行，但面对中国人的狂怒，害怕被杀而再度撤出。风水轮流转，到了 1841 年 5 月，中国百姓冲进空无一人的公行，把猪巷到小溪行之间的物品洗劫一空，镜子、吊灯、大理石雕像、寒暑仪和钟表不是被偷就是被毁，再把剩下的东西悉数烧掉[5]。英军在广州城外的山丘集结——这在中国历史上还是头一遭，这些英国人不是昔日只身踱步或围观失火的人，而是在江面炮艇掩护下身着军服、全副武装的士兵。

英舰由蒸汽铁甲舰“复仇女神”号（Nemesis）打头阵，击沉了七十多艘中国帆船和炮艇，原先江边还有些中国人没放火的地方，这会儿却遭炮火袭击。英军里有英国和印度士兵，大胆进袭，从广州城北的江面登岸，绕到城后攻占守卫城池的四处山顶炮台。英国水兵得意洋洋，把中国俘虏的辫子给剪掉，还剥去了一些人的衣服。这些水兵穿起“满大人”的官袍，戴着顶戴，拖着一条乌黑长辫，博得同胞一阵喝彩。[6]

5 月溽热难当，但广州城的命运未定，还在谈判之中，①而英国兵和印度兵在三元里一带巡逻；此地在英军营地之北，就在通往花县的路上。事件频传，冲突丛生：军队行过结实累累的田地；破门而入，窃取食物，强夺衣物。“征收”家畜而不付钱。遇良家妇女便上前搭讪，甚至强暴。并以科学探秘之名而挖人祖坟，为的只想一窥中国人如何安葬死者。还把一名缠了小脚的女尸从棺木里起出。三元里的居民敲锣召集团练，有些人手持长矛，但大多数最先手里只拿了锄头。西北边还有其他村民加入，有些人还带了简陋的洋枪。从北边来了更多的村民，这些人的家乡离花县更近了十英里，有些人还受过水战的训练。[7]

暑热灼人，而人也越聚越多：五千人，七千人，七千五百人。双方打了起来，一片混乱，暴雨突至，雷电交加，四周一切景物皆不可辨，道路泥泞一片，积水处处，浸湿了火枪，徒余指挥官仓皇找寻士兵。英军坚守阵地，不过中国村民把放羊用的曲杖绑在竹竿

①编注：此后文字至 79 页“逃过一劫的汉人便急于与英国人合作”，系温洽溢先生翻译。

上，朝英军挥去，有些士兵因此受了重伤。英军里头的印度兵拿头巾来擦干火枪，好继续开火。四散的英军再度集结：有一人阵亡，十五人受伤。中国人的死伤更多，但其数不详。[8]

到了 1841 年 5 月底，两边人马都觉得胜利在握：英军纪律森严，装备精良，有能力突袭或占领城镇；而团练如今则有将近两万人之多，分别来自一百零三个村庄，能以众击寡。而在双方的对峙之上，则循外交途径寻求协议：保全广州城，但清廷须赔款六百万两白银，另解散团练，则英军撤离山丘。广州知府余葆纯负责做到这些要求。这些装备残缺的乡勇团练不甘不愿地解散，但他们看到英军也撤了，广州安然无恙，便认为自己大获全胜。[9]

广州的试场本是清静地，但此议达成之后，愤怒的学子掷砚台泄愤。这也是这场战争的一部分，中国人自己起了内讧。战事如此收场，越来越多人相信，社稷多有逆徒，背叛了祖宗。受此挫败乃奇耻大辱，愤怒之声四起。对广州试场的学子来说，砚台乃是“文房四宝”之一，所用之砚多是精雕细镂，家传久远，他们口出不平之鸣，以手边仅有的东西掷向主考官余葆纯。他说动三元里的团练解散，当然也保全了广州城，但在这些饱读诗书的学子眼里，余葆纯对洋人太过卑躬屈膝。余葆纯大惊失色，连忙乘轿离去，还有些胆子大的学生想砸毁他的大轿。[10]

有时，则是官府本身策动广州当地追捕叛徒，找出是谁和洋人做生意，翻译、传授中文，替洋人划船——罪无可赦的是领洋人沿珠江航行，在没有标记的水域，穿过变幻莫测的险滩。若是抓到私通洋人者，有些会将削尖的木棒穿耳而过。木棒的长度过头，上系小旗，游街示众，以示惩罚[11]。三元里等地的乡勇团练四处搜寻与英国人合作的乡民，因此而死于私刑者逾千。而八旗兵本与这场乱事无关，如今也呼啸乡间，觊觎谁家产业，便控之以谋逆[12]。英国舰队渐次北上，集结于长江三角洲，刺探杭州湾，攻击上海，合围南京，事情至此便有了新的变化。清廷欲在这几个城市抵御英军，但是身为统治阶级的旗人也怕汉人趁机起事，便先发制人，一闻英军行将来到，只要有汉人谋反的风吹草动，便格杀勿论。英军目睹汉人百姓逃离旗营。也难怪英军在1841年一取得香港，逃过一劫的汉人便急于与英国人合作。

秘密会社成员也聚集到英国人控制的范围，这些秘密会社歃血为盟，以密语暗号来维系，誓言推翻异族统治，反清复明；随着帮会成员的到来，以讹传讹，而讹言更增恐惧，恐惧又推动了讹言的散播。虽然会党分子中有些是向清官府报信的双重奸细，但许多人利用战争的乱局，在英国米字旗的保护下从事抢劫、走私鸦片或其他害人勾当。在有些城镇，满洲人先杀了自己的家眷子女，然后自焚、自刎或自溺。[13]

无论是儒学经典、地方史志，或是《玉历》，都不太能解释这些怪异的浩劫。但洪秀全在梁发《劝世良言》第一篇的中段，却听到了新的声音。这是一个名叫以赛亚的异邦圣哲说的，梁发节录了一段：

何复责击尔等，尔将又加背逆也。全心以患疾，全心以疸怯，从脚之底，至首之顶无痊处，乃伤青黑印腐疮，非

> 被挟被缚，又非被以膏柔之，尔国将被荒野，城将被火烧，尔地方则在眼前远人吞之，系便荒野，受远人之陷也。[14]①

以赛亚所说的大火不仅毁了广州江边一带，也以吓人的新方式吞噬了官军。英国铁甲舰的火炮击中官军舰船上的火药库，一些兵丁成了火球飞上天，掉落地上已是残缺不全[15]。官军笨手笨脚地弄着新发下来的火绳枪，有时引线会点着挂在腰间的火药盒，人不是被烧着，就是炸个粉碎。一些兵丁躲在屋里，屋子着火，兵丁边脱掉身上着火的号衣，边光着身子踉跄冲出来；一些兵丁死命抓住船上的缆绳或舵桨，直到船只炸翻或是火势太猛，才松手沉入水中[16]。1841 年 2 月 27 日，英国人在黄埔口外拦下九百吨的"吉赛皮克"号（Chesapeake），放把火烧了，发出在珠江三角洲前所未闻的轰天巨响。中国人去年刚从美国人手中买下这艘船，想把它改成战舰，在主桅上升起水师提督的红色帅旗，船尾甲板和栏杆上则挂着五颜六色的飘带，船舱堆满弹药军械。但在激战时火焰却窜到弹药舱，整艘船像被一把巨斧劈成两半，着火的碎片漫天飞舞，把远处的房屋也给烧着，连三十英里外都听得见爆炸声。[17]

那个叫以赛亚的人似乎又通过梁发的传译预见了这场噩梦，他这样说道：

> 又败坏将并落于悖逆获罪者之上，又舍弃神爷火华者

①编注：《劝世良言》原文赖温洽溢先生检核，全书同此者尚有若干处，不一一指明。

将被灭矣。且伊等因所欲之栗树将见羞，又因所择之园将怀耻也。盖尔将为似衰叶之栗树，又似园无水淋者也。且勇力者，将为似麻纰，及其工作，为似火星，致伊两同烧，而无可减少者。[18]

梁发在《劝世良言》第一篇开章便讲了恶魔及恶魔的创造者。梁发写道，有一位名为爷火华的神，造化天地人万物。所创万物以蛇最为邪恶，缘因此蛇乃罪恶之神，自化为蛇魔。蛇魔诱一妇人吞食知恶果；妇人又让其夫食之，因此之故，神爷火华斥责此二人并将其逐出其所居乐园。在此乐园的东边，神爷火华命“基路伯”在此，手握一把发火的剑时刻警戒，看护生命之源并阻止那对夫妇返回乐土。文人为文讲究出处，梁发也这么做，说这是出自《圣经》的第三章，篇名为“创世篇”[19]。梁发是这么写的，洪秀全也就这么读了。洪秀全没法子知道，所谓伊甸园中的蛇是罪恶之神和蛇魔一说，其实是梁发自己加的解释。

梁发在第三篇中又把这个故事说了一遍，不过这次的前后脉络有所不同。蛇仍被说成恶魔，但神爷火华在此处是“神天上帝”。第二篇也论及蛇魔的奸诈，上帝又有别的名号：叫“天地之大主”。到了第六篇的开头，梁发才释疑，说这些名号指的都是同一个真神[20]。不管上帝用什么名号，蛇魔所造成的破坏却是有目共睹。因为第一对夫妇活在乐园中之时，既无酷暑也无严寒，无需男耕女织，无旱涝之灾，无疾病死亡。在此初始之时，人性浑然为善，而无恶欲之心。而蛇魔奸计一旦得逞，邪恶便入了世间，而现今世人性恶大于善，正义心纯之人少之又少矣[21]。

有关恶的问题，梁发在《劝世良言》第二篇大胆论断一个难以理解、难以解决的问题。既然天主有力量从虚空中创造世上万物，如果他想的话，也可以创造完全不同的生灵。但由于他爱自己所创造的生灵，有如父母爱子女，便把他钟爱的独子送到凡间并死去，好赎还世人的罪孽。梁发强调，上帝并没有必要非这么做不可，这是他选择这么做[22]。所以恶暂时还存在，有上帝的善相随。

梁发讲述了这位“神天上帝”如何派他的圣子从天降世，他把孩子的灵魂放进一个无瑕的年轻妇女的身体里，所以虽然没人碰过她，却还是怀孕生子。她在乡下茅屋里生下孩子，给他取名为耶稣，意思是“救世主”和“主”。在他降生之时，天空出现了上帝的使者，要众人无须害怕，因为他带来喜讯：救世主诞生了。他说话的当口，云中忽见各神使，有一群天军赞颂神天上帝曰：“荣归于神至上者，太平于地，及人恩意矣。”[23] 梁发还说，既然这也发生在中国这一块土地上，或许可以在古代经典中找到这件事情的蛛丝马迹。这么想可是大谬不然，因为这些事发生在西汉哀帝年间，而古代经典此时早已写成。在古书里可以找到一些“神天上帝”行为的影子，但别想找到上帝之子的行为[24]。

梁发的书也提供了有关年龄与行动之间的关键。梁发说耶稣是怎样一个勤奋刻苦的孩子，在十二岁就露了智慧。但他还是费尽工夫来寻求召命，慢慢开展教诲世人的使命。耶稣到了三十岁（洪秀全读小册子时也刚好三十岁）才放弃旧生活，公开宣教，明示神天上帝特差其降世之旨意，劝谕世上之人，务要悔改一切奸邪恶端，丢弃各样假菩萨之像，转意归向崇敬神天上帝为主[25]。

于是耶稣敷教授徒，至三十三岁，已满救世赎罪之定期，乃假借群凶之手，甘心受难，苦楚之极，被钉死在十字架之上，似死去状。其时日月无光，山崩地裂。三天三夜后，耶稣以其本来自有全能神之性，在墓穴之中，死而复活，仍居住地上四十天之久，指示门徒明知代赎罪救世奥妙之义，宣谕凡有敬信之者获永福，有罪过不肯信之者，更招永祸。事毕，于众人之前，乘空直上，升于天堂，无数神使扈从迎接。[26]

耶稣降生之时天使口中所说的“太平”与梁发另一段解释“天国”一词之处相对应。梁发说“天国”两字有两种解法：一是天堂永乐之福，系善人肉身死后，其灵魂享受之真福也；二是指地上凡敬信救世主耶稣为人，聚集礼拜神天上帝之公会也。[27]

洪秀全读圣人书读了二十年，但是耶稣的话语与他以往听的都不一样。梁发抄录了耶稣的登山宝训，写的人名叫“马窦”，载于第五章到第七章。耶稣告谕众人，对他们的不幸要欢愉，不可哀恸：

> 因义而接受捕害者福矣。盖天之国属伊等，人将毁谤捕害尔，又妄称尔各样之恶为我名，尔则福矣。欢喜大乐，盖在天尔之赏报大矣。盖前尔之先知，伊等亦是受捕害也。[28]

耶稣还告诉跟从他的人，如何向他们的上帝祈祷：

> 故此尔等如此祈祷云：我等天父在天者，尔名成圣，

尔王就至，尔旨成行于地，如于天焉。赐我等以日用粮，赦我等负债，如我赦负债与我等也。勿由我等入诱惑，乃就我等出凶恶，盖尔为之国者、权者、荣者，于世世，哑门。[29]

耶稣还告诫，恶无处不在，且也许是人与生俱来的：

尔等谨慎伪先辈至尔，其外饰似羊，心里似凶狼，尔等可认之所结之果，人由荆而摘葡萄果乎，抑由棘而摘无花果乎。如是各好树结好果，各恶树结恶果，好树不结恶果，又恶树不能结好果也。各树若不结好果，则砍下投入火也。故此尔等以伊等所结之果而认之。[30]

洪秀全没有参加1841年那次笔砚齐飞的科考，不过倒是在1843年第四次赴广州参加科考，结果又是名落孙山，这时他还没读到梁发的《劝世良言》。梁发在第一篇就说参加科考毫无意义，根本是蹉跎岁月：

即儒教亦有偏向虚妄也。所以把文昌、魁星二像，立之为神而敬之，欲求其保庇睿智广开，快进才能，考试联捷高中之意。然中国之人，大率为儒教读书者，亦必立此二像奉拜之，各人亦都求其保佑中举，中进士，点翰林，出身做官治民矣。何故各人都系同拜此两像，而有些自少年读书考试，乃至七十、八十岁，尚不能进黉门为秀才呢？还讲什么

> 高中乎。难道他不是年年亦拜这两个神像么？何故不保佑他高中呵？由此推论之，亦是儒教中人妄想功名之切，遂受惑而拜这两个神像，而不以虚灵之志，追想尊敬天地之大主，管理全世界富贵荣华之神，乃合正经大道之圣理也。[31]

正如梁发在书中所言，人生如白驹过隙——谁说得定自己能活到五六十岁？遑论八十或一百岁了[32]。洪秀全也听了进去。他从此不再入考场。

正如梁发所言，在某个程度上，其他人被误导之深，不下儒生及其偶像。易于受惑而不能省察自知之人，都沉湎于祈求保佑，佛道徒众是如此，士农工商百工之人亦然。古人仅供奉山川社稷神位或忠臣圣贤的神像；而今人则无所不拜：或用泥塑之像，或木雕之像，或石琢之像，或以红纸写神衔之字，或以纸画之像，或三尖之石，或四方之石等。[33]

梁发写道，四处都可见到这种愚行的例证。行商大户之人家，内厅堂长奉观音及财帛星君、招财童子、地主财神、门官土地、五方五土地主之神、井神——朝夕烧香点灯，以三牲酒醴，拜跪向各神之位，几无断时[34]。农耕之人则奉拜社稷谷王众神，求其保护风雨调匀，多赐生长五谷，驱除剿灭鼠耗伤禾之虫。但都没人知道去拜那造化生长万物之真主[35]。

同样，裁缝之人则言制衣始自轩辕黄帝，故朝夕奉事轩辕之像，望其庇佑发财。又那做木匠之人，言做木料之事，始初系鲁班先师教人以规矩，故奉拜鲁班先师众神，若遇神诞之日，则演戏庆贺之，欲神欢欣，保佑同行业人好生意，大发财帛也[36]。那些行船走海面之人，则信其命悬于北帝天后洪圣之手。他们写了各神之衔，贴于船上，朝夕点灯烧香而拜之，求各神保护船出海往来不受暴风所害，四时行走平安，顺利发财[37]。至于那些妇人多多奉拜观音菩萨、金花夫人、送生司马各像众神。言观音菩萨本是女人，有慈悲心，知道女人辛苦艰难之事，必恤怜女人。金花夫人多儿女，言其必令女人亦多生婴孩，无子生者，常拜求之，欲其赐生儿子。送生司马，言其系传送婴儿之神，妇人拜求之，欲其传送快生，不受产难之苦[38]。

儒生满心虚妄，佛道僧侣也好不到哪里去。道家自称知三元、三清之奥秘及天地之神力，但何人又见过彼等成仙升天耶？反见道士在街上讨钱乞食，饥寒不堪，被人耻辱[39]。又那释家的和尚，朝夕念经拜佛，欲想成道往西天享极乐，然其所奉拜者，岂非早已作古之死人耶？佛祖自顾不暇，焉能护佑他们？是故和尚中“又有衣服清洁穿绸着缎的，又有些饱暖乃思想奸淫邪色的”，还有一些和尚却在病房之内，睡在床上，受苦不堪，叫喊号哭，或在街上讨钱乞食，“或饿死于山上路中，尸骸稀臭霉烂生虫的”。[40]

梁发说了这些醒世之事，还说了古人今人不敬上帝的事。梁发写道，上古之时，有一位圣人名摩西，引以色耳众人出以至比多之国，经过大旷野之地，在西乃山上，神天上帝在山顶降下十条圣诫，授与摩西，令其将十诫之意，教训以色耳众人。摩西即接奉十条圣诫，钦遵神天上帝之命，把十条圣诫之旨详释其义，教训当时以色耳之人，盖那时世代众人，虽有圣人摩西常时教训，但伊等耳虽听之，而心内或遵信，或背逆，总无恒心遵守，故那世代之人渐渐死于旷野之地，不得善终[41]。今日不听耶稣之言者亦若是。时间之久远，地方之远近，也是因素之一，无人能在顷刻间明白一切。然而，正如天色微明，继而光芒四射，道理也会渐为人所知。如今，真理已传至广州，由外邦人乘船携至。他们竟此事功，贪的不是银两，甚至不辞辛劳学习中文，好把圣书译成中文，把道理传给中国之人。如今事功已成，译事已毕，人人皆可亲近圣书的内容[42]。

梁发的文字虽成于数年之前，但是他所讲述的主题却很切合广州一带的现状。鸦片战争于1842年结束，清廷与英皇陛下的代表订定条约，开放了五个通商口岸（广州是其中之一），终结了十三洋行的体系，洋人也不用挤在广州河岸一隅。1843年又签订《五口通商章程》和《虎门条约》，保证了外国传教士（不分新教、天主教）的传教权利，可在五个通商口岸建造教堂，自由传教。原本避居香港的传教士受此鼓舞，如今又返回广州。郭士立又恢复往日活跃，不过他是忙着替英国人做翻译，甚至还替英国人管理刚夺取的领土；郭士立的好友罗孝全也很忙；他在三十五岁这一年，从美国田纳西州的谢尔比维尔（Shelbyville）到中国跟郭士立工作。罗孝全是自学而成的传教人，自幼在充满宗教气氛的环境长大，个性独立，不喜羁绊，不耐规矩束缚，他是第一个回广州的洋人，在广州城的城墙边上租了一小间房子。虽然条约已去除外国人不得入城的禁令，但是仇外的气氛仍浓，洋人是不可能住在城里头的。罗孝全做汉人打扮，与一个信了基督的中国人一同工作，操着客家话，在乡间到处传教，散发宗教小册子。[43]

梁发并没有说神天上帝在西乃山上对摩西说了些什么，所以这些以色耳人在渐死于旷野之前，到底做到什么或是没做到什么，也是不清楚的。但是梁发在别处说了六样“大恶之事”：行凶谋杀、反叛大逆、偷盗、拐骗、奸淫邪术、忤逆不孝[44]。在别处，梁发说了耶稣所不欲的恶事：勿杀人，勿私通，勿偷窃，孝敬父母，爱邻人如爱己。梁发还加上了他自己不欲之事：勿吃鸦片，此罪之深重，一如他罪[45]。

人人都可看出这是恶事，那么何以人人见其害，却仍行恶事？半是由于人之固执，半是因为无视于历史、真理，而且从俗去敬拜那些建庙、奉拜各样神佛菩萨之人[46]。但是那些“做生理为书坊店铺之人”发卖书籍，售卖四书五经各样之书，以及诸史百家之典，固是正经生理，但兼卖那邪淫小说、荒唐小传及淫词艳曲之人，实是教人作恶，诱人学邪，陷害少年子弟不少，虽然不是亲口亲身教人行恶事慢事，卖个小传小说之书、邪淫之词而图利者，就是“善中之恶事”也。若是送本劝世好书与今世之人观看，其虽接受，但过目即毁而弃之，不悦观看；若买得一本淫词之书，则志意向慕，终日观之不倦，专心习读，欲想效法而极行之，犹恐迟之不及[47]。人分两类，有人“专心破费钱财而行恶事”，也有人“图利而为恶事”，这两类人并无大分别[48]。至于释家的和尚妄讲佛法无边，“天上地下，惟佛祖独尊，所有轮回因果，皆赖佛祖主持生死之权”，道家的道士“亦妄讲玉皇大帝、元始天尊、太上老君”，其误导人之深，不下于邪淫之词[49]。

人要如何表明他诚心信服，表明他所信的是对的呢？梁发说了一个名叫保罗的人（他和洪秀全一样，都改过名字）。这个保罗说服了平素行邪术的，也有许多人把书拿来，堆积在众人面前焚烧。他反对敬拜偶像，甚至让那银匠都害怕自己会失了生计，还把恶鬼从病人身上驱走。保罗告诉外邦的信众，他们要接受“圣风”（Holy Spirit），不仅要以若翰之名领洗，也要以耶稣基督之名领洗，“若翰果施悔洗，教民必信向于其后而将来者，即耶稣基督也”。保罗“乃置手其上，而圣风临之，即讲异音，预指后情”[50]。

有些段落洪秀全难以领悟，梁发通篇都没有谈到耶稣生时用水做了什么，何时用，如何用。但梁发在第六篇谈了他与米怜的交往，说到米怜教给他的定义：“洗礼者，以清水一些，洒于人头上或身上，内意是洗去人所有罪恶之污。可领神圣风感化其心，令其自领洗礼之后，爱善恨恶，改旧样而为新人之意。”[51] 在下一个礼拜日，梁发表明深切的忏悔和对耶稣的爱，于是米怜将水洒在他头上，他便受了洗。过了不久，梁发自己为其妻用水净了身，又让马礼逊为他们的儿子行了洗礼[52]。

梁发认为，这整个悲恸而又欢欣的故事，其教诲在于两个不同的层面。很久以前，上帝选了一个他自己的国家，称之为以色耳。他在此颁布诫条，并派了他的儿子到这里，拯救世人的灵魂摆脱罪孽。一如在摩西的时代，上帝的诫条无人闻问，耶稣也被钉死在十字架上，门徒四散离去。上帝的报复极是可怕，不仅在以色耳作恶的人死绝，整个国也亡了，“至今亦无此国，虽有些流散于各国之中，亦被人欺压”。[53]

梁发在第九篇末尾处总结，凡不信上帝的，最后也终会临到这命运。世人都将面临“最后的判决”，它将落到所有人的头上，就如妇女分娩必然痛苦一样，但这有如黑夜的窃贼一样隐秘难见。上帝的使者将展开卷轴，人的罪孽都在上头，万国万民都将受审判，就像牧羊人把他的羊同山羊分开一般。信耶稣的人将以耶稣之名得庇佑，得着全能上帝的祝福。而那些其他的人，将在永恒之火中永世受苦，旁边有魔鬼看守[54]。

在这最后时刻，救世主的宝座将如闪光的火轮，救世主将命他的千百万扈从以父的愤怒之火，把一切生灵烧成灰烬。当审判终了时，众天使吹响上帝的号角，救世主驾云而下，所有那些信从耶稣之名并为他而死的人将会复生，然后是那些觉悟稍晚但仍及时信耶稣的人。这些得救的人腾云升天，救世主在天上迎他们，他们的身体重获活力，得到涤清，他们再无男女之分，而像天使一样住在天上[55]。

梁发的书很长，里头充满了怪词怪名，还有许多东西梁发未作解释。但洪秀全觉得这把钥匙开启了他心智。他梦见他为一个长着金胡须的人迎战妖魔，这便是上帝天父，创造天地的主爷火华。而与洪秀全并肩战妖、用金印照魔，并严厉责备他的那位兄长，便是上帝之子救世主耶稣，他被钉死在十字架上，又回到了天上。那些迎接洪秀全并在天战中助他的扈从便是与上帝住在一起的天使。那在他眼前舒卷，并被逐字讲解给他听的那些话就是梁发书中的内容，或是梁所转译归纳的经文。恶魔阎罗就是蛇魔，他毁掉了那对男女在美丽田园中的幸福生活。洪秀全用以战妖的那柄宝剑像是守卫天堂东门的剑。上帝不直接对人说话，但他对洪秀全说话，正如他在西乃山上对摩西说话一样。耶稣也在世间生活并辛劳过。那场几乎毁掉所有生灵的大洪水象征了洪秀全的命运。而“火秀”一名也犯了天父上帝的名讳。于是改为“秀全”,“全”这个字在《圣经》从头到尾屡屡提及。科举考试百无用处，散播可望不可及的企望，一错百错。洋人虽然卖鸦片，虽然有一些人性情暴躁，但他们的心念是好的，或许可救国于危厄。偶像是罪恶，而中国人一年到头的那些节庆并没有对最神圣的上帝表达应有的崇敬。罪恶横行世间，而那些和尚道士、奸淫之徒和写淫书的人则是助纣为虐。洪秀全在天上剖腹换心的仪式是他受洗礼的预兆。世上仍有妖魔待斩杀，因为罪恶已深入人心。既然耶稣是上帝之子，也是洪秀全的兄长，那么，洪秀全自然就是上帝在中国的儿子。

注释

1 韩山文《太平天国起义记》，19 页；《太平叛乱》，63—64 页。

2 最仔细地考察梁发的小册子及其理论对洪秀全思想之影响的学者中，有简又文，见其《太平天国典制通考》，1665—1693 页（第六部分，第 18 章）；博尔《末世学》。另见所列之瓦格纳、施友忠、博德曼、巴内特、库恩和多伊兹玛（Doezema）等人的著作。我特别感谢刘求娣（音译）大力帮助我理解梁发九篇小册子的全部内容。

3 亨特《番鬼》，87—89 页；费正清《贸易》，64—65 页。

4 亨特《番鬼》，88 页。

5 关于这次抢劫，见伯纳德（Bernard）《复仇女神号》（*Nemesis*），卷二，13 页；《中国丛报》，卷十，295 页。

6 魏斐德（Wakeman）《陌生人》，12 页；费正清《贸易》，81 页；关于假辫子，见伯纳德《复仇女神号》，卷二，11—12、37—39 页。

7 魏斐德《陌生人》，16—17 页；关于偷脚，见《中国丛报》，卷十，530 页。

8 魏斐德《陌生人》，17—19 页；伯纳德《复仇女神号》，卷二，54—55 页；平安《远征中国记事》，卷二，第五章；《中国丛报》，卷十，399—400 页。

9 魏斐德《陌生人》，19—21 页；伯纳德《复仇女神号》，卷二，57 页；《中国丛报》，卷一〇，518—522 页。

10 魏斐德《陌生人》，73 页；《中国丛报》，卷十，527—528 页；《鸦片战争》，卷三，15—16 页。

11 《陌生人》，48—50 页；关于耳朵上插木棍，见《中国丛报》，卷十，292 页。

12 《陌生人》，50 页。

13 伯纳德《复仇女神号》，卷二，331 页；费正清《贸易》，87—89 页。

14 《圣经·以赛亚书》第 1 章，5—7 节，据梁发小册子第五行“头”换成了“心”字；梁发《劝世良言》，47—48 页（第一篇，16 节）；博尔《末世学》第二章，对梁发小册子的内容作了不同、但更仔细的理解。

15 关于 1841 年 1 月 7 日穿鼻之战，见伯纳德《复仇女神号》，卷一，271 页。

16 同上，264—265、272—273 页。

17 关于这艘船的情况，见平安《远征中国记事》，卷二，167 页，卷二，153 页；伯纳德《复仇女神号》，卷一，357—360 页；也见亨特《番鬼》，90—91 页，虽然亨特似乎把穿鼻之战与“康桥”号的沉没搞混了，这两件事相距有一个多月。

18 《圣经 · 以赛亚书》第 1 章，5—7 节；梁发《劝世良言》，51 页（第一篇，18 节）。

19 梁发《劝世良言》，17 页（第一篇，1 节）。

20 同上，158—159 页（第三篇，13—14 节），69 页（第二篇，1 节），281 页（第六篇，1 节）。

21 同上，158 页（第三篇，13b 节），23 页（第一篇，3b—4 节）。
22 同上，80—81 页（第二篇，6b—7 节）。
23 同上，163 页（第三篇，16 节）。
24 同上，163 页（第三篇，16 节），156 页（第三篇，12b 节）。
25 同上，72—74 页（第二篇，2b—3b 节）。
26 同上，163—164 页（第三篇，16 节）。
27 同上，87 页（第二篇，10 节）。
28 《圣经·马太福音》，第 5 章，10—12 节；梁发《劝世良言》，52 页（第一篇，18 节）。
29 《圣经·马太福音》，第 6 章，9—13 节；梁发《劝世良言》，59 页（第一篇，22 节）。
30 《圣经·马太福音》，第 7 章，15—20 节；梁发《劝世良言》，64 页（第一篇，24b 节）。
31 梁发《劝世良言》，25—26 页（第一篇，5—6 节）。感谢刘求娣提供了这一段。
32 同上，82 页（第二篇，7b 节）。
33 同上，25 页（第一篇，4—5 节）。
34 同上，31 页（第一篇，8 节）。
35 同上，32 页（第一篇，8b 节）。
36 同上，33 页（第一篇，9 节）。
37 同上，35 页（第一篇，10 节）。
38 同上，34 页（第一篇，9b 节）。
39 同上，29-30 页（第一篇，7 节）。
40 同上，27 页（第一篇，6 节）。
41 同上，359 页（第七篇，17 节）。
42 同上，362—363 页（第七篇，17b—18 节）。
43 关于讲客家话，见普鲁顿（Pruden）《罗孝全》（*Roberts*），35—45、56、66 页；科林（Coughlin）《陌生人》（*Strangers*）；施莱特尔《在中国传教的郭士立》，129—130 页。
44 梁发《劝世良言》，401 页（第八篇，3 节）。
45 同上，88 页（第二篇，10 节）；《圣经·马太福音》，第 19 章，18—19 节；关于鸦片，见梁发《劝世良言》，96 页（第二篇，14b 节）。
46 梁发《劝世良言》，402—404 页（第八篇，3b—4b 节）。
47 同上，407 页（第八篇，6b 节）。
48 同上，409 页（第八篇，7 节）。
49 同上，430—431 页（第八篇，17b—18 节）。
50 《圣经·使徒行传》，第 19 章，1—8 节；梁发《劝世良言》，461 页（第九篇，1 节）。
51 梁发《劝世良言》，298—299 页（第六篇，9b—10 节）。
52 同上，302（第六篇，11b 节）、307（第六篇，14 节）、308 页（第六篇，14b 节）。
53 同上，456 页（第八篇，30b 节）。
54 同上，496（第九篇，18b 节）、498 页（第九篇，19b 节）。
55 同上，500—501 页（第九篇，20b—21 节）。

第六章　出　游

人相信什么，就会变成什么样。洪秀全开始讲道。他第一个对象是李敬芳，此人与他一起读过《劝世良言》。梁发在书中有意不提四福音书中施洗约翰给耶稣施洗，或是耶稣给别人行洗礼，洪李两人便一起从书中的蛛丝马迹去揣摩施洗的仪式——洪秀全和李敬芳两人私底下互相施洗，就像梁发给妻子行洗礼一样。梁发有言，只有信耶稣并接受洗礼者，才能得永生，而拒不接受耶稣者则苦痛永世。所以两人相互以水洒头，对他们的新上帝祈祷，立誓不拜事邪神，不行恶事，恪守天条。他们一道念诵自己发明的祷语："洗除罪恶，去旧从新。"洪秀全满心喜乐，乃写了第一首诗：

吾侪罪恶实滔天，幸赖耶稣代赎全。
勿信邪魔遵圣诫，惟崇上帝力心田。[1]

两人又说了洪秀全的梦，觉得至少有一部分是参得透的。于是他们叫当地一匠人铸了两柄宝剑，各重九斤、长三尺，在剑身上镌了“斩妖剑”三字，还吟了首诗以志纪念，诗曰：

> 手提三尺定山河，四海民家共饮和。
>
> …………
>
> 虎啸龙吟光世界，太平一统乐何如。[2]

洪秀全似乎宣讲不辍，话还传到了外村。有些人以为他又疯了，就像他以前做那场梦的时候一样；友人心中焦急，便推了一人来照看洪秀全，结果反教他信了洪秀全的想法。洪秀全也常同两个亲戚谈论，他们尤其听信他的话。其中一个叫洪仁玕，住在官禄㘵，是洪秀全的堂弟；另一个叫冯云山，是洪秀全继母的亲戚，住在不到一英里远的村子里。两人与洪秀全一样，都读过书但未能登第，任乡村塾师糊口。1843 年夏，洪秀全也让这二人信了耶稣。这三人行了两次礼来纪念——先由洪秀全私底下在冯云山的私塾中为两人施洗礼；但之后不想这样偷偷摸摸，便去附近一条小溪，把全身浸透。自此之后，冯云山和洪仁玕就成了洪秀全的亲信，而李敬芳虽有那柄宝剑，却淡出了信众的核心。[3]

洪秀全与这两位新信徒重读梁发的书，逐渐悟出了一些他以前没看透的东西。洪仁玕后来回想起，洪秀全是这么说：“如我徒得此书而无前时之病状，则断不敢信书中所言而反对世上之陋俗……我曾在上帝之前亲自接受其命令，天命归予。”[4] 洪秀全说誓言不可改，天命不可违，因“神爷火华的话是对的”，其佐证载于《诗篇》第 19 篇和第 33 篇，梁发的书中有译文。这两首赞美诗（其他的梁发没有翻译，故洪秀全无从得知其余各篇的内容）到处可见洪秀“全”的名字，洪秀全读到：“声闻全世”，便将“全世”解为“秀全的世界”[5]。读到“全然公义”，便以为“秀全比黄金更可羡慕”[6]，依此类推，例如“孰能如秀全知过”[7]。

接下来的几个月，他们潜心研读梁发的书，探究微言大义，宣讲其中内容，并试着领会哪个代称适合哪个人或神。三人慢慢让自己家里的人都皈依了新教。洪秀全有两个住在广西的远房表亲为了家里的事来官禄㘵（或是另外有别的事，对此我们没有文件可稽考），也给秀全说动，由他作了洗礼，之后把耶稣的教义带回老家。[8]

上帝要人不拜偶像，于是三人先从他们最熟悉、朝夕相处的偶像下手，这就是私塾里头所尊的孔子牌位。他们一个一个除去这些牌位，理清这被异端神像污染的书塾。这并非易事，牌位各式各样，形状大小各异。孔子的牌位上刻有后世所追赠的谥号“大成至圣先师孔子之位”，康熙皇帝在 1686 年御笔亲书“万世师表”四字。根据官府所规定的制式，牌位高二尺三寸七分，宽四寸，厚七分；座高四寸，长七寸，厚三寸，朱底金字[9]。在孔子牌位的周围还各按规矩摆放一些尺寸不一的其他牌位。这些牌位都是赤底墨字，分别标着孔子的四大贤徒、十哲和两千多年里历朝历代宣谕加入配祀行列的圣贤之名讳。到了洪秀全的年代，这个配祀行列已达百人之多。这些人洪秀全都认得，他在备考时还要熟读这些人的诗文奏章[10]。

塾生的家里渐渐得知孔圣人的牌位被摘下，便陆续退了学。书塾收入大减。官禄㘵附近一些中秀才（洪秀全一直在考的就是秀才）的读书人责难洪秀全的行径及他传播的新信仰。有个秀才当洪秀全是个认真的读书人，才思敏捷，甚至提议通读梁发的《劝世良言》，向洪秀全逐一批驳书中谬误。洪秀全大为光火，竟与他绝交[11]。村中父老还尊洪秀全文才出众，在1844年正月请他应元宵节书写吉颂诗文。但洪秀全自觉茅塞已开，视此等诗文为“歌颂偶像”，便拒绝了。这时，乡亲父老便写了一首诗斥责他：

> 老拙无能望后生，谁知今日不相关。
> 经纶满腹由人用，听信谗言执一般。[12]

洪秀全用了这首诗的末句，回敬了一首诗：

> 非听谗言违叔命，只遵上帝教条行。
> 天堂地狱严分路，何敢糊涂过此生。[13]

这些人虽然住在乡下，而非文风较盛的县城，但到底还是断文识字的人。这个冲突看似文雅，然而其间积怨极深。故春天还没过去，洪秀全和他的堂表兄弟便丢了饭碗。[14]

他们应该做什么呢？照洪秀全的说法，他们要“出游天下，将此情教导世人”[15]。他们没什么积蓄，而洪妻赖氏又刚生下第二个孩子——一个女儿。他们盘算沿途卖笔砚以充旅费。他们计划五人一起出游，但还没出发，洪仁玕就被迫离伙了。他的父母兄长不准他出门。虽然洪仁玕已年届二十，是个成年人，但父兄还是把他痛打一顿，撕了他的衣衫，以罚他撤去孔子的牌位，他知道自己要听从父兄的话。因此在 1844 年 4 月初，只有洪秀全、冯云山和冯云山的两个亲戚离开官禄𡊁[16]。

他们是想效法耶稣云游四方，还是耶稣使徒四处传教？还是只想求个活路而已？他们没有说，但他们最初的行踪透露了心中的犹豫不决，好像想远走高飞，却又不想离家太远。他们先去了广州，对洪秀全来说，他四次应试在此，这是旧地重游；公开交战已经结束，炮火平息，但广州城的局势依然紧张，满汉对立，百姓仇视英国人，不让英国人进城，即使条约已对此事作了规定。英国人不想再启战火，于是继续进行交涉，并转而经营香港。这四人来到珠江口，然后转向西北，由西门入广州城，再出东门，沿着东边的山丘绕了半圈，一路宣讲，最后在清远县歇脚，此地在官禄𡊁北方四十英里处。他们受清远当地人的欢迎，并给许多李家人行了洗礼（他们可能是最早皈依洪秀全的李敬芳的亲戚），此后便坚信基督教。洪秀全一行继续往北，然后折向西，5 月初到了白虎圩歇脚。他们在广东省境徒步走了三十四天，最后停在离他们出发地一百英里的地方[17]。

在洪秀全力议之下，他们在白虎圩散伙了。洪秀全后来回忆，他希望一个人独自旅行，但冯云山坚持要陪他同行，另外二人则回家乡[18]。洪秀全与冯云山商定的计划很是大胆，也充满了艰险。他们要步行到广西的桂平县赐谷村。他们之所以选了这个地方，是因为洪秀全的远房亲戚黄家住在那儿。去年这家有两人拜访过洪秀全，回家前还由洪给他们行了洗礼。洪冯两人对这一带很不熟，甚至不知道这段两百五十多英里远的路程该怎么走最好，只知沿河道而行，然后翻山越岭，人烟稀少，或多为苗瑶土著，他们对官府和中华文

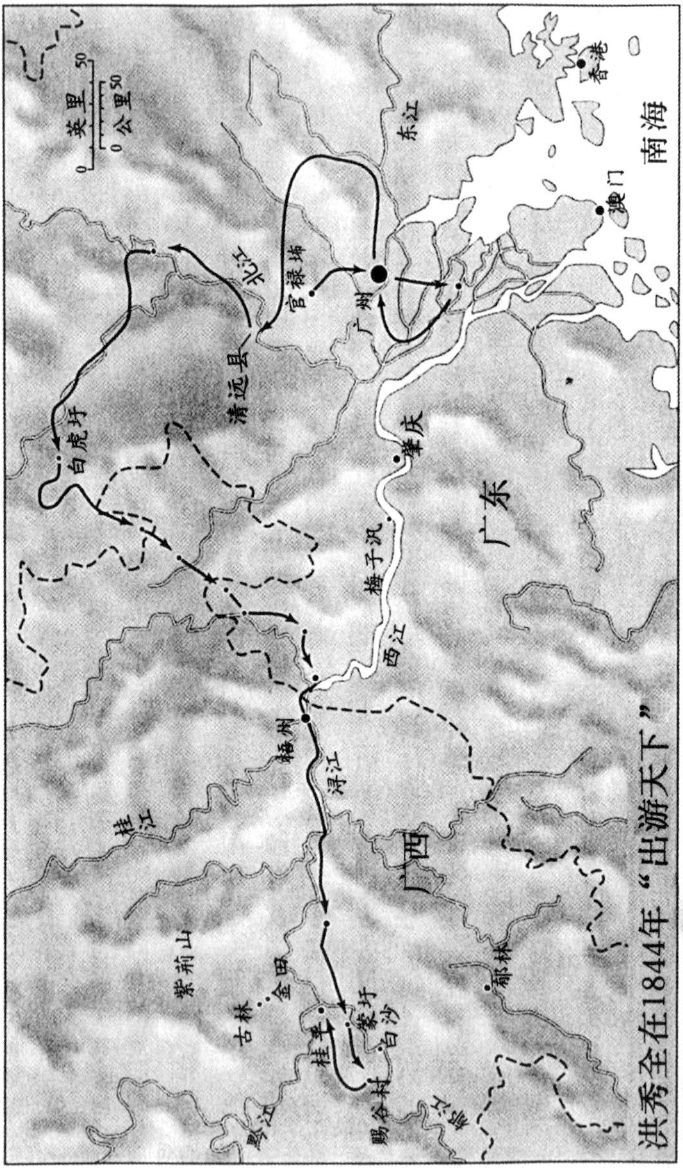

洪秀全在1844年“出游天下”

化知之甚少，亦不感兴趣[19]。

但这一路上平静无事。所遇之人时时援手相助。一个住在山里靠教授苗家孩童为生的汉族塾师对他们的帮助尤多。这位塾师款待洪冯二人，还信了他们的教义。洪冯二人不通苗族土语，便委以塾师传教义予苗人的重任。两人离去时录了一些教义要旨给这位塾师，塾师则给他们一些盘缠。他们往往镇日赶路，只偶尔在路边村舍小摊打尖充饥。虽然路程艰辛，阮囊羞涩，但他们晓得自己是"在独一真神的保佑下游历"，走了十七天之后，1844 年 5 月 21 日，他们到了广西的蒙圩，平均每天走十四英里。他们又从蒙圩向西走了十五英里，到了赐谷村的黄家，受到那两名在官禄埗受洗的人殷勤招待。两人轮流在姓黄和姓洪的五个人家住宿。[20]

洪秀全知道，要能劝人皈依，加快宣教的速度，就需要形诸文字，描述这个独一真神之宗教——这是他从梁发身上学到的。洪秀全在赐谷村一带逗留期间，开始写他自己的《原道救世训》，书名也与梁发的《劝世良言》相呼应。除了诗歌和应试答卷之外，这些"劝训"是洪秀全最早形诸文字的作品。这几个月里他书写不辍，用的是七言诗的格式，好让不识字的人也易于记住。[21]

洪秀全全凭心中的素材写成"劝训"，这点几乎是可以肯定的，因为他和冯云山身边没带多少书，而且在广西的穷乡僻壤，家里又非书香门第，接触到的图书大概也不多。对一个在科举考试里消磨了二十多年的人来说，四书五经和朝代更替、古圣先贤都已深入心中。吾人虽然无法确知洪秀全这趟旅行有没有带着梁发的书，但以他受过的心智训练，他会把书中要旨牢记在心，运用自如。[22]

洪秀全或许写了几篇“劝训”,但只有一篇完整流传下来,即《原道救世歌》。洪秀全在跋中所述,昔日天下人共执一信念,如今已偏离之:

> 天父上帝人人共,天下一家自古传。
>
> 盘古以下至三代,君民一体敬皇天。[23]

在古时,此等信仰与信念是自然的:天人一气理无二,岂有别神宰其中?即谓上帝须辅助,断非菩萨赞化工。如果化工赖菩萨,从前未立理难通……勿拜邪神,须作正人,不正天所恶,能正天所亲。所以说,洪秀全认为欲持正道需遵六诫:一为去淫戒色,二为不忤父母,三为勿杀害,四为勿偷盗,五为勿行巫觋,六为勿赌博。[24]

洪秀全以他读书多年的学养,来强调道德面。他在解释第一条训示时强调,淫能使人变为妖,而“人变为妖天最嗔。淫人自淫同是怪,盍歌麟趾咏振振”。洪秀全相信,只要读过书的人都知道《诗经》:

> 麟之趾,振振公子,于嗟麟兮。
>
> 麟之定,振振公姓,于嗟麟兮。
>
> 麟之角,振振公族,于嗟麟兮。

麟乃是神话中的母兽,象征美好的事物,集祥瑞动物的特征于一身:鹿身、牛尾、马蹄、独角、鱼鳞。孔子有言,要常记“麟之趾”,因为麟的动作轻柔,不会伤及生灵,连草都不踏坏。麟的角端有肉,说明若是迫于形势，不得不以角应战，但是麟更爱和平之道。[25]

洪秀全写道，孔子对颜回的回答中，可见到类似的论点——颜回问仁，子曰：克己复礼为仁。克己复礼有四目，即非礼莫视，非礼莫听，非礼莫言，非礼莫动。[26]

洪秀全写道，第二诫不忤父母乃是不言自明之事，无需例证。甚至鸟兽也都有此天性，故“羊有跪乳鸦反哺”。大贤君舜在历山脚下耕作时哭声震天，因为他不明白他一意孝敬父母而父母为何还要恨他。舜的父母有两次真的想把舜杀死，夺其财产、妻室、牲畜和土地。一次是舜在屋顶工作，父母放火烧屋，要不是舜擎两笠自扞而下的话，必会葬身火中。还有一次舜在井底，父母下土实井，幸好舜先挖了旁道逃出，才得以免于一死。虽然舜的父母显然欲置舜于死地，但却从未动摇舜对父母的孝慈之心。[27]

从各方面来看，第三诫勿杀害也是不言自明的：因为“普天之下皆兄弟，灵魂同是自天来。上帝视之皆赤子，人自相残甚恻哀。是以先代不嗜杀，德合天心天眼开。宠绥四方惟克相，故能一统受天培。夏禹泣罪文献洛，天应人归无可猜。嗜杀人民为草寇，到底岂能免祸灾。白起项羽终自刎，黄巢李闯安在哉”。[28]

在洪秀全看来，第四诫勿偷盗并非社会秩序问题，而是内在道德素质的问题。固然“聚党横行天不佑”，但也“君子临财无苟得”，因此“杨震昏夜尚难欺，管宁割席因歆顾”。杨震为高官时，一个属吏夜访杨震，送他十两黄金，杨震不纳。属吏说：“昏夜已临，无人知之矣！”杨震答曰：“天知，地知，我知，你知——何谓无人知之！”[29]儒生管宁曾与密友华歆同席共读，有极品达官乘轩冕过户者，管宁读书如故，而华歆却废书出观。于是管宁与华歆割席分座，曰："子非吾友也。"[30]

洪秀全为了强调头四条诫训，主要是引用典籍和掌故。但在讲第五诫"勿行巫觋"时，他不以经典为例，而是援用梁发在书中的语言——不过洪秀全并没有写出梁发的名字。

> 邪术惑众犯天诛，死生灾病皆天定。
>
> …………
>
> 自古师巫邪术辈，累世贫穷天不扶。
>
> 鬼人送鬼终惹鬼，地狱门开待逆徒。[31]

洪秀全讲第六诫"勿赌博"，又回到儒家典籍历史。虽然他曾想把孔子的牌位移出他执教的学堂，但他并不反对孔子。洪秀全列举反对赌博的理由，曾有两次称赞孔子及其门徒知命安贫，奋发自强。而赌博则犹如杀人"暗刀"，有违天意，因为富贵乃由天定，非人力可为；赌博使人荒惰，不再满足于正当收入。洪秀全接着说，从这个方面来看，赌博与饮酒、吃鸦片是一样的。酒能破家，也能亡国："请观桀纣君天下，铁统江山为酒亡。"吃鸦片使人疯癫，散尽家财："如今多少英雄汉，多被烟枪自打伤！"[32]

洪秀全不想再列举其他危害世界的错事：

> 其余不正难枚举，在人鉴别于微茫。
>
> 细行不矜终累德，坚冰未至慎履霜。[33]

洪秀全住在赐谷村的头几个月里，听说当地有个“六洞庙”（又作六窠庙），洪秀全最担忧的道德沦丧行为似乎尽集于此地。他问到庙中供奉何人，人说是为了一对男女的精魂而建。洪秀全问道，他们是否成婚，当地人的回答令他大为震惊：“非也。当初二人在此山和歌，苟合而死，后人传闻得道，故立像祭祀。”洪秀全诘问，这对男女通奸同居怎么还可能成仙呢？上天会惩罚他们，而不是让他们成仙，而这所谓的神龛供的不过是一对妖魔而已[34]。于是，洪秀全又作诗一首以表心中愤慨：

> 举笔题诗斥六窠，该诛该灭两妖魔。
> 满山人类归禽兽，到底男歌和女歌。
> 坏道竟然传得道，龟婆无怪作家婆。
> 一朝霹雳遭雷打，天不容时可奈何。[35]

洪秀全就这样读书、写作、教书，在那些好客的客家亲戚那里轮流作客，传播他关于罪恶、救赎、悔改的教义。他一次又一次地讲述他的梦境及其含意。他在官禄㘵老家发明的简略宗教仪式，在这西部山区定了形制，一些最初的做法也放弃了。比如说，上帝的名号不再写在牌位或金纸上，圣坛上也不再烧香。做礼拜时，桌上摆明灯两盏、清茶三杯聊作供奉。聚集听道的人越来越多，客家妇女也来听讲，不过男人和女人是分列而坐的。他们以歌声颂赞上帝，此地多歌谣，但这些赞美诗颂扬的是上帝的恩典；洪秀全的布道强调反对偶像崇拜，并强调耶稣是救世主。祈祷时，人人面向照进屋里的光跪着，因为在山里，房舍往往多窗以通风。教民们闭着眼睛，轮流大声念诵祷文。[36]

> 小子〇〇〇
>
> 小女〇〇〇
>
> 跪在地下，真心悔罪，祈祷天父皇上帝格外恩怜，赦从前无知，屡犯天条，恳求天父皇上帝开恩，准赦前愆，准改过自新，认得升天。自今真心悔改，不拜邪神，不行邪事，遵守天条。恳求天父皇上帝时赐圣神风化恶心，永不准妖魔迷，时时看顾，永不准妖魔害，祝福有衣有食，无灾无难，今世见平安，升天见永福。托救世主天兄耶稣赎罪功劳，转求天父皇上帝在天圣旨成行，在地如在天焉。俯准所求，心诚所愿。[37]

不到几个月的工夫，洪秀全在赐谷村山区劝说大约一百人皈依新教。那些想受洗的人先写一份忏悔状，然后朗声宣读；如不会写字就作个口头忏悔。忏悔状在神坛上以火焚化，使达上帝神鉴[38]，随后宣誓“不拜事邪神，不行恶事，而恪守天条”。接着，洪秀全以水灌于受洗人头顶，以洗去过去罪孽，口中念念有词：“洗除罪恶，去旧从新。”洗礼完后，新入教者至河中沐浴，又将神坛上的清茶饮下，并以盘中水自洗心胸，以表外体内心都已洗净。此后每餐进食前皆作简单祈祷：“天父皇上帝，祝福有衣有食，无灾无难，以得升天。”[39]

学问的用途不拘于一。洪秀全虽然没中秀才，且决意不再参加科考，但他知道官场的应对规矩。洪秀全寄住黄盛均家（此人也是他的信徒），其子因邻族人举告而被官府拘押，黄家向洪秀全求助。洪秀全起先要黄家祈求上帝让那年轻人获释，他们照办了；而洪秀全除了祈求神助之外，又向审理此案的县衙禀呈了一份文情并茂的申冤状。这份禀帖起了作用，过了一段时间就把他给放回家了。他回家后不久，也皈依了洪秀全的新教。[40]

但洪秀全在赐谷村也非事事顺利。黄家里头碰到某些“氏族纠纷”，关系到的或许还不光是致使黄盛均之子被拘押的诉讼。洪秀全离开了黄家一段时间，与密友冯云山住在山上的草屋里。在这段期间，有人对他颇有讦谤——或许是不满于他的宗教、他的道德说教或他对六洞庙的攻击。不久之后，洪秀全回到黄家，但冯云山却去了桂平县城，结识了几个新朋友——看管县城水塘河闸的张家人。冯云山在六七天里头几乎花光了他的（也许是他和洪秀全共有的？）盘缠。[41]

1844 年 11 月，洪秀全还是决定离开此地。他在广西已待了五个多月，距他当初离家出游，宣讲上帝福音已历时近八个月。虽然他托去广州的亲戚捎了一封家书，但他家人一定很担心。这中间还有一个因素：洪秀全传教时说，不孝是违背神天上帝的六大罪之一。儒家讲孝道，则称“不孝有三，无后为大”，这是每个学童启蒙都要熟读的。而洪秀全到现在也还只有女儿而已。

黄盛均送洪秀全到桂平县城。他们到张家去寻冯云山，但没找到人。张家说冯云山已经回官禄㘵了，洪秀全也就信了，便不再继续寻找冯云山。他别过黄盛均，只身返回官禄㘵。这次他坐船，想来是用那些广西信徒送他的盘缠付了船资并买食物。船沿浔江下到西江，直抵广州，一路稳当平安。十二天后，洪秀全回到家乡，与父母妻女团聚。[42]

注释

1 韩山文《太平天国起义记》,20 页;《太平叛乱》,4、21、65 页,转译;梁发《劝世良言》,144 页(第三篇,6b 节)。

2 韩山文《太平天国起义记》,24—25 页;根据他的中文版本作了些修正。

3 同上,19—22 页;郭毅生《太平天国历史地图集》(以下简称《地图》),17 页;梁发《劝世良言》,306—307 页。

4 韩山文《太平天国起义记》,21—22 页;许理和(Zürcher)的《纯洁》(*Purity*)一文,探讨洪秀全新信仰的净化本质。

5 《圣经·诗篇》第 19 章,3—4 节;梁发《劝世良言》,166 页(第三篇,17b 节);韩山文《太平天国起义记》22 页,把第三行和第四行搞混了。

6 《圣经·诗篇》第 19 章,9—10 节;梁发《劝世良言》,167 页(第三篇,18 节);韩山文《太平天国起义记》,22—23 页。

7 《圣经·诗篇》第 19 章,12 节;梁发《劝世良言》,167 页(第三篇,18 节);韩山文《太平天国起义记》,23 页。

8 韩山文《太平天国起义记》,27 页。

9 《花县志》,卷二,8 页。

10 同上,卷二,8b—17 页。

11 韩山文《太平天国起义记》,22 页;维勒(Weller)著《抵抗》(*Resistance*),39 页,对这个事件的意义作了探讨;韩山文《太平天国起义记》,23—24 页,似乎暗示是洪仁玕让洪秀全的家人信了教,但他的措词很含糊。

12 韩山文《太平天国起义记》,25 页,作了修改。

13 同上,26 页,作了修改。

14 同上,26 页;维勒《抵抗》,39 页。

15 《太平叛乱》,66 页;《太平天日》,载于《印书》,22 页。

16 《太平天日》,载于《印书》,22 页;农历道光十五年二月二十四日,阳历 4 月 2 日;简又文,《太平天国革命运动》,24 页,暗示他们"装成"了小贩,这个说法似乎有点牵强附会。

17 《太平天日》,载于《印书》,22 页;农历三月十八日,阳历 5 月 5 日。郭毅生《地图》,19—20 页。

18 《太平叛乱》,66 页;《太平天日》,载于《印书》,22 页。

19 行走路线图见郭毅生《地图》,19 页。

20 《太平天日》,载于《印书》,23 页;《太平叛乱》,66 页,农历四月初五。关于桂平的大致方位,见维勒《抵抗》,40—43 页。

21 《太平天日》,载于《印书》,23 页;《太平叛乱》,67 页;韩山文《太平天国起义记》,

27 页。博尔的《末世学》105—135 页对这些早期作品作了深刻的阐释。洪秀全自己的作品写作顺序也成了这段历史的重要组成部分。

22 施友忠《太平天国思想的起源》第八章，对洪秀全早期思想中的诸儒教因素作了仔细的考察。

23 《太平诏书》，载于《印书》，1 页；《太平叛乱》，25 页。

23 这六条可清楚地见于《太平诏书》，载于《印书》，2—5 页；《太平叛乱》，26—30 页。

25 理雅各（Legge）译《诗经》，19 页。

24 《太平诏书》，载于《印书》，2 页，与理雅各译《论语》（*Analects*），250 页的“非礼事物”相对应。译注：此段译文录自“原道救世歌”相应原句，与英著行文稍有出入。

27 洪秀全在《太平诏书》，载于《印书》，3 页，这一节中所引的文字载于《诗经》，见理雅各译《诗经》2/3/21，66。

28 《太平诏书》，载于《印书》，3b—4 页；《太平叛乱》，29 页。

29 《太平叛乱》，29 页；《太平诏书》，载于《印书》，4 页；沃森（Watson）《孟轲》，118 页。

30 《太平叛乱》，29 页；沃森《孟轲》，57 页。

31 《太平叛乱》，29 页；《太平诏书》，载于《印书》，5 页；见梁发《劝世良言》，101—102、490 页。洪秀全在这里可能援引了哲人荀子的思想。

32 《太平叛乱》，30—31 页；《太平诏书》，载于《印书》，6 页。

33 《太平诏书》，载于《印书》，6 页，修正了《太平叛乱》31 页上的词句。

34 《太平天日》，载于《印书》，23 页，对《太平叛乱》67 页作了校正；韩山文《太平天国起义记》，38 页。

35 《太平天日》，载于《印书》，24 页，对《太平叛乱》67 页作了校正。

36 韩山文《太平天国起义记》，35—36 页。关于祈祷文句，见伊萨贝尔·王（Isbel Wong）《革命歌曲》（*Geming Gequ*），113—114 页

37 《太平叛乱》，115—116 页，以及注 13；与《天条书》，载于《印书》3 页稍有不同。关于祈祷人的聚会日期，见《太平叛乱》第 111 页和博尔《末世学》第 161 页上的讨论。

38 韩山文《太平天国起义记》，28 页；这种仪式与道教的“烧符”惊人地相似，施舟人（Schipper）《道教团体》，89 页，对此作了描述，当然在道教中烧符是在仪式场所以外的地方进行，且烧符人还“喃喃自语”。

39 韩山文《太平天国起义记》，28、35—36 页，《太平叛乱》，116 页，这两处记载与《天条书》（载于《印书》，3 页）所载都有少许变动。

40 韩山文《太平天国起义记》，27—28 页。《太平天日》，载于《印书》，24—25 页（《太平叛乱》，68 页）对时间跨度的记载很不一样，称这位小伙子是在 8 月 15 日获释的。《印书》25 页，关于黄玉珍的名字印刷有误。

41 《太平叛乱》，68 页；《太平天日》，载于《印书》，25—26 页。

42 《太平叛乱》，69 页；《太平天日》，载于《印书》，25b—26 页。

第七章　紫　荆

洪秀全一回家，开口就问：“冯云山在哪里？”家人都回说：“我们以为他和你在一起呀！”事情弄得一团糟，就算能说得清楚，也实在是说不过去。洪秀全在桂平县城找到南门掌塘张考水，问他冯云山人在哪里，张回说冯云山与张的一个侄子说是要回广东官禄㘵。洪秀全信了张的话，没再细查便回家了。冯家人为此责备洪秀全，云山先是入了教，之后又随洪秀全远游，如今洪秀全却丢下冯云山不管。[1]

洪秀全也束手无策。他既无盘缠，也无气力或意愿再循原路回广西。而且，官禄㘵的父老再次提议让他教书。洪秀全接受了。他以教书所得来养家糊口，一面继续发展宗教文章的涵盖面，这是他在广西赐谷村黄家开始动笔的。[2]

冯云山没有洪秀全在身边，他做了一些对洪冯两人未来影响至深的举动。1844 年 11 月，洪秀全来找冯云山的时候，冯云山其实人和张永秀一起在桂平县城里。洪秀全离开了大约一个月之后，冯张两人决定离开桂平，但不是顺河而下东去广州，而是北上到桂北山区边沿一带。他们先在古林社，张家在此地薄有家产。1845年初，他们沿着发源于紫荆山区的河谷向西北前进，到一个与世隔绝的村庄，张家在那里也有些田地。[3]

这一次，冯云山始终没有打算与家人或是回官禄㘵的洪秀全联系——或许他也没这个机会。他不断宣讲从洪秀全那里学到的救世赎罪之道，述说洪秀全如何与兄长耶稣及独一真神的天父见面，而且把这梦境讲得越来越详细。一些人跟冯云山信了教，冯云山用他从洪秀全那里学来的方式给他们行洗礼，于是形成了一小撮宗教团体。冯云山名之为“拜上帝会”。当地一个曾姓人家信了他的教义，且极为热忱。1846年，冯云山住进曾家，这地方还更北些，深入紫荆山山区。冯在此待到1847年。[4]

到底发生了什么事呢？冯云山越往山里走，离官府就越远，远离儒家教义和势力，远离人烟稠密的城镇市集，远离良田与有权有势的地主，远离最早开发此地的汉人家族——这些人如今自称是“本地人”。冯云山也是客家人，他轻易就与住在丘陵地带的客家人打成一片，甚至和四周土著交往。他们或许信的是偶像，但他们的心思变动不居，弹性较大。他们的歌谣、传说、情爱游戏——就像六洞庙那对男女的故事——也许会招致卫道人士挞伐；但这些人靠着一门手艺或做苦工挣口饭吃，有许多人即使不是无立锥之地，也是仅得温饱而已。梁发在书中曾忠实转译了耶稣登山宝训的内容，登山宝训就像是说给这些人听的一样。

最早参加拜上帝会的人在银坑（如今仍在紫荆山中可见）或在零星分布的煤矿里劳作，有木匠、铁匠、磨坊工人、居无定所的剃头师傅和算命先生，兜售药品、盐巴、鸦片或豆腐的商贩、船民、柴夫、烧炭工人、牧人、挑夫，还有那些逐活而生的零工[5]。一位早年的拜上帝会的人后来谈到他早年在这个地区的生活："吾家困窘，食不果腹，以耕田为生，耕种山坡梯田或外出作雇工，聊以度日，知命认穷。吾八至十岁随伯父读书，然因家贫而辍学。但吾在多所书塾作仆役，故颇认得此等书塾。"这人又说，此种困状，"实是度日如月，而度月如年，苦不堪言"[6]。广西这一带素有贫瘠之名，此时又饱受干旱之苦，饥荒四起，灾民欲求饱食不可得，竟至吞食煤土[7]。

匪患时有所闻，让日子更加艰难。广西紫荆山这类地方有如 17 世纪洪氏家族迁徙的花县，适合亡命之徒栖身；盗贼下山来抢劫较富裕的农夫和镇民，官府若是派兵前来追剿，他们就窜回山上贼窝。洪秀全开始在赐谷村传教，冯云山在紫荆山区继续传教时，又出现了一股窜入桂南、桂东谷地的匪徒，让问题更形复杂棘手。

怪的是，盗匪在桂省流窜，却是英国人种下的因。英国人对清廷的战事虽短，但为祸甚烈，结束了限制重重的"广州体系"（Canton System），开放了五处通商口岸，并为传教士争得独立设教堂、传福音的权利；英国人开始以蒸汽船和装备精良的船舰，扫荡了数代以来一直在南中国海杀人越货的海盗[8]。1805 年，七大海盗首领曾结盟，将南中国海沿岸水域划分势力范围，自有一套不为人知的招募体系、信号、行为规范和活动区域。各个首领借着把家中姐妹女儿或劫掠来的女子嫁给其他海盗，以巩固势力范围，或是将可能成为首领的海盗收为义子，透过"家族效忠"来建立"义养血统"；男性首领与俘虏之间的同性恋关系如果发展良好，俘虏也有可能被升为头目[9]。

这个海盗帮派由一个名叫史洋的女人统管，她曾在广州附近卖笑为生，后来做了一个海盗首领的夫人，生了两个儿子；丈夫死后，她又嫁给了丈夫以前的面首，也同他生了一个孩子。第二个丈夫死于 1843 年，享年六十八，此后她算是不再过问江湖是非，但还是在城里开了一家赌场，生意兴隆。她孀居广州附近，颇富赀财。[10]

香港在 1842 年之后发展迅速；英国人以香港为中心来廓清英国的贸易路，这贸易有合法的茶叶、生丝交易，也有非法的、与日俱增的鸦片买卖。英国人想利用海事法中的反海盗条款，在香港周围清理出一条没有海盗的海域，英国人有时独立行动，有时与广州官府联手（但合作并不顺遂）。海盗若在香港周围三英里内被抓，将在英国的殖民法庭上受审，被判死刑或流放。在三英里以外被捕的海盗则由英国人审理，或是交由官府处置[11]。1843 年，新的香港警察署助理监督到任，这个英格兰人曾任汉语翻译多年，大力拓展了英国的行事方式，因为他懂得怎么利用当地的告密者，讯问从香港水域舢板上抓来的水手，获取海盗动向。殖民政府也施行了新的户籍登记法令，要稽查住在香港的华人居民，也要稽查在港口游弋的驳船和渡船上的水手及其家眷，并在其船只画上清晰的编号。英国当局有权进入领地“全部或部分由华人居住或驾驶的”房舍及附近水域的船只[12]；但从国际法的角度来看，英国人能不能这么做还大可置疑。

英国人慢慢开始将海盗赶出海域，但海盗却沿着河道往内地避难，尤其是沿着西江，从广州城深入广西。根据条约规定，英国人不能进入广西追剿海盗，而清廷及地方官府的水师数量零星，缺乏训练且装备拙劣，对这些海盗也无力处置。广西东部的大小河川只有四艘较大的舰船负责管辖，每船配有十四名兵丁、水手，另外再加上十八艘只配备两个兵丁和两个水手的小巡艇。[13]

海盗装备精良，久经风浪，这点水师根本起不了作用，水师甚至闻之丧胆。海盗抓到官兵之后，手段是出名的残酷：海盗在俘虏的朋友面前伤害俘虏，好迫使家人出钱来赎身；海盗挖坟盗骨，等族人付了钱才交还；若是官府的巡哨官佐落到海盗手里，会割下官佐的耳朵或将其活活烧死[14]。海盗若遭包围，困兽之斗更是残忍。水师或英国水手若攀上海盗船，曾有海盗抓起点着的引线奔向火药舱，宁愿同归于尽，也不愿被俘。激战之后，落水的海盗若是发现水中有清兵或洋水兵，还会予以痛殴，欲取其性命，或死死抱住他们，一起沉入水中，葬身海底[15]。

尽管英国人想方设法剿灭海盗，但香港也为海盗提供各种军火器械等给养。许多海盗乔装成寻常商人和渔民，利用香港设备良好的船坞来修理船只。香港有个剃头匠叫崔阿朴，英国人在清剿海盗时也利用这种人来做密探，此人从英国当局获得制造火药的执照，暗地将火药卖给与他接头的海盗[16]。崔阿朴有一些同党，其中有个穆斯林逃兵尤阿禾，他是一个出生在马来亚的混血，父亲是中国移民，母亲是马来人，他参加了锡兰步兵团（Ceylon Rifles）[17]，但在驻香港时做了逃兵，躲到村庄里，卖掉了以维多利亚女王陛下的名义发给他的来复枪，还出卖专门知识和他的人脉。葡萄牙人和华人通婚或私通在澳门很普遍，生下的混血有很多做了海盗，其中最出名的是“大头羊”张钊，此人父亲是华人，母为西洋人，大头羊的匪帮后来转进内陆，盘踞桂平一带[18]。

一个叫阿九的女人做的生意更是复杂，她向华人和洋人掮客或租或买船只，不但糖、食油和棉花买卖做得有声有色，也把鸦片和火药卖给海盗；她的情夫恩迪科特（J.B.Endicott）船长拥有一艘买卖鸦片的美国船“鲁帕雷尔”（Ruparell）号[19]，阿九从他那儿得到不少鸦片和火药。1840年代，她在澳门以每年一百五十美元，向葡萄牙人租了一栋房子，好抚养她和恩迪科特所生的孩子。她以每对一百三十美元的价格，向英国船长赊账买了六响枪，用低价买了失事的船只上泡了海水的鸦片。阿九能讲几句英语，她还有一具伦敦考克斯（Cox）公司制的望远镜、一只吉瑙·布雷内（Guinaud Brenet）制的银表、两架称钱的天平、一管英式单筒猎枪[20]。有次阿九在香港港口遇到英国巡捕，说要以走私及唆使抢劫的罪名逮捕她，她便从船上跳到一只等在一旁的舢板，安全脱逃。但若中国人要讹她的话——有人曾扣过两艘她的船——那她就会威胁说她的“洋朋友”会来报复云云，最后那些人只好赔钱了事[21]。

1842年的中英南京条约并未解决鸦片贸易的地位问题。在名义上，买卖鸦片仍是非法的，但交易数量却扶摇直上，并沿河道向广州以外的内地扩散。昔日海盗，今为河匪；1844年洪秀全第一次在广西传教时，就可能已有匪徒进入桂平一带，“保护”鸦片买卖，到了1846年冯云山深入紫荆山区时，这情形已是确实发生了。大多数盗匪对这地方还不熟，所以便以当地的山匪，或胁迫当地村民充作向导。[22]

郁江和黔江在桂平县城交汇，之后入浔江，而桂平自然就成了这类活动的中心。每年有几千人沿浔江回家，洪秀全也是其中之一。从桂平逆流而上，多奇岩激流，小溪曲折通幽。自桂平顺流而下，则是百舸争游，生意兴隆。货物集散繁忙，自然引起匪徒觊觎，而沿江多岛屿水湾，又为水生水长的劫匪提供了藏匿栖身之所。广西人对于从贩卖鸦片、绑票和收取保护费能得多少钱财心知肚明，所以也会窝藏河匪，提供食物。到了1840年代中期，一些自称“米饭主”的人成立合股商号，做起收保护费的生意，也来分一杯羹。[23]

许多河匪在当年干海盗时也是秘密会社的成员，他们把这一套也带到内河。这些会社其实颇为松散，其中最有势力的是所谓的三合会或天地会，其发端要追溯到1760年代，有一群长于福建东南和广东的人不满时局，里头有云游僧道、拳师、赌徒、糕饼制作匠、江湖郎中等。他们签了一份血盟，尊其中一人为“师傅”，其余则按序齿结为“兄弟”，并喝下掺香灰的酒以表“同心合一”。他们的计划时有变更，但总是包括开设堂口招募新血，劫掠富户官仓和县廪，积聚资金以“举大义”。[24]

朝廷难以用武力压制天地会的扩散，因为它不光是反贼，也不光是宗教团体，它更是一个根深基广的“会社”，在动乱年头保民安良。有个天地会成员被抓，便向官府解释：

> 天地会之名源于天地乃万民生存之本，其意只求尊天敬地而已。初起之时，众人各愿入会乃因如遇红白喜丧可得会众资助，或如与人争殴亦可得人相帮。如道遇劫徒，彼等

> 一听本会切口即不再纠缠；如向会外人显露己之会民身份，彼等亦将示“敬”。故此，欲入会者为数极多。[25]

这种互助和“保民”的活动很容易变相为“勒索保护费”，从广东一个姓徐的供词便可清楚看出这一点。此人贩卖酒酵，他从福建一名赖姓店主买了酒酵，然后运回家乡贩售。一天，有五个人抢了他所有的银两，他气急败坏，赶到姓赖的店铺。赖直截回以：“你如入天地会，便能免得日后在路上被劫，而我也可去讨回你被抢走的银子。”徐同意加入天地会，很快就拿回钱财；最重要的是，他知道以后在这地方行走要做些什么。如果再遇上拦路抢劫，他应马上竖起大拇指——这个暗号代表“天”，抢劫者会伸出小指，以表示“地”，这样他就能畅行无阻了。[26]

在华东华南一带，这类暗号很常见，不过也用其他的记号。会上兄弟在茶馆喝茶或抽烟袋，会把三根手指并在一起，或是外衣的第二粒纽扣不扣，或把辫子盘在头上，辫梢扣于发盘中心[27]。他们还会选些暗语来确认身份，这些话在旁人听来并不觉冒昧，但会中兄弟一听就明白，如“往日无缘相会，今日得以识荆”等等。若在路上有劫匪或生人问他们去哪里，就要说“从东部来，要去西边”。若是问到从哪里来，就回以“我从桥下过来”，指的是入会仪式上穿过刀剑架起的排阵[28]。南方各省的会众入会时便知“开口不离本，出手不离三”，好教会众终身难忘。说“开口不离本”时伸手，说“出手不离三”时并拢手指[29]。

他们永世不忘的“本”就是“洪”。“洪”一字意兼指硕大或洪水，亦做姓氏，在天地会之前存在已久，但对成千上万的天地会会众来说，“洪”却有特殊的召唤含意。在1760年代到1840年代之间，天地会规模扩大，影响日增，也创造了自己的神话，并使其完备。“洪”这个字其实是1760年代天地会创始人的诸多化名之一，它也是1368年明朝开国皇帝朱元璋的年号“洪武”的第一个字，代表天地企盼“反清复明”，天地会还杜撰了一套谱系，溯及17世纪清兵灭明之时。除此之外，“洪”也见于古代佛教典籍和占卦相书中，并经常与“太平”年月并用。[30]

但永不忘本并不是要大声呼号：天地会会众反将“洪”字拆成几个数字。左边三点水即为“三”，右半的“共”为“廿一”和“八”组成，故会众在说话或相互引见时便用“三八廿一”，或将“八”作“两点”，与“三点水”相加成“五”，而为“五廿一”。[31]

洪秀全和冯云山在广西传教之时，天地会已深入客家人和本地人之间。天地会在珠江三角洲曾强迫当地农民入会（或以威胁，或杀害不服者），在广西也是如此，少有人敢不从[32]。天地会透过在香港等地的关系，也拿到了西洋火器，以船运进内地。比如，香港有个天地会头目就跟那个锡兰步兵团的逃兵买了步枪，有会众以广州城东门外书院旁一座归本会会员的房子，作为与香港联系的窝点[33]。他们经常在广西的大小河川设立“关卡”，向过往货船行人收买路钱。广州一带的赌场曾红极一时，也有会众将之迁到桂平附近的城镇，公然炫耀其势力[34]。洪秀全或因此将禁赌博列为第六诫条，与酗酒和吸鸦片并列，而冯云山宣讲反赌博教义时，也发现听众颇有同感。

对于那些痛恨河匪势力而又不愿加入的人来说，一种办法就是组织团练，这种地方武装已有几百年的历史。在“三元里事件”中，士绅农民群起对抗占领广州城外山头英军，中外皆知，但是不只是此地有团练，其他地方聚落也都有团练。到了1846年，团练的数目剧增；团练由汉族地主控制，按村庄从当地居民中招募团丁，团丁可获取些许报酬，往往是用全村的税金来支付，这些税金中有一部分抽自客家人。[35]

客家人从广州城之东北持续向桂平一带迁徙，已有五十多年，远早于海盗侵入内地。因社会秩序动荡，迁徙不绝，以致在某些地区，客家人比土著还多，尤其又以山区为甚。由于客家人多为天地会成员，故在1840年代，桂东一带为了争夺居住地和耕地，纷扰层出不穷，族群摩擦不断。“找说客家话的人寻仇”成为当地汉人时兴的口号之一[36]。客家人不论男女，到山坡田里劳作时都带着器械，若是一有警报，便能聚集上百个肩扛锄头、手持长矛的人。土著壮族、瑶族的首领受客汉两方的压迫，本身又往往颓废腐败或负债累累，因此便对客汉之争作壁上观[37]。

对于处在如此艰困环境下的客家人来说，洪秀全的救世之道尤其能引起共鸣，而许多人急于皈依冯云山的拜上帝会，不仅是因其宗教教义，也因其人数与组织意味着团结一致，对付各方的威胁[38]。一个穷困潦倒的拜上帝会成员说到这种乱哄哄的分裂割据局面和不确定的忠诚感：“匪患年复一年，当铺时有被抢，村镇不断遭劫。乡民见惯（武装）帮派，不再惧怕；当彼等见拜上帝会队伍开来时亦是如此……彼等并不逃窜。而团练竟因此压迫彼等，故彼等惶然入吾辈行列。”[39]

桂平一带的客家人开始成群加入冯云山的拜上帝会，这或许也是因为德国传教士郭士立已在此地为基督教打下基础。郭士立曾在1836年与埃德温·史蒂文斯一起沿海航行，散发小册子。从那之后，郭士立不仅发展传播救世主福音的新方式，也担任新任英国商务监督的翻译和汉语秘书，所以他在了解打击海盗和乡村社会状况上，便处于绝佳的位置。[40]

郭士立不似那些谨慎的传教士，他向来认为应该尽其可能去了解中国人，好让他们皈依基督教："须从彼等之口，知其偏见，目睹其恶行，听其辩解，方能知彼等……吾人应完全顺应中国人之所好。"[41] 郭士立还相信"皈依基督者应献身推进这份神圣事功，而礼拜会众之于旁人，则为传教组织"，因此，他在1844年组织中国人成立"汉会"（Chinese Union 或称 Christian Union，中文又称"福汉会"），与他一同实现共同目标。据称第一年汉会有会员三十七人，到1845年下半年，会员遽增至二百一十人。随着会员继续增加，次年，汉会在广西设立几处分会，其中之一在桂平县；华人传教者数人同行，从总会前往广西分会宣讲，汇报在广西"众多人"陆续成为"拜爷苏（即耶稣）者"，连河盗也来皈依[42]。

郭士立本身是基督教"摩拉维亚兄弟会"（Moravian Brethren）的成员，对传教的看法极为开放。他相信，即使汉会多由未受过训练的华人信徒组成，也仍能传播友爱的思想和共修生活的价值。教派各有着重，但郭士立也相信，这远非皈依基督的中心要旨，而华人基督徒是否继续祭祖，或是否供奉上帝也不必太过计较。[43]

郭士立在1830年代就以汉文出版了一些论及宗教、教育和科学的小册子，在广州城以及他那次未得官府允许的沿岸航行散发，此时鸦片战争还没爆发。在1840年代，随着汉会规模渐增、范围日扩，郭士立大大增加印行的数量，还把欧洲人捐给他作为传教之用的善款，取了相当一部分付给汉会会员，好向内地（尤其是广西）散发小册子。郭士立印的小册子，开本、分量比梁发印的《劝世良言》都来得小，所以也更好携带散发。梁发的书共有九篇，散发时并不总是装成一册，而是分成四五册，每册有两到三篇，有时甚至分成九册，每册一篇，这样固然分量轻了一些，但也更难以通盘领悟。[44]

郭士立或汉会成员在1840年代撰写、散发了五十种以上的小册子，每一册都只谈一个主题。有些小册子从《新约》摘录段落，并稍加解释："清心的人有福了"，"为义受迫害的人有福了"，"纵欲的人不得上帝的宠爱"，"爱邻如爱己"。有些册子说的是基督信仰中的某些特定问题，如忏悔、祈祷、耶稣的爱、复活、永生、上帝对世人罪恶的原宥。有些册子处理《圣经》中的特定章节，如《创世记》第3章有关亚当和夏娃堕落和被逐一节，《约翰一书》第1章有关耶稣给世人带来光和喜悦：

> 我们将所看见，所听见的，传给你们，使你们与我们相交，我们乃是与父并他儿子耶稣基督相交的。我们将这些话写给你们，使你们的喜乐充足。（《约翰一书》第1章3—5节）

郭士立还精心选了一些段落，如《保罗达罗马人书》开头，传达旅行和传福音的讯息："无论是希利尼人、化外人、聪明人、愚拙人，我都欠他们的债。所以情愿尽我的力量，将福音也传给你们在罗马的人。”[45]

冯云山慢慢深入广西山区，此时洪秀全在官禄㘵回复昔日生活。他已倦于居无定所，再次靠教书为生，继续写他的文章，并在1845年或1846年完成了两篇。洪秀全在第一篇文章里头引了《礼记》和《易经》，说明中国曾与世界上其他地方的想法相通，以慈悲为怀，无畛域之见，无相互敌对。唐虞三代之时，“天下有无相恤，患难相救”。门不闭户，道不拾遗，“男女别途”，而举选尚德。人不独亲其亲，不独子其子，老有所终，壮有所用，幼有所长，鳏寡孤独废疾者皆有所养。[46]

大同境界烟消云散，世间悲剧之一就在于地方意识和特殊利益的扩散。洪秀全用《易经》第十三卦中的两句卦词来印证这一点：“同人于野则享。同人于宗则吝。”[47]洪秀全讨论这观念的方式似乎充斥了他以往的经验：他与自家人及官禄㘵村民的相处，以及广西之行中在赐谷村及桂平县黄家、张家碰到的问题。洪秀全写道，时至今日，世道乖离，人心浇薄，所爱所憎，出于一私：

> 故以此国而憎彼国，以彼国而憎此国者有之。甚至同国以此省此府此县而憎彼省彼府彼县，以彼省彼府彼县而憎此省此府此县者有之。更甚至同省府县，以此乡此里此姓而憎彼乡彼里彼姓，以彼乡彼里彼姓而憎此乡此里此姓者有之。世道人心至此，安得不相陵相夺相斗相杀而沦胥以亡乎？[48]

> 万国万姓，实则一家，皇上帝乃天下凡间大共之父也，何得存此疆彼界之私，何可起尔吞我并之念？

> 几何乖漓浇薄之世，其不一旦变而为公平正直之世也？几何陵夺斗杀之世，其不一旦变而为强不犯弱，众不暴寡，智不诈愚，勇不苦怯之世也？[49]

第二篇文章要长得多，洪秀全继续用大同不再的观念，但他主要是从历史来探讨共通美德何以沦丧的原因。洪秀全要找的是过去与现在之间的绵延，凡是否认这种绵延的解释，在本质上都是错的。“大凡可通于今不可通于古，可通于近不可通于远者，伪道也，邪道也，小道也。”[50]阎罗王的权力即是一例。近人有妄说阎罗妖主生死，而阎罗妖实乃欺骗亚当、夏娃的“蛇魔”也，最作怪多变，迷惑缠捉凡间人灵魂，但其力量不可与上帝之力相比。

洪秀全说，此类迷信邪说之滋长可逐代逐君追索，他以他读过的史书做了这件事。背离敬拜皇上帝之事始自少昊时，九黎初信妖魔，祸延三苗效尤。至秦政出，遂开神仙怪事之历阶，遣人入东海求神仙。嗣后，汉初诸帝求丹砂化黄金，信众神而祠之；后汉桓帝祠老聃，梁武帝三次舍身如佛门，唐宪宗恭迎佛骨。至宋徽宗改称皇上帝为昊天金阙玉皇大帝，诚亵渎皇上帝之甚者也。如此怪诞诳言，因《玉历至宝钞》而讹传于世。[51]

反之，洋人传来中国的番国书籍说得明白，上帝的计划是如何擘画，而中国人偏离敬拜上帝又是多么错误。当挪亚时，皇上帝因世人背逆罪大，连降四十日四十夜大雨，洪水横流，沉没世人，此皆凿凿可据，奈何诳言东海龙妖发雨所为。皇上帝唤摩西至西乃山上时亲口告诫他说，尔凡人切不好设立天上地下各偶像来跪拜。细察之下，妖魔的“真性”荡然无存，就如豆腐里头都是水，故云“豆腐是水，阎罗是鬼”。阎罗此等妖魔焉能称神乎？救世主耶稣，皇上帝太子也，亦只称“主”而不称“帝”，天上地下人间，除其父外，有谁大过耶稣者乎？知道如此，尔等怎还敢“大犯天条，与魔鬼同犯反天之罪”？深可悯哉！良足慨已！[52]

正当洪秀全在教书写作之时，却有人在议论他。广州城里有些人知他读了梁发的书，已信了教，还作宣讲，且有些朋友同他一起传教。此事传到汉会的人和罗孝全（Issachar Roberts）耳中。罗孝全在郭士立的邀请与感召下，从田纳西来到中国，他是在鸦片战争(1839—1842 年）后第一个返回广州的洋人。他住在城郊，身着本地服饰，建了一座带钟楼的小教堂，还学客家话，聚集了一小群华人信徒[53]。罗孝全是个初出茅庐的西部小伙子，他在美国与一些传教团体的关系往往不长，但是非颇多。他在 1840 年代中期参加了郭士立的汉会，以感激之心接受了郭士立给他的一小笔钱。对罗孝全来说，教徒的皈依之心和虔诚之情见于洗礼的仪式，他以抒情的笔调描述了那些新信徒在香港海边的浪潮中或江河奔腾的激流中行洗礼时，他心中的欢悦。南方燠热，若值明月当空，罗孝全会把要受洗的人带到水边，让他们“模仿主耶稣的受难和被埋，完全沉浸在空旷的深水之中”，再“模仿耶稣的复活”令其起身[54]。

1846 年，一个信了基督的人从广州来到花县，要洪秀全和洪仁玕堂兄弟俩上罗孝全的教堂听讲道。洪氏兄弟忙于教书，并未前往。但在1847年初，罗孝全身边的信徒、也是汉会成员修书来请洪秀全前去。这次洪秀全接受了，还劝洪仁玕陪他一起去，罗孝全予以热诚接待，在他的带领下，这对堂兄弟读了郭士立译的《圣经》新旧约全书。洪仁玕没有留多久，但洪秀全却坚持下去，还央罗孝全准备给他作正式领洗（三十年前，梁发也如此请求米怜）。罗孝全同意考虑，还派两名汉会成员去官禄㘵，看看洪秀全在家乡的名声。[55]

但是突然之间就出了问题，也没有什么明白的解释，这种事洪秀全以前也碰过。才不过几天前，洗礼似乎定了下来。洪秀全已给罗孝全写好誓言和信教目的之声明，以表明出于宗教感召，并非儿戏，罗孝全也觉得满意。去官禄㘵的人也没听到什么不利于洪秀全的话。当时的人说洪秀全上了个当，这是其他替罗孝全工作、心怀妒忌的中国信徒设下的圈套。他们知道罗孝全讨厌那些嘴上说要受洗，实则是想找份差使，或从传教士那里拿钱的人，他们也担心罗孝全会雇洪秀全，这么一来，有人就会丢了饭碗，于是他们要洪秀全去跟罗孝全要求金钱上的保证。洪秀全不明就里就照做了，结果坏了罗孝全对他的信任和支持。这说法听起来有点牵强附会，不过，对广州城一带的人来说，不管有没有读过书，生活确是很艰难，而罗孝全是出了名的火爆脾气，对洗礼又是极为看重。这件事罗孝全只提了一次，说在他“未得吾人满意于其合格之先”，洪秀全就决定离开了。[56]

不管洪秀全与罗孝全之间到底发生了什么事，总之，洪秀全没有受说好要受的洗礼，他在1847年7月12日再次上路。别人以为洪秀全会往北回官禄垆老家，但他却是托刚结识的汉会朋友转告家里一声，他要再往西行，去找冯云山。此时，他身上只有向人借的一些铜钱，仅有的家当背在背上，那柄他珍爱的斩妖剑则插在特别打制的剑鞘中，鞘上刻着他的“全”字。[57]

洪秀全付不起船资，只得沿江徒步西上，路上买些食物充饥。他走到离广西还超过一半路程的江边小镇梅子汛，遇到十数个做缉私巡哨打扮的人挡住去路。洪秀全未加防范，这些人拿出刀枪，向他索要钱财和行李。这种假扮官府的行径并非新鲜事，但如今越来越多。在洪秀全还是应试童生之时，曾有一帮强人杀死县令及其僚属，拿了官印占据县衙，料理县政了好几个月，才有人来抓他们。有时，匪徒乘官轿乔装官吏，结果却是入室抢劫、奸淫妇女[58]。洪秀全还在官禄垆时，曾有一百来个匪徒在广州城北边设路障河栏，俨然不受官府惩治，向过往行人勒索钱财，阻碍商贸来往甚大，不管是老实做生意的还是买卖鸦片的商人都只得另外想办法把货物往西运[59]。朝廷出使安南的使臣居然要向当地河匪支付“保护费”，才到得了安南。而粤西的考生就算准备得再充分，有时连上广州城应考都去不成[60]。

要是洪秀全竖起大拇指以表天，解开布衫的第二个纽扣，伸出三指并拢，按实说他从东边来，到西边去，甚至只要喃喃说一段用“洪”这个字编成的暗语，也许他们就会饶了他。但洪秀全对这些奥秘一无所悉，于是这些人抢了他借来的钱、他的宝剑、剑鞘，以及他身上所有的东西，仅留给他一身替换衣服[61]。

洪秀全虽然祸不单行，但他并未回头。他到离此地最近的肇庆请求官府帮助。但知府称梅子汛并不受其管辖，所以他对洪秀全的损失也不便负责；但知府对洪秀全的遭遇颇感同情，故他给了洪秀全一串铜钱，值半两银子。洪秀全靠这笔钱，只要他一天只吃一顿饭，就还够他乘船再走几段路。旁边有一人注意到洪秀全神情沮丧，说了一句玄秘莫测的话："弦断自然可再系，船一到岸又可见其路"[62]，坚定了洪秀全的决心。

洪秀全上了往广西的船，便有机会多认识几个读书人。他们同情他被劫的遭遇，欣赏他的才识，津津有味地听他讲讲独一真神。这些读书人有时邀他吃饭，有时请他喝茶，有时还赠他一点银钱，或劝船主免他船资。就这样，不到一个月的工夫，洪秀全到了赐谷村黄家。冯云山在一年之前到过黄家，告诉黄家他所往何处，所以黄家跟洪秀全说，冯云山现在人在紫荆山。洪秀全立刻向北入山，黄家的小儿子陪他一起前往，他就是1844年靠洪秀全帮忙而从牢里放出来的那个人。[63]

洪秀全似乎并没有因着旅程的艰苦困厄而感沮丧疲惫，反而感到前所未有的胜利，更确信自己的力量和皇上帝的护佑。他在路边小庙的墙上题了一首诗，劈头便用了"朕"，进一步强调他刚找到的荣耀；这是他第一次不用"吾"这个字，而自称"朕"。他在这首诗又两次自称朕，重申这种豪情：

> 朕在高天作天王，尔等在地为妖怪；
>
> 迷惑上帝子女心，腆然敢受人崇拜。

上帝差朕降凡间，妖魔诡计今何在；

朕统天军不容情，尔等妖魔须走快。[64]

1847年8月27日，洪秀全到了紫荆山，受到冯云山和拜上帝会会众的欢迎。他的上帝带他回家了。[65]

注释

1 《太平天日》,载于《印书》,25b—26b 页;《太平叛乱》,6 页;韩山文《太平天国起义记》,29 页。
2 韩山文《太平天国起义记》,29 页。
3 《太平天日》,载于《印书》,26 页;《太平叛乱》,69 页;详细地图见郭毅生《地图》,21 页。
4 《太平天日》,载于《印书》,26b—27 页;《太平叛乱》,69—70 页:郭毅生《地图》,21 页。
5 拉易(Laai)《海盗》(*Pirates*),167 页,引自日后南京拜上帝会的花名册。
6 科温(Curwen)《自述》(*Deposition*),83、88 页。
7 拉易《海盗》,169 页。
8 默里(Murray)《海盗》(*Pirates*),57—59 页。
9 同上,25、67—68 页。
10 同上,71—73、149—150 页。史洋也常被叫做“郑义(音译)嫂”。
11 福克斯(Fox)《英国海军将领与中国海盗》(*Admirals*),89—91、96—97 页。
12 同上,93—95 页。
13 拉易《海盗》,109 页。
14 同上,30、182 页;福克斯《英国海军将领与中国海盗》,92 页;斯各特(Scott)《覆没》(*Destruction*),7 页。
15 斯各特《覆没》,47 页。
16 同上,100 页,注 141;拉易《海盗》,27、78 页。
17 斯各特《覆没》,97—98、248—250 页。
18 拉易《海盗》,68—70、112 页;平安《远征中国记事》,卷二,264 页,强调了在澳门的这些私通关系的数目。
19 斯各特《覆没》,209—210、217、234 页;拉易《海盗》,79—80 页。
20 斯各特《覆没》,关于孩子和租金,见 224 页;枪支见 218 页;失事船的鸦片见 235 页;关于她的财产,见 226、232 页。
21 同上,229、235 页;拉易《海盗》,83 页。
22 拉易《海盗》,62、90、109、110 页。
23 同上,108、118—119 页。到 1850 年时,仅在南宁就有十一家“米饭主堂”。
24 默里和秦《天地会》,16—19、143—144 页。
25 同上,189 页。
26 默里和秦《天地会》,183—184 页;特尔·哈尔(Ter Haar)《救世思想》(*Messianism*),169 页。

27 默里和秦《天地会》，45、185 页。
28 同上，44、48 页。
29 同上，30、290 页；其他一些参考该书 344 页的索引。
30 特尔·哈尔《救世思想》，159、165、169 页。
31 同上，156 页；默里和秦《天地会》，75、189、192 页。
32 默里和秦《天地会》，69—76 页；拉易《海盗》，13—14、31—32、179 页。
33 斯各特《覆没》，248 页；拉易《海盗》，15 页；斯各特《覆没》，219、233 页，汉语翻译汤姆·阿契克（Tom Achik）的证词。
34 拉易《海盗》，31—32、36、112、173 页。
35 同上，185—187 页。
36 同上，92—93 页。
37 同上，96、101—102 页。
38 同上，150、176 页。
39 科温《自述》，88 页，稍有改动。
40 克拉克（P.Clarke）《上帝之传入广西》（*Coming*），148—149 页；施莱特尔《在中国传教的郭士立》，第五章。
41 克拉克《上帝之传入广西》，153 页。
42 同上，152、154、158、166（注 55）、176（注 80）、161、163—164 页。但是，茅家琦先生断然驳斥克拉克把冯云山也算作汉会皈依者的说法，见《关于郭士立》，269、271 页。有关“汉会”更详细的情况，见施莱特尔《在中国传教的郭士立》，第六章，以及 266—299 页。
43 克拉克《上帝之传入广西》，149、179—180 页。
44 不同的这些版本可见于纽约公共图书馆、大英图书馆和国会图书馆。
45 《圣经·罗马人书》第 1 章，14—15 节。
46 《太平叛乱》，35—36 页；理雅各《礼记》。
47 《太平叛乱》，36 页；卫礼贤 / 巴恩斯（Wilhelm/Baynes）译《易经》，56—57 页“同人”；《太平诏书》，载于《印书》，10 页。
48 《太平叛乱》，34 页，修正了《太平诏书》（载于《印书》，8 页）。
49 《太平叛乱》，36 页，与《太平诏书》（载于《印书》，10 页）稍有修正。
50 《太平叛乱》，38 页。
51 《太平叛乱》，38—39、44 页；关于《玉历记》，见《太平诏书》，载于《印书》，12 页。
52 见《太平叛乱》，39、41、46—47 页。
53 细节见科林《陌生人》和普鲁登《罗孝全》。
54 关于这种浸礼过程的完整描述，见于罗孝全致郭士立的两封信中（1844 年 7 月 21 日和 7 月 29 日）。
55 关于这位叫朱道兴的助手与郭士立汉会的联系，见克拉克《上帝之传入广西》，171 页；《太平叛乱》，70 页；韩山文《太平天国起义记》，31 页。

56 韩山文《太平天国起义记》，32 页；科林《陌生人》，256—261 页。

57 韩山文《太平天国起义记》，32 页；《太平叛乱》，70—71 页；《太平天日》，载于《印书》，28 页。

58 《广州纪录报》1835 年 9 月 1 日；也见《清实录·道光朝》，269/3b。

59 拉易《海盗》，36、66—67 页。

60 同上，113、144 页。

61 《太平天日》，载于《印书》，28b 页；《太平叛乱》，71 页。

62 韩山文《太平天国起义记》，33 页。

63 《太平天日》，载于《印书》，30b 页；《太平叛乱》，72 页。

64 《太平叛乱》，72 页，有改动；《太平天日》，载于《印书》，30—31 页。与同书页 20b 上诗句开头的“吾”作比较。

65 日期见于《太平天日》，载于《印书》，30b、31 页；《太平叛乱》，72 页；韩山文，《太平天国起义记》，34 页。

第八章　奇　梦

1847年秋，洪秀全回到紫荆山，和阔别三年多的冯云山相聚。头一个月他们都待在一个姓曾的教民家中潜心著书，这家人笃信拜上帝教，资助冯云山已有一年多了。两人在曾家把洪秀全1837年做的那场怪梦刻画得更详细，推敲其中的神圣旨义，还详尽画出1843年以来的传教路线，计算这几年来持续增加的教民人数。由于他们手边已有一本《圣经》全译本（虽然有许多内容他们还参不透），于是洪秀全便又修订了自己在官禄㘵撰写的《原道教世歌》、《原道醒世训》及《原道觉世训》。曾家的长子为他们散发这些小册子，这小伙子信得比他父母还起劲儿。随着洪、冯的小册子传遍紫荆山区，越来越多人皈依了拜上帝会。[1]

洪秀全对于自己拥有大能重具信心，这从他在一个月前路过武宣东乡九仙庙，在庙壁上题写的诗中便可看出。他的使命感仍放在摧毁邪神偶像之上。是年夏天，洪秀全随罗孝全读了《圣经》，有两段文字很能凸显洪秀全心中情感，阐明了梁发书中那些未作解释的段落，所以他用得最多，至少刚开始在紫荆山区是如此。

第一段关乎上帝在西乃山将十诫传给摩西的方式。梁发在《劝世良言》中只说主在西乃山上“降下”十款天条给摩西，并令其“教习”和“解释”给以色耳的人民。洪秀全读了郭士立的《出埃及记》译本后才明白，原来是上帝亲手缮写十款天条在石碑上给摩西的，他还亲口吩咐摩西：“我乃上主皇上帝，尔凡人切不好设立天上地下各偶像来跪拜也。”[2]

洪秀全常用的第二段文字出自《诗篇》第115篇，直言道出上帝不准崇拜偶像，梁发的解释反而啰唆：

> 明明有至灵至显之真神，天下凡间大共之天父，求之则得之，寻之则遇着。扣门则开。所当去问，又拜而不拜，而拜无知无识之木石泥团、纸画。各偶像有口不能言，有鼻不能闻，有耳不能听，有手不能持，有足不能行之蠢物，抑又愚矣。虽然流之浊，由源之不清，后之差，由前之不从，天下凡间，无人一时一刻不沾皇帝恩典，何至于今荣贡罕有知谢皇上恩典者。[3]

洪秀全精心修饰这个奇梦时，还加了一些内容，公开攻击儒家。洪秀全在1846年和1847年间所著的《天条书》中，仍对儒家有所称赞，至少是对儒者，以及一些尊奉儒家的君主，在过去的一千多年里，这些人甘冒天下之大不韪，反对慢慢滑入迷信和偶像崇拜的深渊。洪秀全只叹他们做得还不够：“之数人者不可谓无特识矣，第其所毁所焚所谏，仅曰淫祠、曰佛、曰建醮，则其所不毁不焚不谏者仍在。”[4] 如今，洪秀全让 1837 年的那场奇梦染上反儒家的色彩，加入一大段对话，说明孔子的愚蠢和可疑。在这添油加醋的梦境中，洪秀全的天父独一真神皇上帝称《旧约全书》和《新约全书》所述字字为真，绝无谬误；反观儒家典籍，上帝斥之为“甚多差谬”，有“推勘妖魔作怪”之罪。上帝还指责孔子以典籍来混淆天下人视听，以至世人只知孔子，而不知皇上帝。天兄耶稣亦责备孔子教坏了弟弟洪秀全。孔子起先还“强辩”这些指责，但最后也哑口无言，逃往地界：

> 孔丘见高天人人归咎他，他便私逃下天，欲与妖魔头偕走。天父皇上帝即差主（洪秀全）同众天使追孔丘，并将孔丘捆绑解见天父上主皇上帝；天父上主皇上帝怒甚，命天使鞭挞他。孔丘跪在天兄基督面前再三讨饶，鞭挞甚多，孔丘哀求不已，天父皇上帝乃念他功可补过，准他在天享福，永不准他下凡。[5]

洪秀全有了天上的经历，也加入了谴责孔子的行列。天地会众以“洪”为暗语，不过如今透过拆字令洪秀全心生威仪者并非天地会众，而是上帝本人。在这个经过修饰的梦境中，上帝两次向儿子洪秀全吟唱。一处是天父皇上帝向洪秀全解释，他名字里的这个“全”字是由几个意指天下、统治、财富的字所组成。“有个千字少一笔，在尔身尚说话装”。“千字少一笔”可以有三种写法，但若少了“一”或少了“丨”都不成字，而少了一撇就是个“十”字，也就是基督钉死在十字架上的“十”字。有一说洪秀全的“全”字指的是“日”。但亦有一说指这些都是无稽之谈，应是“一长一短尔名字，有刀无柄又无光”。[6]

天父皇上在第二段的吟唱点化洪秀全，让他对他在凡间会读到的经书有所领悟，得着真知，但在这之前他还要在黑暗中摸索多年，承受世间各种愚弄、羞辱与恶意诋毁。

> 一个牛蹄有百五，人眼看见酒中壶。
> 看尔面上八十丈，有等处所实在孤。[7]

这么一首诗似乎不像盗匪之间常用的“汝何来何往”那类切口。对于大字不识几个的人来说，这首诗太过复杂，记不得，用在说话里头又太过深奥。但诗中确是意有所指，暗示洪秀全如今知道了他以前所不知道的秘密，这秘密连《劝世良言》和《圣经》都没有告诉他。在紫荆山区，洪秀全、冯云山一直住在黄泥冲的曾玉珍家中。曾家长子曾云正也信了拜上帝教，而且信得很虔诚，还嘲讽神明、损毁庙里的神像。曾云正也和洪秀全、冯云山一道敬拜独一真神皇上帝，祈求皇上帝能赐他们安身立命之地。或许因为洪、冯二人得到启示，或许因为曾家供养不起他们，1847 年 10 月，两人搬到离黄泥冲一英里半的小山村高坑冲，与拜上帝教徒卢六同住。洪秀全、冯云山、曾云正、卢六四人于是商定，要先拿当地最有威势、最邪恶的甘王凶神开刀，一举捣毁这个祸害一方的甘王爷庙。[8]

当地人称“甘王”“甚灵”，紫荆山一带因敬奉他而建的甘王庙不下五座。当地所敬拜的神祇多半由来已久，或至少予人这种印象，对甘王的崇拜亦然。洪秀全问到甘王是何来历、有何灵通，人言在紫荆山西北的象州地界，曾有一姓甘之人，笃信风水堪舆之说，为祈求家族平安，他请风水先生为他和子孙看墓地。但风水先生说，为保家族兴旺发达，必先“血葬”，于是他便弑了母亲，先将她葬在此地，好让卜卦应验。据说，这姓甘之人还强迫自己的姐姐与地方的流氓无赖通奸。他喜听当地男女唱淫荡歌曲，歌声引人为非作歹[9]。当地人还告诉洪秀全，甘王此后便多次显灵，说他坏话的人就会无故闹病遭灾，只有将猪牛祭他，才能确保平安无事。象州州官朱某曾路过甘王庙，结果被拖下轿，州官送了绣了龙的袍子才放行。连上庙里烧香、点灯祭祀甘王，也得大声鸣锣，以免一不留神冲撞了甘王[10]。洪秀全以前便将家乡私塾中的孔子牌位撤去，把家中“灶君、牛猪门户来龙之妖魔”也一概除去，甚至还在庙墙上题诗,公开蔑视神明。此刻,洪秀全决定采取更激烈的行动。他告诉冯、曾、卢等人,“此（甘王）正是妖魔也，朕先救此一方民”[11]。于是，他们手持竹竿，走了一天的路，来到象州地界上一座最大的甘王庙。四人在附近休息一夜，翌日一早来到甘王像前。十年前，洪秀全在梦兆中,“独一真神天父皇上帝”曾授洪秀全宝剑一柄，令其斩除妖魔。甘王正是这种祸害人的妖魔鬼怪。这时，洪秀全以竹竿敲击身穿龙袍的甘王像，诉说甘王的十大罪状，大声呵斥：“朕是真命天子，尔识得朕么？若识得朕，尔今好速速落地狱矣！”说完便将甘王像推倒在地，踏烂帽子，拔掉胡子，扯烂龙袍，挖去眼睛，斫断手脚，还在庙墙上题下几首捣毁甘王像的诗文，洪秀全在诗文下署名“太平天王”。次日，四人赶回紫荆山高坑冲。[12]

拜上帝教捣毁甘王像一事使得洪秀全、冯云山名声大振。但是当地人也因此对两人怀恨在心。地方士绅发现神像被毁，便开出赏格悬赏捉拿犯上作乱者。虽然之前迭有抱怨拜上帝教徒惹是生非，但是山间居民之间素有嫌隙，桂平知县并不想卷入是非之中，所以他按兵不动。然而这却惹恼了本地一个名叫王作新的士绅。1847 年 11 月，王作新率一队团练窜到山区，纠集地方保正，抓了冯云山，并押解送官。卢六闻讯，火速聚集一帮拜上帝教教徒，在途中将冯云山劫回。王作新不肯罢休，1848 年 1 月，他又率团练抓了冯云山、卢六二人，并将之押送桂平县，交付桂平知县投监，进行审判。[13]

王作新不仅指控冯云山、卢六两人聚众闹事，还把矛头指向拜上帝教教众。拜上帝教教徒“结盟借拜上帝妖书，践踏社稷神明，曾玉珍接妖匪至家教习，业经两载，迷惑乡民，结盟聚合，约有数千余人。要从西番旧遗妖书，不从清朝法律，胆敢将左右两水（紫荆山内水分左右）社稷神明践踏，香炉破碎”。“某等闻此弃事，邀集乡民耆老四处观查，委实不差”，于是“齐集乡民，捉获妖匪冯云山同至庙中，交保正曾祖光领下解官。讵料妖匪曾亚孙、卢六等抢去。遂再次捉拿妖匪冯云山、卢六解官”。[14]

冯云山的申辩合理合法。第一，拜上帝教仅为一宗教团体，绝无搅扰地方安宁之意，只想平和祭拜。冯云山为了证实这一点，向官府提供可查的“御批稿文”和教义文书。他也提醒官府，外国与大清国已签有条约，两广总督也明文公告，取消各府县对外国传教的限制，外国传教士可自由传教，百姓也可以自由敬拜上帝[15]。紫荆山区与桂平县城之间土地肥沃，随着拜上帝教势力不断壮大，像王作新“邀集乡民耆老”率团练捉拿冯云山之举，在此地的富裕人家来说是司空见惯。“乡民耆老”向来习于保护家园，免受不法之徒侵扰，之前已有天地会和从海上而来的河匪，现在又要对付拜上帝会会众。[16]

紫荆山一带许多乡绅家庭的先人是在1640年代明朝覆亡时，从兵祸连天的华东迁到此地。他们的土地有许多是在地方官府的默许下，以武力从当地瑶民手中夺来，或以极低的价格买下。他们雇了大批移民为其种地耕作，吃不完的稻谷就以货船运到各府州县卖掉。这批富商有不少客家人，他们的成功也让他们与生活穷苦的客家人以及希冀读更多书、更有经济力量的当地人之间关系紧张。到了18世纪末，这些客家商人几乎占地可达数百亩，在城镇有数十家店铺，运粮生意也做得大[17]。这些家族的首领凭借巨额财富，得以让子弟专心攻读，考上功名，其中也不乏高中进士者；富商子弟若是没有参加科举的才智，也可花钱从银两短缺的官府捐个功名，或是到邻省买个一官半职。

按照清朝行政惯例，不可在家乡做官。不过由于这些客家人的户籍仍在旧址，因此常能在桂平县府做官[18]。这种跨省的家族联系特别有好处，即使他们自己不做官，对现任的官员也有影响。而商人出资建祠堂，在各处市集建客栈，以利家族成员经营种种互有牵连的生意，又在祭祖一事上维持相当的排场，这更进一步凝聚了地方的团结与家族的力量[19]。

因为官吏无分大小，总是看商人的钱财办事——甚至向商人强行借贷，或默许盗匪打劫商家店铺，或用女色设圈套，总之要让商人有求于己，从而依附于己——这些富商家族的命运要靠当地官府的支持，当地庙宇规模之大小即是富商感恩戴德的证据。官府之所以愿意跟商人同声气，是因为粮食能否从广西顺利运到广东珠江三角洲，在经济上事关重大。官府的支持能使生意平顺、生命安全，做买卖不必担惊受怕[20]。商人的影响靠着官吏居中疏通，甚至能上达天听，若遇歉收，或能得免赋税。商人自有盘算，钱能使乡里不受盗匪侵害，这些人若是没拿到钱，就会劫掠粮食、牲畜，甚至绑架家人[21]。

这些富人家保留自己的方言，还以联姻的方式来巩固地方的团结。他们在本地兴建水利、筑堤围栏、造桥铺路、修建宗庙祠堂（有的祠堂高达五层），还兴办学校、书塾，在客家人与非客家人中间提高名望。王作新请来作证指控拜上帝会的所谓“乡民耆老”就是这些人。[22]

其中最重要的一个人家是在金田。金田坐落在桂平与紫荆山之间的水陆要道，土地肥沃，农产丰饶。这个家族找了七十人来当团练中的“耆老”，其中有不少客家移民。他们以开采铅矿、开当铺、农耕而致富[23]。这些身为“耆老”的家族为保家势盈泰，对族人的开支花费有极为严格的规定，从紫荆山脚下古城村一个家族流传下来的族谱便可清楚看出。家法中禁止族人嫖妓、赌博、酗酒、吸食鸦片等，违者将以“监禁终身”论处，这种严格的家法约束与后来洪秀全建立拜上帝会所订的戒律有颇多相类之处。他们以“金”为计量单位，规定控制家族开支的管理细则，一“金”大致相当于一个穷手工工匠或农民一个月的工钱，而在富裕地主或商人来说，则是微不足道了。

> 以家族出费而论，娶媳妇不可逾三十金，嫁女儿不可逾二十金。私塾束脩与嫁女儿相当。应试与娶媳妇同。可邀至亲好友吃饭吃酒，但不收礼，不可邀太多宾客。
>
> 就丧葬费用而言，家有老人去世，花费不逾四十金。其他丧事，不逾二十金。丧葬仪式不用器乐，不备祭品，棺椁出门不用佛事。家务事依此原则处理……每月家储稻米不逾七百斤（约五十公斤）。柴薪每月不逾一千五百斤。燃灯、食油之用，每月不逾二十斤，盐不逾十斤。酱油、醋、茶叶不逾两百个铜钱。每日菜蔬不逾一百个铜钱……若有人在村中或市场上出头露面，建庙聚敛钱财，祭祀神灵，就不能为其留名。因其已犯家规。至于建桥、铺路、做善事，凡有益于众者，量力相助。[24]

如此的精打细算也更增其在乡里间的名望，也有余钱来组建团练和地方规划。这和紫荆山区的山地村落情形不同，显然，这并不利于拜上帝会招募成员[25]。

而且，带领团练的阶层还有一种自以为是的神气，他们以朝廷的名义来施行地方的法律秩序：当上团练的领头就是当地精英的一员，是当地的精英就会来带领团练。这些人标榜自己“爱民如子，敬官如父”[26]；他们用来辨识、孤立、惩戒天地会会众的方式，也同样用在拜上帝会会众身上；在处理这两类情形时，其实需要做更仔细的分别，而非只用像是社会经济地位、教育程度以及科举功名为依据。

> 保甲（即村一级的户籍登记单位）法不分贫富、智愚，将村民混在一起，编成村社组织，所有规则一体适用，无分阶级，不论读书多少。将所有人混在一起，不加区分，就如同将鸡鸭飞鸟同一栏，羊狗虎豹共一圈。每个人都可觉察彼此背景各不相同，相互猜忌也是显而易见。若要将人组织起来，应先将同属之人相聚，签下一纸契约，方能同心同德。也就是说，透过这纸契约，他们方能各尽其力，以尽其效。[27]

为让这套分类更形适切，村庄这么定规矩：村民须能分辨谁乃“才智双全”之士，谁是“愚昧无知、胆小怕事”之人，谁是“犯上作乱”之辈。相关分类又划分“胆小怕事”、“通晓事理”和“喜欢惹是生非”人等，而所谓的“惹是生非者”则特别指流窜于广东境内的盗匪。[28]

村子里的“客人”——这可指客家人，有时也指别地方来的人——查得特别仔细。若是发现他们与匪盗有牵连，就会被赶走。村里每个人都须按姓名、籍贯、家庭成员、职业、人际关系、婚姻状况、系本地人或外乡人等进行登录。只要为全村所信任者，则嘉以“核定”标签，门楣上还挂了官府文书。而不值得如此信任的人，就没有这种证明，尚待进一步考核[29]。有些极有钱势的人家不符合这个标准，像是金田的韦家，他们被这种查核方式排除在外，不得加入团练，所以他们也不愿为当地公益事业捐助，还入了拜上帝会[30]。

官府与地方团练关联密切，虽然带领团练的人不见得是秀才，但秀才多半在团练里头很有分量。而有了功名的人也很少加入拜上帝会。拜上帝会会众也有许多能识字，但这些人大多是科场失意，或是靠着粗通文墨而在社会边缘讨生活：有些是在官府衙门谋差的小吏，有些凭着粗通律例帮人打官司，有些略通医理，四处行医，有些则是当铺老板、商店伙计、小业主，甚至还替有些热衷功名又无望中考的人去代考。[31]

冯云山拘押在桂平县衙的监狱中，想方设法为自己辩护，此时洪秀全甫抵赐谷村的黄家。冯云山所受之指控很严重，反对他的力量又很大，洪秀全光靠写篇文情并茂的申冤书上呈官宪（就像 1844 年他第一次到广西为黄家幺子申冤一般）是很难让冯云山获释的。于是他决定去广州求见时任两广总督的耆英，从还很新鲜的国际法来为冯云山辩护；巧的是，1842 年与英国人签订南京条约的清廷代表就是耆英。洪秀全必须兼程赶路，因为若是事关异端信仰，官府常加以严刑拷打，甚至令犯人生病暴毙——卢六已经身亡，或是病死，或是给活活打死。[32]

洪秀全在 1848 年春到了广州，他发现耆英已被唤到北京御前听旨，人不在广州。洪秀全回老家看了看，没有多留。不到一个月的时间，洪秀全到了紫荆山，带回营救冯云山未果的噩耗。此时冯云山也向桂平县府申辩，为自己分说，也为拜上帝教辩说，加上当地拜上帝会教徒买通知县，知县便把他放了。但是冯云山被归为“无业游民”，由公差押回广东官禄㘵——这是他的出生地和落籍所在。所以，1848 年初夏，冯云山和洪秀全两人竟在途中错过了，或许只有几步路之隔而已[33]。离家三载之后，现在轮到冯云山和妻女相见，在家乡自由传教。而洪秀全则再次远离妻儿和年迈多病的父亲。

在紫荆山，世仇、争斗、审判、冯云山的获释和洪秀全的回归，在在燃起拜上帝会教徒心中的热情。紫荆山的村民向来相信巫师道士装神弄鬼，以前也亲眼见过有人被神灵附体，开了天眼[34]。1848 年春末，洪、冯两人都不在紫荆山时，一个名叫杨秀清的客家烧炭工人成了天父皇上帝的代言人。此人出身贫苦，接受拜上帝教的救世思想而加入拜上帝教。天父皇上帝附在杨秀清身上，透过他的声音传达旨意。洪秀全回到紫荆山之后，承认这确是皇上帝传旨。又过了几个月，到了这年秋天，天兄耶稣又借一个赤贫而笃信拜上帝教的客家农民萧朝贵向洪秀全及普天下拜上帝教众传达旨意。洪秀全再次予以确认。耶稣附身萧朝贵可达半个多时辰，其他也有若干男女梦到洪秀全行将登荣，不过为时较短[35]。

天兄耶稣在 1848 年多次下凡，透过萧朝贵传谕洪秀全和拜上帝教教众。萧朝贵吟唱上帝刚创的新曲，耐心把上帝的赞美诗逐句教给会众[36]。有时，他的讯息有关教义，这都不出洪秀全在著作中所言：只有他们的天父才有权享受“帝”的称号，而天兄耶稣和洪秀全的称谓则不得超过“主”[37]。天兄耶稣还告诉洪秀全，大慈大悲的观世音菩萨也住在天上，天父皇上帝不允许观音再下凡间，因观音的讯息会被误解，但天父皇上帝却知道观音心肠仁慈，还让天兄耶稣和洪秀全称她为姊姊[38]。

天兄耶稣向洪秀全说了自洪秀全十一年前离开天庭之后发生的事。他们谈到洪秀全的幼子，在天上出生之后始终没有起名字，如今和祖母（即上帝的妻子）一起住在天上。他们也谈起孩子的母亲第一月亮宫人，谈起她和姻亲耶稣及其妻子如何相安相处，谈起她是如何想着夫君回到身边。第一月亮宫人还曾下凡以客家话伤心地责骂了洪秀全，怪他久不回天上。她告诉洪秀全，天兄耶稣之妻与五个孩子（三男两女）关心她和自己的孩子。耶稣家的男孩子都比洪秀全的孩子大些，分别是十八岁、十五岁和十三岁；耶稣的大女儿十六岁，而小女儿在洪秀全离开天庭之后才出生。这么一来，洪秀全的儿子至少还有个小玩伴。[39]

紫荆山的神秘气氛随着其他的圣人来访、异梦和预兆等事件而更加浓厚。在洪秀全的朋友和热情支持者所住的赐谷村遭到盗匪侵扰，结果天将下凡将之击退。有一次妖魔手持火器瞄准洪秀全，几位身穿黄袍的天使下凡，在千钧一发之际救了洪秀全。在紫荆山东边的思旺村，洪秀全的天妻第一月亮宫人也在天使的协助下，救了洪秀全的性命。[40]

有时人记载，拜上帝会教徒跪拜在通风的教堂里祷告，不时有人突然仆倒在地，通身大汗，有如神灵附体，在此迷离状态中讲出劝解、责备、预言之类的话语[41]。这些上天庭的人一如洪秀全在梦中所为，取东路前往，所见之上帝亦如洪秀全所见，威风凛凛，身穿黑色龙袍，头戴高沿帽，蓄金须[42]。他们也看到群魔之首方头、红眼，知道他和东海魔王、阎罗妖是同一个凶神[43]。上帝一如在西乃山上亲书“十诫”碑，也用手指向来客指出这魔王[44]。雅各在雅博渡口与天使角力，而天父也让萧朝贵这个天兄耶稣代言人与诸天将摔跤，客家人有一招称作“架钢手桥”，萧朝贵以此与天将缠斗[45]。天父和天兄则在一旁看着，并不时指点指点。

1849年年节过后，洪秀全回到官禄㘵家中，得知父亲刚刚病逝，死前嘱咐要以拜上帝教的仪式料理丧事。按照儒家传统，父母死后，子女须守丧三年，不能剪发；守丧期间不得与配偶交欢，以表对死者的尊重，父母有生养之恩，须以禁欲和悲伤来回报。这段时间用来料理后事，照顾坟墓，并潜心反省。在守丧期间不剃发的规矩，其用意与自省和尊重类似，但是因政治现实却让这规矩有所扭曲。大清自1644年统治中国以来，下令汉人须从满俗，薙去前额头发，脑后蓄长辫，不从者将以叛逆问斩。但在服丧期间，不论满汉，不薙前额头发并不会受罚，薙发反而要严惩。[46]

两条规矩洪秀全遵循了一条。他回到官禄㘵后不久，就和妻子同床而眠，但他未薙发。到了初夏，其妻怀孕已是肉眼可辨，此时洪秀全别过妻子，披着散落在肩脖与前额的浓发，与冯去山再次往紫荆山行去。[47]

注释

1 《太平天日》，载于《印书》31 页中，“他们写书送人”，尽管这些书的性质并没有特别指明；《太平叛乱》，72 页的译文，“写信送人”似乎限制过多；又见王庆成《天父天兄圣旨》，159、191 页，以及博尔《末世学》，136—176 页。

2 梁发《劝世良言》，359 页（7/17）；《太平叛乱》，41 页，有所改动；《太平诏书》，载于《印书》，14 页。这里洪秀全将《出埃及记》第 20 章 4—5 节和第 31 章 18 节合并为一。

3 《诗篇》第 115 章，1—8 节；《太平叛乱》，43 页；《太平诏书》，载于《印书》，16 页。洪秀全在这里全文引用了《诗篇》第 115 篇 1—8 节，而不是只引用《诗篇》第 135 篇 16—17 节。

4 《太平叛乱》，45 页，引自《太平诏书》，载于《印书》，17b 页。

5 《太平叛乱》，57 页，将《太平天日》，载于《印书》，10 页，略作改动，并省略了天父全称名讳。

6 《太平叛乱》，61 页；《太平天日》，载于《印书》，15b 页。

7 《太平叛乱》，62 页；见《太平天日》，载于《印书》，16 页，略作改动。

8 《太平天日》，载于《印书》，27、31b 页；《太平叛乱》，69—70、73 页；郭毅生《地图》，21 页。

9 韩山文《太平天国起义记》，36 页；《太平叛乱》，73 页；维勒《抵抗》，57—58 页，言及这些神祇的数目及恶名。

10 韩山文《太平天国起义记》，36 页；《太平叛乱》，73 页；《太平天日》，载于《印书》，31b—32 页中，我认为合理的解释是，采取防卫性措施的应该是那些善男信女，而非“庙中守卫”。

11 《太平天日》，载于《印书》，32 页；《太平叛乱》，73 页。

12 《太平叛乱》，73—76 页；《太平天日》，载于《印书》，32—35b 页；韩山文《太平天国起义记》，37 页；洪仁玕之转变，见《太平叛乱》，1518—1519 页；维勒《抵抗》，62—63 页。

13 简又文《太平天国全史》卷一，120—123 页；简又文《太平天国革命运动》，38—39 页；李滨《中兴别记》卷一，6 页。

14 李滨《中兴别记》卷一，6a 页；夏春涛《太平天国宗教》，33 页。

15 李滨《中兴别记》。

16 广西当时的背景，见孔飞力《太平天国叛乱》，264—266 页；关于桂平地区的地方武装（团练）和拜上帝教教民情况，见夏春涛《太平天国宗教》，29 页。

17 菊池秀明《太平天国前广西客家族精英的迁徙与壮大》，7 页，述及有关金田地区兰、罗两家情况的材料；关于“客家”一词，见稻田清一《太平天国创立前的客家人》，

61—64 页。这里特地向刘文文对文章的帮助表示致谢。

18 关于源起于安徽桐城和作为桂平县令时期的许氏家族，见菊池秀明《太平天国前广西客家族精英的迁徙与壮大》，4 页。

19 关于“瑶民会馆”，同上，7 页。

20 同上，8 页。

21 同上，9—11 页。

21 关于《安良谕》，同上，12—15、16 页。

23 同上，17 页；《安良谕》，347—348 页。

24 这里的黄氏家庭和住在赐谷村的洪秀全的黄氏朋友不是一回事，见菊池秀明《太平天国前广西客家族精英的迁徙与壮大》，19—20 页。

25 同上，24、26—27 页。

26 稻田清一《太平天国创立前的客家人》，71 页。

27 同上，74 页；《安良谕》，345 页。

28 同上，76—77 页，转引自《安良谕》。

29 有关“公报”户簿登记事宜，同上，78—79 页。

30 同上，75 页，对于韦昌辉（后来太平天国的北王）而言，他与其父、叔拥有相当多的土地，有着极为重要的意义；同上，82 页，述及有关韦昌辉家族象征性地送给当地宗祠四千钱的材料；又 78 页，稻田清一认为这里“也许”有一个因素，即韦家是客家人。

31 见拉易《海盗》，167 页注 36、168 注 37。

32 李滨《中兴别记》卷一，6b 页；王庆成《天父天兄圣旨》，192 页；简又文《太平天国革命运动》，38—40 页；韩书瑞（Naquin）《千年末世之乱》（*Millenarian*）；孔飞力《叫魂》（*Soulstealer*）；这些书中都提供了经过调查后惩治嫌疑犯的生动案例。

33 王庆成《天父天兄圣旨》，192 页：简又文《太平天国革命运动》，40 页。

34 如维勒在《抵抗》，70—75 页中所分析。

35 夏春涛《太平天国宗教》，30—31 页；韩山文《太平天国起义记》，34 页，引证萧朝贵之妻杨云娇，也曾做过此梦；有关洪仁玕的梦境，见《太平叛乱》，69 页；萧朝贵长时间处于迷幻状态，见《天父天兄圣旨》卷一，4—5 页；博尔《末世学》172 页中认为，洪秀全与冯云山不在广西期间，杨秀清与萧朝贵通过这种“巫术式”的领道方式，对洪秀全的暗示性革命理论进行了诠释。

36 《天兄圣旨》卷一，1、2、8 页；王庆成《天父天兄圣旨》，4、9 页。

37 《天兄圣旨》卷一，9 页；王庆成《天父天兄圣旨》，10 页。

38 《天兄圣旨》卷一，6 页；王庆成《天父天兄圣旨》，7—8 页；维勒《抵抗》，82—83 页中认为，这是象征妇女拥有权力和财富的典型代表。

39 《天兄圣旨》卷一，7—8、9b 页；王庆成《天父天兄圣旨》，8—11 页；1992 年夏，笔者在桂林会见了钟文典，言及客家方言；夏春涛在《太平天国宗教》第 34 页就当地的宗教语言问题讨论了血缘关系的重要性。

40 维勒在《抵抗》中，详细地讨论了这种混杂的情况——特别参见 56 页言及金田地区随时可能发生的情况；84 页为金田地区最后的集结，所有事例均见《天兄圣旨》卷一，3、10、12 页；王庆成《天父天兄圣旨》，5、11、13 页，但在此文献中，对同一事件的两种描述却不尽相同，如村落的名称“思旺”与“施旺”，其确切位置，见郭毅生《地图》，24 页。

41 韩山文，《太平天国起义记》，45 页。

42 《天兄圣旨》卷一，2、5 页，先是天兄基督描绘了一番，接着是萧朝贵。

43 《天兄圣旨》卷一，3 页；王庆成《天父天兄圣旨》，5 页。

44 《天兄圣旨》卷一，5 页，“手指……于我看”。

45 《创世记》第 32 章，24 节；《天兄圣旨》卷一，5b 页。“钢手桥”一词是 1992 年钟文典解释给我的，指的是客家人角斗手力的一种方式。

46 库奇（Kutcher）《死亡和丧葬》（*Death and Mourning*）；孔飞力《叫魂》，58—59、102—103 页。“三年”的哀悼期，通常被诠释为二十七个月。

47 韩山文《太平天国起义记》，4 页；简又文《太平天国革命运动》，4 页；王庆成《天父天兄圣旨》，192 页。洪秀全之子生于道光二十年十月初九（1849 年 11 月 23 日），是在洪秀全回到官禄㘵的九个月后。

第九章 团 聚

1849年夏末，洪秀全、冯云山又回到广西。拜上帝会在广西有四个中心，大致在桂平城西、北方，呈半弧形分布。若以这四块区域的外缘而计，东西绵延约六十英里，南北约八十英里。其中一处中心在紫荆山，但如今已包括山脚平原一带富裕的金田村。第二个中心在赐谷村一带。拜上帝会教徒黄玉珍一家一直帮助洪秀全。另一个中心更偏西北，包括若干山村，此地已是象州地界，洪秀全、冯云山曾至象州捣毁甘王像。第四个中心是最近才发展起来的，位于紫荆山东北，沿鹏化山脉蜿蜒，包括了鹏化和花州诸多小市集。[1]

虽然朝廷官员和广西一带的人把拜上帝会当做宗教组织，还不到进行弹压的地步，但是这一带已有十多起土匪暴乱，且都与天地会脱不了关系。别的省份也是多事之秋，但广西已引起朝廷关注，焦虑之情与应对之方在朝廷与南方的封疆大吏之间来来往往[2]。同年，以香港为基地的英国在华舰队指挥官决定对游弋于南海的中国海盗发动一次全面总攻，局势更加混乱。海盗的据点一一被摧毁，船只被击沉，粮仓和藏身处被烧毁，残余的海盗逆河而上，逃入广西境内，与几年前循同样路线来到此地的海盗接上了头[3]。

拜上帝会分布的四块区域，彼此之间有崎岖的山地相隔。这些地方或由充满敌意的非客家人控制，或由盗匪，或由地方官府掌控。在这四块地区之间行走不那么容易。洪秀全和拜上帝会的其他首领一样，在半夜三更到五更之间行进。他们手提灯笼，“齐齐同行，莫有先莫有后也”[4]。在初秋的一天，洪秀全违犯这些安全程序，在他指定的随从还未集中时就偷偷骑马先行，结果又一次路遇强盗，幸运的是他未受伤害便逃脱了。由于这次莽撞行为，洪秀全受到天兄耶稣的公开责备——当然是通过萧朝贵代言——耶稣责问洪秀全“缘何不遵命”，胆敢坏了上帝设下的规矩？洪秀全立即表示非常痛悔，公开认了错[5]。

虽说有这些风险，拜上帝会的首领们仍然时常往来各处。由于信徒散居于偏僻的孤村，“真教”常与当地民俗、信仰和迷信掺杂不清，就连已经皈依拜上帝会的教徒也常对自己入教的动机、投入程度及诚心有所怀疑。洪秀全知道地方上各个团体之间有纷争，他的工作之一就是要细查教徒在意识不清之际所说的预言，依教义真谛来判别下凡附体的神灵，尽量判别何者为真，何者为伪，何者来自上帝，何者来自魔鬼[6]。有些教徒显然得到奇迹式的治愈，如果他们的治愈是因为杨秀清替天父代言，萧朝贵替天兄代言，那他们的灵魂附体便是“虔诚不假”的。但也有反对上帝的话语，“引入歧途”或“受惑于妖魂”。在这类疑难事例中，据时人所言，无人能像洪秀全善于运用权威，对各式各样的人行使严格的教规[7]。太平天国对洪秀全在这个时期的记载，天兄耶稣“因众心未尽通道，

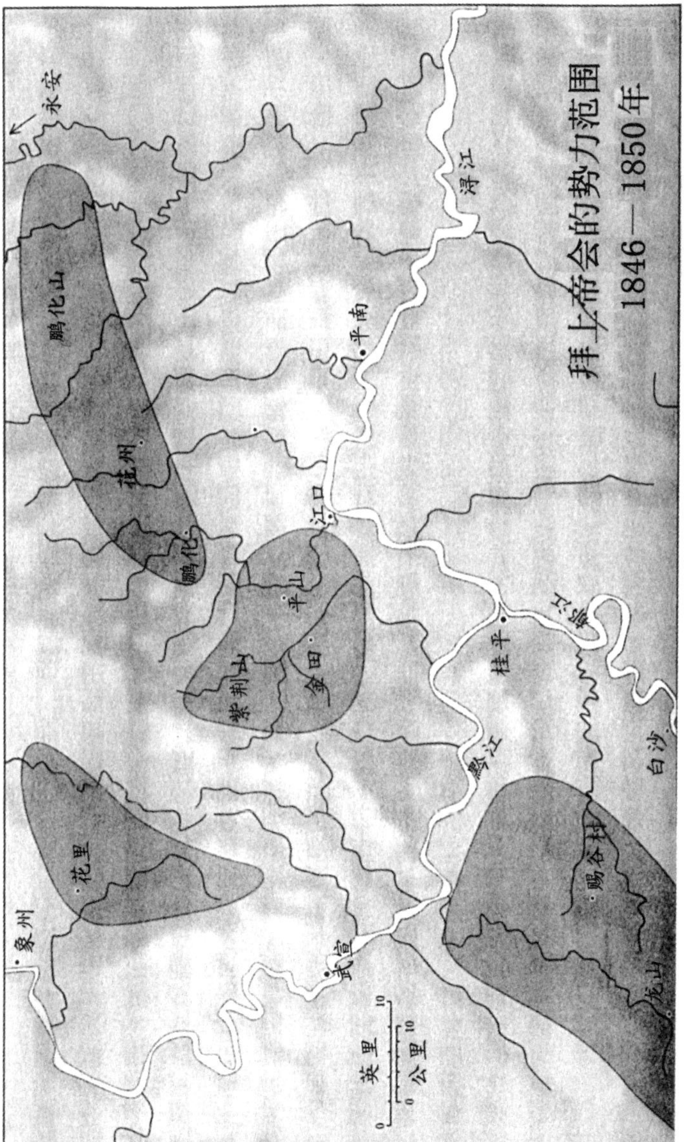
拜上帝会的势力范围
1846—1850年
永安
鹏化山
花洲
鹏化
平南
浔江
江口
平山
紫荆山
金田
桂平
黔江
白沙
花里
象州
武宣
赐谷村
龙山
英里
公里
0
10
10

欲天王等各处散居，爰谕天王、南王、韦正曰：‘今信真道各小，敬一半，反草一半，尔们何能识得各草也？’”这些首领虽然回以：“不能完全识得他们！”但他们还是接受天兄耶稣的警告[8]。

在这四个拜上帝会根据地之间持续奔走的另一个原因是钱。吃喝要钱，刊印小册子要钱，帮助生活贫困的教徒要钱，救助从紫荆山四周乡村流落此地的受苦者需要钱，制造或购买自保的简陋武器需要钱，建造急备谷仓以防当地灾荒瘟疫也要钱，营救一些被抓的拜上帝会会众更需要钱。当地士绅如王作新之流认为拜上帝会教徒破坏乡里风俗，而乡里乃是传统道德价值的基础，因而愤恨不已，在 1847 年至 1848 年间将冯云山、卢六关进监狱，卢六死于狱中。1849 年夏天，王作新又将两名拜上帝会教徒投入监狱，其中一个还是洪秀全五年前投书官府营救出来的那个年轻人。如今双方积怨日深，投书申冤或以国际条约法来辩护都已起不了作用。拜上帝会的首领为了早日救出两人而四处筹钱，以耶稣在十字架上受难来指出，苦难能净化受苦者，凡拜上帝会会众欲得救赎，皆须坚忍。天兄耶稣借萧朝贵之口，建议家有储粮者捐出一半为那两位教友赎身。[9]

有时，拜上帝会教徒以道义而聚众，责备他们信仰不坚、吝啬小气和不愿捐钱救人而欺骗上帝[10]。他们还鼓励某些比较有钱的拜上帝教家族（例如住在赐谷村黄家邻近的石家）捐巨资救人，说这乃是上帝所愿。拜上帝会首领在告诫教徒时，常用“高老”这个怪名来称呼上帝，如此一来，这事就成了家务事的延伸[11]。有时，向会众募捐的呼吁就没那么含蓄，用的口气好似在对不道德的行为进行严惩一般。或许是没能筹到足够的银两，也可能是因为买不通鹏化官府，这两个入狱的教友已被严刑致死，而募捐活动到那个月的月底就中断了。但不到一个月之后，在当地士绅的怂恿下，又有两位重要的拜上帝会教徒被官府抓走。于是又得展开募捐。[12]

这整个惨酷的过程说明了：在 1849 年时，拜上帝会还不够有钱，凸显了那些加入拜上帝会的富家的重要性。其中之一是石家。这个客家家族不仅捐了许多钱，当时十九岁的石达开还一心追随洪秀全，后来成了洪秀全麾下最优秀的将领之一。金田村韦家拥有大片稻田，还有好几家店铺和当铺；韦家之所以入拜上帝会，显然是他们因为在当地官府中做“听差”或亲随的卑下地位，而且血缘混杂，祖上曾与当地壮族土人通婚，即使颇富赀财，也无法跻身当地士绅阶层。还有常常庇护洪秀全的胡家，他们在坪南与桂平县都拥有不少土地，也在兵营里做个小官[13]。不过，拜上帝会的首领还不想让人知道这些家族的慷慨资助，至少在 1850 年 2 月初是如此；胡家在 2 月提议变卖家中所有田产，将所得及其他财产悉数捐给拜上帝会，以竟“天父天兄之伟业”，拜上帝会对他们的虔诚和慷慨表示感谢，但要求他们对捐赠之事暂时保密[14]。

1849 年营救那两位入狱教友四处奔走，却是徒劳无功，或许这是让拜上帝会首领决定采取反官府立场的因素。洪秀全从 1837 年做了奇梦之后，就一直宣讲要对付的妖魔，是阎罗妖爪牙的转世现形？还是对真理视而不见的迂儒？还是道士佛僧，当地愚民迷信的巫师，破坏洪秀全或上帝诫规的罪人和偶像崇拜者？洪秀全始终没说清楚。有时，洪秀全下的定义涵盖极广，如他在 1848 年与 1849 之交于官禄㘵所书：“凡不信上帝及耶稣之真理者，虽吾之旧交，但非吾友，而却是魔鬼也。”[15] 有时，他的定义则取一端，近乎新教的命定论，如他在此时所写的一首圣歌：

> 信实上帝便是上帝子女，来何处，从天而降，去何处，向天而升。
>
> 敬拜妖魔即为妖魔卒奴，生之日，为鬼所迷，死之日，被鬼所捉。[16]

到了 1849 年底或 1850 年初，洪秀全已将统治中国的满人及其官府爪牙定为应予消灭的妖魔，而“捏造罪名”拘审拜上帝会会众的官府则是为“妖官”所把持[17]。有一部分的转变起自洪秀全的心情。根据记载，洪秀全在此时曾说：“过于忍耐或谦卑，殊不适用于今时。”[18] 或许洪秀全真的认为拜上帝会已经太过屈从于地方的敌意与官府的索求了。

如果耐心和屈辱的日子已经结束，如果许多人已成了妖魔的爪牙，那么就会了解到，汉人是受奴役的，而满人则是妖魔。这种观念在天地会或三合会等秘密会社中甚为盛行，这些人尊崇明洪武帝，异口同声要“反清复明”。洪秀全虽表示不接受这些神话，但他的想法却与之相呼应。他告诉追随者：“我虽未曾加入三合会，但常闻其宗旨在‘反清复明’。此种主张，在康熙（1661—1722 年在位）年间该会初创时，果然不错的；但如今已过去二百年，我们可以仍说反清，但不可再说复明了。无论如何，如我们可以恢复汉族江山，当开创新朝。”[19]

洪秀全在1850年写了一首七言律诗，以汉朝、明朝开国之君，自抒政治抱负和大器晚成：刘邦和朱元璋都出身贫寒，他们揭竿而起，推翻暴政，最后建立国祚绵延达数百年的新王朝。刘朱两人都以对抗外来的征服者、入侵者而著称。据民间传说，刘邦陷入苦战之时，有风卷疾云当空而过，刘邦大喜，风云急行有如汉军，必可横扫一切，于是立即命人搭祭坛，摆酒设宴，目送疾风远去，终于公元前202年开国。朱元璋击败群雄、建立明朝年已四十，他喜自比为秋季盛开的菊花，百花渐已凋零，正是菊花风华绝美之时。洪秀全的诗云：

> 近世烟氛大不同，知有天意启英雄。
> 神州被陷从难陷，上帝当崇毕竟崇。
> 明主敲诗曾咏菊，汉皇置酒尚歌风。
> 古来事业由人做，黑雾收残一鉴中。[20]

1850年2月，拜上帝会军事组织的形制似乎有所不同，至少是用语有了变化。从这个月开始，提及拜上帝会有一支往来行进于四处根据地的“队伍”，这支队伍需要有擘画详尽的计划、粮食给养以及后勤补给。他们对有所准备的“清妖”据点轮番进攻。除非其中有一二十人自愿继续作战，远道而来的“部队”须有时间休息；而从邻近地区来的部队则可继续行动几日。诸将详尽报告攻击行动，并送交洪秀全在东北方坪山根据地的临时住处，洪秀全因腿伤不能骑马，正在此地养伤。洪秀全的住处有时被称作“官”，洪秀全则自称“太平王”。拜上帝会诸首领讨论用兵，有时也会因攻退意见不一而场面火爆。粮草供给已尽，却无知会前方将领，更陷部众于绝境。[21]

洪秀全临时住所赐谷村以东数英里，在拜上帝会势力范围的南缘有一白沙村；此地发生过冲突，而留下来的记录便可见到上述诸多因素：暴力愈演愈烈，从口角而威胁而对峙，记录中不时出现对辎重、给养的关注。当地受官府保护的非客家家族，或许是与这些家族结盟的当地匪盗被称为“妖鬼”，迫使白沙村的百姓加入拜上帝会。但在这份记录中被称作“贼”或“外贼”：

> 天兄问罗能安白沙村之事如何来历。
>
> 众小奏曰：“其时，因李得胜寄有耕牛在林凤祥家牧草。时岭尾村外贼要勒索李得胜之银钱，李得胜不允。贼即有两人往林凤祥处牵伊之牛。林凤祥即夺回牛只，并无打伤其贼。不料贼次日即有四五十人到林凤祥面前，声称叫打，小八人在台食饭，瞥见贼用大炮打来。小五人执军器跳出赶逐。贼既散，小获得籐牌二面、红粉一箱、大炮五把。至二场，贼又起有二百余人来交战。小五十八人与他对仗。此场贼又散，随各纷走无踪。小获得籐牌三面、红粉一箱，独炭炮二把、猫尾炮一把。至今小起有一百八十余兄弟，在白沙村。
>
> 天兄问罗能安，如何得咁多粮草食？
>
> 小奏曰：“李得胜之吴表亲出粮谷二千石。”
>
> 天兄问罗能安，谁人章程吊马？

> 小奏曰："是秦日纲章程。"
>
> 天兄一一问明，即吩咐罗能安回去，暂班师，留十人在此就得。
>
> 天兄又吩咐曰："回去放草，万事有朕高老差使天兵天将扶持。今小十人能打破贼一千，外贼如果再来者，然后吊马与他交战不尽。"[22]

白沙村民加入拜上帝会，能提供两千担粮草（约合一百多吨），若遭官军大举围攻，这些人将是极宝贵的盟友。然而，把这么多人召到中央根据地来，拜上帝会的首领怕招来报复，所以仍很谨慎。

拜上帝会的首领对这类信徒忠心难免存有疑惑：有些首领称新招募来的人为"兄弟"，有些人则称之为"妖人"。有时由萧朝贵代言的耶稣被问及有何看法，便说这些新来者是支持太平天国的好人，对太平天国的大业大有裨益。但洪秀全心里还常有疑虑，认为这些远道而来的生人"实来破阵也"。[23]

虽有这些疑虑，但这些新来者还是行了洗礼。1850 年 2 月底，一天里头有四百人受洗，受洗前先谛听长篇宣讲，并告以他们首领的暗名。至于拜上帝会之首，乃是"诚识得洪秀全拜于高老之前，诚识得冯云山、杨秀清和萧朝贵拜于天兄耶稣之前者"。皈依者须真草（心）到底，跑路跑到尾。回家去各教道各妻子，各教道各子女，各练成天堂子女样，后来自有分断也[24]。在首领一方，则要善待所有真心入拜上帝会者，有礼物同一体，无礼物同一样，各个要谨口、灵变，一家有事千家有，一家无事千家无[25]。到了 1850 年 4 月初，洪秀全有时还穿上只有皇帝才能穿的黄龙袍，不过他是在所藏身的信徒家中私下穿[26]。

一份太平天国的文献载有拜上帝会教徒入会受洗的情况。这次仪式于 1850 年 4 月 9 日举行，地点是在洪秀全在坪山的根据地（也可能是藏身之所），受洗人谭顺添，后成为天王的一名大将。其间，天兄耶稣的代言人萧朝贵向谭顺添问话，洪秀全坐在床边听。其情形如下：

> 天兄又谕谭顺添曰："谭顺添，现今讲话是何人？"
>
> 顺添奏曰："是天兄讲话。"
>
> 天兄曰："坐在床上是谁人？"
>
> 顺添奏曰："是二兄。"
>
> 天兄曰："他是谁人差来？"
>
> 顺添奏曰："是天父差来。"
>
> 天兄曰："天父差来，他是何样人？"
>
> 顺添奏曰："天父差来作太平主也。"
>
> 天兄曰："增得星光，便见高老。那样说？"
>
> 顺添奏曰："是说众兄弟增得二兄起，便见天父也。"
>
> 天兄曰："禾王是谁人？"
>
> 顺添奏曰："是二兄。"
>
> 天兄曰："尔要认得他。天上信实高老，信实高兄，地下信实尔二兄讲。不好忤逆，要顺从也。"
>
> 顺添奏曰："小弟一心敬天父及天兄及顺从二兄也。"

天兄曰："双星脚起是谁人？"

顺添奏曰："是东王（杨秀清）。"

天兄曰："禾乃是谁人？"

顺添奏曰："是东王。"

天兄曰："尔要认得他。高老托他口讲。天下万郭都要过他口也。"

顺添奏曰："知得。"

天兄曰："顺添，苦炼尔，慌不慌？"

顺添奏曰："不慌。"

天兄曰："尔要认实来。跑路跑到尾，钻得米筛眼过，后来有分断。太平事是定，但要谨口，根机不可被人识透也。"

顺添喜曰："遵命。"

第二天，谭顺添便正式受了洗。[27]

时局动荡，越来越多男女加入拜上帝会，太平天国的首领不但要供养保护这些新教徒，也要维护自身的道德纯洁，还要节制底下人互斗或放纵。洪秀全在创立拜上帝会之初，就曾定下戒律，对行为放荡多所批评，如今又吸收《圣经》和摩西十诫的内容，规矩更严。太平天国的首领在1850年开始颁布告令，以礼仪和公益所需，分男女为男营女营。创立拜上帝会的冯云山已将妻女留在官禄㘵家中，堪为男行营的表率。一个名为胡九妹的女子——她可能是变卖家产捐给拜上帝会的那个富家胡氏之女——则是女营楷模。天父借天兄耶稣之口送七绝古诗下凡，以谐音夸奖胡姓女子的德性：

> 妇人看见胡井水，久记清静正煲茶。
> 山凫大小树无贱，红花一朵在人家。[28]

天父之妻也到人间，带来天父对拜上帝会会众的谕旨："众小，头一要听尔天父教导，第二要听哥教导。总要坚耐遵正，切不可反草也。"[29]

这种道德劝诫背后还有严惩犯错者来支持。一个名叫黄汉青的拜上帝会会徒与妇人私通，结果被人发现，给打了一百四十重棍；那妇人虽然是受黄汉青引诱，也被棍击一百[30]。这种棍刑能打得人皮开肉绽，一百四十下棍打与死刑无异。

这种神人交织的家庭关系势必叫天意与现实训令相混杂。例如，萧朝贵替天兄代言，他自然要称洪秀全为"二弟"，而在现实生活中，萧朝贵又娶了洪秀全的御妹（可能是洪秀全的堂妹）为妻，两人自然成了姻亲。如果萧朝贵想让妻子更听话，就能以耶稣的身份要求洪秀全的"御妹"顺从丈夫，他也确实常这么做[31]。那些天降的谕旨就像那些传给胡九妹的谕旨一样，也可传给其他拜上帝会中的显贵女子，给陈家二女儿"陈二妹"的传话便是如此。这类谕旨效力有如诫律，1850年1月30日，天兄降谕陈二妹便是一例："陈二妹，妇人家要知闪避。男有男行，女有女行，嫂婶要和。嫂有不是，婶做着些，婶有不是，嫂做着些，总不好相争。"[32]

从这类宣谕发展出太平天国将男女分别编入男营女营的政策，须至天国成功之日，夫妻才能团聚。太平天国发展这项政策，不仅对妇女生活有严格约束，也促成了"女军"的建立，且女性在太平天国的官僚体系中有为官的权利。太平天国的文献对这一政策的基本精神以这段文字的阐述最为全面：

> 况内外贵避嫌疑，男女均当分别，故必男有男行，女有女行，方昭严肃而免混淆，断不可男女行中或相丛杂，致起奸淫，有犯天条，即有时省视父母，探看妻子，此亦人情之常，原属在所不禁；然只宜在门首问答，相离数武之地，声音务要响亮，不得迳进姊妹营中，男女混杂，斯遵条遵令，方得成为天堂子女也。[33]

男女分营的主张适用于参加太平军的未婚男女，洪秀全还逐渐将之扩及已婚夫妇。这个规定若能严格执行，那么，在太平天国实现目标之前，人口并不会增加。这对一支有着许多平民的大军来说，是大有裨益的，而且，这也对“不孝有三，无后为大”的儒家观念给予重击。1850 年 1 月，洪秀全听到从官禄㘵飞递而来的消息，发妻赖氏（她在洪秀全上次回紫荆山时已怀有身孕）在 1849 年 11 月 23 日产下一子，母子均康安。这个消息也许让洪秀全更倾向于接受划分男营女营的政策。[34]洪秀全为其子起名为天贵,意为“天之贵子”。

洪秀全接到这个消息之后五个月内，似乎全心放在拜上帝会的世界里，对家庭似乎并未特别关心。然后，在 1850 年 6 月中旬，洪秀全突然将家人召来紫荆山团聚，不顾路途艰险。他自己并未亲自前往官禄㘵，而是派了三名亲信，都是他最早来广西活动时就认识的人，其中一人是郎中，他身边总是带着药箱，以避免官府盘查寻事[35]。这三人带了洪秀全给家人的一封信，虽然现在我们看不到这封信，但我们知道这封信生了效。不到几天的工夫，洪秀全的近亲多已收拾行李，处理家产，踏上从官禄㘵向紫荆山拜上帝会聚集地的漫漫旅程。其中有人年事已高，而洪秀全的幼子还不满八个月，很可能他们是乘船或坐轿（冯云山的两个儿子也送到冯云山的身边，但家中其他人则决定留在家乡）。[36]

是什么因素使洪秀全在这个节骨眼做此决定，至今还不完全清楚。他心里头或许有好些因素混在一起。其中之一是绑架拜上帝会教徒子女勒索钱财的事情日增，令人不胜恐惧，洪秀全怕家人若留在广东，恐遭不测[37]。广东有些地方正在闹饥荒，包括花县一带。而且，洪秀全已经发展出一套天启宿命观，他声称天父曾在道光十三年（1850 年）谕示过他上帝将"遣大灾降世，凡信仰坚定不移者将得救，凡不信者将有瘟疫。过了八个月之后，有田不能耕，有屋没人住。因此之故，当召汝之家人和亲属至此"。[38]

另外，杨秀清替天父代言已有一年多之久，他自称凡是真心拜奉上帝的，他都把疾病吸入自己体内以治愈他们，结果他却在 1850 年 5 月染上奇怪而吓人的恶疾：口哑耳聋，耳朵出脓，眼内流水，痛苦不堪[39]。太平天国后来的文献称，杨秀清之病出于二端：一是杨秀清因赎救众教徒之灾而病累不堪，一是天父决定检验众教徒是否真心向教。但那些不知这两种原因的教徒认为杨秀清因病而衰弱不堪。如果杨秀清一直在利用替天父代言之便，约束洪秀全的话（一直有许多人这么认为），那么杨秀清的紧箍咒暂时失效了，他的病痛持续到 1850 年 9 月初才突告康复[40]。

在 1850 年的春夏二季，萧朝贵也一直没有代天兄传言。这年仲夏，传言他得了溃疡，周身腐烂，他很少露面，或许已卧病在床。可想而知，杨秀清得病，天父无言，若是杨秀清不能、不愿代天父传言，那萧朝贵也不愿代天兄传言[41]。这一年的年初年底，天兄传谕涌涌而来，而这段期间只有两条天兄传谕：5 月 15 日洪秀全问："天兄，阎罗妖今如何？"天兄曰："今既他捆倒矣，他不能作怪矣。尔宽心，宽心。"[42]6 月 2 日，天兄劝洪秀全率手下在一边："待等妖对妖相杀尽惫，然后天父及天兄自然有圣旨分发做事也。"[43]这条简略的谕旨很可能是指在桂平地区周围官军终于开始大规模围剿匪帮一事，这对拜上帝会会众来说，既是机遇也是危险。

1850 年 7 月 28 日下午，洪秀全全家在桂平附近的一个小村庄团聚了。他终于见到了久别的妻子赖氏、两个女儿和还未见过的小儿子天贵。洪秀全新寡的继母、哥哥洪仁达夫妇一家以及妻子赖氏的叔父也都来了。洪秀全大哥洪仁发一家还有几个堂兄姊妹、孩子还都在路上。这一家族因住在桂平附近的赖家攀亲，男丁数目增加不少。因为洪秀全的妻子姓赖，这些赖家人都喊洪秀全"姐夫"，洪秀全也认了[44]。接回洪秀全家眷的三人（两男一女）都是洪秀全的亲信：桂平人秦日纲，当过兵，做过矿工；陈承榕是附近镇上的有钱地主，他全家都入了拜上帝会；女的则是经常帮助洪秀全的黄家之女黄七妹[45]。洪秀全派她最先可能是在路上照顾家中女眷的，后来她又把自家宅院让给了陆续来到的洪家人住。她和家里以前曾帮助过不少拜上帝会的会众，如何能养得起这许多人的生活起居？她说，行，有天父天兄相助，他们能担得起[46]。

萧朝贵沉默几个月之后，又开始为天兄代言，为这些新来者分派职责，来保护天王。天兄告诉洪秀全的二哥洪仁达“要信他讲”，“千祈不好信人讲，被人恐吓”，要与他（洪秀全）“同打江山，他有一天，尔有一天。他有得食，尔有得食；他有得穿，尔有得穿；在凡间他有得万国供奉,尔有得万国供奉。高天之下共享天下给予的荣耀”[47]。继而，天兄转谕洪秀全的继母李氏“要教导媳妇子女，时时救尔仔面，金砖金屋有尔住”[48]。之后，天兄转谕洪秀全才十二岁的大女儿，“尔要听尔婆教、妈教、伯教，炼得好好也”。洪秀全的其他亲戚也都得到天兄的告诫。对洪秀全的妻子赖氏当然更有特殊要求,故担负特殊任务:“赖小婶，尔千祈遵天条，争尔丈夫志气，救尔丈夫面。尔丈夫不是凡人。尔好大福气，跟着尔这个丈夫。尔比不得别人，尔要炼得好好，孝顺尔父母,孝顺尔丈夫,让嫂,教子女,非轻易做天下万郭太平主之妻也。”[49]

洪秀全的家人住在桂平附近将近一个多月，由曾玉珍来保护，但是他们的处境险恶，吉凶难卜，随时都有可能被捕或被出卖。韦昌辉的家族富甲一方，已将金田镇变成拜上帝会会众的避风港；韦昌辉与其他拜上帝会首领怕会出事，便商议把洪家人带到北边来。这不只是在夜里集合个三五个人，手提灯笼沿山道行进那么简单。这要雇用许多轿椅，找寻船只并安置好停泊在适当的河岸，一切都得避开官军探子的监视。于是便精心编了说法，事先套好，以便万一遇到官军时，所有人关于何来何往的回答都能一致。但他们还是犯了些愚蠢的错误，差点前功尽弃，天王为此大发雷霆。不过，他们最后还是于 1850 年 8 月 28 日安全渡过桂平附近的宽阔河面，抵达金田。此刻，洪家已准备努力建立太平天国了。[50]

注释

1 郭毅生《地图》，23、25、27 页。

2 见郭廷以《太平天国史事日志》，65—70 页所列表格。

3 格拉汉姆（Graham）《中国驻地》（*China Station*），第九章；海（Hay）《1849 年南海海盗的剿灭》（*Suppression*），27—44 页；拉易《海盗》，66—72 页；郭廷以《太平天国史事日志》，68—69 页。

4 《天兄圣旨》卷一，16b 页。

5 同上，卷一，17 页；王庆成《天父天兄圣旨》，17 页。

6 韩山文《太平天国起义记》，46 页。同上，46—47 页；维勒《抵抗》。

8 《天兄圣旨》卷一，21 页，时为道光二十九年十月二十三日；王庆成《天父天兄圣旨》第 22 页中，碰巧省略了太平天国领首不自然的回答。

9 此二人即黄为政与吉能胜。《天兄圣旨》卷一，18b 页，道光二十九年九月十一日；关于这些事件，见简又文《太平天国革命运动》，54 页，简认为，此事显然发生在 1850 年初更早一些。

10 《天兄圣旨》，卷一，19a 页，时间为道光二十九年九月十四日。

11 同上，卷一，20b 页，时间为道光二十九年九月二十八日，文中“皇上帝”第一次被称呼为“高老”。“高老”一词参见罗尔纲《太平天国经籍考》，28 页；《太平叛乱》，99 页。

12 《天兄圣旨》卷一，20b 页，时间为道光二十九年十月四日；又见卷一，35a 页，时间为道光三十年一月四日；韩山文《太平天国起义记》，51 页；博尔《末世学》194—196 页中，叙述了有关太平军兵民组织的情况。

13 简又文《太平天国革命运动》，42—44 页；《太平叛乱》，378—379 页；柯温《自述》，80—81 页。

14 《天兄圣旨》卷一，33b 页，道光三十年一月四日（1850 年 2 月 15 日）；王庆成《天父天兄圣旨》，33—34 页。

15 同上，42 页。

16 同上，43 页，由汉文回译。

17 《天兄圣旨》卷一，41—42 页，时间为道光三十年二月二十三日。

18 韩山文，《太平天国起义记》，43 页。

19 同上，55—56 页，这些汉文用法被拉丁化了。

20 同上，50 页，汉字文献中，其解释被改动；又见《太平叛乱》，77 页。

21 主要段落参见《天兄圣旨》卷一，28b—31b 页，时间为道光二十九年十二月二十七日和道光二十九年十二月二十九日；又见卷一，21b 页，道光二十九年十月二十三日，提及洪秀全的腿伤；王庆成《天父天兄圣旨》，29—31 页。

22 《天兄圣旨》卷二，20b—21 页，道光三十年八月十三日；郭廷以《太平天国史事日志》，84 页，有石达开卷入白沙村事件及其他方面的细节。

23 《天兄圣旨》卷一，31b—32b 页，道光三十年一月二日。

24 同上，卷一，34 页，道光三十年一月四日；又见卷一，36—37 页，道光三十年一月十六日；王庆成在《天父天兄圣旨》第 30 页中对这些暗名作出了解释，时间同样将道光三十年一月十七日作为纪念日。

25 《天兄圣旨》卷一，38b 页，道光三十年一月十七日。

26 同上，卷一，41b 页，道光三十年二月二十三日。

27 同上，卷一，42—44b 页，道光三十年二月二十七日是为开始之时；又见卷一，46b 页，道光三十年二月二十八日为其洗礼之日；王庆成《天父天兄圣旨》，41—43、45 页。

28 《天兄圣旨》卷一，25 页，道光二十九年十二月一日；王庆成《天父天兄圣旨》，27 页；而韩山文在《太平天国起义记》中认为，女营中楷模不是别人，而是萧朝贵的发妻杨云娇。

29 《天兄圣旨》卷一，26 页。

30 同上，卷一，20b 页，道光二十九年十月四日，该妇女“被拐带”。

31 同上，卷一，26 页，文中天兄耶稣称她为“胞妹”；关于萧朝贵之妻后用杨姓，见罗尔纲《重考“洪宣娇”从何而来》，134—136 页。

32 《天兄圣旨》卷一，26 页，此“陈二妹”可能是 1860 年洪秀全的宫妃中有名的“陈三妹”的姐姐，参见《太平叛乱》，931 页。

33 《太平叛乱》，390 页；又见《天情道理书》，载于《印书》，29b 页的译文。

34 韩山文《太平天国起义记》，45 页，有洪仁玕飞递资讯，言及洪秀全之子生于道光二十九年十月九日。简又文《太平天国全史》卷一，128 页。

35 三人分别是黄胜决、侯长伯、江隆长，参见简又文《太平天国全史》卷一，191 页。韩山文《太平天国起义记》，47、53 页；《太平叛乱》第 811 页中述及，侯长伯与黄胜决可能是指因这次行程中他们所扮演的角色或起的作用而得名。关于侯长伯，又见王庆成《天父天兄圣旨》，81 页及注 1；关于 1852 年江隆长之殁，见简又文《太平天国革命运动》，352—353 页。

36 简又文《太平天国革命运动》，55 页；简又文《太平天国全史》卷一，192 页。

37 《天兄圣旨》卷一，24b 页，道光二十九年十一月二十七日。

38 韩山文《太平天国起义记》，47—48 页。

39 《太平叛乱》，374 页；韩山文《太平天国起义记》，46 页；简又文《太平天国革命运动》，56 页。

40 《太平叛乱》，374—375 页，参照《天情道理书》，载于《印书》，11b 页，加以修改；王庆成在《天父天兄圣旨》195 页注 1 中，解释了为什么他相信杨秀清是 9 月份得以康复，而不是《天情道理书》里所讲的 11 月份。

41 有关“疔毒”，见《天兄圣旨》卷二，13 页，道光三十年八月一日；王庆成《天父天兄圣旨》，66 页。

42 《天兄圣旨》卷一，46b—47 页，道光三十年三月四日。

43 同上，卷一，47 页，道光三十年四月二十二日。

44 同上，卷二，8 页，道光三十年七月二十六日。

45 同上，卷一，52b 页，道光三十年六月二十日；王庆成，《天父天兄圣旨》，50 页；简又文《太平天国革命运动》43—44 页中，有秦、陈事迹。

46 《天兄圣旨》卷一，54b—55 页。

47 同上，卷一，53 页。

48 同上，卷一，53b—54 页。

49 同上，卷一，54 页。

50 《天兄圣旨》卷二，1—3b 页中，许多材料再现了这个过程是怎样从后勤准备、争执不休到取得成功的，日期分别为道光三十年七月五日、七月十六日、七月十八日、九月十九日及七月二十一日；王庆成《天父天兄圣旨》，55—57 页。

第十章　突　围

太平天国与朝廷的关系是在何时从潜在的紧张发展到公开对抗，很难说得确切，但是彼此之间的挑衅在1850年显然不断升高，开战已是势所难免。1850年2月，洪秀全和僚属开始用军事术语对底下的人讲话。同年4月，洪秀全穿起黄龙袍。7月末，天兄下凡传谕洪秀全，要为天国而战，要他“增起志气来，顶起江山畀人看，争起尔天父天兄之纲常”，体会天父所以给他统治太平一国全权的拳拳苦心。耶稣告诫他：“尔作事要想长远，莫顾眼前也。”[1] 8、9月间，各地太平军首领开始集结并武装队伍，往金田地区行去[2]。10月中旬，洪秀全所在的大本营灯火彻夜通明，一旦敌方来攻，立时便可警觉[3]。10月29日，洪秀全广下动员令，命所有信徒整装待命，不过他仍督令谨口、保密。此刻公开宣布洪秀全为首领或高举起义大旗还为时过早，但拜上帝会兄弟已受命拟定计划，“近处团方，现匝驻马。远方兄弟，预备多买红粉。声信一到，就好团圆也”[4]。

“多买红粉”当然是挑衅，由于非客家人和当地士绅不乏敌视拜上帝会的人，买火药可能会给人察觉，告到官府。秘密制作武器已进行了好几个月，尤其是在金田村一带，像韦昌辉这样的家族设了作坊，趁着夜色制造简单军械，用袋子封起来，沉入到处可见的池塘中[5]。虽然太平军此时还没有分营旗号，但冯云山和一个朋友已设计出了一套区分不同部队的号旗系统。

冯云山的基本策略是从基层逐步往上组建队伍，并用标志和旗帜清楚区分各部队。伍长底下管四人；以两司马管五个伍长及其所属共二十五人，两司马皆有一面两尺半高的方形号旗。卒长管四个两司马，共管一百零四人，有自己的卫旗。依此类推，往上还有旅帅、师帅和军帅，军帅管五个师帅，共管 13155 人。[6]各队伍还用不同颜色的三角旗来识别，三角旗上用大字标明自己的所在营地。另外，伍长各有徽章，五英寸见方，贴在衣服的背后或前心，表明他所属的两和卒；而军士亦有四英寸见方的徽章，标明他们所属的伍和两及各人自己的身份编码。为了规范作战命令，每伍的四个军士都各有编码，曰“冲锋”、“破敌”、“制胜”、“奏捷”。夜战士卒看不到旗帜时，则用锣鼓声为号，以不同的锣鼓组合来区分各支旅、师、军等大部队。[7]

冯云山把《周礼》用到这套组织方法，特别是以清晰有序的节制链，将人员编入小单位的做法：《周礼》并非成于一时，据称详细记载周公所创的军事、行政机构。孔子对周公钦佩有加。冯云山甚至还以《周礼》来命名单位及其官长，各单位兵卒的数量也大致相同——唯一的差别也许只是《周礼》并未明言各单位人数。[8]

其他的拜上帝会将领则认为学古籍实无必要，不过是卖弄学问，杨秀清和萧朝贵两人对此明确表示反感，他们一如以往，把这不满说成天父、天兄的意见。两人的权力之争时时浮上台面，抱怨彼此在公众面前让自己丢了面子，就像萧朝贵说到杨秀清“人人要面，木木要皮”[9]。有些太平天国首领认为需有学问学识，说萧朝贵和杨秀清“不识得多字墨”；而萧朝贵之辈则反唇相讥，说那些喜欢吟诗掉文或通天文地理的人，学问用错了地方，反不如那些“分外晓得道理”的人有实际经验及用得上的知识[10]。

拜上帝会的部队为了因应可能发生的冲突，由首领各自率领，集于一处大声诵读载于《圣经》中的十诫全文及洪秀全所作的注释。即使拜上帝会教徒能正确诵读十诫，但还是有许多人因违背基本教规或嘲弄、藐视上帝旨意而被当众责打[11]。十诫已成日常生活的根底，也是未来希望之所系，洪秀全以诗来对追随者解释，之后还加以评注：

为了切莫起贪心，欲海牵缠祸实深。
西奈山前垂诰诫，天条款款列于今。
回心信实天父皇上帝终有福，
硬颈叛逆天父皇上帝总有哭，
尊天条，拜真神，分手时天堂易上，
泥地俗，信魔鬼，尽头处地狱难逃。
溺信邪神，即为邪神卒奴，生时惹鬼所缠；
死时被鬼所捉。
敬拜上帝，便是上帝子女，来处从天而降，
去处向天而生。[12]

拜上帝会首领以公开诵读十诫等方式，对部众不断进行试探；由于拜上帝会会众激增，这种试探也更有其必要。1850 年近年底，数千人分两股来到金田一带，人口的骤增几乎控制不了。其中一批包括来自附近四个地区的客家人，他们的情形和白沙村民一样，因当地非客家人、乡绅、官府，还有各路盗匪欺凌，且情形越演越烈而到此地寻求庇护。讽刺的是，另一股却是各路盗匪，根据当时记载，至少有八路人马因朝廷协同地方进行大规模围剿而齐聚于金田一带[13]。至少有两路盗匪是由女人带头，有一路则由大头羊统领；当年在广西作乱的就是这个混血的澳门海盗，拜上帝会之所以在 1840 年代中期壮大，还拜这次乱事所赐[14]。

1850 年 12 月初，朝廷官军会同当地团练在坐镇桂平县城的统领协调下，开始大举进攻拜上帝会四处基地中最东北的一处，花州村胡以晃为洪秀全家眷提供的住所就在此地。此时朝廷还没把洪秀全当成拜上帝会的当家，只得到含糊消息，说闹事者在此。不过他们险些抓到洪秀全。官军渡过流经桂平的宽阔河面，自南而北绕过金田，取道思旺村向花州集结。这一带地形险峻，道路崎岖——山径狭窄，一侧是悬崖，一侧是峭壁，极适合设伏。官军为了显露本事，切断了思旺村的对外联系，在小径和旁边的斜坡钉了数百根带刺的尖竹桩。洪秀全察觉不妙，派人走山道由西北方突出，然后转回金田村向其他拜上帝会首领报信。太平军立即出发，从背后袭击官军并将之击溃，拆掉尖竹桩，将洪秀全一家安全带回金田村。这次短兵相接相当惨烈，至少五十多名官军和团练被杀，包括清军巡检张镛。太平军以天父皇上帝之名，杀了代表统治者的“妖魔”。[15]

金田村涌入大批客家流民、帮匪及当地拜上帝会众，加上最近才到的新教众，显得越发拥挤而混乱。新来的人太多了，就算有白沙村等会众屯聚的粮源，到了12月初，金田村已近饥荒，会众与盟友每日只能配些稀粥。有些盗匪出身的队部碰到这种局面就打了退堂鼓，而太平天国的首领则想方设法保持所属的士气，他们说匮乏乃是天父天兄的考验，以“试其心”。[16]

朝廷在损失了一名校尉之后，也难怪要发动第二次进攻，而这次更彻底、规模也更大。1850年12月31日，一支人数更多的官军在十几名作战经验丰富的校将率领下，连同当地的团练，分三队从桂平县出发，向东北大举进发，穿过浔江的支流，在距金田村仅五英里的地方安营。此时太平军有新成员和帮匪加入，人数也在一万人以上，队伍移到金田以东约一英里处，在官军营地与金田之间分作三路设防，杨秀清统兵左翼，前出至横跨紫荆江的蔡村江桥；萧朝贵率右翼军，驻于盘古山；洪秀全、冯云山则统中路。[17]

太平军采这种防御态势，表示他们对自己的备战和通讯有信心。太平军的大营都各有标志旗，颜色由其战略位置而定：南方竖红旗，北方竖黑旗，东方竖蓝旗，西方竖白旗。大黄旗居中，亦有红黑蓝白四色旗帜。这些大旗为主要的标志旗，另有较小的三角旗为辅，用以请求增援，即使是激战正酣、距离遥远，这些小三角旗也能传达复杂的命令。太平天国的一本军册如此解释：

> 如东方妖魔作怪，要点西方之兵，即在大青旗之上加一条小三角白旗，传至中央，中央即传至西方，西方之官

> 统带士兵飞赴东方杀妖；或要点南方之兵，即在大青旗上加一条小红旗，一路传至南方，南方之官统带兵士飞赴东方杀妖。[18]

如果清妖从两线夹击，这套系统稍作调整，照样能派上用场。如东方有妖来，南方有妖来，则中央出大青旗一条、大红旗一条，使西、北两方俱知东、南方有妖来，各备枪炮，站在营前听令。[19]

战斗次日（1851年1月1日）即展开。官军清江协副将伊克坦布欲率七营之兵，突破太平军的中央阵地，杨秀清、萧朝贵互相配合，从两翼包抄，断了伊克坦布的后路，将官军围于鳌岭。官军随即四散逃遁，大败而去。官军有将弁十余名被斩，三百余士卒被歼。伊克坦布策马奔逃，马匹滑入蔡村江桥下，被太平军俘获并处死。次日，桂平总兵所派增援也被击败，余下官军渡江撤回。[20]

1851年1月11日是洪秀全三十七周岁生日，但没什么时间祝寿；太平军虽然取得大胜，但部队却再度陷入混乱。各路天地会的新成员与太平军多有冲突，太平军的纪律过于严格，他们不愿受其拘束，或许也是觉得无望再行抢劫掳掠之勾当。天王洪秀全为了表明态度，金田之战一打胜，就将之前颁布的军纪条令归纳为五条：

> 一、遵条命；
>
> 二、别男行女行；
>
> 三、秋毫莫犯；
>
> 四、公心和傩，各遵头目约束；

五、同心合力，不得临阵退缩。[21]

恼人的消息传来：大头羊、女首领邱二嫂和一些秘密会党的头目不仅弃太平军而去，还投了官府，以换取官位和赦免。加上物资不断减少，于是洪秀全和诸位首领决定放弃金田，将部队转移到更易防守的地方去。他们选择了东边十五英里的富庶集镇大湟江口，位在两河交汇的江汉上，既可控制商贸又便于粮草供应。由于江口是叛匪大头羊选定的巢穴，又是过去经常骚扰、捣乱拜上帝会的乡绅团练头目王作新的家乡，以此镇进行报复甚为合适。到了1月中旬，太平军已撤离金田村，未遇官军反击，1月底已占领江口，整理队伍。太平军这次得到一位没有叛逃的天地会大头目罗大纲之助，他也是虔诚的拜上帝会教徒。此后，罗大纲便成了洪秀全的重要策士之一，太平军在水战、航运及补给方面的窍门，获益于此人甚多[22]。

但是，江口地处要冲，清军自然不允许太平军在此生根。这一次，新任广西提督向荣记取教训，会同云、贵两路总兵率三路大军从旱路直扑江口，又命两路水师策应——全部兵力共一万余人。2月中旬，官军已至江口一带。太平军占据这个镇才三星期，而官军来势汹汹。于是，太平军将领于3月初趁夜突围，回师原先靠近桂平的基地，驻扎在桂平以西的武宣一带。仓皇撤退之际，江口被焚为平地，双方互指对方烧了江口镇[23]。到1851年春末，偶有战斗发生，但状况惨烈。

就在这一片混乱无序当中，洪秀全宣布正式建立太平天国，时间或许是在1851年3月，洪秀全早已提出这个想法，但迟迟未见行动。怪的是，太平天国的建立没有举行隆重仪式，也没有明载哪一天，太平军也从不庆祝这个日子。这年春天，洪秀全生了病，太平天国的文献未作解释，仅称之为“灾病”——这或许更推迟了这个关乎建制的重要日子。但是太平军定咸丰元年，也就是公元1851年春天为太平天国元年。[24]

太平天国从1851年3月30日起，开始行新的公开仪式，融下达天谕、奖善惩恶于一体。天兄（由萧朝贵代言）在是日下凡，宣讲天国已降临尘世，力量日益茁壮，渐趋复杂，他尤欲“惩戒不遵天条者”。天兄如此开场之后，更说出他对太平天国的未来深具信心：

> 各各宽草（心）、放草，尽草理天事，不可顶颈。今日是天做事，不是人做的，是人做就难了。天父天兄在高天自然照得到，作出多多凭据。不用忧，不用慌。从前朕天兄一人都着顶，看尔凡间人多被妖魔迷害，救得一只，就得一只。何况今日有咁多众小，怕甚么？如有反草者，总走不得天父天兄手假过。爱尔生就生，爱尔死就死，不得走三日过也。各小各要认真一条路，练得好好，自然有享福之日也。[25]

天兄说完这话，又念了一长串太平天国首领共计二十三人，祈福并带他们的灵魂超升天堂。接着天兄又下凡，“调五个将领齐到来”训谕，依所统队伍便是前、左军长，后、右副军长及翼军长——换言之，这五人即是洪秀全的左膀右臂杨秀清、冯云山、萧朝贵、韦昌辉和石达开。违反军令即是违抗天父天兄及天王洪秀全的旨谕。

为了强调军纪感，一个抽鸦片的士兵受到当众审讯，“尔食洋烟食得饱吗？”并被重打（文献中称“重打一千”）。而后，“叫煲糯米饭畀凶食”，食完当众处决。还有一名卒长因为没注意底下有人私谋逆反而被重责一百杖。天兄又吩咐各军官长：“自后有忤逆不遵令者，先斩后奏，多三几个不为多，少三几个不为少。”天兄耶稣强调，叛徒决不可轻饶，须加时时防备。[26]

1851 年 4 月 15 日，天父又透过杨秀清提醒拜上帝教徒要敬畏洪秀全，因为天父差他到人间来统治天下[27]。4 月 19 日，太平军仍在武宣与官军作生死存亡之斗，太平军的首领再次集会，所论事项与 3 月 30 日同，只是次序有异而已：有犯天条者，公开审判，重申教众对拜上帝会的忠诚及义务，并宣示政策。这一次，犯天条的是原三合会首领、后转信拜上帝教将领罗大纲的一个家丁，他辜负罗大纲对他的信任，在罗妻神灵附体之际，偷去一只金戒指和一副银牙签[28]。其惩罚同于食洋烟者，重责一千，接着“叫人煲糯米饭畀予他食”，然后交给刽子手，斩入地狱。军帅、师帅、旅帅，满营众将都参加这次肃穆仪式。天兄这一次的传谕不只是当众宣讲，而且还写入太平天国运动的一份最神圣的文献中：

> 众小弟要守天条，要遵命令，要和傩兄弟。大有不着，小做着些；小有不着，大做着些。切不可因一句话，就记尚书，执仇为恨也。要修好炼正，不得入村搜人家物。打仗不得临阵退缩。有银钱须要看得破，不可分尔我。更要同心合力，同打江山，认实天堂路来跑。目下苦楚些，后来自有高封也。

> 自教导之后，尔各人自有犯天条者，尚有不遵令者，尚有忤逆顶颈者，尚有临阵退缩者，尔莫怪朕高兄发令诛尔也。[29]

自此之后，宗教戒律的预期标准越来越高，凡叫传各营参加会集不来或迟来者、或应对宗教仪式问题有误者，都要杖一百或革去军职，或两惩俱办[30]。

从1851年春天到盛夏，太平军在这块已是熟得不能再熟的地方与官军展开拉锯战。太平军未能打胜最重要的一次战役。4月19日，也就是太平军审判犯天条者的那一天，在太平军以南七十英里处，来自第五块根据地的拜上帝会会众入广东，想办法占领了郁林。带头的是广东人凌十八,天王洪秀全认得这人。1848年至1849年间，凌十八在坪山一带四处收购靛青，成了拜上帝教的忠实信徒。他在老家广东信宜县和紫荆山区往来活动，说服数百人皈依了拜上帝教，生意也做得很大。1850年初，他卖掉了累积多年的土地——有稻田、荒地及山地——所得三百四十多两白银悉数交给太平天国的圣库。

凌十八比紫荆山区的其他太平军领袖更早开始秘密制造、贮积火器、弹药，还为部众配备红衣、红腰带。1850年夏天，他与洪秀全接触，要求到金田入伙，洪秀全却要他伺机而动。凌十八便趁这段期间驱逐当地团练，建立起自己的军事基地，并攻占官仓，开仓赈粮，以得民意，他还在各村庄四处张贴布告，抨击贪婪自私的地主和官吏。到了1851年年中，凌十八率三百余人占领郁林，准备北上与洪秀全会合。这个时机的确很合适。但官军知道，凌十八若与洪秀全会师，事情就大大不妙了，于是倾全力拦截凌十八北上，截击洪秀全的太平军南下。这两支拜上帝会军队反复攻击官军，但都未能突破。[31]

这次阻止洪秀全、凌十八合流的关键人物正是水贼头领大头羊，他的河盗不让洪秀全强渡黔江。1851 年 6 月，官军与地方团练不断攻击凌十八，凌十八被迫放弃郁林，向东撤回广东。太平天国诸首领经此失利，为了提高士气，6 月中呼吁信徒不要怀疑恐惧，不仅要保护新创建的“太平天国”，向往天父右手所赐的报偿，还要注意即将到来的“人间天堂”或“小天堂”，所有的拜上帝教徒都会得到超乎欲想的封赏。这个心之所向的地方在哪里，洪秀全并未明言，但这是他第一次向太平军众将士明示，不久将有永久基地，教众将与家人过着平和幸福的生活。[32]

官军持续向太平军的基地施压，而太平军虽有在凡间建立“人间天堂”的远景，但是士气还是开始低落。太平军首领选出女营加以表彰，女营在皇上帝的保佑下，击退团练大举进攻[33]。各部统领下达执行士卒点名的命令，则说明了兵员时有损耗：如今各部队都备有花名册，登录营内士卒的姓名。接战之后“升天”（即战死）的士卒，便以红点标记其姓名；生病者则以红圈标记；伤员以红三角标记；开小差者则以红叉标记。如此，按花名册点名便能即刻知晓兵士数目[34]。洪秀全不断找太平军中的叛徒，天兄多次及时下凡警告相助（由萧朝贵代言），下令处决被抓到的叛逆，并在项颈挂上一木标牌，上面写着“天兄基督反映出反草通妖之人”[35]。

到了 1851 年 8 月中旬，洪秀全和太平军众首领做了一个艰难的决定。紫荆山对太平天国初创和发展虽是意义非凡，但眼下他们

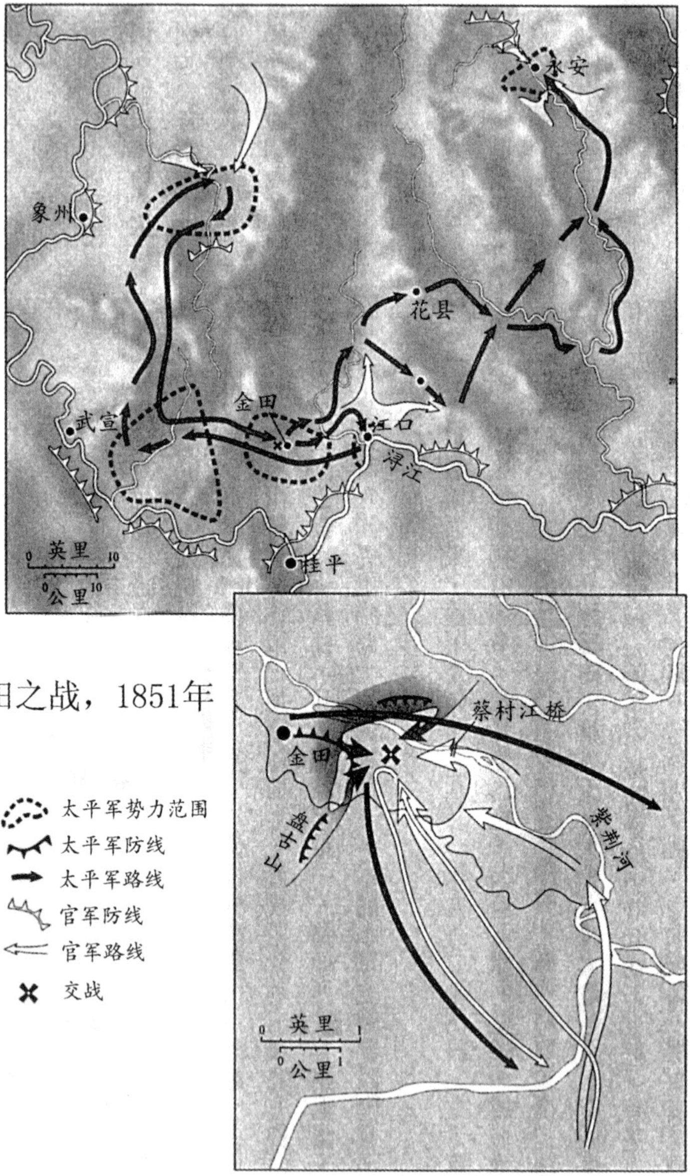
永安
象州
花县
金田
武宣
江口
浔江
桂平
英里
0 10
0 10
公里
蔡村江桥
金田
盘古山
紫荆河
英里
0 1
0 1
公里
太平军势力范围
太平军防线
太平军路线
官军防线
官军路线
交战

金田之战，1851年

必须突围而出。突围要成功，需要计划周详，保密到家，故特别下令有关这个决定的讨论皆不立文字。即便如此，还可明显看出有过激烈的争执，许多拜上帝会教徒因在突围离开金田之际，表现出自私和卑鄙而遭到惩罚[36]。洪秀全必须向下属解释这个决定，他以宗教与战略用语为之：

> 各军各营众兵将，放胆欢喜踊跃，同顶天父天兄纲常，总不用慌，万事皆是天父天兄排定，万难皆是天父天兄试心，各宜真草坚草耐草，对紧天父天兄也。天父前有言曰：越寒天，越退衣，各坚耐，万不知。重兵将各宜醒醒。近据奏说现无盐，移营是。又据奏说多病伤，护持紧，兄弟姐妹一个不保齐，辱及天父天兄也……
>
> 每行营扎营，各军各营宜间匀连络，首尾相应，努力护持老幼男女病伤，总要个个保齐，同见小天堂威风。[37]

这人间天堂到底在哪里，还是听不出来。不过因为要朝东北突围，所以还是有个大致方向可循。就军事角度来看，突围极为成功：动作迅速，纪律严明，相互协调，官军相形见绌。但突围也很无情，拜上帝会教徒准备离开时，须将房舍烧掉，以证明他们对太平天国的忠心。因为每个村庄都得放弃，村落和附近山丘可食之物都被搜刮一空，以备征程所需[38]。太平军前锋由萧朝贵和石达开率领，水军则由罗大纲领军，逆骥江而上，直扑距紫荆山东北方约六十英里的永安城。官军弄不清太平军突围是取哪条路线，兵分两路追击，一路偏西，一路偏东，结果都没拦住太平军。洪秀全及其家眷在杨秀清中路大军的护卫下，尾随水军先遣部队进发。殿后掩护大队人马的艰巨任务，则由冯云山和韦昌辉负责。

永安城虽然城墙坚固，但太平军猛扑而来，猝不及防。1851 年 9 月 24 日，太平军的先锋部队开到永安城下，故布疑阵，他们马匹不多，于是让马拖着装有石头的篮子，绕城飞奔，发出巨大声响，以夸大来犯人数；他们又在附近找来许多烟花爆竹，彻夜燃放并掷进城去。城中居民被爆炸声和火光弄得彻夜未眠，晕头转向，第二天，太平军将大炮拖至永安城东门外，派兵攀上城墙——有些人以竹竿架着棺木，举在头上，以防备城上守兵掷下火把，有些人从城墙边未被官军拆毁的房屋屋顶爬上城墙。到了晚间，已有八百余名官军被歼，将领或是被杀，或是自杀。1851 年 9 月 25 日，在洪秀全第一次梦见天战之后十四年，太平军攻占了一座实实在在的凡间之城。[39]

注释

1 《天兄圣旨》卷一，48 页，道光三十年六月十九日（1850 年 7 月 27 日）；姜涛《洪秀全“登基”史实辩证》认为洪秀全登基之日为 1850 年 4 月 3 日。

2 庄建平《凌十八起义及其历史作用》，120 页有列表。

3 《天兄圣旨》卷二，25 页，道光三十年九月十日。

4 同上，卷二，26b 页，道光三十年九月二十五日。王庆成《天父天兄圣旨》，77 页；王庆成《金田起义》，72—88 页，全面分析 1850 年起义的过程。

5 简又文《太平天国革命运动》49 页；庄建平《凌十八起义及其历史作用》，101 页。

6 《太平叛乱》，133 页；《太平军目》，载于《印书》，112 页。

7 《太平叛乱》，137—138 页；《太平军目》，载于《印书》，32 页；《太平叛乱》，419—420 页。

8 施友忠在《太平天国思想的起源、含义和影响》259—264 页中，进行了细致的分析。

9 例如《天父圣旨》卷二，23 页（道光三十年八月二十日），在杨秀清生病的前后文中提到过“面子”。

10 同上，卷二，11b—12 页，道光三十年七月二十九日，确实“这二人对手书汉字一字不识而全凭自然的天分成以大事”。又同上，见卷二，18b 页，道光三十年八月九日，文中有阴阳先生对他们的嘲弄。在卷二第 33 页，还有古体诗一首，太平元年三月十八日。

11 同上，卷二，22 页，道光三十年八月十九日，尽管杨柳显然毫无差错地颂读到第八条戒律，但还是被当众责打一百鞭。

12 《太平叛乱》，123 页，根据《天条书》，载于《印书》，11—12 页，略作改动。

13 简又文《太平天国革命运动》，58—60 页；韩山文《太平天国起义记》，48—49 页；郭廷以《太平天国史事日志》，92 页。

14 简又文《太平天国革命运动》，67—68 页；拉易《海盗》，95、199—204 页；简又文在《太平天国全史》卷一，214—220 页，则大胆地试图解释清这些矛盾冲突的地方。

15 简又文《太平天国革命运动》，62—63 页；关于张环，见简又文《太平天国全史》卷一，218—219 页；王庆成在《金田起义》64—71 页中，则不太重视这次战斗前的争论，认为这些都是不可信的。

16 《天兄圣旨》卷二，27 页，道光三十年十一月的前十日。

17 郭毅生《地图》，33—34 页。

18 《太平叛乱》，425 页。

19 《太平叛乱》，425—426 页。

20 此役发生时间是道光三十年十一月二十九日。郭毅生《地图》，33—34 页；简又文《太平天国革命运动》，64—65 页；简又文《太平天国全史》卷一，221—223 页；郭廷以《太平天国史事日志》，97 页。简又文可能将伊克坦布的名字搞混了。

21 《太平叛乱》，103 页，根据《太平天国印书》第 6 页之《天命诏旨书》所改动；郭廷以《太平天国史事日志》，98 页；孔飞力在《太平天国叛乱》273—274 页中，将 1851 年 1 月 11 日洪秀全的生日视为一种标志："这一天，一个政权最终从洪秀全的救世主般的梦幻中得到实现。"

22 拉易《海盗》，204—205 页；简又文《太平天国革命运动》，68 页；韩山文《太平天国起义记》，55—56 页；郭廷以《太平天国史事日志》，98、100 页。

23 郭廷以《太平天国史事日志》，104—107 页；韩山文《太平天国起义记》，53—55 页；简又文《太平天国革命运动》，71—72 页。

24 《天兄圣旨》卷二，40 页，洪秀全此次"灾病"，在太平元年三月二十日；郭廷以《太平天国史事日志》，108—115 页；王庆成《金田起义》，84—87 页；姜涛《洪秀全"登基"史实辩证》认为确切的日期应该是更早的 1850 年 4 月 3 日。

25 《天兄圣旨》卷二，30 页，太平元年二月二十八日。

26 同上，卷二，30—32b 页，太平元年二月二十八日。

27 《太平叛乱》，99 页。

28 《天兄圣旨》卷二，35 页。

29 同上，卷二，37b—38 页，太平元年三月十八日，据《太平叛乱》，99—100 页，作部分更动；这是《天兄圣旨》中唯一被选入《天命诏旨书》的段落。见《印书》，2 页。

30 《天兄圣旨》卷二，38b—39 页，赖未能来参加会集；又见卷二，39—40 页，有黄姓和魏姓者迟来，陈姓者应答宗教仪式问题。

31 庄建平《凌十八起义及其历史作用》，凌从未加到洪（秀全）的队伍中来，1852 年清军镇压时身亡。1850 年，凌十八两次挺进金田，引起太平军的关注，见《天兄圣旨》卷二，4a—5b 页，道光三十年七月二十二日；卷二，25b 页，道光三十年九月十日。凌十八转战情况参见郭毅生《地图》，28、31 页；凌十八迅速形成的太平观念，见《太平叛乱》，392—393 页。

32 《天兄圣旨》卷二，40b 页，太平元年五月十二日。

33 妇女情况，见《天兄圣旨》卷二，42 页，太平元年六月二十七日。

34 《太平叛乱》，427 页及注 2。太平军利用短语"属第三守卫"——亦即深夜时分——作为逃离者的委婉说法。

35 《天兄圣旨》卷二，42 页，太平元年六月二十七日。

36 见《太平叛乱》，100 页，以及《天兄圣旨》卷二，42 页，时间均为太平元年七月十三日。

37 《太平叛乱》，104 页，咸丰元年七月十九日，根据《太平天国印书》6—7 页之《天命诏旨书》改动。

38 柯温《自述》，83 页。

39 钟文典《太平军在永安》，11—13 页；郭毅生《地图》，41—42 页。

第十一章　永　安

永安城池坚固，居民众多：太平军没来之前，此地还是朝廷州治，但如今州官僚属已是死的死，逃的逃。1851 年 10 月 1 日，太平军攻克永安七日之后，洪秀全率家眷入城，住进了原知州衙门，占地广阔，有天井、厅堂、书房，家眷所住之处凿有小溪池塘，经过了这些年的奔波征战，此地不啻是天堂[1]。但洪秀全晓得，太平军饱经激战，长途跋涉，加上新入教、没打过仗的部众，还有以前是秘密会党的成员，如今攻占永安，已有松懈放纵之虞。因此，洪秀全入城之后立即颁布诏令，强调秩序，并勾勒日后远景：

> 各军各营众兵将，各宜为公莫为私，总要一条草，对紧天父天兄及朕也。继自今，其令众兵将，凡一切杀妖取城，所得金宝、绸帛、宝物等项，不得私藏，尽缴归天朝圣库，逆者议罪。[2]

这份诏令当然有助于节制太平军，对于争取永安城内居民以及四周乡民对太平军的积极拥护也至关重要。这些乡民有许多是客家人，但对太平军仍心存畏惧怀疑。太平军首领传话下去，他们无意伤害百姓，只想斩邪留正，遵从天父皇上帝的谕旨，还向永安百姓保证，他们无须加入太平军或接受拜上帝教，只要遵从太平军的若干规定，并在门前挂上一只竹编小环，以示欢迎太平军就够了。永安一带若有人率邻里前来向太平军献诚，报告“清妖”动向及其士气，贡献银粮或助运辎重，都将特别加赏。但若有人资助妖军，参加对抗太平军的团练，或趁乱行奸淫抢掠的勾当，一经发现，格杀勿论。[3]

太平军为求当地进一步支持，想办法让城镇和乡间市集如常运作，维持买卖价格。若有地主士绅不想向太平军效忠而仓皇出逃，太平军就派兵占其家产，没收粮仓、家畜、食盐、食油，甚至连衣物也取走。有一次，约两千名太平军男女没收李、罗两家财主，花了五天五夜才把家产积蓄核清并搬走。有时，太平军还去地主的田地里收割庄稼。所得谷物分一些给当地百姓，其余则存于永安城太平军的“圣库”之中。[4]

将所有物品都存入“圣库”的想法古有先例，耶稣的“山上宝训”也这么说：既然天父皇上帝无所不能，创造万物，那么代表他在人间行使职责的人也自然能向他们的所有追随者提供一切[5]。但是那些表现出这种无私的人——不管是出自对同胞的爱，还是害怕因不服从而遭到报复——也需要保证他们的勇气会在这个世界得到奖赏。因此，洪秀全在 11 月 17 日在永安发布第二道诏令，下令军中所有两司马详细记录属下二十五名圣兵和亲兵的表现。凡在战斗中英勇杀敌、克尽其责者，在其名字旁边划一圆圈；怯懦、违规者则在其名后打个叉。每本记录簿划满之后，将逐级上呈加以统计。俟太平军到"小天堂"后，记录最优者将被授予高官。不过11月发布的这份诏令和洪秀全在6月、8月的许诺一样，都没提到这个"小天堂"何时何地才能实现[6]。

洪秀全为了准备擘画妥当的大事到来，便利用在永安暂作喘息的时机，颁行了冯云山在三年多前就制定的新历法。这部"太平天历"不用朝廷钦天监所定的节气，它虽采基督教形制，但与西洋历也不尽相同；洪秀全（或许还有其他的太平天国领袖）应该人还在广州的时候就熟知西洋历法。这套历法转而参照古籍，再与西洋历法相结合，将一年定为三百六十六天，分为十二个月和为期七天的礼拜，单月三十一天，双月三十天。传统的二十四节气虽予保留，但新历法有礼拜日，可说摒弃了旧的迷信成分——此"皆是鬼魔计迷陷世人之伎俩"。新制定的历书与旧历相反，"年月日时皆天父排定"，以确保"年年是吉是良，月月是吉是良，日日时时亦总是吉是良"。[7]

1851年12月4日，洪秀全又颁布第三份诏令，所做的许诺更是宏大：若是为"果能立志顶天，(真)忠报国到底"，"上到小天堂后"，就能"累代世袭，龙袍角带在天朝"[8]。

天王为了使这未来的许诺更形完备，于是给太平天国首领及其妻儿大封官爵，并规定称谓与礼节。如年仅两岁的洪秀全之子洪天贵被封作"幼主"，称"万岁"。洪秀全日后再有儿子，皆冠以"殿下千岁"。洪秀全的女儿则为"金"。丞相至军帅皆为"大人"，而师帅和两司马则为"善人"。其子为"公子"、"将子"，其女为"玉"、"雪"。女将领皆为"贞人"。大小头领的妻子是为"贵"，与丈夫的职衔相称，称之为“贵嫔”、“贵姒”、“贵姬”或“贵嫱”等。[9]

这份诏令还颁布了拜上帝教会五位首领的尊号，把太平天军从紫荆山的离析之中带到永安的就是这些神明的代言人和将帅：洪秀全称天王，乃万岁之主；杨秀清封东王，称九千岁；萧朝贵封西王，称八千岁；冯云山封南王，称七千岁；韦昌辉封北王，称六千岁。年仅二十出头但已屡建战功的石达开封翼王，称五千岁。之前几个月，这些人被称为“王父”、“王爷”，这些称号要取消，因为“爷”犯了上帝耶和华的名讳，凡人使用天父皇上帝的名乃为“歪例”，冒犯了天父皇上帝。[10]

同理，洪秀全表示，他自己决不僭称为“帝”、“上”、“圣”，只能称“主”，而“王”则只能由这几位封王使用。为了强调这几位首领的特殊地位，嗣后在太平天国所有文书中，只要提到古往今来称“王”之人，便在“王”字左边加一反犬旁，写作“狂”。[11]

洪秀全颁此诏令，意在向信徒保证，他们艰苦创业和自我牺牲必将获得回报，而萧朝贵和杨秀清两人则赋予太平军现下正在进行的战斗以合理说法，不过他们是以“太平天国”的“总参谋长”身份，而非天父上帝和天兄耶稣的代言人来发言。杨秀清和萧朝贵告诉信徒，他们现在所经历的乃是天父皇上帝第四次显圣。第一次显圣是全知全能全在的圣灵之父，天父皇上帝用六天时间创造了天地万物，却又用四十天洪水灭世。第二次是他“降凡救以色列出麦西国（即埃及)”。第三次是他“遣救世主耶稣降生犹太国，替世人赎罪受苦矣”。第四次则是天父皇上帝遣“天使接天王升天，命诛妖，差天王作主救人”。皇上帝和耶稣为了助洪秀全完成艰巨重任，先后“降凡，显出无数权能，诛尽几多魔鬼”，这些妖魔的首领乃是新登基的“胡奴之后满妖咸丰”及其盟友老蛇妖，此两妖及其爪牙迷惑了诸多汉人；同属洪门的三合会和天地会初时虽“同心同力，立下了坚决消灭满清的契约”，但也降于清妖。[12]

杨萧两人为了笼络太平军中原为会党成员者，坦言拜上帝会会众已不如最初那么纯洁。他们还暗指他们知道内部有变妖者，的确，两人的威望大部分来自他们以天父天兄的身份识破并惩罚那些为朝廷效命或打算投向官军阵营的叛徒。至少在半年之前就有这些阴谋，其中牵连到几百人精心策划，两边效忠，如今这些人冒称一心支持太平天国，逃出官军，要进永安为天王“效命”云云。以往有几次，涉嫌叛变者都遭处决或重刑鞭打——即使在进攻永安打得最艰苦时也是如此——现在又有新的事例被发现，连永安城内也不例外。[13]

永安虽然地方较大，但它是不是比桂平一带更牢固，还在未定之天。约有两万名太平军守着永安城，其谨慎的程度胜过以往驻守其他基地——太平军在城墙外一英里处设置防御工事，在更远的乡下设立第二道防线，并在附近的骥江派船只四下巡逻，以木建成高塔作为望哨或架设弓箭。官军不给太平军一丝喘息的机会，部队不断涌来[14]，在永安城西南扎下大营，又在西北扎下小营，加上当地官府、团练及叛离太平军的匪帮的支持，到了1851年底，官军总数超过了四万六千人。但连官军也不是都那么可靠——有的官军私下与太平军以物易物，在薄暮和烟雾的掩护下，交换着鱼、肉、泡菜——但每隔一阵，官军会对太平军发动大规模进攻，以切断太平军的南北交通线，或是进攻防线外缘的村落[15]。

1851年12月10日，官军在广州副督统乌兰泰的率领下，对永安城发动了一次最猛烈的反攻。乌兰泰与太平军交手已逾一年，毫无斩获，如今也学了乖，将目标集中在坐落于太平军周边防御防线最南端的水窦村，它是太平军在骥江上的前哨阵地和粮草贮藏地，也是太平军陆上部队和罗大纲水军船队联系的关节点。官军至少有五营进攻水窦村，太平军立即兵分两路，一支从永安城出发，另一支从第一道防线派出，欲救回这个粮草贮藏地，但都被官军挡回。结果要塞被毁，粮草焚烧一空。此战之后，乌兰泰为了谨慎起见，率军撤回大营。[16]

在水窦村一役，三年以来一直代天兄传谕的西王萧朝贵负了重伤。天兄传谕见于太平天国一份机密文献：

> 辛开元年十月十八日（公元1851年12月10日）天兄劳心下凡，时在永安。天兄因西王诛妖，受些小伤，不甚要紧，欲安天王及众等心，爰降圣旨谕众小曰："尔众小，安慰尔二哥宽心安福。贵妹夫受些苦难，不妨也。"

当时东王杨秀清、南王冯云山、翼王石达开都围在萧朝贵身边听谕，萧朝贵也要他们放心。但三人的应答却露出心中的忧虑和不安：

> 遵命。我们众小弟沾得天兄从前代赎罪功劳甚大，今朝贵妹夫八千岁又代世人如此受苦，小弟求天父天兄格外看顾早愈，同顶起天父天兄纲常也。[17]

天兄答以，要他们“合军众兵将，各自俱要宽心”，此事并无大碍。众兵将要“踊跃放胆向前，同心同力，杀灭妖魔”。[18]

两天之后，即12月12日，萧朝贵不但未见好转，反而病情转糟，西王“伤痕未尽痊可”。天兄再次下凡，诏北王韦昌辉到前听话。韦昌辉在12月10日的传谕中不在场。韦昌辉一如其他诸王，跪拜在天兄脚下，求天兄耶稣解萧朝贵离“重苦”，早些康复。韦昌辉也以“八千岁”尊号称呼萧朝贵。但天兄耶稣对韦昌辉说的话却让人想不透：“成人不自在，自在不成人。越受苦，越威风。尔放草、宽草。凡有那些妖魔，任他一面飞，一面变，总不能走得朕天父天兄手下过也。”[19] 但在太平天国的文献记载中，天兄除了五个月之后又有一次鼓励太平军将士“各放胆宽草”外，再也没有回天下凡，他的声音沉寂了[20]。

令人不解的是，根据现存的太平天国材料记载，萧朝贵是在九个月之后，即1852年9月太平军攻取长沙时才战死。其间文献还记载他接受王封，指挥作战。在1852年天王洪秀全颁布的一篇重要檄文《颁行诏书》中，洪秀全提到了天兄耶稣所说的“越受苦，越威风”，但他却并未把这句话特别与萧朝贵的伤病及病逝相联系[21]。萧朝贵是不是在永安之战中受伤极重，以至于不得不隔离起来，以免影响太平军士气或让人以为天父天兄放弃了太平军？是不是因为如此，天兄耶稣才不像过去那样发布让人镇定的消息或训词，或参与制定太平天国的策略？萧朝贵在紫荆山的近邻杨秀清（他和萧朝贵都是出身最贫穷、读的书最少的太平天国首领）在久病之后，代天父传言、揭露叛徒更为自信，他是否因此更有权力？萧朝贵之所以陷于缄默，会不会是因为太平天国内部的政变，而非出于官军的刀剑枪炮？

如果发生了权力争斗的话，那么赢家就是杨秀清了。12月17日，在萧朝贵受伤七日之后，洪秀全发布诏令，正式敕封五王，包括封萧朝贵为“西王”，诏令中完全没提到萧朝贵的健康状况。在诏令的最后，洪秀全授杨秀清以全权，“所封各王，俱归东王节制”，杨秀清的地位显然凌驾于众人之上。[22]

天王洪秀全尚未宣布已实现太平天国的最终目标，故而军事训练和道德教诲双管齐下，更加强组织规范，并化为简要的规定，营无分男女，或在永安，或在军营，或在行军，都需一体遵守。太平军已有印刷设备，故用大字刊印了易读易记的营规，其中有下述条目：

> 要熟识天条赞美，朝晚礼拜，感谢规矩及所颁行诏谕。
>
> 要别男营女营，不得授受相亲。
>
> 要不许谎言国法王章，讹传军机将令。
>
> 令各内外将兵凡十五岁以外，各要佩带军装粮食及碗锅油盐，不得有枪无杆。
>
> 令内外强健将兵不得僭分干名，坐轿骑马，及乱拿外小。
>
> 令内外官兵各回避道旁呼万岁万福千岁，不得杂入御舆官妃马轿中间。
>
> 令军兵男妇不得入乡造饭取食，毁坏民房，掳掠财物及搜操药材铺户并州府县司衙门。
>
> 令不得焚烧民房及出恭在路并民房。
>
> 令不得枉杀老弱无力挑夫。[23]

太平军首领以永安城里的木版刊刻设备印制了这些营规，以及其他军事、道德规范[24]。为了简化宗教讯息，并让人了解那发生在另一个世界的陌生历史，他们又照着《三字经》作了启蒙读本。从风格和内容来看,这应是出自洪秀全之手。《三字经》每句只有三字，俱是精心挑选出来的基础汉字，诗句押韵简明，让人既能识字，又能了解伦常。而太平天国的《三字经》读本,其形式功能与传统《三字经》相同，但另有宗教的重点。太平天国的《三字经》不提上帝的愤怒，一如洪水泛滥、挪亚方舟与所多玛之毁等故事所示，而是详述《出埃及记》中以色列人出埃及的事迹。以色列人出埃及与太平军突围求存遥相呼应，必定让太平天国真正的信徒震撼不已：

说当初，讲番国。敬上帝，以色列。
十二子，徙麦西。帝眷顾，子孙齐。

埃及人不肯放以色列人，上帝就向埃及降下瘟疫，助摩西率以色列人化险为夷。

日乘云，夜火柱。皇上帝，亲救苦。
…………
令红海，水两开。立如墙，可往来。
以色列，迈步行。如履旱，得全生。
追兵过，车脱辐。水复合，尽淹覆。
皇上帝，大权能。以色列，尽保全。

行至野，食无粮。皇上帝，谕莫慌。

降甜露，人一升。甜如蜜，饱其民。[25]

然后它呼应了1845年洪秀全最早在紫荆山写的宗教史，诉说中土之人原本信仰真主，后来又背离了上帝的律令教谕，直到天兄耶稣和洪秀全先后下凡击灭妖魔，解救世人于罪恶。

洪秀全为了强化军纪和道德训诫，又将上帝在西乃山上交给摩西的“十诫”予以增添。为了维持永安的秩序，洪秀全强调不得奸邪淫乱，提出了他的第七诫：

第七天条：不好奸邪淫乱。

天下多男人，尽是兄弟之辈；天下多女子，尽皆姊妹之群。天堂之女，男有男行，女有女行，不得混杂。凡男人女人奸淫者，名为变怪，最大犯天条，即丢邪眼、起邪心向人，及吹洋烟、唱邪歌，皆是犯天条。诗曰：

邪淫最是恶之魁，变怪成妖甚可哀。

欲享天堂真实福，须从克己苦修来。[26]

1852年2月底，洪秀全下令军中众将士，不论地位高低，男女都须遵从“十诫”天条。东、南、西、北、翼诸王和众将官必须经常检查大营，“时时严查军中有犯第七条天条者，一经查出，立即严拿，斩首示众，决无宽赦”。[27]

洪秀全对太平天国的信众制定如此严格的道德戒律，但他却毫无愧色地把自己排除在外，他显然喜欢有女子相伴。他在敕封五王等将领头衔的诏令中宣谕，将生了两个女儿和长子天贵的妻子赖氏封为“娘娘”或“王后”。他在同一份诏令又说，其他“贵妃”应称为“王娘”或“王妃”。[28] 太平天国的文献并无记载这些贵妃的姓名，但天王必定在1851年2月从江口撤退的苦战时已选了第一个王妃。因在这个月，明令太平军众首领的“诸嫂”不得嫉妒抱怨天王的行为——违者将被处死。从太平军众将帅与耶稣之间建立的那种家庭关系结构来看，所谓的“诸嫂”应包括洪秀全的发妻赖氏。[29]

洪秀全在永安又写了一本道德小册《幼学诗》，里头也间接提到了嫉妒的问题。《幼学诗》是一部五言长诗，押韵齐整，大体勾勒了太平天国最基本的社会交往方式，包括对天父天兄的尊敬与责任，以及对不同地位的成员所应负的责任和义务——如父道、母道、子道、夫道、妻道、嫂道、婶道等等。诗句大多平白无奇，或至少可按常理类推，但有关夫道、妻道的诗句却道出洪秀全的个人体会：

> 夫道本于刚，爱妻要有方。
> 河东狮子吼，切莫胆惊慌。
> 妻道在三从，无违尔夫主。
> 牝鸡若司晨，自求家道苦。[30]

洪秀全在永安颁布的诏令中也提到了他的诸位“皇岳父”、“皇岳母”，说明他与那几位妃子的关系是众所接受的。洪秀全地位“至尊”，或许他纳妃并不违背他要属下遵从的贞节规范[31]。但洪秀全并不想让属下拿他的私生活闲言碎语。他在翌年颁布诏令，规定凡私下议论天王妃“族名、名讳或出身地位”，或是进出女宫走漏消息者，一律就地斩首[32]。

永安城内训诰布道不断，但是升官授衔与种种许诺都无法掩饰太平军已是山穷水尽。官军的士气虽然也有问题，但围困永安的官军数量持续增加，一次又一次地进攻太平军的前哨阵地，逐渐消耗太平军的防御力量。进攻官军营地的太平军正规部队奋勇作战，但却难以取胜，而官军则逐渐在永安城周围修筑防御工事，从而切断了太平军最后的粮食补给。太平军被迫从永安城官盐仓库的地上，用水煮和滤土的方式获取盐分，并用各种方法试验提炼硫磺和硝石以充军需，包括将旧建筑中的墙砖碾碎、过滤，以提取出硝石成分，把干燥的狗血、马粪和烧酒混在一起反复熬煮，提炼硫磺。[33]

这绝对不可能是人间天堂，但固守永安确有其意义，让太平天国有时间加强纪律，制定道德训条。到了 1852 年初春，洪秀全和太平军诸首领开始筹划突围。或是因为他们严守突围秘密，使得藏在太平军中的官军密探一无所知，也可能在于杨秀清追查内奸，查出官军密探，杀人灭口。4 月 3 日，洪秀全以诗的形式向军中男女将官公布诏令，如今，已熟悉他的措词用语的人，或许能将之正确地解为号召作一次战略撤退：

任那妖魔千万算，难走天父真手段。

江山六日尚造成，各信玐爷为好汉。

高天差尔诛妖魔，天父天兄时顾看。

男将女将尽持刀，现身着衣仅替换。
同心放胆同杀妖，金宝包袱在所缓。
脱尽凡情顶高天，金砖金屋光焕焕。
高天享福极威风，最小最卑尽绸缎。
男着龙袍女插花，各作忠诚劳马汗。[34]

1852年4月6日半夜三更到五更，太平军主力及家眷附属有条不紊地从永安城东南而出，官军防守在此最为薄弱，渡过流经城门边的一条小溪，登上山间小径向北疾走。太平军在离城之前以火药石炭灌入的干草和棉絮制成地雷。后军撤离之时，便点燃用草辫绳和丝线制成的道火索，爆炸声此起彼伏，浓烟和喧闹声接踵而至，迷惑了官军的追兵，一如半年前太平军利用爆竹的喧闹和焰火轻易攻下永安。太平军还在猪狗身上系上破盆烂铁，这群吓坏了的牲畜在硝烟弥漫的大街上东窜西跑，更增混乱喧嚣。[35]

太平军虽采疑兵之计，但仍有近两千名将士抵挡清军主力，在撤离途中陷入重围而全军覆没。太平军主力为了给死难的弟兄报仇雪恨，后军作前军，又从山区掉头，冒着暴雨，在官军必经的松软土路埋下更多的地雷，并将大石块装进竹笼里，挂在陡峭山坡的树梢上。官军大队人马挤在那条泥泞的山道，太平军拉响地雷，扯破挂在树上的竹笼，数百名官军或死或伤。太平军于是开火猛打，彻底击溃了官军，留下了将近五千具死尸。幸存的太平军将士趁机喘息，往深山老林行去，在一片风雨泥泞之中，也不知那片福地究竟是在东南西北。[36]

注释

1 有关洪秀全住所，参见钟文典《太平军在永安》，22—23 页。

2 《太平叛乱》，105—106 页；据《太平天国印书》8—9 页之《天命诏旨书》改动。

3 钟文典《太平军在永安》，24—26 页。

4 同上，29—32、36、42—43 页。

5 有关圣库与兄弟会，见施友忠《太平天国思想的起源、含义和影响》，158—160 页；关于救世史与千年纪年的情况，见瓦格纳《天国观念》，48—57 页。孔飞力在《太平天国叛乱》276 页中，强调永安城内各种宗教与种族主义相混杂。博尔在《末世学》198—206 页中，则述及永安出现了一个具备超凡能力之领袖人物的新情况，以及对满族邪恶势力的辨别方式。

6 关于"小天堂"，见《太平叛乱》106 页；《天命诏旨书》，9b 页。对此，有很多学者进行了广泛的探讨，见拉易《海盗》，248 页；苏开华在《小天堂新见》中认定"小天堂"是指北京，而非南京；方之光和崔之清在《太平天国"小天堂"内含义辨考》中对南京的重要地位提出了质疑。又见夏春涛《太平天国宗教》，84—85 页；王庆成《太平天国的历史和思想》，208—209 页；瓦格纳《天国观念》，67—69 页。

7 《太平叛乱》，323—324 页，有关讨论的材料又见 321—322 页；简又文《太平天国革命运动》，80—81 页，钟文典《太平军在永安》，94—96 页。

8 《太平叛乱》，107 页；《天命诏旨书》，载于《印书》，10b 页。

9 《太平叛乱》，125—128 页。

10 《太平叛乱》，108 页，根据《印书》第 12 页之《天命诏旨书》略作改动，该文件于 1851 年 12 月 7 日公开颁行，尽管本人以为该文件早在数日前就已拟好；又见《太平礼制》，载于《印书》，5—6 页，以及《太平叛乱》，129 页，当中已有千年的提法。

11 此字用在 1852 年的永安比较合适，见《三字经》，载于《印书》，2 页；该字在埃及字母中指的是"狂"而非"王"，在同一文件的后面部分，它们泛指所有中国的统治者。

12 《太平叛乱》，142—143 页；《颁行诏书》，载于《印书》，1—2 页；《太平叛乱》，143、144 页注 4。

13 见《天兄圣旨》卷二，41—42 页，太平元年六月二十七日。最富戏剧性的是，1851 年 7 月，周锡能与其他一百九十人组织叛变，11 月事情败露，杨秀清以他敏锐的洞察力在太平军中大肆清洗叛卖者就是一个例子：又见《太平叛乱》，88—97、382—384 页。

14 钟文典《太平军在永安》，53—56 页。简又文《太平天国革命运动》，78 页，估计在永安的太平军人数约达四万人，有一半人数可以作战。

15 郭廷以在《太平天国史事日志》136—140 页，与钟文典在《太平军在永安》64—

75 页一样，都列举了这些进攻；在《太平军在永安》61 页中，钟文典认为达四万六千次之多；在 107—110 页中，他又考察了非法贸易问题；郭毅生《地图》，43—44 页中有详图。

16 郭廷以《太平天国史事日志》，141 页，太平元年十月十八日；拉易《海盗》，254 页。也许就像《中国的陆上朋友》（*Overland Friend of China*）在太平元年十月十八日所描述的那次战斗，转引自克拉克和格里戈利（Gregory）《西方人关于太平天国的报道文选》（*Reports*），14—15 页。

17 《天兄圣旨》卷二，45 页。

18 同上，卷二，45b 页。

19 关于"终苦"，同上，卷二，47 页；《太平叛乱》，102 页，几乎全文引自《天命诏旨书》，载于《印书》5 页。

20 《天兄圣旨》卷二，49b 页，天兄耶稣最后开口说话是在太平二年三月十五日，也就是 1852 年 5 月 3 日，即桂林被围之时。

21 《太平叛乱》，102 页。

22 《太平叛乱》，108 页；《天命诏旨书》，载于《印书》，12b 页。

23 《太平叛乱》，139—141 页，根据《印书》之《太平条规》改动。

24 关于永安城内印刷情况，见钟文典《太平军在永安》，99—102 页。从 1851 年到 1853 年的有关目录中，仅《印书》中的《幼学诗》、《太平救世歌》就有十三个版本。《钦定新遗诏圣书》并不包括在内。其中第九个《太平条规》有两卷被错印成《太平规条》，后来被更正过来，这也是太平天国早期文献印刷方面的一个范例。

25 《太平叛乱》，153—155 页，转引《三字经》，载于《印书》，1b—6b 页，有所改动。因为《圣经》的"吗哪（甘露）"在汉语中释为"甜露"，故本人在此使用"甜露"。

26 《太平叛乱》，121—122 页，转引《天条书》，载于《印书》，7b—8 页。

27 《太平叛乱》，109 页，转引《天命诏制书》，载于《印书》，12b—13 页。

28 《太平叛乱》，108 页，转引《天命诏制书》，载于《印书》，12b 页，"贵妃"。

29 《天兄圣旨》卷二，28b 页。

30 《太平叛乱》，166 页，转引《幼学诗》，载于《印书》，9 页。"夫道"一节第三行，对丈夫的形象比喻见诸桥辙次《中文大词典》的相关词条；"妻道"一节第三行，对妻子的形象比喻是"牝鸡若司晨"，有点像英语中的成语"如女子穿裤"（if the woman wears the trousers）一般。

31 《太平叛乱》，129—130 页；简又文《太平天国典制通考》第二册，1251—1259 页，对有关论据进行了研究，并列出人员名单。《太平叛乱》，191—192 页，洪大全供词；据洪大全估计，1852 年洪秀全在城中有嫔妃三十六人，离开时，随同者仍有三十人左右。但是，关于洪大全的身份、头衔及其供词真实性方面，长期以来，史学界都争执不已。参见《太平叛乱》，187—188 页；郭廷以《太平天国史事日志》，153—155 页；简又文《太平天国革命运动》，84 页。

32 《太平叛乱》，110 页，转引《天命诏制书》，载于《印书》，14 页。

33 钟文典《太平军在永安》，106—107 页。

34 《太平叛乱》，109 页，转引《天命诏旨书》，载于《印书》，13 页。

35 钟文典《太平军在永安》，122、127 页。

36 简又文《太平天国革命运动》，83—86 页；钟文典《太平军在永安》，127 页；《太平叛乱》，191—192 页，洪大全供词；柯温《自述》，83—84 页。

第十二章　追　兵

人间天堂并无捷径可循，在不知这个人间天堂在何处的时候更是如此。神州莽莽，山川市镇相连到天边，而妖魔始终跟在脚边，控制人行进的步伐，却不去管究竟所为何来。

太平军撤离永安，深入山岭，此时人数有四万多人。太平军从死伤的清妖身上拿了辎重、服装、号旗、徽章、包袋等物品，还得了不少火药（红粉），至少有十车之多，这对于几近耗尽的军火来说至关重要。太平军就算再有办法，能从旧的城砖中提取硝，以血液和粪便制作硫磺，但用于行军打仗，火药还是不够的。火枪要用火药，制造地雷需要火药，战船上的火炮需要火药，摧毁清妖据守的城墙更需要火药。由于有一千多名经验丰富的广西失业矿工在永安加入太平军，围起城来应该较为得心应手了。[1]

既然已离开永安，那么是进是退？这个问题或许无关宏旨。重点是，太平军得天父之助，再次挺过浩劫。太平军也得大头羊之助。此人在金田叛离太平军，在 1851 年夏天以官军的身份阻止凌十八与洪秀全会师。到了 1852 年，控制永安以南、蒙江一带的大头羊了解到，太平军有助于保持自己的优势，于是他听由太平军逆河而上向北进军，无意以他实力较强的船舰沿江追赶，切断太平军前往桂林的路线。[2]

太平军往桂林行去，半是出于运气，半是出于策略。桂林是广西的首府，坐落在一片盛产稻谷的山谷，附近全是典型的喀斯特石灰岩的石林。桂林城由重兵把守，墙高城坚，不像永安那样易攻。但是往桂南的退路已被官军阻断，且桂西、桂东的各几处城镇也有装备精良的官军驻守，所以太平军最好的策略就是沿着村落穿过桂中，不去攻击其他市镇。[3]

罗大纲此时已证明自己是太平军心思最细、最能出奇制胜的将领之一，他建议太平军乔装行事，命令手下几百名士兵换上在永安从俘虏身上扒下来的官军军装，打着官军旗号列队开向桂林，顺利骗过了毫无警觉的官军守卫。桂林城中还没人知道太平军已离开永安，但有一名官军将领看到一支着官军服装的部队，连忙把这消息带去桂林。他晓得此处不应有、也不可能有官军，于是策马疾驰，赶在太平军之前抵达桂林，警示桂林守军，并将四门紧闭以防攻城。[4]

太平军围攻桂林三十三天，但由于数量不足以围城，于是兵力集中在南门，但也未能攻克城门，破毁城墙，更无法困死城中守军。太平军在湍急的漓江边扎营，一边休整部队，一边拦捕舟船，以补充在撤离永安时弃于蒙江的船只。太平军在围攻桂林期间发展战略和后勤补给技巧，成了一支水陆两栖的劲旅。不到几个星期的工夫，太平军就掳获了四十多艘大船，并将贮藏的军需、粮食、洗劫来的金银珠宝以及无战斗能力的妇孺安置在这些船上。这项安排释出了那些身强体壮的客家妇女以及若干男兵，不用再担任乏味的守卫任务，而可投入作战之中，且军需和部队附属人员一旦遇上危险也能迅速移动[5]。太平军在岸边部署火炮，以防大头羊进攻，然而大头羊并无此意。其他的官军水师怕太平军折回与凌十八及粤西的友军会合，所以主要还是留在桂林以南[6]。到了5月中旬时，桂林还是没攻下，于是太平军出了巨资收买大头羊，要他不作追击，并运用如今更显娴熟的战术，兵分水陆两路迅速撤离，继续挥师北上[7]。

选择撤围北上至关重大，因为过了桂林，便越过中国战略和地理的分水岭，河流从由北向南流转而为由南向北流。太平军出桂林，向北行进六十多英里抵达兴安，此地的古运河连接漓江和北流的湘江，湘江一路流经湖南腹地入洞庭湖，由此接长江。

让人惊讶的是，兴安居然毫无防备，5月23日，太平军连打都没打就进了兴安。但太平军亟须北进，且官军尾随在后，无暇在此滞留。于是太平军立即挥师直逼河运枢纽全州，太平军先遣部队于次日（5月24日）便已进抵全州城下。全州不同于兴安，守备坚固，但既然太平军意不在取全州，水陆两军便绕城而过，南王冯云山安然端坐装饰华丽的轿舆，夹在行伍之间。全州城上一名官军炮手向这顶轿舆发炮，不意竟击中轿舆，打碎轿上的饰物，重伤了冯云山。[8]

代天兄发言的西王萧朝贵在永安被清妖击中之时，太平军的首领对此大惑不解，并出现意见不一的情形。而此刻在全州，冯云山受重伤的消息不胫而走，太平军却步调一致。太平军停止前进，包围全州城，轮番攻城达数日之久，全州附近的官军将领慑于太平军的凶猛无敌，按兵不动，即使全州知府写血书求援，也拒绝增援全州。

太平军于6月3日攻破城门，进城后也不安营，见人就杀。这情形是以往没有的。不到两日工夫，全州居民全遭杀戮，只有及时逃离的人得以幸免。[9]

6月5日，太平军撤离全州废城继续北上，显然是想沿湘江而下，直取长沙。太平军一如以往，兵分水陆两路前进，此时陆路沿湘江西岸行进。太平军的船只数量又有增加，更多的步卒登船而行。太平军在全州围城一役囊括了停泊于全州的大小船只至少两百艘之多[10]。太平军在全州屠城后颇为疲惫，连忙赶路，没有照往例，每至生地必先详加侦察，结果，只出了全州以北八公里，就中了团练首领江忠源在蓑衣渡设下的埋伏。

太平军势必要面对新型的对手，而江忠源是最早的典型；比起紫荆山的士绅财主王作新和拜上帝会的其他敌人，无论在物资、财力、家庭规模还是与官府的渊源，江忠源都更胜一筹。江忠源是湘南的秀才，比洪秀全年长两岁。他在1840年代后期就有组织地方团练保护家园不受瑶民和别的团体侵扰的经验，此时太平军还未出现。这些在社会上无所挂搭的人借着“黑莲教”或“棍棒社”等秘密结社而有了势力，这些结社将武艺、佛教信仰和吃素连在一起。[11]这些年来，这类组织的势力在江忠源老家的湖南越来越大，尤其碰上大旱，地方粮商与赃官联手哄抬米价，加入秘密结社的人更多。

江忠源招募乡勇的目的之一是先发制人，以免族人和那些可能造反的组织有所瓜葛。这种有防御作用的团练，其成员相当复杂，这点和广西一样：有豪门大族的代表，有当地农民，有没活可干的人，也有半职业化的兵勇，这些兵勇与当地没有什么渊源，只是找到能让他们有固定收入的雇主。到了1840年代末，江忠源的团练人数已达两千多。江忠源到外省做官，但团练仍由他的兄弟和一些出身湖南精英的世交掌控[12]。1850年，江忠源按朝廷礼规回湖南老家服父丧时，有些朝廷将领注意到江忠源会带团练，便召他率部驰援永安围城和桂林破围，这虽然已经离乡甚远，但江忠源还是加入这两场会战，不过为时不长，他对朝廷各路官军畏缩不前，无法当机立断、协同作战大感沮丧[13]。

江忠源在全州北边八公里处的湘江蓑衣渡口设下埋伏。湘江至此急转向东，渡口约有数百码宽，水流相当浅但湍急异常，河床浅滩纵横交错，船只难以通行。湘江西岸多山丘，草木茂盛，林木延伸至江边。江忠源在此伐树塞河，打桩设阻，使船只根本无法通过。他又将人马藏在河西的密林之中。[14]

太平军先头的船队顺着湍急的江水驶过浅滩，在河曲处转了个弯，直直冲入巨木束成的障碍。接着炮如雨下，搁浅的船只起了火，后面的船也停不下来，撞到前面的船上。船越挤越多，场面愈加混乱，大火在船只之间迅速蔓延，陷入重围的太平军和沿着湘江西岸行军的部队皆仓皇逃到东岸。要是江忠源有更多的人马，要是他的同僚没有食言，在蓑衣渡东岸也设下埋伏，那么太平军说不定就全军覆没了。不过，太平军受创极重：三百多艘船或烧或沉或被截，约一万名太平军或杀或溺，其中有许多是最早的广西拜上帝会众，太平天国运动的狂热与活力正是来自他们。南王冯云山也在蓑衣渡之战中身亡。[15]

洪秀全和太平军抛弃所余船只，穿过湘江东岸林木郁密的山丘，徒步入湖南，欲取下临河的商业重镇永州，但官军已截断桥梁，并将船只拖至对岸。太平军无处可去，便又转向南进发，发现道州守军因为太平军突然转向而全无准备，防卫虚设，便于6月12日占领道州。[16]

太平军在道州停了一个半月，或在城里，或是宣教，或是四处劫掠，或在道州一带捣毁庙宇。太平军的首领不仅要重整士气，更要招募兵员以弥补蓑衣渡之战的重大损失。最有可能投效太平军的人也是最有问题的人：他们出身不同的社会团体，因种族、经济、政治或宗教原因转而反抗朝廷，寻求现成的改善生活之道。太平天国的领袖直接争取这些人加入太平军，这里头是有风险的，因为这些人会不会成为真正的拜上帝会教徒，会不会关心太平天国还不得而知。

太平军在湘南以东王杨秀清、西王萧朝贵的名义颁布若干檄文，这二人在永安时就开始草拟其内容。他们贬抑满族统治者及其奴才，使用的措词既猛烈又具个人攻击色彩。他们称今上咸丰皇帝是“满洲妖”、“狗鞑子”、“满洲胡人”和“汉人死敌”。他们还提醒天地会会众，为咸丰卖命不仅是听命于“老蛇魔”，而且还有损天父荣光，有违自己许下“同心同力以灭清”的血誓[17]。有些秘密结社仍坚持恢复明朝，萧朝贵和杨秀清避而不谈，力劝他们支持“真圣主”洪秀全建立大业[18]。

太平军首领最早在广西桂平一带招募会众时就提及“圣库”以及向圣库捐款的必要。桂平一带的秘密结社也以歌谣和打油诗的方式，传唱自己的号召：

富贵之人欠我钱，不富不穷任休闲。
贫穷之人跟我去，强似租牛耕贫田。

太平军在紫荆山也有这么一首相同题材的歌谣：

百万身家欠我钱，不穷不富任耕田。
无食无穿跟我去，穷饿老天保尔安。[19]

现在，杨秀清和萧朝贵进一步发展这些观念，并与朝廷滥权不仁相连接：

凡有水旱，略不怜恤，坐视其饿莩流离，暴露如莽，是欲我中国之人稀少也。满洲又纵贪官污吏，布满天下，使剥民脂膏，士女皆哭泣道路，是欲我中国之人贫穷也。官以贿得，刑以钱免，富儿当权，豪杰绝望。[20]

朝廷的压迫正是太平军兴兵起义的主因之一：“予兴义兵，上为上帝报瞒天之仇，下为中国解下昔之苦，务期肃清胡氛，同享太平之乐。”[21] 太平军颁行的诏书既嘲弄满洲人，也及于其先祖：

予细查满鞑子之始末，其祖宗乃一白狐一赤狗交媾成精，遂产妖人，种类日滋，自相配合，并无人伦风化，乘中国之无人，盗据中夏；妖座之设，野狐升据；蛇窝之内，沐猴而冠。我中国不能犁其窟而锄其穴，反中其阴谋，受其凌辱，听其吓诈，甚至庸恶陋劣，贪图蝇头，拜跪于狐群狗党之中。今有三尺童子，至无知也，指犬豕而使之拜，而艴然怒。[22]

杨秀清和萧朝贵也把汉人女子为胡妻与社会的屈辱相连：

夫中国有中国之形象，今满洲悉令削发，拖一长尾于后，是使中国之人变为禽兽也。中国有中国之衣冠，今满洲另置顶戴，胡衣猴冠，坏先代之服冕，是使中国之人忘其根本也。中国有中国之人伦，前伪妖康熙暗令鞑子一人管十家，淫乱中国之女子，是欲中国之人尽为胡种也。中国有中国之配偶，今满洲妖魔悉收中国之美姬为奴为妾，三千粉黛，皆为羯狗所污；百万红颜，竟与骚胡同寝。言之痛心，谈之污舌。[23]

这些檄文还玩弄数字以表意，秘密结社常用这一招，而洪秀全和太平天国诸王也用它来强调自己的特殊地位。太平天国首领言及“三七之妖运告终”，指的是1800年前曾有人预言，本朝气数只有“三七二十一个十年”（即两百一十年）。大清开国于1644年，按此理来推，将亡于1853年。届时“九五之真人”将登基，换句话说，就是洪秀全要登大位。《周易》第一卦“九五”意为“飞龙在天，利见大人”，儒家对此解为“同声相应，同气相求。水流湿，火就燥，云从龙，风从虎，圣人作万物睹”。[24]

太平军正是以这种尊严与解救万民的精神奋战，他们知道汉人皆上帝子民，虽然汉人甚至甘愿为满妖卖命。凡是不愿接受太平军者，将会被妖头鬼头迷惑缠捉，死了便做妖徒鬼卒，听受淫污，患上麻风重病，化为丑陋恶鬼，落入十八重地狱。诚心接受忏悔，愿加入太平军的，将荣耀子孙，享福无疆，永远威风，永远尊贵。[25]

在湖南加入太平军的人，至少有一部分是因为太平天国的信念：据其中一人所称，蓑衣渡之战以后，太平军在一度占领的三个城镇中，分别招募了两万、三万和几千人，总计至少增加了五万新兵[26]。这些新加入的秘密会社成员在湖南已经过多年历练，他们操着当地方言，能在太平军之先，乔装成当地乡勇或游商潜入城中，侦察官军部署。太平军就这么在湘南各个富庶城镇之间流窜，有时攻占一些城镇一两天，有时则绕开城镇，一旦发现骡马便将之擒捕，以加快行军速度。[27]

西王萧朝贵的伤势显然已经恢复，他打破了这种漂荡奔逸的局面。1852 年 8 月下旬，洪秀全和太平军驻在郴州，萧朝贵率一支顶多只有两千人的人马从陆路横越湖南，于 9 月 12 日抵长沙城下。他率太平军自长沙城南门用火炮和炸药猛攻城门城墙，向城内投射火箭，达六天之久。因为官军大多部署在别处，长沙守军的数量并不比萧朝贵的人马多，加上其他太平军并无进攻长沙迹象，萧朝贵的猛攻可说是出乎意料。但是长沙城高墙坚，守备呼应协调，一时攻它不下。西王身穿官袍，旌旗簇拥，却是很显眼的目标。9 月 17 日，萧朝贵再次率队攻城，长沙城上的枪手一枪击中了萧朝贵。[28]

七天之后，萧朝贵战死的消息传到洪秀全耳里，令他震惊万分，便率全军北上，重围长沙。大军走了十天，于 10 月初兵临长沙城下，洪秀全第一次见到了这座坚固的城池，要不是蓑衣渡的惨败，他早在四个月前就到此处了[29]。洪秀全的来迟对长沙的防御至关重要；萧朝贵猝然猛攻之际，城中只有五千到八千人。萧朝贵差点攻下长沙，震惊了朝廷，于是火速派兵增援，所以当洪秀全率大军到来之时，守卫长沙的官军已增至三万人以上，一个月后更增至五万人。新到的援军弹药饱足：两万磅火药，还有几座重炮可架在城墙上。[30]

防御长沙由湖南巡抚骆秉章协调指挥，骆秉章的府邸就在长沙城中。此人是广东花县人，和洪秀全是同乡，他的境遇样样都是洪秀全企盼而未能如愿的。骆秉章比洪秀全年长二十岁，熟读经书，从县试、府试、乡试到会试，应试无往不利，1832 年中进士，列二甲第二十七名，拔得广东考生的头筹，之后入翰林院。洪秀全做着异梦、传教、游历，而后开始在紫荆山聚集拜上帝教徒众之时，骆秉章凭着学识、忠诚和办事精细，在官场上平步青云。骆秉章升为湖南巡抚，赴任长沙，此时洪秀全穿上了黄龙袍，在金田打了第一次胜仗[31]。骆秉章任湖南巡抚，因太平军在其所辖湘南接连取胜而受咸丰皇帝斥责，但他并未被召回，而是按大清惯例“撤职留任”，巡抚一职另有他任，骆秉章则担任“长沙防御协调使”[32]。太平军在这两个月里想办法破城而入，杀光驻在城里的妖魔，骆秉章在城墙上把这一切都看在眼里。

太平军围攻长沙，有一部分也可说是两股意志的较量：一股是儒家传统道德的履践，另一股则是满怀信心与天父相接。这也是一场技术的较量，太平军精于建浮桥以集结部队。太平军只建了一座浮桥，就成功跨过宽阔湍急的湘江，直抵长沙西城门外。翼王石达开在城西江湾另辟战场以阻击官军，这座浮桥的两翼便使得围城的太平军更容易联系，也更易于进出城墙以西的一座狭长小岛，太平军在此扎下营寨，打退任何想从南面增援长沙的船只。[33]

太平军在长沙一役中用到矿工的技术，这两年陆续有广西矿工加入太平军，最近还有数千名湖南矿工加入。太平军在湘南积蓄了大量的火药，所以火药已不再是问题。太平军令矿工在城墙边上挖掘坑道，长沙守军则将大木桶埋到地里，让耳朵特别敏锐的盲人细听远处挖掘地道的声音，准确判断地道挖到何处。虽然太平军在城墙外不断击鼓以扰乱盲人听觉，但还是成效不彰。每有坑道接近完成，官军总是用大铁球将其砸开或压垮，或是灌水、粪将精疲力竭的太平军逼走。[34] 太平军在长沙之战挖了十个坑道，其中只有三个得以完成。太平军在坑道中引爆炸药，炸毁了一段城墙，但还是无法突破防线。到了 11 月，官军兵力已增至五万人，太平军的兵力不足以将长沙团团围住，也无法阻挡大批官军的到来，这和桂林之战如出一辙。[35]

到 1852 年 11 月底，太平军仍无望取胜，但已从所控制的码头和长沙四周河道夺取了几千艘船，于是洪秀全下令撤围。太平军水陆两军移师北上，又用劫来的船抢夺更多的船只，而队伍浩浩荡荡，也吸引了更多的新成员加入。他们也发展出新的办法，来协调浮动的水上要塞（即船只）与陆队和火炮之间的行动，使陆队及火炮能在水陆之间迅速移动。[36]

水军也发展了一套通讯系统，每个水营有自己的舰旗——前队兵船桅上挂三角红旗，中队兵船挂三角黄旗，后队兵船挂乌旗。声响信号用于夜间识别：先锋船击鼓两点，大炮船则鸣锣一点，后船则击鼓三点[37]。佐将船顶上鸣锣三阵，各船知是解缆开船；佐将船上鸣锣四阵，各船则挽船扎夜。挽船要一行还一行，不得架横十字。有用大炮者，炮口俱要定水面上下。太平兵士乘坐小艇，上下往来巡逻，终夜鸣锣张灯提防火烛、提防奸细。每一兵士可带锣一面，不用带胜角，恐妖来惊慌，吹角不响，以致有误。凡行船之时遇有妖来，以胜角宣传。[38]

探索未知水域既困难又危险，稍有疏忽，就可能大难临头，蓑衣渡之败就是眼前的教训。虽然不可能事事料到，但太平军还是将许多细节写在行军总要里头：

> 凡水路行军，江面宽阔，多有旁支小江，岔河小港，一经错走，关系匪轻，此尤不可不慎也。当出师之时，船上军装器械俱已装载齐备，择定某日开始，传令众兵得知。先要铺置行船之法，可选择熟识江路水营兵士多名，带在佐将身边，先将江面一带支河岔港开列清白。如今夜可到某处扎船，有十条岔河，即先发令预定多少小船，每船可坐兄弟五六人，各带砲火军装，先为前进。如遇岔河，即将二条小艇泊在岔河口门，以待后来船只，击梆一下，鸣锣二点，使来船听闻，往前直走，即不入此小港。如或夜间不能看见小艇，在小艇上须用三个小红灯笼并一下梆，两点锣以为号令。[39]

太平军的水军首领大多来自南方，但被俘的船主和水手却多是湖南本地人，他们对河川的了解是信得过的。陆路各营的头领及男女战士也都来自南方，但一如他们自己所言，离了家乡五十英里，就不辨东西了，只能听命行动[40]。新加入太平军的人是否忠诚可靠还无从证明，诡计和圈套时有发生。陆路一如水军，也采取种种预防措施：

> 凡行军先要将路程算清，譬如欲往某处，攻剿某处城池，相去约计有多少路程，必须访问明白，即在军中选择熟谙路径之人多名，知得由此去多少路到一市镇，又有多少路到一村乡，用纸写得清清楚楚，使之了如指掌，依样书写多张……
>
> 如自己兵士中一时无识路之人，到一方即先拿那一方外小作为引路之人，亦要问得明明白白。他果能识得路途，方可用他，断不可随拿一人即叫他引路，须防其中有奸诡之计。如遇途中有三岔路口或二岔歧路，日间固能易知，夜间实恐难认，必须审明此条路是往那方去的，这条路是正路，即着一随身兵士手执令旗，站在岔路口，俟圣兵一到，即大声喊曰："此是正路，此是岔路。"指引明白以便圣兵前进，庶不致走入岔路。又恐圣兵到，以执旗之人疑为奸细，不肯轻信，必先发给路凭一张，盖用佐将印信。[41]

严格的纪律对行军也非常重要。太平军在永安已制定了大方针，如今又增补了一些细则，兵士无分新旧，皆须一体遵行。每日破晓时分造饭，然后撤营。部队清早即行，身边带着已经做好的午饭。

沿途不得生火热饭，也不得在村民家中避宿或做饭。一直走到晚间五点到七点之间才停歇，然后准备晚餐。[42]

太平军撤离长沙后，以娴熟的协调与技术北渡，沿湘江直趋湖北省会武昌，这地方是他们自己也没想过的。太平军在一地弃置几百艘船，攻下一些沿河城镇，又夺取一千多艘新船。为了阻止或延迟官军的追击，太平军过河拆桥，连船带人一块带走；没桥的地方就迅速架起浮桥，渡河后便让浮桥顺流而下，以便再次使用。太平军虽带有家眷、物资、武器、火药、军需、财物、粮食、油盐，但他们在二十五天连续作战和行军，还是行了四百八十三公里路。[43]

太平军出洞庭湖，到了长江边，而后顺流急转向东。太平军没有立即进攻城坚兵多的武昌城，而是出其不意派兵至长江北岸，攻下汉阳与汉口两座富裕但守备不坚的城镇。太平军有此两个据点在手，搭了两座浮桥横越长江，从武昌城防御薄弱的北面（即面长江的一面）攻城。湖北巡抚下令守军将城外屋舍悉数烧掉，腾出空地便于还击太平军的进攻，并下令召集城中居民，悬赏捉拿太平军：擒获长发贼（即太平军老兵）一人，赏银二十两，擒获短发贼（即太平军新兵）一人，赏银十两。武昌守军一如长沙守军，也用土石堵塞城门，在近城隙地掘坑，使瞽者更番卧其中，以闻太平军挖掘之声。然而，由于官军拆毁民房，民心怨愤，转而同情太平军；官军防线不久即告崩溃，1853 年 1 月 12 日，太平军攻下武昌，这是他们至此攻占的最大一座城池。[44]

太平军自 1852 年春撤离永安之后，就一直在发展社会政策，而武昌这座大城正可用来试验这些政策。太平军收缴了城内官绅人家的财物，置入圣库储备，又接收城中各种军需物资和府库银两，数目之多，令人眩目——总计达白银一百多万两。城中许多有钱人家和商贾走避逃离，其资财被没收，而那些选择留在城中的居民则要将财产的十分之一捐入圣库，无论金银、钱米、鸡鸭还是茶叶均可。太平军打开牢狱释放囚徒，官军士兵则缴了械，而身强体壮的居民则负责守城。

武昌居民可入拜上帝教，按性别分营编制，以二十五人为卒，由两司马统领，男有男营，女有女营，凡乱入营者，斩首。男子被征召守城皆须赴召，妇孺归女馆，老弱者也各归其所。不论兵士、寡妇或隐居老者，人人每日都能分得配食，包括不到半斛米、一小碟油盐等。太平军下令城内不许进行贸易，但为了补充公众食品配给，兵士及其家族可在城外开铺，让当地居民前来做买卖，“肩挑贸易，皆鸡鸭、鱼虾、饼饵之属”。[45]

皇上大为震怒，下旨要惩治败军之将——自一年前永安陷落以来，皇上屡次下旨申斥，范围日渐扩大，语气也日益严峻。1853年2月10日，太平军突然带着金银财物和几万名男女新兵撤离武昌[46]。他们在武昌附近的湖泊河道上又夺取了至少两千艘船，并将船家纳入其中。战事紧逼，但太平军对这些船夫放宽了男女分营的政策，只要他们效忠太平军，船夫也可带家小随船行进。船夫可以留着脑后的辫子，不必像太平军的战士一样披散头发[47]。因为，速度就是一切。逝者如斯，不舍昼夜。太平军的领袖仍未公开宣称人间天堂到底在哪里，但是对他们来说，向东九百六十五公里处的南京成了下一阶段旅程的目标。南京位居长江下游，地处最为富庶的省份，人文荟萃，大约五百年前的朱元璋曾建都于此[48]。这沿江九百六十五公里，一路尽是官军要塞、战舰和忠于朝廷的文武百官。虽然有追兵，但太平军似乎毫不在意，兵分水陆两路，浩浩荡荡顺江而下，在沿途投降的城里稍事休整，并将城里财宝洗劫一空，若有城池抵死防御则绕行而走，有时甚至全军渡江到对岸，以避开几个大城的官军，官军有组织的抵抗可能会阻碍太平军的滚滚洪流[49]。

太平军首领总是先派暗探、前哨在大军之先潜入村镇，张贴安民榜和救世书。警告凡有趁战乱打劫妄为者，就地正法。太平军还令地方士绅移走朝廷给他们立的功德牌坊，但又保证一旦太平军攻取南京，将举行新的科考以选贤举能。只要在家门上写一个“顺”字，就不会受到伤害。佛道僧侣不得住在寺庙道观之中，违者一经发现，即斩首示众。凡开设赌场、妓院者，财产一律没收充公或济贫[50]。对于在路上碰到太平军的人来说，消极接受是上策：

> 天王乃天兄耶稣基督之二弟，从天上下到人间。因世人为妖魔所蛊，天王降临人世来解救世人。因此，人们称之为救世主。就像人们得传染病，那些为妖魔缠身的人也会变成妖魔。进而言之，东王出世，乃为劝诫人行正道、治疾病。故而，人们也称东王为劝慰师、解人疾患的救世主。太平军行天道，救人间，不害民。山河一统后，减免天下三年赋税。富者出资，穷者出力，大业有成后，所有人将受到封赏，世袭官爵。无论太平军走到何处，都要杀尽清妖将兵，让人们像平常一样过上祥和的生活，不受伤害，公买公卖。所入城池，人们只要关门闭户，太平军保证不予伤害。但凡助清妖

守城者，格杀勿论。[51]

武昌撤围后三十日，太平军先头部队循水路疾行九百六十五公里，进抵南京城下。南京城城墙坚固，高出河岸达十二米，蜿蜒向东接山丘。城墙周长达四十公里，正如若干年前鸦片战争期间英国人所作的一份报告所述，这座城池太大，无法进行纵深防御。在英国人看来，靠近长江的西北角城墙似乎是最容易突破的地方，而攻城者只要将火炮弹药运到山上，就可以令南京内城俯首帖耳。[52]

太平军的战略眼光也不逊色，他们也看到了这一点。他们挖地道、围困、恐吓、潜入城中，挑起南京居民对满清统治者的仇恨，鼓动他们不要为清妖卖命。1853 年 3 月 19 日，在一阵震耳欲聋的爆炸声之后，太平军炸开了西北角城墙，第一批军士冲入城内街道，不过在冲入缺口时，有数百名太平军战士被自己的炮火所误伤。另有一支兵力攀过南城城门及城墙，快速穿过城中热闹的区域，击溃残存的守城兵。3 月 20 日，官军死守内城，太平军则集结兵力，将内城团团围住，发动新一轮攻击。内城约有五万官军把守，但训练有素、有作战经验的兵却很少。内城被攻破时，他们转回家中，在太平军杀到之前，烧毁房屋，然后刎颈自杀。城中烽烟四起，太平军四处搜寻残余清妖，屠杀持续了好几天。

3 月 29 日，一切准备就绪，乐声四起，洪秀全身着黄龙袍，脚蹬黄龙履，坐在金碧辉煌的轿辇上，由十六名轿夫抬入城中，城中百姓夹道拜倒。轿辇上，五只白鹤像迎风飘摆。得胜之师在前开道，三十二位女官手持黄罗伞，身跨高头马，簇拥洪秀全身后。[53]

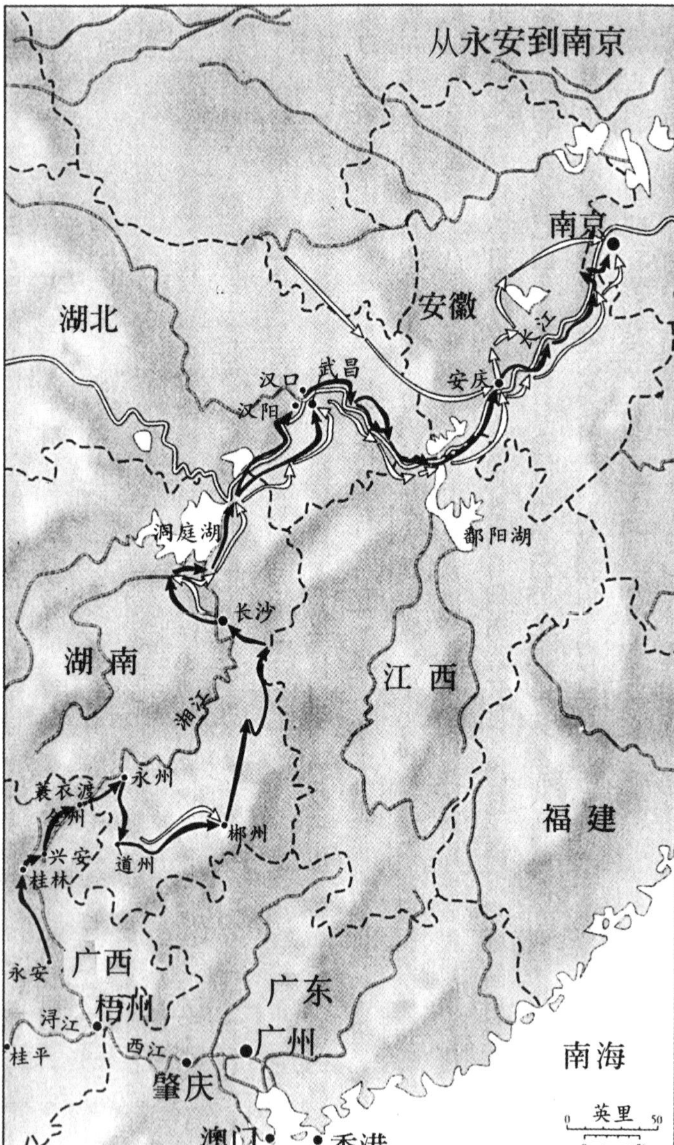
从永安到南京
南京
安徽
湖北
长江
安庆
武昌
汉口
汉阳
洞庭湖
鄱阳湖
长沙
湖南
湘江
江西
永州
蓑衣渡
全州
兴安
桂林
道州
郴州
福建
广西
永安
梧州
浔江
桂平
西江
广东
广州
肇庆
南海
澳门
香港
英里
0
50
公里
0
50

注释

1 简又文《太平天国革命运动》，85 页；柯温《太平起义：李秀成自述》，187 页注 60。
2 拉易《两广海盗在太平暴动中的作用》，258 页。
3 参见钟文典《太平军在永安》的分析。
4 简又文《太平天国革命运动》，86 页；柯温《太平起义：李秀成自述》，187 页注 61。
5 拉易《两广海盗在太平暴动中的作用》，245、256 页。
6 同上，254—256 页。1852 年 7 月，凌十八被官军杀害。
7 郭毅生《地图》，47—48 页；拉易《两广海盗在太平暴动中的作用》，208、257 页。大头羊终因此次收受贿赂为清廷所杀。
8 简又文《太平天国革命运动》，88—89 页。长期以来，史学界对冯云山所受致命之伤的确切时间意见不一。罗尔纲《太平天国史》第三册，卷四三，与简又文的意见相同；而茅家琦《太平天国通史》第一册，307—312 页，则对冯云山第一次在全州致伤持怀疑态度。这里，本人特此感谢夏春涛对这一问题的阐述。
9 简又文《太平天国革命运动》，89—90 页。
10 郭廷以《太平天国史事日志》，181 页。
11 孔飞力《太平天国叛乱》，106—107 页；蔡少卿《太平天国革命前夕雷再豪和李元法起义的几个问题》，认为这些起义并非天地会起义。
12 孔飞力《太平天国叛乱》，106—111 页。
13 同上，113—115 页；《清代名人传略》，136—137 页。
14 此为简又文亲自考察该地区得出的结论，见简又文《太平天国全史》卷一，338—339 页；拉易《两广海盗在太平暴动中的作用》，258 页。
15 郭毅生《地图》，49—50 页；简又文《太平天国革命运动》，90—92 页；郭廷以估计的日期略晚，约在 6 月 10 日，见《太平天国史事日志》，182 页；拉易《两广海盗在太平暴动中的作用》，258—259 页。
16 郭毅生《地图》，35 页；柯温《太平起义：李秀成自述》，188 页注 65。
17 《太平叛乱》，143、148 页。
18 《太平叛乱》，144 页。
19 钟文典《太平军大旗联语与歌谣口号》，246—247 页；又见《太平天国诗歌浅探》，13—17、50 页。
20 《太平叛乱》，146 页，据《颁行诏书》，载于《印书》，5b 页。
21 《太平叛乱》，148 页，据《颁行诏书》，载于《印书》，7b 页。
22 《太平叛乱》，146—147 页，据《颁行诏书》，载于《印书》，6 页。
23 《太平叛乱》，145—146 页，据《颁行诏书》，载于《印书》，4b—5 页。
24 《太平叛乱》，147 页，据《颁行诏书》，载于《印书》，6b 页；卫礼贤、贝恩斯译《易经》，9 页。太平天国早期的旗帜上也有类似的标语口号，见钟文典《太平军大旗联语与歌谣口号》，244—245 页。

25 《太平叛乱》，151 页；《颁行诏书》，载于《印书》，10b 页。

26 柯温《太平起义：李秀成自述》，84 页；王庆成《壬子二年太平军进攻长沙之役》，166 页。

27 柯温《太平起义：李秀成自述》，84 页、188 页注 65；拉易《两广海盗在太平暴动中的作用》，261 页。

28 王庆成《壬子二年太平军进攻长沙之役》，164-169 页；郭廷以《太平天国史事日志》，186—192 页；简又文《太平天国革命运动》，98 页。随着冯云山、萧朝贵先后去世，诸王已由五人减至三人；尽管萧朝贵身亡的消息在太平军各级军士中人所共知，但洪秀全还是按常规将去世诸王的名字公布出来。官军是从抓到太平军俘虏那里得到这个消息的，这些囚犯将萧朝贵的墓葬泄露出来，萧朝贵的尸首被挖出来，碎尸万段。参见程演生《太平天国史料，1850—1864 年》，31 页。

29 王庆成《壬子二年太平军进长沙之役》，170 页。

30 相关人数的计算，参见王庆成《壬子二年太平进军长沙之役》，172 页。

31 《清代名人传略》，537 页；《清史列传》卷四五，24 页。

32 《清史列传》卷四五，25b—26 页。

33 拉易《两广海盗在太平暴动中的作用》，262 页；关于石达开事迹，参见王庆成《壬子二年太平军进攻长沙之役》，179—182 页；郭毅生《地图》，55 页。

34 柯温《太平起义：李秀成自述》，189、191 页，述及各种围攻战战术；王庆成《壬子二年太平军进攻长沙之役》，182—183 页。

35 柯温《太平起义：李秀成自述》，189 页。

36 在战略思想上，以前曾做过海盗的罗大纲与东王杨秀清看上去不谋而合，参见拉易《两广海盗在太平暴动中的作用》，241—242、263 页。

37 《太平叛乱》，421—422 页。

38 《太平叛乱》，423—424 页。

39 《太平叛乱》，421 页；据《行军总要》，载于《印书》，5 页，略作改动。

40 柯温《太平起义：李秀成自述》，83 页，所述加入水军的乡民，离开家乡一百里后即分不清方位。

41 《太平叛乱》，417—418 页；据《行军总要》，载于《印书》，1 页，略有改动。

42 《太平叛乱》，391—392 页。

43 简又文《太平天国革命运动》，100—102 页；拉易《两广海盗在太平暴动中的作用》，264—268 页。

44 陈会元《武昌记事》，587—590 页。

45 赵德兴《论太平天国的城市政策》，49—50 页；陈会元《武昌记事》，593—596 页。

46 程演生《太平天国史料，1850—1864 年》，27—30 页。

47 拉易《两广海盗在太平暴动中的作用》，268—269 页。

48　柯温《太平起义：李秀成自述》，193—194 页注 86。

49　简又文《太平天国革命运动》，108—112 页。

50　《太平叛乱》，185—186 页。

51　《太平叛乱》，183—184 页，略作修改、转译。

52　雷特（Rait）《陆军元帅郭富子爵的生平与战役》（*Gough*）卷一，278—279 页；德庇时（Davis）《战争时期和缔约以来的中国》（*China during the War*）卷一，289 页。

53　简又文《太平天国革命运动》，116—118、124 页；张汝南《金陵省难纪略》，692—705 页；威瑟斯（Withers）《天京：1853—1864 年间太平天国统治下的南京》（*Heavenly Capital*），58—62 页。

第十三章　天　京

“人间天堂”不只是一个地方而已，而是全天下，太平军所到之处即得民心，除妖魔，如此人人皆可和乐平安，直至升天见天父。

天王洪秀全、东王杨秀清与其他太平军首领以其在紫荆山、永安、武昌的经验，发展了南王冯云山的军事思想，从而创建自己一套理念。一如太平军军制所规定，伍长管四人，两司马管五个伍长。在“人间天堂”中，伍长家应与所辖四家保持联系，两司马则负责管理二十五个家庭。每一组单位都要建公共粮仓和公共礼拜堂。两司马就住在礼拜堂里。“凡礼拜日，伍长各率男妇至礼拜堂，分别男行女行，讲听道理，颂赞祭奠天父上主皇上帝焉”；“每七七四十九礼拜日，师帅、旅帅、卒长更番至其所统属两司马礼拜堂，讲圣书，教化民，兼察其遵条命，与违条命及勤惰”；每逢单日，“其二十五家中，童子俱日至礼拜堂，两司马教读旧遗诏圣书、新遗诏圣书及真命诏旨书焉”。[1]

日时，人都在田里干活。如果时间允许，人人须依己之所长，从事陶工、铁匠、木匠、泥瓦匠等行业。至于天下的土地，归于天下人所有："凡男妇，每一人自十六岁以尚受田，多逾十五岁以下一半。""凡分田，照人口不论男妇，算其家口多寡，人多则分多，人寡则分寡。""凡天下田，天下人同耕，此处不足则迁彼处，彼处不足则迁此处。""凡天下每家，五母鸡，二母彘，无失其时。凡当收成时，两司马督伍长，除足其二十五家每人所食，可接新谷外，余则归国库。凡麦豆苎麻布帛鸡犬各物，及银钱亦然……但两司马存其钱谷数于簿，上其数于典钱谷及典出入。"因为"天下皆是天父上主皇上帝一大家，天下人人不受私，物物归上主，则主有所运用，天下大家，处处平匀，人人保暖矣。此乃天父上主皇上帝特命太平真主救世旨意也"。[2]

"所有婚娶弥月喜事俱用国库，但有限式，不得多用一钱。如一家有婚娶弥月事，给钱一千，谷一百斤，通天下皆一式。总要用之有节，以备兵荒。""凡两司马办其二十五家婚娶吉喜等事，总是祭告天父皇上帝，一切旧时歪例尽除。"[3]凡天下每一夫有妻子女，则出一人为兵，其余鳏寡孤独废疾免役，皆颁国库以养[4]。凡设军以后，人家添多，添多五家，另设一伍长，添多二十六家，另设一两司马。某人果有贤迹，则列其贤迹。某人果有恶迹，则列其恶迹，注其人，并自己保升奏贬姓名于军帅……一同达于将帅、主将。将帅、主将达六部掌及军师，军师直启天王主断。凡天下诸官，根据其贤迹、恶迹之表现，三岁一升贬。[5]

尽管这套理想的社会制度不可能一夕实现，但至少可先行条列酝酿、考察准备，俟时机成熟，便可付诸实施。太平军入南京之初，就展开人口普查，军队里也定期进行人员户籍登记[6]。从保存至今的一个梁家的家册可知某个家庭来自何处，忠贞程度如何，何人在营服役。梁立泰，年三十四岁，生于长于广西桂平，1850 年 8 月加入太平军，参加金田起事；9 月，他被封为前营长、东两司马；10 月，升前营旅帅；攻陷永安后，又升至后二师帅、后二军帅。父梁万铸在家升天，母胡大妹随营封为后四军女军帅，妻廖大妹在绣锦衙，妹梁晚妹北殿内贵使，子梁小保幼、女梁二妹幼，以上俱随营。兄梁立汉在武昌打仗升天，弟梁立海、梁立州在家未随营。[7]

不过，军册并不列出每个家中成员，只是载明兵士的年龄、籍贯，便于将领查阅，只需瞅一眼军册，就知道兵士的职业、技能。前十三军前营两司马吉添顺，年二十六岁，也是桂平人；1850 年 9 月在金田入营，攻克武昌后封为前一军前营前前一东正司马。副司马汪万菁，十八岁，生于武昌，1853 年太平军攻陷武昌时加入太平军；攻取南京时，封为前营前前一东副司马。吉添顺属下有五伍长，年龄分别是十九岁、三十五岁、二十六岁、三十岁、二十三岁不等，他们都来自华中，而非来自广西。所统管兵士的年龄也在十七岁到五十一岁之间不等。有六个兵士因年幼或年长，被列为尾牌。尾牌中有一人五十九岁。其他五人年幼得多，都在十一岁到十五岁之间。[8]

并不是每个人都急着想加入太平军。不少家庭不愿报上家中人数，一拖就是好几个星期，有时非到以死相胁，才报上户口。有些南京居民为了逃避登记，还躲到老家去，或到亲戚朋友家中暂避时日。有时还自己躲到院落的夹壁墙中，以避太平军。有些人干脆跑到城外荒凉茂密的山林中去住。这种情形相当普遍，连在天国首府南京亦不能免[9]。有个商人脑筋动得快，特别设了一处手工作坊，

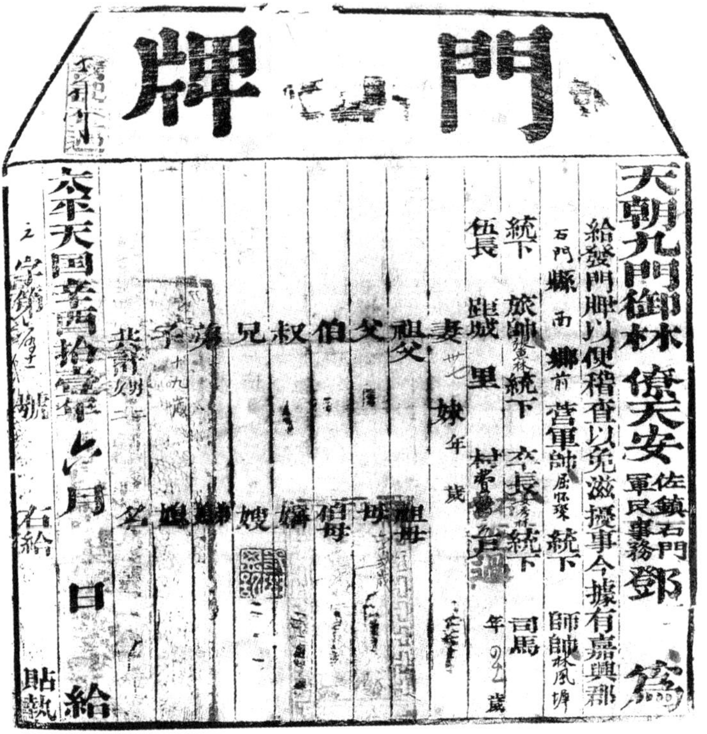
門牌
天朝九門御林 侯天安 佐鎮石門軍民事務鄧 為
給發門牌以便稽查以免滋擾事今據有嘉興郡
石門縣西鄉前營軍帥 統下 師帥 統下
旅帥 統下 卒長 統下 司馬
伍長 里 年 歲
妻 祖父 祖母 父 母 伯 叔 兄 弟 子 女
共計
太平天國辛酉拾壹年六月 日給

太平天国门牌。太平天国控制一地，便发给所有人家这种门牌，门牌上的资料使得当地的军事指挥官（名字书于门牌右侧）能计算税额，以及可入伍的人数。图中门牌系发给“费鹤云”，四十一岁，家住石门县西乡（在杭州以北八十公里）。费鹤云与妻（三十七岁）、母（六十二岁）、子（十九岁）同住。为了防止擅自篡改资料，另有“共计”一栏，载明费家有二男二女。这枚门牌于太平天国辛酉十一年六月核发（约为公元1861年7月），此时太平天国在沿海地区的势力达于鼎盛。

专为太平军首领的女眷制作华丽刺绣和昂贵的胭脂。他手下雇的手工艺匠都另有生活补贴，也能到城外走动，寻找珍贵材料。太平军对男女分营虽有严格的禁欲条令，但太平军的妇女仍喜欢穿华美衣物，喜欢浓妆艳抹。这商人得了甜头，胆子变得更大，得了允许带人到城外砍木柴，用小船运到城中。这样，很多人趁机跟他溜出城去，逃之夭夭[10]。

在太平军刚刚占领的地区，当地人对太平军的情形还不清楚。当地的城乡居民能选择自己所属的伍长、两司马和旅帅。他们甚至还领取空白的户籍簿册到邻里间散发，这样当太平军进行户籍核查时，每家都可以出示户籍。太平军若来核查人口籍册，每家都必须出示太平军的门牌，门牌上写明相关状况，表示接受太平天国的规范。[11]

至于如何处理非拜上帝教的教徒，太平天国领袖采取各不相同的方式。僧道遭到粗暴对待；南京城中许多道观、佛寺（其中许多是已有数百年的建筑精品）都被太平军焚烧殆尽；佛像石雕被捣毁，许多僧道出家之人被剥去衣裳，甚至被杀掉；必须认同太平天国拜上帝教的教义，才能幸免于难，而太平军也手持刀剑来宣教[12]。但是南京的伊斯兰教徒却没有受到这么野蛮的攻击，南京城里的清真寺也获准保存[13]。

南京城里还有一群教徒，地位特别暧昧——这些人就是天主教徒。他们的信仰看似接近太平军，人数在两百人左右。在太平军围攻南京的时候，城里的天主教徒把金银细软存放到居家（音译）大院，这居家是南京最有钱的天主教人家。然而，南京失守之后，居家被太平军征用，成了太平军大将的住处，居家的财物悉数没收，并纳入圣库。在太平军入城的混乱中，至少有三十名天主教徒被烧死在家中或陈尸街头。[14]

幸存的天主教徒聚在城里的天主教教堂前，太平军在此找到了他们。这群天主教徒不愿按拜上帝教的仪式进行礼拜。于是，太平军给他们三天宽限，逾时违令者斩。1853 年的受难日是在 3 月 25 日，天主教徒对着十字架开始礼拜，太平军闯入教堂，捣毁十字架，推翻了圣坛，将教堂中七八十名天主教徒的双手绑缚背后，推到太平军临时设的法庭进行审判，若不遵从拜上帝教的祈祷，就判处死刑。天主教徒断然拒绝，一心期盼殉教。但太平军又赦免了他们，原因不明。妇孺被赶进教堂，男子仍被绑缚着双手，拘在教堂附近的地窖里。教民在此度过复活节。复活节过后一天，开始有二十二名天主教徒诵读太平天国的祷词，发现其中并没有什么与自己信仰相左之处。其他坚不改信的教徒就送到前线充军做工，有十人逃脱。[15]

为了印制太平军必需的簿册，以及让每一个两司马都有《圣经》及各种条规文件进行诵读祷告，势必要整顿南京城里的印刷工坊。1853 年 4 月，太平军攻下扬州，迁了不少扬州的工匠到南京，其中有精于金属活字制版者，一些曾驻节广州的官吏把铅字带到了北方。太平军的印刷作坊设在文昌阁，素为儒士所敬重，堪称十分恰当。[16]

印刷文书簿册不难，技术的要求并不高，但是传达《圣经》话语则是另一回事。太平军一直是用郭士立在香港翻译的《圣经》，天王洪秀全这些年来随身携带、研读不辍的也是这个本子。《圣经》还有其他的译本，而郭士立后来也修订了另一个版本，太平军的选择似乎是机运使然[17]。太平军印制发行的第一套《圣经》是《创世记》第1章至第28章，从上帝创造天地到雅各梦见梯子头顶着天，有上帝使者从梯子上上去下来为止。《创世记》共有五十章，但太平天国的领袖却在第28章上帝对雅各说话处结束了《创世记》，因为这些章节对于那些能读、能听的拜上帝教教徒来说，有着非凡的力量：

> 梦见有梯置地，其上参天，神之使者陟降于彼。视哉，耶和华立于其上曰：我乃耶和华，尔祖亚伯拉罕之神，以撒之神。今尔所卧之地，我将赐尔及尔后裔。尔裔将如地之尘，尔必广延至东西南北。天下诸族将由尔及尔裔获福。视哉，我偕尔，随在佑尔，后率尔返此地，盖我素言于尔者，我于未践之时，我必不尔遐弃。
>
> 雅各寤曰："耶和华固在此，而我未之知。"(《创世记》第28章第12—16节)

尽管《创世记》译得不是那么流畅完美——有时甚至还不够清楚，太平天国的刻工还是受命把郭士立的二十八章译文逐字抄录，只去掉了夹在字里行间的各节序码。唯一例外的是，太平军首领发现有些东西竟是不堪入目，这就是《创世记》第19章的最后八节，即罗得在所多玛和娥摩拉被毁、妻子身亡之后，与两个女儿逃到琐耳城的山洞中隐居的一段。洪秀全从儒家经典还有他在紫荆山、官禄㘵的体验，很能理解延续香火所处的矛盾情境。但这个故事与传统却是格格不入的，一如罗得的大女儿对妹妹所言：

> 长女谓季女曰："吾父已老，天下无人偶我，以循人道。莫若饮父以酒，后与同室。致由吾父，以存后裔。"是日，以酒饮之，长女与父同室，惟父不觉其寝与。次日，长女谓季女曰："我昨宵与父同室，今父仍以酒饮之，尔入与同室，致由吾父以存后裔。"是夕亦以酒饮之，季女起而同室，父亦不觉其寝与。于是罗得之二女，由父而孕。（《创世记》第19章第31—38节）

太平天国的首领无法解释这段文字所隐含的道德内涵——尤其是他们自己恪守《太平天条》第七戒条"不可奸淫"——于是就删去了这段文字，直接从第19章跳到第20章。从技术角度来说，删节非常容易。因为这段刺眼的文字刚巧是在第19章的末尾，而罗得逃至琐耳到第20章亚伯拉罕和亚比米勒的故事之间并不会有遗漏之感。[18]

太平军在南京起用了至少四百名工匠进行《圣经》的抄录和刻版，印制工作进展得也非常快。到了1853年夏天，《创世记》后半部和《出埃及记》也告出版。到了这年冬天，参与出版印刷的人数增加到六百多人，他们又出版了郭士立译本的《利未记》和《民数记》，一些听起来非常古怪绕舌的名字都保留，一些饮食、祭献方面的细节也照录不误，并未再做删节，因为没有什么骇人听闻之处。虽然《圣经》提到的军队比较老，妇女也不包括在内，但在这些令人眼花缭乱的技术细节当中，仍可找到一些重要佐证来支持太平天国招募组织信徒的规章：

> 耶和华于西乃野，在会幕谕摩西曰："尔宜将以色列嗣之会众，依其诸支，依其名数而计之，即其男子之诸丁。凡属以色列嗣，自二十岁以上，能临阵从战者，尔与亚伦必按其军旅而核之。偕尔者，必以每支派一人，各为其父家之长。"（《民数记》第1章第1—4节）

也是在这年冬天，太平天国出版了第一部福音书，即全本的《马太福音》[19]。

如今，南京已是天京。为了拱卫天京，太平军一分为三：一路防卫城池；一路西征，沿长江西行，夺取那些在1853年春曾绕过或是占而又弃的城市，并以重兵驻守；第三路则出师北伐，直捣华北腹地，压迫京畿[20]。1853年12月或1854年1月，南京当地的文人学士应太平军首领之邀，就建都金陵、太平天国印书出版计划、更换地名三项洪秀全所作的重大战略决策发表意见。

文人异口同声颂赞定都金陵（即南京）乃明智之举，理由则各不相同：天父天兄的直接干预和支持自然是建都金陵的重要因素。但不少人则强调世俗的考虑：南京城城坚墙厚，粮储充足，地理位置十分优越——自古有"虎踞龙蟠"之称——物产丰隆，人民淳朴，商业繁荣，田园丰美。其他人则盛赞南京河运便利，向有"乐园"之誉，"物财齐聚"，乃天下粮仓；南京街道宽阔，历史悠久，繁荣昌盛；

太平军出紫荆山，经永安、武昌，止于南京，自应定都于此。

有个来自广西桂平的文人更提出天王洪秀全统治权的问题，此举可谓冒险而大胆，此人中过秀才，这是洪秀全未能得到的功名。他在文中写到：天父上帝自造有天地以来，其间窃号流传，未尝不代有其人……弑夺频仍，纷更不一，以至于今。但洪秀全不会让旧事重演，他将以仁心将之结束，因为“天王亲承帝命，永掌山河，金田起义，用肇方刚之旅；金陵定鼎，平成永固之基。京曰天京，一一悉准乎天命；国为天国，在在悉简乎帝心”[21]。

这些为太平天国效力的文人赞扬太平天国在南京印制官定出版书目（每部书都需在扉页上加盖天王玉玺），又谈及天意和洪秀全的威仪，“天降非常之人，必界以非常之任；天定非常之任，必界以非常之珍以佑之”。有些人更明言汉语如今全被满清“鞑子狗”的“妖言蛮语”所玷污，必须加以净化[22]。有些文人则赞扬太平天国在书籍上加盖印玺的做法，因为在天国初创时期，“真伪书籍难以辨别”，尤其这些书籍是在太平军中流传，“信仰中不免夹杂疑惑，而妖魔则又无所不用其极”。此外，因为整顿文献与文化乃是真正领袖再现人间的主要佐证之一，故传播明令是真的书籍可向远近伟细各色人等昭示，这等新领袖已来临[23]。也有文人说上帝的话语具现在《旧约全书》、《新约全书》和洪秀全的诏书之中。这三本书以真版流传，“通上天堂之路就在眼前”，蒙昧时日即将结束；而其他那些孔孟经书及诸子百家书即可“焚烧剔除，任何人都不得买卖，更不许私藏和诵读”[24]。

文人齐聚南京的第三项任务就是论洪秀全的一份诏谕，该诏谕称“贬北燕地为妖穴……贬直隶省为‘罪隶省’”。洪秀全的用语诡秘而直接，将满洲统治者所居的地区定为污秽不洁之地。北京坐落于华北直隶省(意为“直接管辖”),是大清国龙座所在。洪秀全诏谕：“是因妖现居秽地，妖有罪地亦因之有罪，故并贬直隶省为罪隶省。”同样，“贬北燕为妖穴”，不得用其名，因为“京无二，天京而外皆不得僭称京”，故而，“特诏清胞速行告谕守城出军所有兵将，共知朕现贬北燕为妖穴，俟灭妖后方复其名……俟此罪隶省知悔罪，敬拜天父上帝，然后更罪隶之名为迁善省”。[25]

这群文人皆称洪秀全睿智天纵，他们的看法互为补充，多有重复。言及受满人统治达两百多年的北方，则斥之堕落败坏、无信无义、耽于偶物崇拜、排斥独一真神、赌博成风、吸食鸦片，且此地汉人奴性十足。他们也意指满人已是穷途末路，这便是他们最后容身之处：“试思弹丸之地，何能抗拒天兵？”在他们看来，这些满族胡奴胆敢妄自尊大，称其妖穴为直隶之名，此举已“深为天父天兄之所必诛，罪大难容，恶极定灭”，“故此丛集之所为胡巢之穴者，即为天设之牢”。[26]

然而，洪秀全的天王诏旨还更有深意，这关乎语言。人人皆强调改名为“妖穴”和“罪隶省”的重要，称颂洪秀全天王此举圣明，但只有一个名叫乔彦才的人更点明何以为此：“天下之惑于妖胡也久矣，是不可不亟灭亡也。故灭其人必先灭其地，灭其地之势必先灭其名。”[27] 乔彦才后来在太平天国举办的科举中独占魁首。

不仅仅是地名具有这种力量和反响，其他名字也有妖魔在其中。当时在位的咸丰皇帝乃是世间群妖之首，“咸丰”本意“俱各丰裕”，但太平军加上犬字旁，写成“猦狆”，如此一来，人人都能看出狗性。“韃”字原指蛮族，也换上反犬旁，写成“狫”，于是所有满洲人都受到嘲讽。那些满妖汉民供奉邪神偶像的庙宇也各改了字，新字“廖”表示“其中无一是真”之意。[28]

有些字因所含部首偏旁含义不洁而不再使用，代之以新造的字眼，“魂”、“魄”便属此类。字中凡有“鬼”字，都不可使用，代之以“人”字。这么一来，让人趋向上帝的乃是人性，而非魔。[29]

有些表示至善力量的字只要里头没有什么含有贬义的部分，当然要予以保留，但不准用作他途。“耶”、“火”、“华”这三个字便是一例。那些用在“耶稣”、“基督”译名的字也不准用作他途，须另创新字以代之，类似的还有“天”、“圣”、“神”、“帝”、“天父”、“天兄”等词。至于“日”、“月”两字为洪秀全个人所独享，所以也须作改动。他自称为“日”，而他那在天上的妻则被称为“第一月亮宫人”。太平天国东、南、西、北、翼五王的名讳也不能乱用，无论是已经升天的冯云山和萧朝贵，还是仍率太平军四处征战的杨秀清、韦昌辉和石达开都是如此。天王洪秀全的“洪”字，他人更是不能用，须以发音相同的字来替代。[30]

不过“洪”可用来造新字，也同样气势辉煌。上帝与挪亚“彩虹之约”的“虹”字读音同“洪”，也不准使用。但替代“虹”的新创字“霟”却让人想起在上帝降临世间时的大灾难。其他一些意义含糊或让拜上帝教教徒用两广口音或客家话念起来像骂人的字，也做了相应的改动。因此而改了三个节气的名称。另外还造了一些新字以供太平天国使用。[31]

“漕”字也在新创词之列，凸显了一个物资问题。自永安建制起（或甚至更早），太平军主要靠捐献——有些是出于拜上帝教教徒的宗教热情，有些则是被迫缴纳——和劫掠来获得给养，上缴圣库。南京面积广大，土地肥沃，农耕精密，粮食供应暂无匮乏之虞。但是这地方官军太多，太平天国信徒无法建立以五人为伍，由两司马管束道德的定式。天京能否万世永存都还是个问题。如果北伐之师推翻大清国，“妖穴”能否像洪秀全所允诺的那样摆脱恶名，罪隶省是否要改称迁善省呢？

为了强调天京与妖穴有别，东王杨秀清告诫太平军众教徒，结束男女分营的时机尚未到来[32]。凡有男子强暴妇女者，即使是战绩卓著的广西旧部，也必须处死。已婚的夫妇不得幽会，一旦抓到，严惩不贷。有人会想逃避禁令，上妓院去寻欢作乐，但这也严令禁止，且采取连坐处罚；妓女、嫖客一旦查获，不仅严加惩处，还要罪及家人。只要举报行为不检，都会另受奖赏[33]。男同性恋亦受严惩：十三岁以上协同犯罪者，斩首。如果一人不足十三岁，另一个长于十三岁，则不足十三岁者免死，长于十三岁者斩首。若主犯不满十三岁，也得同样受死[34]。甚至男子送衣物到城里妇人处去洗刷或缝补也须详查，因有此密切接触，日久生情恐难免，故一经查实，将予严惩。为了不犯此罪，男子须自行清洗、缝补衣物[35]。

太平军在南京也分男营女营，一如在武昌。在营中，人人按性别和职业分入各“馆”，一“馆”有二十五人。城镇生活不同于乡村生活。在南京，为了让人人有得吃、有得穿、有得住，只得放弃共同劳动的梦想，走上专业化一途。这些“馆”，有的专为砖匠、木匠、饰匠所设，也有专为裁缝和鞋匠所设，有的还专为做牛奶、面包、酱油、豆腐的人所设。此外还有医疗馆、消防馆及丧葬馆。所有的工匠都是为公益而劳作，从圣库中领取应得的食物[36]。妇女则集中于女馆之中，大多住在南京城新华门一带，接受女官（多是广西女兵）的统制，二十五人为一“馆”。太平军攻占南京附近城镇之后，女军的数量急速增加。[37]

为了使这些新攻下来的城镇成为防御阵地，太平军在此禁止商贸活动，商旅不得居于城内。妇孺以船送到天京，留下壮丁来戍卫。而离了家园到南京的人，圣库也照管其生活所需。在受战火肆虐的城镇（包括南京在内），为了保障安全，禁止商业贸易。所有交易只准在城门一带进行，当地农民很快就设摊卖鱼卖肉，甚至买卖茶叶。不过太平军的军官还是经常进行盘查，强令各摊铺须按性别进行买卖。有些东西规定只准卖给男性，有些只准卖给女性。所贩售的货物有些是从乡下买来，有些则是搜夺来的，有的还是私下以物易物换来的。[38]

天京城中居民应对太平天国的新规章，反应各不相同——有些人躲起来，有些人计划逃跑，有的人则在水中投毒或企图推翻太平军，有些人则以不同程度的热情加入太平军，希望恢复家庭生活[39]。对于许多人来说，还有额外的工作机会。太平军的卒长、两司马及伍长控制所属家庭过着简朴生活，但太平天国又增加不少男官女官，底下的助手和随从也随之增加，正如东王代天父传谕洪秀全所言：“天父天兄降下仁慈，给我们派来二兄下凡作天下万县的真主，并建天京，日常的大事宜多而杂，需有人在衙中帮手。”[40]

太平天国官设六部，以《周礼》雅名名之——天官、地官、春官、夏官、秋官、冬官。这些多为虚位，真正任事的是属下五十多个部门。这些部门机构主要负责监督太平天国圣库及谷仓的财物供给，管理炮药库藏，以供太平军作战所需，并负责制造战船，供给衣袍刺绣予诸王及宫中女官，执行天国法令圣谕。另外还有专人负责采购食油、盐、木柴等，专设金匠及供给淡水者。[41]

有些东西必须结合好几种手工艺，如太平天国的首领为自己设计的新帽便有祥瑞图案与书法。洪秀全冠上有一扇式帽檐，上缀双龙双凤。洪秀全以下诸王则在冠额上绣双龙单凤。洪秀全的礼冠上绣“满天星斗”，下绣“一统山河”，其他三王之礼冠各绣一行字。东王杨秀清冠上为“单凤栖于云中”，北王韦昌辉为“单凤栖于山冈”，翼王石达开冠上为“单凤栖于牡丹花上”，帽额一边加绣一蝶，或许是石达开年纪轻一些的缘故。[42]

有些技术总是需要的，大夫就是其中之一。太平军逼近南京时，许多精于医道的士人已逃到上海等地避难去了。像南京这么一个大城市总有疫病之虞，如今又有战争所造成的急迫需求，如医治伤患，照顾与家人失散的妇孺，还有东王杨秀清的眼病耳疾要医治，他在紫荆山时曾因病而不能掌权。于是北王韦昌辉发布太平天国诏令，广征太平军所辖地区内能治眼病、小儿痉挛等病症以及专擅妇科之人，向该地太平军将领申报姓名，嗣后将由专人护送至天京，如果真有本事，则封以高官，另赏一万两银子（每两二十八克多）。事成之后（期限长短未作规定）再将之平安送回家乡。[43]

北王韦昌辉对于以往大夫未应太平军之召而表遗憾，希望高官厚禄能打动人心。“无人应埋才藏能”，因上帝“为利天下人”而赋其才[44]。太平天国透过种种手段，总算网罗了足够的大夫，设立几所病院以治疗重病——为了鼓励病人，称之为“康复院”，并为天京六十区提供基本的医疗服务。另有大夫被派往天京附近城镇，医治战场伤患。[45]

天京城自应有与诸王地位身份相称的宫殿。太平天国的蓝图有一部分在此完成，凡有木工、石工、装饰手艺者，都被召来建宫殿。一万名工匠花了六个月时间，为天王建起一座雄伟的宫殿，比之前的永安州府衙门宏伟了十倍。天王府的地点选在两江总督府址，居于内城北区之中[46]。太平军攻下南京的头几天，首领陆续入城，在一片狼藉之中，以一些堪用的古旧建筑来装饰自己的新宫殿。天王殿行将完工，却在1853年底毁于火灾。于是从南京及邻近一带召来更多的工匠，在原址进行重建，并在宫殿的墙柱饰以五颜六色的鸟兽山水，这似乎是太平天国首领之所好[47]。

除了修建宫室之外，太平天国投入了很多精神和财力在天京以及周边城镇的防卫上。在天京城内，太平军清除了官军为防御城池而在各个城门设置的路障及沙袋。但是过了不久，在官军持续反击之下，太平军以石块加强城门防卫，通路也越变越窄，以至于仅容一人通过。太平军修复城门，并在城门的前或后加上一扇小门，以便在紧急时开关而不危及防御。每处城门安置两门火炮，守卫城墙的炮手及士兵另建有营地，四周围以栅栏。在城内每隔一段距离，竖有高达四十英尺的望楼，在城墙外的营垒亦然。兵卒站在塔上，以各色旗打信号，警示官军来袭的方向。[48]

附近的小城镇虽无南京的高墙巨门，但也细心设防，可阻止官军大规模进攻。太平军将城墙附近的房屋悉数烧毁、捣毁，凡有可覆盖之物尽皆移走，大片的空地上布满壕沟、木栅、树干。整片地区挖满一个个直径三十厘米、深六十厘米的小圆坑，上覆以树枝草丛，粮草火炮运至此处都无法快速移动。在各壕沟坑洞之间还遍插了高约十公分的竹签，锐利无比，能穿透鞋底，刺穿脚踝，令人寸步难行。太平军所控制城镇的居民制作、削尖了数万支竹签，有时太平军还令之在夜间工作。若是缺少建造城墙的石块，太平军便征用城中民舍砖石，排列门板、木片，以横木钉而约之，相隔一米五，其中填以沙石砖土。[49]

而在太平军许为人间天堂的天京，进行的却是欺瞒残酷的战争。清妖发现很难攻破防御重重的南京城，而太平军在进取官军弃守的城镇时也十分谨慎。太平军受首领告诫："妖魔或装红粉铅码，埋藏地下，用禾秆新土蒲草掩饰者有之；或装弓弩，令人撞着，其弩即发；或装三角钉或装铁钉，用木板遮盖，或装坑陷；或用红粉铅码装在伞内，令人收检，将伞一开，伞柄红粉自发，铅码伤人。""又假作文书，内亦装载红粉铅码，令人检得，红粉即发，或装弓弩，人若折视其中自响。诡计伤人。此妖之暗计眼不能见者，必须察其间隙，留心提防。"[50]

洪秀全身处重重壕墙堡垒之后，四周有望楼上的卫士警戒，身旁粉玉温香，安若泰山。他知道普天之下万事万物，任其命名，天王御笔无所不容，无所不能。孩童一般读过《三字经》后便读《千字文》，好掌握基本的字汇。此后，天王属下臣民则诵读洪秀全自己编写的《御制千字诏》，来学习字的源起用法：

维皇上帝 独一无二 当初显能 造及天地
万物齐全 生人在世 分光隔暗 昼夜轮递
日有莅照 星辰协治 风偃四方 吹嘘猛厉
悠然作云 雨下空际 洪水退后 悲悯约誓
永不沉灭 虹为号记 诛妖戮鬼 雷轰电掣[51]

既然洪秀全的姓名含在“虹”字里面，那么他也就分担了上帝的愤怒与慈悲，证明就在眼前：

京都钟阜 殿陛辉鲜 林苑芳菲 兰桂叠妍
宫禁焕灿 楼阁百层 廷阙琼瑶 钟罄锵铿
台凌霄汉 坛焚牲畜 荡涤洁修 斋戒沐浴
礼拜敬虔 赞美雍肃 恳和居歆 自求茀禄
胡越贡朝 蛮夷率服 任多版图 总归隶属[52]

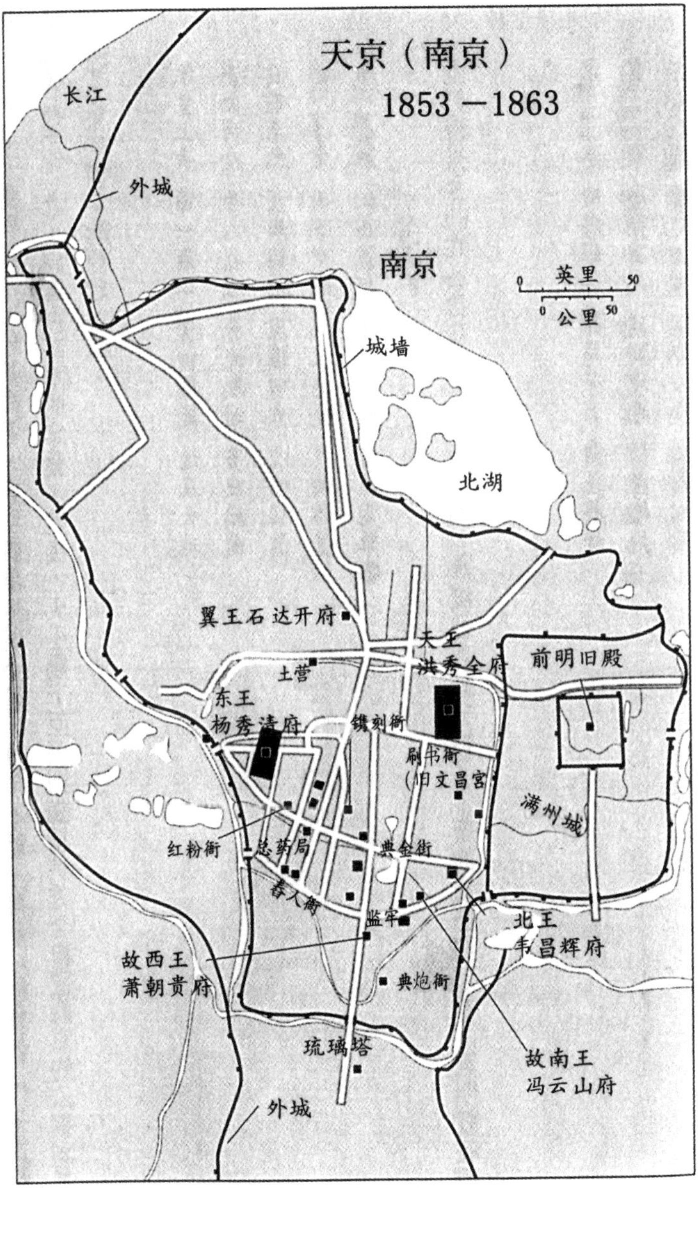

天京（南京）
1853 —1863
长江
外城
南京
英里
0
50
0
公里
50
城墙
北湖
翼王石达开府
天王
洪秀全府
土营
前明旧殿
东王
杨秀清府
镌刻衙
刷书衙
(旧文昌宫
满州城
红粉衙
总药局
典金衙
舂人衙
监牢
北王
韦昌辉府
故西王
萧朝贵府
典炮衙
琉璃塔
故南王
冯云山府
外城

注释

1 《太平叛乱》，314—315、320 页；《天朝田亩制度》，载于《印书》，2b—3、7b 页。博尔《末世学》，219—266 页，太平天国早期的南京政权被视为“千年王国”。

2 《太平叛乱》，314—315 页；《天朝田亩制度》，载于《印书》，2b—3 页；孔飞力《太平天国叛乱》，279 页，孔飞力指出问题的复杂性就在于这一土地制度从未涉及到土地再分配的观念。

3 《太平叛乱》，314—315 页。

4 《太平叛乱》，320 页；《天朝田亩制度》，载于《印书》，8 页。

5 《太平叛乱》，318—319 页。

6 谢介鹤《金陵癸甲记事略》，651 页；张汝南《金陵省难纪略》，695 页。

7 《太平叛乱》，564—565 页，简又文的文集中还保存有其他一些家册的原件。

8 《太平叛乱》，566—569 页。

9 威瑟斯《天京：1853—1864 年间太平天国统治下的南京》，199—200 页；赵德兴《论太平天国的城市政策》，50—52 页。

10 有关汉口商人吴福成（音译），见简又文《太平天国革命运动》，121—122 页；威瑟斯在《天京：1853—1864 年间太平天国统治下的南京》中，则述及了妇女的衣着打扮。

11 《太平叛乱》，448—450 页；金毓黻《太平天国史料》，130—133 页；简又文文集。

12 威瑟斯《天京：1853—1864 年间太平天国统治下的南京》，87—90 页。

13 韦烈亚力（Alexander Wylie）1859 年的报告，引自克拉克和格里戈利《西方人关于太平天国的报道文选》，220 页。

14 见默西埃（Mercier）《1851—1854 年中国海域的“剿匪”战役》中的报告，268—289 页；关于这场混乱，又见威瑟斯《天京：1853—1864 年间太平天国统治下的南京》，53—54 页。

15 见默西埃《1851—1854 年中国海域的“剿匪”战役》的报告，268—269 页。

16 更令人出乎意料的是，有的弹药作坊被安置在关帝庙里。参见威瑟斯《天京：1853—1864 年间太平天国统治下的南京》，104、107—108 页；简又文《太平天国革命运动》，126 页；祁龙威《太平天国文书史略》和王庆成《关于“旨准颁行诏书总目”和太平天国印书诸问题》两篇论文，就印书和颁行诸问题进行了讨论。

17 尽管在一些太平天国的文献中，认定旧约全书《钦定旧遗诏圣书》颁行于 1852 年，但王庆成坚持时间是 1853 年，见《关于“旨准颁行诏书总目”和太平天国印书诸问题》，190、196—197 页。而在《太平天国宗教》，91 页注 2 中，夏春涛认为颁行时间应有所变化；又见《太平叛乱》，221 页，引用《北华捷报》1853 年 6 月 16 日。

18 参见大英图书馆版《钦定旧遗诏圣书》，及《印书》，24 页；夏春涛《太平天国宗教》，

96—97 页。尽管西方的神学观念远比洪秀全的思想复杂得多，但这样的事实是不可改变的，即摩押是罗得的后裔，而路得（波阿斯之妻）正是摩押的后裔。在此，我非常感谢多拉马建（George Doramajian）所作的颇具价值的解释。

19 关于《马太福音》印刷品的数目，费煦班（Fishboume）的《中国的印象和目前的革命，它的进展与前景》391 页中，认为是四百套；而《在华五年》369—370 页中，戴作士（Taylor）认为是六百套；又见《太平叛乱》，222—224 页。

20 简又文《太平天国革命运动》，165—166 页；郭毅生《地图》，67、73 页。

21 《太平叛乱》，253 页；载于《印书》的《建天京于金陵论》（1 页），将其略作修正。其他参考文献见于《太平叛乱》，254—276 页。

22 《太平叛乱》，页 296、307。

23 《太平叛乱》，298—299 页。

24 《太平叛乱》，305、307 页。

25 “迁善省”，见《太平叛乱》，277—278 页；《贬妖穴为罪隶论》，载于《印书》，1 页。

26 《太平叛乱》，289、291 页。

27 《太平叛乱》，291 页；《贬妖穴为罪隶论》，载于《印书》，9b 页；关于乔的地位身份，见《太平叛乱》，252 页。

28 史式《太平天国的造字与改字》，157、159 页。

29 同上，157 页。

30 同上，157—159 页。

31 同上，157 页；151—155 页中，史式对七十八个太平天国新字进行分析，分成两大类，二十二个为新创字，五十六个为替代字；160 页中，他又增加了九个变化不大的新字。太平天国时期这方面的有关文献，见张汝南《金陵省难纪略》，718、722 页；张德坚《贼情汇纂》，242—244 页；《钦定禁笔字样》；谢介鹤《金陵癸甲记事略》，654 页；罗尔纲《太平天国经集考》，27—28 页。关于文字禁忌背后的原因，参见格里戈利《大不列颠和太平军》，182 页。

32 《太平叛乱》，394、396 页。

33 《太平叛乱》，458 页。

34 《太平叛乱》，580 页；张德坚《贼情汇纂》，231 页。

35 《太平叛乱》，457 页。

36 《太平叛乱》，563 页，引自郭廷以《太平天国史事日志》卷一，232 页；威瑟斯《天京：1853—1864 年间太平天国统治下的南京》，105—106、108 页。

37 张汝南《金陵省难纪略》，695 页。

38 同上，716 页；赵德兴《论太平天国的城市政策》，50、52—53 页。

39 关于投毒阴谋，见《太平叛乱》，474 页；关于阴谋叛乱，见《太平叛乱》，页 473 页。

40 《太平叛乱》，451 页，有稍许变动。

41 简又文《太平天国革命运动》，139—140 页；对应的部门、机构，见《太平叛乱》，548—555 页。

42 《太平叛乱》，452 页；张德坚《贼情汇纂》，204 页。

43 《太平叛乱》，466 页。

44 《太平叛乱》，466 页；金毓黻《太平天国史料》，133 页。

45 克拉克和格里戈利《西方人关于太平天国的报道文选》185 页中提及三个医生；又见威瑟斯《天京：1853-1864 年太平天国统治下的南京》，108—110 页的观点。

46 郭毅生《地图》，59—64 页；《太平叛乱》，533 页；张汝南《金陵省难纪略》，705—706 页。

47 有关宫殿材料，参见《太平叛乱》，459、487 页；关于洪秀全、杨秀清的府第，见张汝南《金陵省难纪略》，705、706 页；太平天国艺术文献，参见《太平天国艺术》；对太平天国文化艺术的分析，见奥德丽·斯皮罗（Audrey Spiro）的论文《太平天国的绘画：叛乱及其保守艺术》（*Paintings of the Heavenly Kingdom*）。

48 张汝南《金陵省难纪略》，710 页；简又文《太平天国革命运动》，130 页；威瑟斯《天京：1853—1864 年间太平天国统治下的南京》，174 页。

49 关于 1853 年 6 月镇江的情况，见戴作士《在华五年》，341—342 页；关于竹签的材料，见《太平叛乱》，578—579 页；张德坚《贼情汇纂》，134—136 页中，对木栅、竹签的安置作了细致的描述。

50 《太平叛乱》，436 页，载自《行军总要》。

51 《御制千字诏》，载于《印书》1—2 页；《太平叛乱》，409 页。

52 《太平叛乱》，415 页，据《印书》之《御制千字诏》，13b—14 页，略作改动。

第十四章　三　船

天王洪秀全入南京之时，上海外滩停着三艘外国大船：英国船“赫尔墨斯”号（Hermes）、法国船“加西尼”号（Cassini）、美国船“色斯奎哈那”号（Susquehanna）。在南京失守前后几周，清廷地方官员一直在请求洋人进行干涉，协助维持长江流域的治安，或至少派些可靠的兵力来守卫上海城门，镇压长江上的掳掠行径。这几艘船的船长由于没有得到本国政府的指令，只得自行决定是否进行干涉，如果出面干涉，又该到什么程度[1]。正如“加西尼”号船长在航海日志中所写，在这种情况下，“说不定真能提供协助，但也可能犯下愚蠢的错误”[2]。

这几位船长彼此互邀，共进晚餐，他们同这三国公使经常商谈到深夜，揣摩自己的国家打什么算盘，有何可行方案，是否应从其他城镇将本国传教士召到上海，受其枪炮所庇护[3]。种种有关南京城所发生暴行的谣言四处流传，把上海的居民吓得心惊胆跳——一处附近集镇出现了四个“长毛贼”，便把人吓得狂奔乱窜，混乱之中有二十七名中国人被踩死[4]。英国人和美国人保证组建一支自卫团，在居住区四周的有利位置开挖战壕并修筑枪炮阵地，不过他们对于如何应付这场危机有所歧见：4月初，英国人派了七十名士兵登岸，将之安置在苏州河边一座加固的房舍中；而美国人则决定若有事端发生才派兵上岸，不过船上的乐队却是例外——乐队上岸在剧院里演奏了欢快的《年轻的士兵》（*The Young Reefer*）和《金莲丑角》（*Harlequin Golden Lily*）；法国船长则决定，若是法国领事的生命受到威胁，再派兵上岸[5]。

1853年4月底，英国全权公使乔治·文翰爵士（Sir George Bonham）下令“赫尔墨斯”号向南京进发，这令美国船长懊恼不已，因“色斯奎哈那”号才出师就搁浅[6]。文翰此举受了一些最有影响的驻沪英国商人的怂恿，他担心贸易全告中断，但也受好奇心所驱使[7]。洋人在这两年间搜集到关于太平军的资讯寥寥无几，而且还是太平军攻占永安时期的情况，不但模糊，也自相矛盾，没把拜上帝教和秘密社会组织分清楚，太平军首领的名字也搞混了，连他们究竟是不是基督徒也不清楚[8]。在广州，罗孝全受洪秀全的胜利所鼓舞，绝口不提他拒绝为洪秀全行洗礼之事，还在一份当地报纸上撰文，称他们一起研习《圣经》期间，洪秀全举止“纯洁无瑕”。罗孝全对洪秀全的描述极为清晰，是洋人第一次形容天王外貌：“他外表平凡，身高约五英尺四、五英寸许，脸庞圆润，身强力壮，体形匀称，颇为英俊，中等年纪，举止优雅。”罗孝全说洪秀全原本会以“破除偶像”而留名，但现在看来他“以先知之能行事”，且似乎在“争取宗教自由”[9]。

眼前的问题在于太平天国是否比清廷更能维持时局的稳定以及

日后商贸往来的扩大，这对英国人尤其重要，因为英国在上海的房舍、码头和商贸投资总额，据估计已达两千五百万英镑之多[10]。在洪秀全入南京城之际，文翰从上海致函英国外相，称他眼下决定“不以任何偏袒中国政府的形式进行干涉，因为我确信，我方任何此等干涉只会延长争斗”。[11]至少已有一名美国富商把一艘船租给官军，还有几个在澳门的葡萄牙人也把船租给官军，而上海道台也自作主张，收购他能找到的洋船。对文翰来说，最重要的就是借着亲自访问天京，让太平军确切知道英国政府的中立立场。[12]

文翰的随身翻译密迪乐（T. T. Meadows）想尽办法搜集各种太平军的消息和流言，他也认为外国势力站在清廷这一边出面干涉“只会收无限期延长战乱和无政府状态之效”，如果英国袖手旁观，则太平军“极有可能”一统南方各省及长江流域，建立“一个全由汉人统治内聚力强的国家”[13]。同时，密迪乐还亲自深入乡间，到长江岸边进行实地侦察，把观察所得与他派的“中国密探”以及汉语教习的报告加以汇整得出结论：太平军中有三四万人是最初的“长毛贼”，八万至十万人是后来投效的和“被裹胁来的人”。太平军皆有“清教徒色彩，甚至走火入魔”，强奸、通奸、吸食鸦片者处以死刑，男女别营，而且“全军餐前从事祈祷”。[14]

各式报告难断实情，文翰觉得他非得弄清楚“反贼对待洋人之意向”，才能“罢休”。这项任务很困难，也很危险，因为清朝官员擅自散发布告，称“夷人之船”皆支持朝廷，英人“对反贼同仇敌忾”，且自愿承担“剿灭”太平军的费用。[15]

1853 年 4 月 22 日，英国蒸汽战船“赫尔墨斯”号开往南京，只能算是刺探情势，还很难说会不会成为制定政策的基础。但是，这趟行动很快就成了尊严之争。文翰爵士身兼数职，头衔众多：他是英国在华商务监督、香港总督、英王特命全权驻华公使，而洪秀全是治理天京的天王。地位权力对等的分寸如何拿捏颇需费思量：密迪乐甚至“赫尔墨斯”号船长费煦班（E. G. Fishbourne）会见太平天国低阶官员并无问题，但是文翰就必须与洪秀全本人或其他诸“王”之一会晤才不失地位。4月28日，太平天国对文翰爵士请求会晤高层的答复令人气馁：

> 为通晓礼制，令仰远方兄弟知照事：
>
> 天父皇上帝派遣吾主临凡，即为天下万国之真主。天下臣民有愿来朝者，对于礼制必须严格遵守。彼等必须具文奏明，自为何人，所操何业，来自何处，先行具奏，始终朝见，此谕。[16]

文翰捎了口信给太平军，其内容可想而知：（太平军的）这份文书“语气不当”，“措词荒谬”，无法接受，“更向其申明，此种性质之公文为英国方面所断然不能容忍”[17]。正如密迪乐在谈话中对天王妻舅赖汉英详加说明：

> ……英国人拜上帝即彼之所谓天父者已九百年，但在地上只能尽忠大英帝国君王一人而已；抑且英国人虽然准备承认中国人自择或服从之任何人为中国之君主，但他们无论

如何决不对任何其他人尽忠。[18]

文翰借口长江天气“恶劣”而留在“赫尔墨斯”号上，他虽说愿意在船上接见任何太平天国的封王，其实担心某些“礼仪方面的困难”会引发与太平天国首领的争执。当洪秀全的妻舅赖汉英被派来时，文翰留在船上，只以书面与他沟通，重申英国在冲突中的中立立场，也提醒太平天国首领勿忘1842年《南京条约》的条款，因为英国也打算遵守。他还重申，如果太平军攻打上海，英国将决意保护在上海的财产。在这过程中，文翰始终没踏上南京一步。

不过，密迪乐和费煦班船长却上了岸，而且受到盛情款待，可进城走动走动。他们还蒙北王和翼王召见长谈，地点在城北的一处宅邸，距“赫尔墨斯”号停泊处不远。太平军想先给这两个洋人来个下马威——太平军侍从夹道罗列，两人穿过其间，被喝令下跪、解下佩剑，然后站着听训（而两位王爷则端坐不动），看着带他们至此的人当众受杖。北王问及他们是否敬拜“天父皇上帝”，密迪乐反复答以“英人行之于兹已八九百年矣”，气氛立时为之一变[19]。密迪乐后来记下他与北王交谈的内容：

彼言吾等均是同拜一上帝，同一为上帝之儿女，大家都是兄弟。彼继闻吾言，吾等向来怀抱同一观念，乃问我知有“天条”否？吾答大概熟悉，虽因名称不同而未明彼所指为何，但稍加思索后，即问其所言者是否系“十条”？彼欣然回答确系如此。吾遂将十条圣诫中第一条之原文背述之。

> 背述无多，彼急蔼然以手加吾肩上而言曰："同我们的一样，同我们的一样！"此时两人面面相觑，似极满意，而翼王全神窥察之态度亦已消失矣。至于以前吾所发于彼等对英国人之感情态度之问题，彼始答云："吾等今后不特彼此相安无事，且可成为亲密之友。"[20]

在费煦班船长眼里，他碰到的太平军看似"精明、坚定、果断"，且"有礼而幽默"。船长诚心赠以《圣经》（中、英文版本兼备），他们也就收下了，而且认真翻阅了船长给他们的几本《伦敦新闻画刊》（*Illustrated London News*）。他说可将画刊拿去，他们十分高兴。费煦班船长有几次带太平军登上"赫尔墨斯"号，告诉他们如何使用望远镜，他们看得啧啧称奇，还攀爬船上的帆缆，或仔细察看船上的蒸汽炉和发动机。太平军看到这些洋人和他们一样留着长发，很是高兴，有个胆大的年轻人还摘下文翰爵士的高顶礼帽，看看这位全权公使与其他洋人的发式是否一样。非正式的贸易很热络，太平军用翡翠和银子与船员交换双刃剑，还想拿银子换八音盒。[21]

虽然太平天国的文书视英国为臣属，但这些英国人碰到的太平军将士表现出真诚坦率，似乎让英国人觉得彼此的了解越来越深。他们把时间花在琢磨外交声明和搜集太平天国刊印的各类书籍上——总共搜了十二种书籍[22]。5 月 2 日，天王的妻舅赖汉英亲自将回复送到"赫尔墨斯"号上，这些英国人瞠目结舌，不知何以应对。这封信函以东王杨秀清和西王萧朝贵的名义签署（洋人还不知道西王已在八个月前的长沙之战中阵亡），杨秀清还写上封号全衔。

密迪乐马上将此信译出，呈给文翰：

谕尔远来英人知悉：尔等英人久已拜天，今来谒主，特颁谕抚慰，使各安心，请除疑虑。

天父上主皇上帝自始创造天地、海陆、人物于六日中，由是天下为一家，四海之内皆兄弟也。彼此之间，既无差别之处，焉有主从之分？自人类受魔鬼之试诱，深入人心，忘却天父上帝给予生命，维持生命之恩惠，忽视天兄耶稣代人赎罪之无极功德；将泥土木石为神，淫昏颠倒。胡人满洲窃取天朝（中国），其祸尤烈。所幸天父大兄降福与尔英人，使尔知奉天父上帝，知敬天兄耶稣，真理赖以宣传，福音赖以保全……

尔海外英民不远千里而来，归顺我朝，不仅天朝将士兵卒踊跃欢迎，即上天之天父天兄当亦嘉汝忠义也。兹特降谕，准尔英酋带尔人民自由出入，随意进退，无论协助我天兵歼灭妖敌，或照常经营商业，悉听其便。深望尔等能随吾人勤事天王，以立功业而报答天神之深恩。为此用特示以吾主太平诏命，告谕尔等英人，使凡人皆识崇拜天父天兄，而且得知吾主天王所在之处，凡人合心朝拜其受命自天也。[23]

文翰在给“革命军首领”所作的简短答复中驳回了这封信函，如他所言，“其中有为吾所不能明白者，尤其是暗指英人隶属于贵君主一层”。他又写道，假若太平军或任何人“在任何形式对于英侨生命财产有所侵害，英国亦必采取与十年前抵拒各种侵害之手段，施以抵拒；彼时曾将镇江、南京及附近各城占据”（其实英国人在1842年并未占领南京，只以大炮施以威胁，但此处不拟穷究历史细节）[24]。文翰命令费煦班起锚升火，全速向上海进发，只用了三十三个小时就靠岸。数日之前，文翰在前往南京途中，太平军误信官军宣传，曾向“赫尔墨斯”号开火，文翰克制不予回击。但是返航途中旧事重演，他命令“赫尔墨斯”号开炮还击。[25]

文翰此时决心已定。学养丰厚的传教士翻译麦都思（W. H. Medhurst）仔细读了从南京搜集来的十二本太平天国书刊，然后向文翰汇报，说太平军似乎“在某些方面优于”欧洲人，文翰置之不理。正如他向伦敦的报告所称，在他看来，太平天国宗教是一种“伪造的启示”，它虽然以《旧约》为基础，但“掺入迷信及谬误成分于其中”。[26]

“赫尔墨斯”号带回上海的这些报告和书刊吹皱一池春水，令洋人大感兴趣，又引起新的揣测、备战和迷惑不解。有个英国富人好像当洪秀全已推翻清朝似的，把他的赛马重新命名为“匪首新皇帝”（Rebel Chief Emperor），此驹参加5月的赛事还夺了冠军[27]。清朝官员也对文翰到过南京“与太平军共餐”的报告烦恼不已，但文翰致函再三保证，情形并非如此[28]。在上海颇有势力的法国很想学英国人赴天京，却发现难以成行，因为这一带只有一艘法国蒸汽战船“加西尼”号。该船船长德·普拉斯（François de Plas）不仅是个经验丰富的军人，而且刚改信天主教，他向法国政府请愿成功，获拨一艘船，他便可乘船“到天涯海角，遍访尽心传播上帝福音的虔诚传教士”[29]。1851 年，德 · 普拉斯在法国慢慢聚集了一批志同道合的军官和军校生，并亲赴罗马获教皇祝福。“加西尼”号是一艘两百马力引擎驱动的双轮机桨船，配备六门火炮，还特别建了一座小教堂，船上共有一百二十名船员；在德 · 普拉斯看来，它确是一艘上帝之船[30]。

德 · 普拉斯分身乏术，既想实践心中夙愿，又得保护在上海和宁波湾沿岸的天主教民，到澳门、香港等地巡逻或修船，还要接受法国驻上海领事自相矛盾的指令和要求[31]。1853 年 9 月，秘密结社的成员 [译按：指小刀会] 占领了大部上海老城区——这完全没和太平军讲好——致使朝廷官员逃离上海或与洋人一起躲到租界，情势更是复杂。洋人虽然已经开始为这种突发事件预做准备，训练自卫团队，挖凿沟壕，修筑联外道路，但贸易中断却使他们心急如焚[32]。对于法国人来讲，还有几个因素让情势更为复杂：第一，法国租界区与秘密社会所占据的老城区毗邻，免不了会有紧张冲突发生，而和英国人之间也免不了因路障和桥梁防卫设施事宜的管辖而起纠纷；第二，自 1842 年条约签订以来，法国人就以在华天主教传教士的保护者自居，因此，太平军在南京等地虐待、屠杀皈依的华人天主教徒的消息频传，让德 · 普拉斯更急于赶赴天京，看看他能不能在宗教宽容方面取得比文翰更有效的正式外交协定和承诺[33]。

德 · 普拉斯船长想把“加西尼”号停在上海外滩也有困难，他想把新建的天主教堂和法国领事馆同时置于炮火保护之下，问题是这两处相隔甚远，而且中间还有秘密社会船只与官军水师不时放个冷枪暗箭[34]。秘密社会成员向皈依天主教的中国居民强索巨额赎金——向某些虔诚的富裕人家竟然开价一万两银子——这让德·普拉斯船长何时、如何介入保护这些教徒的问题变得更复杂。而且，德·普拉斯心里还有一个盘算，想让刚丧妻的英国领事阿礼国（Rutherford Alcock）改信天主教,照德·普拉斯看来,阿礼国这位“高尚正直”的人高声“公开宣布放弃他目前信仰的新教教义为期不远矣”[35]。

1853 年 9 月，德·普拉斯才获准前往南京进行了解，并协助法国外交官会见太平军首领，此时距英国人返回上海已有半年。同行的不是领事或什么外交人员，因为法国公使布尔布隆（M.de Bourboulon）决定亲自前往，且带妻子随行，这让德·普拉斯心里有所警觉。公使夫人是信奉新教的英国女子，喜欢否认耶稣的神性，坚持耶稣只不过是个大哲学家而已。这么一来，一趟本来只是单纯、略有风险的旅程就有了微妙的外交与个人因素了。公使安抚德·普拉斯，称此行的目的仅在于“将法国对天主教徒的保护扩展”到南京而已。[36]

1853 年 11 月 30 日，“加西尼”号离开上海，没几个小时就在吴淞口陷入浓雾，被迫下锚。即使天气转晴之后，这趟路程也需小心从事，因为“加西尼”号吃水较深，官员和船员又不熟悉江中的沙洲暗流，而江中又挤满平底小舟组成的大船队——一支船队约有两百艘小船，另一支船队有将近三百艘船——向天京或拜上帝会控制的大运河和长江沿岸城镇运送货物，无视于数量甚夥的官军巡艇就在一旁。这些法国人到 1853 年 12 月 6 日才抵达南京，在城外江面下锚[37]。“加西尼”号上挤满了太平天国信使，身着红黄布袍，裹着赤红头巾，头发散在脸旁，也有人把头发塞进挂在颈子上的布兜里。法国耶稣会士葛必达（Stanislas Clavelin）也在“加西尼”号上协助翻译，他觉得太平军“诚实有礼”。太平军得知法国人有意会见太平天国首领，花了一天的时间做决定，但在日落之前送来肯定的答复[38]。

翌日清晨，太平军向道牵马候在岸边。布尔布隆的秘书、葛必达、协助翻译的汉语教习以及两名船上的军官跟着太平军上了路。太平军的旌旗猎猎作响，他们在旌旗簇拥下，骑马走了将近一个半小时，沿途有锣声开道，行经南京外城墙，最后经西门入城，又沿着宽阔的大道走了好几里路。许多房屋毁于大火，间杂其中的店铺也关了门，悄无声息。妇女三五成群，有些人穿着华丽，背着从河岸边圣库中领来的大米前往女营。在葛必达眼里，她们流露出“平静的隐忍，无疑有些忧伤，但以她们必须做的各种牺牲而言，她们的不悦之色要比料想轻得多”。[39]一队三十人的少年衣着鲜亮，骑着骏马拥着这些法国人，他们是太平天国首领的孩子。路上还有一个男子靠近葛必达神父，把掌中的念珠向他一亮，迅速划了个十字，证明了在南京城拜上帝会会众里头还有天主教徒。[40]

其他一些彰显太平天国秩序之事也让这些法国人印象深刻：抽鸦片的人被枭首，挂在城墙上的笼子里；不断刊印《旧约圣经》前五卷和《马太福音》，并以这些经文和其他宗教典籍举行新式考试；妇女在寒冬索求衣物，并从圣库领取；女营中灯火通宵达旦。在南京城里根本不可能买到太平军服饰，因为没人会拿银两买卖这类货物，说明了太平天国对经济生活的控制。天王洪秀全每日祷告两次，各放炮十响。太平天国信众在祷告礼拜时也都面露诚意，让这座城市弥漫着一种神圣的气氛。[41]这些法国人终被传唤进入会客大厅，拜见太平天国官员。外头街道颓败凄凉，屋内则截然不同，其间的反差让他们一时之间不知如何以对：

> 火炬照亮大厅，借着火光，我们看到很多人在大厅两边站着观看；在我们面前，大厅另一端是要接见我们的两位大臣。他们身着蓝缎长袍，袍子上（尤其是胸）绣着华丽的图案，色彩绚丽。两人脚蹬大红锦靴，头戴镂金冠冕，表情严肃而高贵，在他们身后还有大批侍从排成一列。总而言之，这些阵势都使这场会见显得富丽堂皇……[42]

会谈的气氛让人乐观，太平天国的官员谈及他们的宗教信仰，天王及其涤荡偶像崇拜的使命，并称法国人为“朋友”、“弟兄”。他们答应，布尔布隆不但可与他们最高阶的大臣会面，如果他确有“谈判诚意”的话，还可以觐见天王本人。[43]

布尔布隆于12月10日入南京城，他碰到与文翰一样的外交困境：太平天国的代表是太平军主将、洪秀全亲信秦日纲，他高坐台上，示意法国使团成员坐到底下的一排椅子上。这种轻慢实不可忍。布尔布隆要求台上摆一张与秦日纲所坐一样的椅子，但为秦日纲所拒。这场会见眼看就要取消，双方各让一步——两人和各自的随从在隔壁进行“非正式”晤谈。布尔布隆详细问了太平天国的宗教信仰，寻求让在太平天国治下的中国天主教徒得到善待的承诺，并提醒秦日纲，法国在目前冲突中保持中立，且法国与清廷先前订立的条约对咸丰皇帝仍具效力。他没有明确提出要与太平天国缔结新的正式协定。[44]

法国人的含蓄，加上称咸丰为“皇帝”，令太平军将领勃然大怒——太平天国只以“皇帝”之称敬奉上帝。狂怒落到葛必达身上，他被召去和太平军官员进行一场特殊会见，饱受嘲讽谩骂，布尔布隆则逃过一劫。太平军的道理难以辩驳：既然这些法国人如此尊敬咸丰，他们必定是其友；既然他们是咸丰之友，则必定把太平军当成逆贼；既然他们视太平军为逆贼，那他们就与太平军为敌；由此可推而断之，“为助汝友，前来探查，探吾之虚实”[45]。

经过几日杳无音讯，“加西尼”号在12月13日收到一封北王亲笔书信，好像是为了强调这个更强硬的新立场似的，“命令”法国人拜谒官邸，接受北王“口训”。布尔布隆不接受太平军这种用语和口气，承认此行使命失败，遂于1853年12月14日起锚返回上海。[46]

但是布尔布隆在给法国外交部的最后报告中，他比之前的文翰心情来得轻松。布尔布隆承认在宗教、外交两方面，他不算达到他期望的成果，但却仍然认为他搜集到的新情报足以弥补那些挫折：

> 对我来讲，最重要的是我看到这次革命运动的力量，它许诺要在这个依循传统习俗、一成不变的庞大帝国中，完成一场毕宗教、社会和政治之功于一役的彻底改变。不论对它的成功有何疑问，不论民众的漠不关心和满清的力量将给这

场叛乱的取胜设下什么障碍，我心里很清楚，这场动乱性格与规模之宏伟。其领导人可能狂热或野心勃勃，但他们深信事业必成，他们不仅敢作敢为，而且信念坚定，组织强固，且精通韬略。总之，他们具有一种胜过对手的道德力量……[47]

至于德·普拉斯，他一回到上海就得知将有另一艘战船来取代“加西尼”号，他本人则被召回法国：他觉得自己支持天主信仰的使命已完成，而且他也盼望见母亲一面，他在一路上几乎每周都写家书给母亲，令他高兴的是，母亲的回信也都能尾随其后，送到他手里：

(1853 年) 12 月 27 日于上海“加西尼”号上

母亲大人膝下：

“加西尼”号的返航因故略有耽搁，但看来我们在这国度的使命已告完成。我刚刚陪同布尔布隆公使去了趟南京，公使本人与那儿的官员作了一次会面。那座曾经繁荣一时的城市令我有一种参观庞贝城（Pompeii）废墟才会有的伤感之情。城墙所圈的范围非常广，但是我怀疑只有不到三分之一的地方有人居住。防御工事仍然状况完好，四周的山上长满树木，不见一丝人烟；这些树木至少有四五十英尺高，它们在中国人眼里或许相当高，但欧洲人不见得这么认为……

无可否认，这些广西人之间的关系中有一种家庭般的气氛，这显得他们相互以“弟兄”相称很贴切。因此，他

> 们共享家舍，衣服食物储存在“圣库”中，金银珠宝也放在“圣库”。任何人都不得买卖东西。照看属下各种不同的需要由首领决定。他们的城市在内战中面对敌军重重围困，而上百万人竟能如此获得吃穿，这难道不令人肃然起敬吗？
>
> 但现在，人们能利用这种形势获得些什么呢？中国会改朝换代，改变宗教吗？谁也否认不了这些广西人的反叛是一场极为重大的事件。你可以像别人一样称他们为“反贼”或“土匪”，他们已成这个帝国的心腹之患……只有上帝知道中国的未来是什么样子，这个国度的天主教徒将会怎样。[48]

德·普拉斯在离开上海时颇有脸面的一件事是布尔布隆夫人放弃新教信仰，郑重皈依了天主教。然而阿礼国却未改宗。[49]

德·普拉斯船长在1853年3月刚到上海，曾见过文翰爵士和美国公使马沙利（Humphrey Marshall）。他发现马沙利在和中国人打交道时喜欢“直截了当、行事果断”，美国船“色斯奎哈那”号打算前往南京一探究竟，马沙利问德·普拉斯，“加西尼”号能否一同前往，德·普拉斯很是感动。但德·普拉斯考虑到上海防务空虚，觉得他无权做此决定。[50]“色斯奎哈那”号上虽有两名中国向导，但它还是在上海附近搁浅，被迫取消此行。德·普拉斯记载马沙利对英国人率先前往南京的做法很生气，发誓只要他有一艘吃水比“色斯奎哈那”号浅的船供他指挥，他就要再想办法去南京[51]。但美国海军准将培理（Perry）随即要求所有在远东水域的船只协助他作著名的日本之行，而且他还选了“色斯奎哈那”号作为临时旗舰，马沙利的愿望于是破灭。1853 年 8 月，培理从日本返回后与德·普拉斯共进晚餐，详细描述了这次美国叩关日本的经过。12 月，德·普拉斯记载培理率“色斯奎哈那”号、“密西西比”号（Mississippi）和“鲍哈顿”号（Powhatan）三艘战船作第二次航行[52]。

马沙利尽管行事“直率果断”，但也颇拘泥于美国在 1840 年代各条约中承诺保持“中立”的条文，因此他在 1853 年春天就只搜集了太平天国刊印的书刊，并将之送回美国国务院供其参考[53]。美国浸礼会教士罗孝全在广州收到洪秀全邀他访问南京，他立刻向驻上海的马沙利请求准许；罗孝全称这个机会可与《使徒行传》第 11 章第 9 节中所载保罗的机会相媲美——“夜晚，有灵向保罗显现，那里站着一位马其顿人，向他祈求说‘来马其顿，来救我们。’”但是马沙利表示不赞成，理由是此行违反美国与清廷之间签订的协定条款。罗孝全并未放弃，他从一位同情他的广州商人那儿筹了盘缠，和已故南王冯云山的一个儿子和侄子一同来到上海，这两个孩子之前一直躲在南方[54]。

罗孝全一到上海，就向马沙利公使提出同样的请求，马沙利拿更重的话来吓他，说他若敢去，就绞死他。但是马沙利私底下与一位美国朋友交谈时却表示：“这头蠢驴干吗不就自己去了呢？何必来问我？我当然得对他说‘不’。我的地位使我不得不依条约办事，他要能去带回一些我能信得过的反贼报告，我会很高兴的。”[55]罗孝全得到费煦班船长和若干当地商人的鼓励，还是决定冒险，便与通医道的传教士戴作士（Charles Taylor）前往。他们已（出黄浦江）进入长江，但却被官军巡艇拦住，令之返回上海。[56]

麦莲（Robert Mclane）继任马沙利为美国驻华公使，他于1854年春抵达南京，是最早一批到南京的美国人。麦莲接任后便宣布他打算乘“色斯奎哈那”号前往南京“革命军”总部。罗孝全立刻问麦莲能否要带他去，这位新任公使虽然拒绝了他的请求，却带了另两名新教传教士。麦莲仔细研究了此前文翰和布尔布隆使团的各个细节，之后于1854年5月22日离开上海，5月27日到达南京。[57]

美国人与太平军之间的正式文件往来大多以“色斯奎哈那”号船长布嘉南（Frank Buchanan）的名义送呈。像他们碰到“赫尔墨斯”号和“加西尼”号一样的问题，太平军沿江要塞驻军不熟悉洋船的标志和国旗，总是疑心官军可能尾随洋船或在其保护下前来偷袭，因此当“色斯奎哈那”号驶近时，太平军便开炮示警。虽然麦莲称他已经记取法国人和英国人的教训，虽然太平军说他们不曾看过星条旗，但布嘉南却无意与太平军在小事上争论：

……阁下：

本船军官今天将此信送交予您，明天上午十一点，我将派船上岸索求答复。我必须申明，这次答复必须包含您对今早岸上炮兵贸然开炮示威作充分而令人满意的道歉。如果回信未作出最充分、最令人满意的道歉来回应我的要求，那么我将即刻自南京返航，以抗议您对美国国旗的侮辱。

明午一时，我将起航前往南京，届时我会将镇江府的无礼直禀太平王，因镇江府对友好国度交流的礼仪和责任如此漠然，对美国国旗应受之尊敬——尤其是来自充分了解美国友好中立立场的国度的尊敬——如此麻木，这一点我已在今晨信中声明。随信附上美国国旗图案，今后切勿再犯。

您忠诚

顺从的仆人

布嘉南[58]

双方的关系在接下来的几天里头并未好转。太平军对美国船舰来访的原因不甚明了——太平军要求再加说明，但布嘉南和麦莲置之不理，于是便由中级官员作例行回应，来搪塞布嘉南以麦莲名义所作的要求。美国人想参观城南著名的琉璃塔（据葛必达记述，这座宝塔“紧邻城墙角下用来保卫南京城免遭保皇军 [即官军] 攻击的工事”，因此被列为禁地），此一请求以有待东王批准为由而石沉大海[59]。美国人必须证明其中有人“能识字辩言”而能“识天朝制度礼仪”，方能探访南京城[60]。有个闷得不耐烦的年轻军官擅自攀爬城墙探城，把气氛给弄僵了[61]。麦莲要“与杨秀清阁下交流”以申明美国“友好之意”的愿望甚至没有逐级递呈，理由是布嘉南“擅用照会”而非以一个“居于海宁”之国应“跪具禀奏”以“遵照礼制”的方式行文[62]。

两位太平天国高官的答复明确陈述了太平天国的观点，此信由担任麦莲此行翻译的美国新教传教士裨治文（E.C.Bridgman）译出：

我主天王贵为天下万国太平真主，则天下万国皆当敬天以主，知所依靠者也。然特恐尔等不识天情，以为有彼国此国之分，而不知真道之无二也。为此特行札谕尔等，果能敬天识主，我天朝视天下为一家，合万国为一体，自必念尔等之悃忱，准尔年年进贡，岁岁来朝，方得为天国之居民，永沐天朝之恩泽，安居疆土，坐享荣光，本大臣有厚望焉。[63]

布嘉南认为此信“语气和体裁都极怪异，令人惊诧”，便附上“一份美利坚合众国历史溯忆及一幅美国国旗图案，本国钦差大臣着令传知贵国天京大宪，以防贵方再有误会”[64]。

同日（5月30日）正午，“色斯奎哈那”号一队八人未得太平军许可，离船沿南京西城墙步行。各个城门的太平军兵士都不准他们入城，他们走得应比英国人和法国人都还要更远，绕过南城墙到了一片沼泽地，那儿有一座废弃的堡垒，又穿过一片几无人迹的荒凉城郊，才到了著名的琉璃塔。[65]

琉璃塔塔身仍完好无缺，琉璃瓦熠熠生光，但塔内通往九层塔顶——从塔顶可居高轰击或鸟瞰整个南京城——的螺旋楼梯已被摧毁，瓦砾碎片在塔底堆成一堆。无数曾使琉璃塔增辉的佛像——太平军当它是偶像——已残缺不堪、面目全非，装饰亦被剥光。一个美国人想鼓勇爬上去将塔顶的金球揭下来，马上有人制止他，但其实这种企图妄为一直在太平军心中萦绕[66]。这趟行程未经批准，结果这八个美国人都被太平军官员逮捕并严加审讯；先是在荒郊进行，后来移到城里，日夜审讯。太平军用的那名汉语翻译被审讯中的威胁吓得胆战心惊，竟是身心俱疲，词不达意，所以审讯最后是以书面进行。这帮美国人经过三位太平军官佐签了三套通行证和文书，才从西门带出返回“色斯奎哈那”号[67]。太平天国在审讯这些人的时候，还送了一份告示到船上，声明日后若还有此等未经批准的行动，不能保证人员安危[68]。第二天，“色斯奎哈那”号起航驶离南京。

麦莲在向国务卿送呈的报告略述事件始末，他侧重太平天国信仰和行事的无可理喻，称他们“对经文真义的理解荒谬之极”，无能以“平等条件”对外交往[69]。但若将清廷与太平天国做个比较，他却难以判定哪一方值得耕耘：

> 吾人由是可见这个无知、自负、顽梗的帝政虚弱飘摇的凄惨前景，处处都受到一小撮反贼的攻击，这些人原来不过是内地的一群强盗而已。现在，他们的力量已足以与官府抗衡……但是这些人却配不上文明世界的尊敬，他们的治理恐怕不出城墙之外。他们鼓动人群对有田产财宝者及太平天国叛徒的憎恨之情，借之攻城略地。[70]

对麦莲而言，唯一的办法就是扩大美国在中国行使的“权利和责任”，切实履行条约，不让国旗受侮，透过“凸显现存条约的保护精神，应能打开内地，将吾人文明的道德力量以及保障我国人民生命财产所必需的物质力量扩及内地”。[71] 这种积极政策将使美国能“赋予这场运动以真正的基督方向，这场运动目前虽隐于异教幽暗之中，但毕竟还是建立在《圣经》之上的”，而且也可“让美国制造商提供一个最有价值的市场，这个市场迄今仍未打开”[72]。

太平天国的领袖如今有机会与西洋三大在华经商传教国的代表交往。他们信的虽然是同一个教，但是彼此的间隙不但没有缩小，反而越来越大。太平天国自认得宠于天父,这个想法的重要性与“四海之内皆兄弟”的信念至少是不相上下的。

注释

1 J.Y. 王《1839—1860 年间的中英关系：英国外交部档案中的中文文件一览表》，225 页，第四条；BPP/IUP12、13 页中记有三艘船上的状况；默西埃（Mercier）《1851—1854 年中国海域的“剿匪”战役》（*Cassini*），228 页，记载文翰和“赫尔墨斯”号于 3 月 21 日到达；同上，229 页，记载“色斯奎哈那”号的出现；同上，222 页，记载“加西尼”号于 3 月 15 日停泊上海；同上，224 页，中国官方允许“加西尼”号前往南京，日期为 3 月 17 日和 19 日；231 页，记载 4 月 5 日“加西尼”号再度前往南京。

2 默西埃《1851—1854 年中国海域的“剿匪”战役》，229 页。

3 同上，231、233 页。

4 同上，237 页。

5 《北华捷报》，1853 年 4 月 2 日；默西埃《1851—1854 年中国海域的“剿匪”战役》，245 页；BPP/IUP，24 页。

6 《北华捷报》，1853 年 4 月 9 日。

7 默西埃《1851—1854 年中国海域的“剿匪”战役》，251、254 页。

8 克拉克和格里戈利《西方人关于太平天国的报道文选》，3—35 页，记录了这些资料的一例。

9 同上，19—20 页；韦烈亚力《向中国人传教的新教传教士回忆录》，95 页。

10 BPP/IUP，23 页。

11 同上，11 页，1853 年 3 月 28 日。

12 同上，12—13 页；格里戈利《大不列颠和太平军》，15—24 页，记录了这项使命的摘要；默西埃《1851—1854 年中国海域的“剿匪”战役》，221 页，葡萄牙人如此行事。译注：清苏松太道吴健彰曾从外商处购得纵帆船“财政长官”号（Dewan）和三帆船“羚羊”号（Antelope）以装运军火、士卒。他又以每月 5 万元租金租到有美国驻沪副领事金能享（E.Cunningham）为股东的旗昌洋行的一艘船，还租用一小队武装的葡萄牙快船。

13 BPP/IUP，15 页。

14 同上，26 页。

15 同上，26、28 页。

16 同上，40 页。

17 同上，34、38 页。

18 同上，38 页。

19 同上，37 页。

20 同上。

21 费煦班《中国的印象和目前的革命,它的进展与前景》,141—144、152、154—155 页。
22 BPP/IUP，45—54 页，可查密迪乐（Meadows）。
23 BPP/IUP，41—42 页；《太平叛乱》，515—517 页亦有引用。
24 BPP/IUP，42—43 页。
25 同上，32、35 页。
26 同上，32、54 页。
27 《北华捷报》，1853 年 5 月 14 日。
28 J.Y. 王，《1839—1860 年间的中英关系：英国外交部档案中的中文文件一览表》，228—229 页，第 23 条和 26 条。
29 默西埃《1851—1854 年中国海域的“剿匪”战役》，17、18 页。
30 同上，23—24、29—30、42—44、52—53 页。
31 同上，229—231 页。
32 BPP/IUP，19—25 页，见“防守”一节。
33 默西埃《1851—1854 年中国海域的“剿匪”战役》，320 页。
34 同上，318、326、328 页。对法国而言，麻烦依然存在，这一点在 1854 年 3 月 19 日艾顿（Edan）领事写给阿礼国（Alcock）的信中显示出来。信件收藏于 PRO/FO671—672 页里。
35 默西埃《1851—1854 年中国海域的“剿匪”战役》，222、325、366 页。
36 同上，258、338—339 页。
37 同上，340—343 页。
38 在克拉克和格里戈利《西方人关于太平天国的报道文选》，94 页中，葛必达对此有引用。
39 同上，96 页。
40 同上，94—96 页。
41 同上，106—109 页。
42 同上，97 页。
43 同上。
44 同上，100 页；简又文《太平天国革命运动》，273—274 页。
45 克拉克和格里戈利《西方人关于太平天国的报道文选》，101 页。
46 默西埃《1851—1854 年中国海域的“剿匪”战役》，356 页。
47 克拉克和格里戈利《西方人关于太平天国的报道文选》，90 页，法国外交部档案中引用。
48 此信由作者自默西埃《1851—1854 年中国海域的“剿匪”战役》，363—365 页中翻译而来。
49 同上，372—373 页。
50 同上，229 页。
51 唐德刚《1844—1860 年间美国在华外交》，122 页注 8、126 页；默西埃《1851—

1854 年中国海域的“剿匪”战役》，246、251 页。

52 默西埃《1851—1854 年中国海域的“剿匪”战役》，257、294、370 页；关于马沙利和培理，参见罗伯·约翰逊（R.E.Johnson）《遥远的中国驻地：亚洲水域的美国海军，1800—1898》（*China Station*），63—66 页；唐德刚《1844—1860 年间美国在华外交》，121—125 页。

53 《太平叛乱》，125 页。

54 邓元充《罗孝全牧师与太平天国起义》，60 页；韦烈亚力《向中国人传教的新教传教士回忆录》，95 页。

55 邓元充《罗孝全牧师与太平天国起义》，60 页。

56 同上，61 页。

57 国家档案馆，1843—1906 年间美国驻华公使发回的信函，缩印胶卷九二份（microcopy），第 10 卷（roll），1854 年 4 月 8 日澳门，1854 年 6 月 14 日上海；邓元充《罗孝全牧师与太平天国起义》，61 页；唐德刚《1844—1860 年间美国在华外交》，148—149 页。

58 国家档案馆，1843—1906 年间美国驻华公使发回的信函，缩印胶卷九二份，第 10 卷，布嘉南船长 1854 年 5 月 26 日的信和麦莲 6 月 14 日的信装在一起，标有“ExhibitA”；《太平叛乱》，521—522 页亦有引用。

59 克拉克和格里戈利《西方人关于太平天国的报道文选》，109 页；《太平叛乱》，525 页。

60 《太平叛乱》，526 页。

61 此处所言乃据包令（Lewin Bowring）之回忆，见克拉克和格里戈利《西方人关于太平天国的报道文选》，168 页。

62 《太平叛乱》，528—529 页。

63 《太平叛乱》，529—530 页，引自国家档案馆，1844—1906 年间美国驻华公使发回的信函，缩印胶卷九二份，第 10 卷，与麦莲（1854 年）6 月 14 日信函装在一起，但系自汉语原文翻译而来。

64 《太平叛乱》，527 页。

65 国家档案馆，1844—1906 年间美国驻华公使发回的信函，1854 年 6 月 1 日备忘录，与麦莲（1854 年）6 月 14 日信函装在一起，标有“Exhibit C”，信函号为 6，由副医师福布斯（Charles F.Forbes）所写。

66 参考克拉克和格里戈利《西方人关于太平天国的报道文选》，199 页中引用的爱尔兰雇佣兵。

67 国家档案馆，1844—1906 年间美国驻华公使发回的信函，1854 年 6 月 1 日，“Exhibit C”。

68 《太平叛乱》，531 页。

69 克拉克和格里戈利《西方人关于太平天国的报道文选》，131 页。

70 麦莲（1854 年）6 月 14 日信函，同上之 133 页中引用。

71 同上，135 页。

72 同上，136—137 页。

第十五章 裂 痕

时机、命运和天意要如何契合才能在磐石上建立我们的人间天堂？无论要求外国来客表现出尊敬，无论怎样将咸丰皇帝及其爪牙斥为走狗狐魔，都掩盖不了天国的疆域随着战争而不断改变的事实，天京必须自力更生。太平天国的首脑有雄才大略，但未竟全功。1853 年 5 月，为了夺取妖穴北京，太平天国派了约七千名广西旧部和新募士兵，组成一支勇于献身的太平军北伐。但是上帝没有保佑这项事功。官军不断放出虚假情报，让太平军以为有大队官军向南进发，令之猜测不已；官军主力和地方团练其实却固守小城镇，意外延缓了太平军的推进。太平军不熟悉华北地形，加上朝廷委任官员专司置留船只于黄河北岸，使之无法再现 1852 年初沿长江而下，连战皆捷的辉煌。[1] 太平军虽然占领了若干中等大小的城镇，但官军守将得令，太平军一炸开城墙就烧尽粮仓弹药；虽有人不情愿或未及按令行事，但确实执行的官军的确减少了太平军休整补给的机会，因而被迫比原计划更往西北推进，终于渡过了黄河，此时已入冬，而太平军并未有所准备，以致许多士兵在行军途中冻伤致残——

“冰封雪地冻双腿”——因为太平军是南方人，也没带上合适的冬衣。而太平军也没有在辽阔的战区确保补给线从南至北畅通无阻、设点驻防，派来的增援部队也被地方官军阻拦或击退。[2]

令人吃惊的是，1853 年 10 月底，一支太平军劲旅竟推进到天津外缘（离天津不到五公里），他们或能从此打开一条通往北京之路，但却无法再往前进了。朝廷派兵（包括蒙古骑兵）加上地方武装前来围堵。虽然不少当地民众起初对太平军所带来的希望颇为热衷，一些秘密会社和最近起兵的叛乱组织（如捻匪正与地主、官府陷入激战）提供了军事协助，但太平军却自毁长城。他们四处搜寻粮食衣物，而屠城的作为又在未至之处掀起恐惧［译注：1853 年 9 月 23 日，太平军攻打河北沧州时，精锐被守城官军杀伤近四千人，一怒之下杀了满、汉、回民男女万余人］。[3]

太平军善于接阵打仗，能迅速构建防御阵地——在一天之内就能建好土木工事，挖好战壕，布备纵横交错的散坑——但官军也学着包围这些环形阵地，从当地乡村征来上千名民工，构筑了一道环绕太平军的坚固工事。1854 年 5 月，这支太平军先遣部队的余部已被困住，官军下令开挖长渠，把大运河的水引到太平军阵地附近一条干涸河道。这项工程花了一个月，但河水慢慢流至，太平军营也由泥塘而至湖泊；战士无法睡觉、无法造饭，火药浸了水，形同废物；等到他们爬上屋顶，攀着梯子或浮在自己绑的木筏上时，官军就来个瓮中捉鳖，将之处死。这些苦战一年多，跋涉三千公里的太平军战士就这样不光彩地丢了性命［译注：自 1853 年 5 月 8 日挥师北上至 1855 年 5 月 31 日李开芳投书约降，时间应为两年。而且官军水攻的是冯官屯，不是

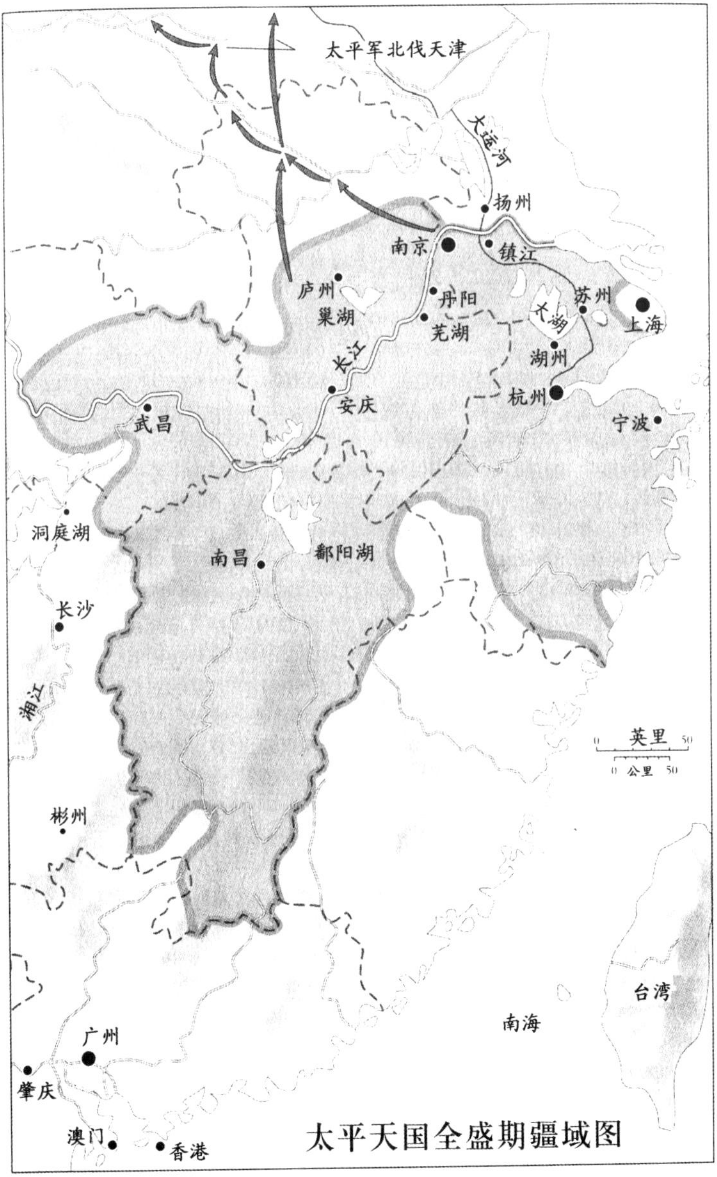
太平军北伐天津
大运河
扬州
南京
镇江
庐州
巢湖
丹阳
芜湖
苏州
太湖
上海
湖州
长江
安庆
杭州
武昌
宁波
洞庭湖
南昌
鄱阳湖
长沙
湘江
英里
0 50
0 公里 50
彬州
台湾
南海
广州
肇庆
澳门
香港

太平天国全盛期疆域图

连镇；太平军最后的据点是冯官屯]。[4]

要是太平天国倾全力北伐，或许就成功了，而“罪隶”省也就改了名。西征与北伐同时进行，在计划和执行的规模相似，也是很快就兵分两路：一路夺取长江北岸的战略要地安徽；一路逆江而上，再取武昌，并将太平天国的水陆补给线伸展到华南内地。武昌一路又一分为二，此城得而复失、失而复得，另一路则往南进至湖南，欲再取长沙。而湖南战事又衍生出石达开挥师从南侧进攻位于天京西南的江西。

西征战役胜败参半：长沙攻不下来，湖南也没能守住，因为湖南士绅已学会如何招募、训练和供养团练，其间在籍丁忧的儒吏曾国藩与巡抚骆秉章携手，整编陆营和水师，逐渐建立起一支强大的武装力量[5]。不过，武昌还是被太平军将领陈玉成夺回，陈玉成是太平军元老陈承瑢的侄子，当时年仅十八，但已善于谋略。武昌成了太平军的内陆据点，从天京沿长江上溯便可抵此。[6]

在安徽省，战事围绕着战略重镇庐州打了好几年，庐州曾由士绅首领江忠源据守，他在蓑衣渡之战告捷而获拔擢为安徽巡抚。太平军发明了一种挖掘双层地道的战术，两条地道上下交叠，再引爆定时引线将之相连，最后拿下了庐州。第一次爆破之后，防守的官军蜂拥而上，修补被炸开的大缺口，快要修好时，又再次引爆，炸死修墙的士兵，且再炸开一个大缺口，太平军由此冲进城内。江忠源自杀。太平军固守庐州达二十二个月之久，最后在 1855 年 11 月因饥饿、被出卖而突围，遭到官军猛烈攻击[7]。在江西省，石达开部联合了数万人的三合会会众，三合会曾力图占领广州城未果，之后沿赣江北窜。石达开联合了各路人马，并得当地民众支持，使得江西几乎全省成为太平天国的中心之一，提供了充裕的粮食。只有鄱阳湖畔的南昌一带由从湖南调至此地的曾国藩苦苦支撑[8]。

随着战事进展，胜负频仍，太平军必须不断找寻兵源给养，天京以东的地区虽然资源丰富，但也无暇顾及。的确，太平军虽能威胁或据守几百里外的城市，但官军却对天京施以重压。各地的太平军顶多只能守住镇江；镇江在天京下游不到六十公里，扼京杭大运河和通往天京的枢纽，但官军却能在离天京城墙几公里外的丘陵安寨扎营，而且这些营寨互为犄角，太平军一直没时间和资源将之除去。这些官军距城如此之近，以至还可与城中反对太平天国、拥戴朝廷的人保持畅通的秘密联系，维持薙发的规定。因此，带着牲畜蔬果到城门外来贩卖的当地农民往往还剃光前额，束着长发。[9]

太平天国犹在人世的几个封王之中，只有翼王石达开常在前线，亲自指挥西征不同阶段的战事。天王洪秀全身为精神领袖，手握生杀予夺大权，仲裁万事，深居天王府中。北王韦昌辉负责协调天京周围防务，负责粮食供应。东王杨秀清治理政务，军事部署均由他来协调。其余广西旧部（主要来自紫荆山和桂平）在天京城内皆有宅邸，得享尊位，他们或是效命疆场，或是在天京城内任高官[10]。太平军虽然迅速建立了可靠的水陆驿站和联系网络——包括十里一驿，另有专司气象之衙署，以及骑着快马的信使，他们配着印信，上有飞马乘云，路遇清妖巡逻则装成商人或农民——但是前线形势变化极为迅速，军在外必须有权灵活调度。以天京上游约八十公里的长江南岸商业交通枢纽芜湖为例，光在1853年到1855年之间就曾八易其手[11]。1853年12月底，杨秀清改变已经开始奏效的规矩，再次公开代上帝发言，由此生了一连串的事，导致杨秀清和数千名太平军丧生。这个变化的时机与动机并不清楚。北伐传来的消息虽糟，但不至于动摇根本，杨秀清已下令大军增援，从扬州向北进发；西征虽一时陷于僵局，但已大有斩获；法国人已乘“加西尼”号访了天京，太平天国虽希望获得支持，但法国人没有承诺便离开了。

一天，北王和若干高官与杨秀清论过政事，上帝忽然降凡。其时只有天王府中的四名女官及其僚属在场，上帝借杨秀清之口对这些女子讲话。上帝的旨意是天王洪秀全专横擅权，苛待宫女，纵容幼主。服侍天王的这四名女官——圣旨都提了名字——不用再服侍天王，即送东王府，其职可由天王府中其他宫女接替。待北王与众官员赶到时，上帝已返回天庭，于是他们便从在场的四名女官手里跪接了圣旨。上帝又突然降凡（这次是在洪秀全的金殿中），命天王应受责四十大杖。洪秀全俯伏受杖，上帝饶了他，返回天庭。[12]

杨秀清接着说了洪秀全的蛮横与纵容：四岁的幼主恣意妄为——他冒着伤身之虞，在雨里玩耍，这不可再犯，他把别人送的礼物弄坏，这也不可再犯，以免将来虐待子民[13]。洪秀全也有不同的方式苛待妇女：宫女为洪秀全挖了一处水池，他把这当带兵，令之在雨雪中劳作；妻妾嘲笑责骂女官，不让她们在宫中做事；女官若是关心修宫室或扫花园之类的小事，天王总是怒斥、妨碍或吓唬这些替他做事的人；洪秀全在气头上还用脚踢或惩罚嫔妃，即使有身孕也不例外。无论妃嫔犯了什么滔天大错，孩子没出生前都不能以暴力相向[14]。

东王杨秀清如此阐释上帝的话语，两日之后，他在另一个场合以忠臣的身份（而非上帝降旨）说了自己的意见。显然杨秀清希望洪秀全回应，好似杨秀清在代上帝发言似的。在太平天国的运作中，最重大的变化是现在杨秀清把审案（包括刑及于死的案件）的决定权归于自己。杨秀清也会把一些可法外施仁的案件交还给洪秀全，这么一来，洪秀全“天性严厉”和喜“枉杀”的情形就会因杨秀清慎断“冤狱”而得缓和。其结果便是“天父抚育人生的意向彪炳千秋，温和平静的性情流芳百世”。[15]

在这几次会面中，还有两件事杨秀清也推翻了洪秀全的决定，这看似无关紧要，但都触及太平天国信仰礼仪的核心。一是要洪秀全放松对太平天国信徒“探家”的严格限制，这些女信众“为国舍家，因公忘私”，如此“一心敬奉”应获奖励，让她们每二三十天或每个安息日“探家”一次，好照看小孩，孝敬公婆，侍奉丈夫[16]。至于礼仪华饰一节也应作改变，譬如天王急于铲除“邪魔”，乃将龙归类其中，但是龙乃是帝王威仪荣耀之象征，应与“邪魔”加以区分。杨秀清表示，龙宫、龙船、龙袍都值得敬拜，不应与害人作孽的东海蛇妖及其属下妖怪相混淆[17]。

这种有关礼仪的讨论——或说冲突——要回溯到紫荆山“拜上帝教”形成期间，甚至可溯及1837年洪秀全的异梦。因为天父皇上帝在梦中身穿黑色龙袍，太平天国的书刊皆如此刊载，甚至信徒梦中的天父形象也是如此[18]。1849年，洪秀全最忠诚的追随者得到允诺，他们若坚持不懈，取得胜利的话，总有一天也会身穿龙袍，腰别角带；而他们若是行恶，就会死于非命[19]。在1850年，洪秀

太平军北伐（1853—1855）

1853年夏天，太平天国定都天京，洪秀全出兵北伐，欲攻下北京，一举灭清。到了10月，约有三万太平军兵临天津外缘，离北京已不足百里。太平军在此遭遇官军，渐次南退，诸镇相继失守，最后退到大运河边的连镇。太平军在此被官军困了八个月，于1855年3月被歼灭。此处所见之图可能系天津商人为答谢官军，特请匠人绘成十幅图，上呈官军统帅僧格林沁。此处收录四幅。（原件藏于美国哈佛大学燕京图书馆）

图一、图二可见官军火攻太平军，驱而赶之。

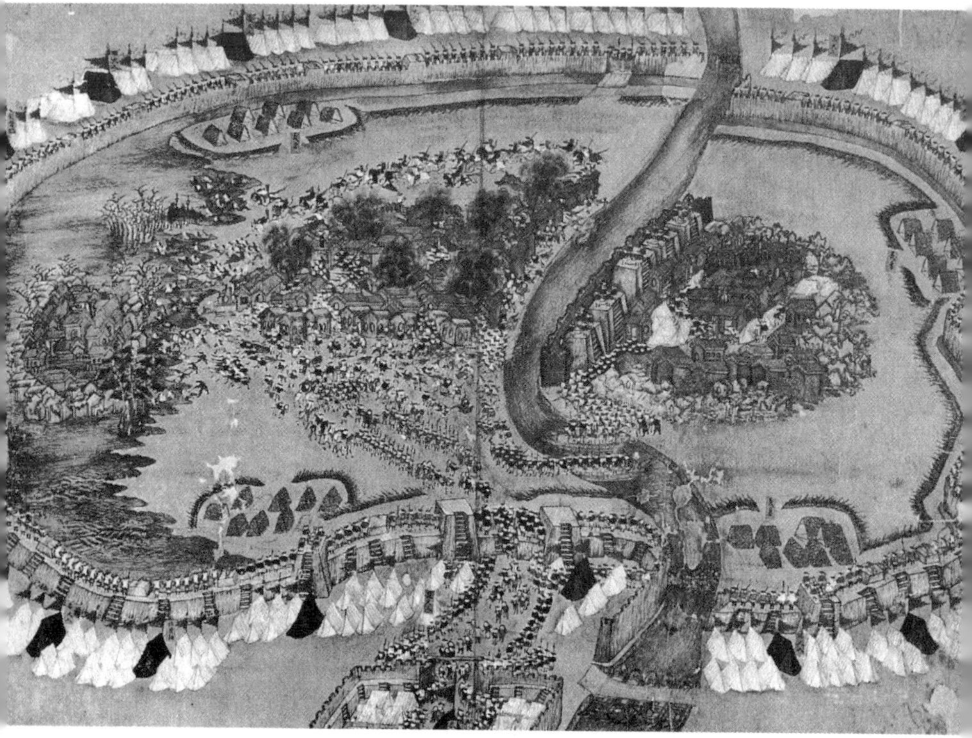

第三图为官军将太平军围在连镇，四周有土墙炮阵。

第四图中可见林凤翔跪在僧格林沁面前，车马辎重皆落入官军手中，林凤翔旋遭斩首。

全避居乡间的地方就被称为“金龙殿”，太平军的主要将领（包括杨秀清）都去过那里[20]。洪秀全对杨秀清辩称，兄长耶稣早在紫荆山就曾下凡说“龙是妖”，不过，“金龙殿之龙是大宝也，非妖也”，洪秀全取其前者，而略后者[21]。

有一份太平天国的内部文件（该文件并未向所有的太平天国将士散发，但是洪秀全和杨秀清应该知道）引用了1848年秋耶稣在平南山的话，原文如下：

> “洪秀全胞弟，星宿说及龙妖，尔还不觉乎？海龙就是妖魔头，凡间所说阎罗妖正是他，东海龙妖也是他，总是他变身，缠捉凡间人灵魂。尔当前升高天，同天兵天将逐这个四方头红眼睛妖魔头，就是他。尔今就忘记乎？”天王曰：“徼天见说明，小弟几不觉矣。”[22]

洪秀全按杨秀清所欲的思路解释这段经文——他随即温言表示“今而后，天国天朝所刻之龙尽是宝贝金龙，不用金眼”——其实，洪秀全在有关肖像、肖像解释及其与偶像崇拜的关系等问题的长期争论中作了让步。

如果洪秀全要保持他在太平天国运动中的至高地位，就不得置疑他那次天堂之旅。杨秀清或可代传上帝旨意，但洪秀全可是亲眼见过上帝，和上帝说过话，记住上帝胡须和衣服的颜色，他还见过耶稣，同耶稣说过话。因此，当他读到一长段经文，大力宣扬基督教的信念，但却否认上帝有形的说法，洪秀全便仔细改过，然后才把它当作太平天国的圣书散发出去。他对《圣经》作了增删，删去“上帝无形、不可见”的说法，却加上“只有升天的人才有见上帝”。洪秀全还删了一大段话：“上帝无形、无声、无味；通过凡身，我们看不到他的形体，听不到他的声音，感知不到他的存在。”洪秀全用譬如“上帝能知屋子漏水”之类的通俗比喻来代替，用意在把他见过的上帝人格化。这些文字经过删增之后，成了太平天国的圣书，在1854年刊行于世。[23]

洪秀全正式宣布，东王坦诚，忠实无畏，甚慰朕心，加封“劝慰师”和“圣神风”，此举在神学上的意义甚深。是太平天国将“圣灵”（Holy Ghost）译为“圣神风”。洪秀全称，授予此衔意在呼应耶稣的话语，耶稣对门徒说：“来日劝慰师将降临人间。”洪秀全这里指的是《约翰福音》第14章，太平天国虽然还未刊印《约翰福音》，但在洪秀全几年前已有郭士立的汉译本了。据约翰所记，在最后的晚餐结束时，耶稣告诉那些心焦的门徒：“又吾求父，另以劝慰师赐尔，可与尔永居也。”耶稣又讲：“劝慰师而圣神，父缘我名而遣者，彼将以万理教尔，又以我语尔诸言示尔记忆也。”（《约翰福音》第14章第16节、26节）

以圣神风、劝慰师称杨秀清，始于太平天国癸丑三年（1853年）11月。当时，杨秀清以天父身份杖责洪秀全，事后又以东王身份登朝劝慰。洪秀全欣然称杨秀清所奏乃金石名言，曰：“前天兄耶稣奉天父七帝命，降生犹太国，曾谕门徒曰：厚曰有劝慰师临世，尔兄观今日清胞所奏及观胞所行为，前天兄所说劝慰师、圣神风即是胞也。”

“圣灵”一词在基督教“三位一体”的教义中极为重要，但郭士立的译本却将之淡化。当洪秀全对杨秀清说“前天兄所说劝慰师、圣神风即是胞也”时，他涉险走入一个新的困境，洪秀全很清楚《约翰福音》的内容：“天堂有证，三者存在，圣父、福音、圣灵，且三位一体。”[24]

光从洪秀全以“劝慰师”相称，就可知杨秀清精心摆布洪秀全，在太平天国之中更上一层楼。因为，在《约翰福音》第 16 章第 7 节中，耶稣说道：“然吾实讲缘，吾往，尔受益，因吾不往，劝慰师弗就尔，如吾往，则遣之就尔矣。”

杨秀清志不在小，但一个人若是高升，其他人必要下降。上帝在 1853 年 12 月驾临了几次，杨秀清还公开羞辱了洪秀全的两位心腹。一是北王韦昌辉，另一个是顶天侯秦日纲。两人早在紫荆山就追随洪秀全。韦昌辉粗通文墨，拜上帝会众为他在家乡出力，他便把家财全捐给了“拜上帝教”。秦日纲在矿坑里干活的时候就研习兵法，素养极深。这些年来，两人都为洪秀全处理军机要务，秦日纲在健在的诸王中位高权重。

杨秀清借着为上帝代言而多方羞辱北王韦昌辉。上帝一显灵，杨秀清的女侍就击鼓传唤北王，北王若是来得迟，就由这些女侍从向他转达上帝圣旨。杨秀清为上帝代言时，韦昌辉必须俯伏在杨秀清面前，叩头聆听。杨秀清若是在轿里恍惚出神，韦昌辉必须随侍轿侧，不得骑行；甚至连杨秀清的侍从也能让韦昌辉忙个不停，他们不想打扰主子，便拒绝替韦昌辉去请示东王阐明圣旨，也不去查看东王的出神是否结束。秦日纲也不得不忍受类似的羞辱，甚至还得帮着把东王的轿子抬上宫殿台阶。[25]

东王与北王在 1853 年 12 月的冲突也说明了两人如何向洪秀全争宠邀荣：东王力图证实自己的道德教化力量，北王则表明他对洪秀全帝王之尊的支持。杨秀清先是向洪秀全建言，天王宫中的锦绣龙袍已足，应加以节俭约束。北王不理杨秀清所言，向天王奏以："二兄为天下万国之主，富有四海，袍服虽足，亦要时时缝来。"

这显然是挑战了东王的权威，东王答以："求二兄赦小弟之罪，容小弟直言为奏，袍是不足方要多，若云既足，缓些再缝，方显二兄节用爱人之美德，正弟（北王）何为奏要时时缝也？"

眼看着两造相持不下，天王称赞杨秀清："清胞真是古之所谓骨鲠之臣。正胞，尔虽是爱兄之心诚，终不若清胞直言无隐更为可嘉也。自后在尔幼主之世，凡为臣者，当如清胞今日之直言，方尽为臣之道也。"[26]

秦日纲受到的羞辱没那么直接，但在天王设宴款待东王、北王及秦日纲，以庆贺上帝驾临时他们在场，宴毕，洪秀全明言，秦日纲不在洪秀全"同胞"之列，如此尊荣，颇不易得，一旦洪秀全升天，更不能再得，秦只是"臣"，不是"王"[27]。

但疏远秦日纲，并不意味杨秀清承认韦昌辉具有王者之尊。杨秀清待翼王石达开也是如此，只不过石达开多半在外指挥西征，并未威胁到杨秀清。杨秀清已构建一个由弟兄四人组成的内部"家庭"(而洪秀全显然也默许)，长兄是耶稣，二兄是洪秀全，四弟即杨秀清，而排行第三的或是已故的南王冯云山，或是给洪秀全年仅四岁的长子洪天贵[28]。杨秀清命两个心腹写了一本太平天国运动及其信仰的简史，并在1854年下令颁行。此书将杨秀清说成“天父派其下凡，是天国高参，是天国诸众之首，拯救饿殍，救赎病夫，治万国之弟妹”[29]。在书中，杨秀清的“神圣”不同于其他诸王的“杰出”，一如劝慰师杨秀清的“仁慈、大度”不同于其他诸王的“宽容”[30]。

1854年3月2日，上帝再次降凡借杨秀清之口宣旨。这次的圣旨分为两部分。一部分把矛头指向广西旧部，特别是诸王以下的那些高官。其中三人（兴国侯陈承瑢、赞天侯蒙得恩、卫国侯黄玉昆）被锁铐起来，训诫了一番才获释。另外，秋官又正丞相镇国侯卢贤拔、冬官又正丞相陈宗扬在百官面前遭受斥责，原因是他们曾与妻子同床四五次，违反了太平天国只有在战胜妖魔之后才可同床的戒规。卢贤拔（早年曾和洪秀全共同制定十款天条）痛改前非，方得宽恕；陈宗扬则与妻子当众斩首，因为他们怕事迹泄漏，竟想“诱秽”女侍从[31]。上帝透过杨秀清大行责罚，提醒太平天国百官，他能明察秋毫，以往在桂平和永安的危急存亡之际，都能揭发叛徒阴谋。杨秀清连床第之事都能详察，更说明了上帝无所不见，杨秀清刺探之密，无人能遁形[32]。

在这份圣旨的第二部分中，上帝借杨秀清之口，宣讲了中国古籍中所蕴含的基本美德。上帝先以谜一般的对句，隐晦点出其立场：

> 千古英雄不得除，
> 流传全仗简中书。

太平天国百官费力参悟其中含义，而后上帝又透过杨秀清加以阐释：

尔可禀奏尔四兄，转奏尔主天王。前曾贬一切古书为妖书，但四书十三经，其中阐发天情性理者甚多，宣明齐家治国孝亲忠君之道，亦复不少。故尔东王奏旨，请留其余他书。凡有合于正道忠孝者留之，近乎绮靡怪诞者去之。至若历代史鉴，褒善贬恶，发潜阐幽，启孝子忠臣之志，诛乱臣贼子之心，劝惩分明，大有关于人心世道。再者，自朕造成天地之后，所遣降忠良俊杰，皆能顶起纲常，不纯是妖。所以名载简编，不与草木同腐，岂可将书毁弃，使之湮没不彰？今天差尔主天王下凡治世，大整纲常，诛邪留正，正是英雄效命之秋。彼真忠顶天者，亦是欲图名垂万古，留为后人效法。尔众小当细详尔天父意也。再，“神”字无用讳，前所讳之字无用更讳。以后，天朝所画之龙，须要五爪，四爪便是妖蛇。丞相亦准用凤。女官等跪聆圣旨，一一凛遵。天父诏毕转天。[33]

杨秀清如此重申若干以往的核心价值一直存于儒家经典之中，若是蔑视之，则危及太平天国；洪秀全这些年苦心构建的教义，杨秀清却直捣核心。洪秀全本是个文人，从他早期的宣教可见儒家道德判断的痕迹。但是洪秀全不断演绎 1837 年那次梦境，关于上帝恼怒孔子的细节也越来越多，甚至还有孔子公开受辱。在紫荆山时，耶稣也借萧朝贵之口来贬斥孔子。从一份记载耶稣在 1848 年冬驾临太平军山中据点的文件，便可清楚看出：

> 天王问天兄云：“孔丘在天如何？”
>
> 天兄曰：“尔升高天时，孔丘被天父发令捆绑鞭打。他还在天父面前及朕面前跪得少么？他从前下凡教导人之书，虽亦有合真道，但差错甚多。到太平时，一概要焚毁矣。孔丘亦是好人，今准他在天享福，永不准他下凡矣。”[34]

1852、1853 年太平军与官军鏖战之际，为了争取秘密会社成员加入太平军，便以洪秀全和杨秀清两人的名义宣讲反满口号，也传达了类似的讯息。此时，人口众多、人文荟萃的南京已是天国之都，杨秀清便开始捍卫永恒的价值，以树立声望。他给洪秀全的宣谕也在南京广为散发，从中不但可见杨秀清为上帝代言的特殊权力，而且也可看到他从儒家经典（尤其是《论语》）中寻章摘句，来充实他昭示德臣贤士的角色。[35]

杨秀清求诸儒家主流价值，说明他晓得许多人（儒士、白丁兼有之）对太平军的统治极为不悦。乡勇首领如曾国藩正在建立地方武力，与太平军相抗，他们知道这也是一场道德价值之争，也有能力加以驳斥。当时曾国藩有一篇檄文，在华中一带广为流传：

> 自唐虞三代以来，历世圣人扶持名教，敦叙人伦，君臣父子，上下尊卑，秩然如冠履之不可倒置。粤匪窃外夷之绪，崇天主之教，自其伪君伪相，下逮兵卒贱役，皆以兄弟

> 称之。谓惟天可称父，此外凡民之父皆兄弟也；凡民之母皆姊妹也。农不能自耕以纳赋，而谓田皆天王之田；商不能自贾以取息，而谓货皆天王之货；士不能诵孔子之经，而别有所谓耶稣之说、《新约》之书，举中国数千年礼义人伦诗书典则，一旦扫地荡尽。此岂独我大清之变，乃开辟以来名教之奇变，我孔子、孟子之所痛哭于九原！凡读书识字者，又焉可袖手安坐，不思一为之所也！[36]

杨秀清重新肯定某些传统价值之时，太平军也揭发欲向天京城外官军打开城门的阴谋。这项阴谋系由张炳垣所谋划，他是个秀才（洪秀全一直求之而不得），机变多智。他或由己、或从人，纠集了大约六千名心怀不满的士兵和南京百姓，他密谋在拂晓时打开东城门引官军入城，不料官军主将延误时机，又疑心有诈，事机于 1854 年 3 月败露。加上张炳垣系以太平天国历法订定起事日期，而官军则根据大清历来计算。两套历法相差六天。等到发觉时，为时已晚矣。

杨秀清在 1853 年 12 月取得对死刑案的最终裁判权，因此张炳垣一案便由杨秀清审理，但是张炳垣的聪明又让此案横生枝节。太平军有人密告张炳垣企图谋反，张炳垣反而坚称这告密之人嗜食鸦片，因为怕张炳垣揭发他先发制人。张炳垣是否谋反还未证实，杨秀清即下令以吸鸦片罪处决了告密之人。阴谋大体败露之后，杨秀清派人审讯张炳垣，张炳垣又乱说一通，称有三十四名太平军干将是同谋。杨秀清立即将这些干将处死，太平天国诸王这才发现自己受骗了，但就算处决了张炳垣，也不能让冤死的将领复生。[37]

太平天国的经文和政策之间自相矛盾，已经明显到难以一笔带过的地步了。不仅是在儒家思想的脉络是如此，在《圣经》教义的脉络底下，矛盾不一、模糊不清的情形也日益浮现。洪秀全是上帝的次子、耶稣最亲的弟弟，地位显然应比“四弟”杨秀清为高。然而，萧朝贵去世已久，耶稣的声音不再，杨秀清既为上帝代言，也是“劝慰师”、“圣神风”，他便在“三位一体”之中占了两位，而洪秀全则始终否认任何力量都不同于上帝。耶稣的地位低于其父，“劝慰师”与“圣神风”也只是上帝显圣，并不等同于上帝。而且，虽然太平天国诸王也曾梦游天堂，见过几次天父、天兄还有这个神圣家庭的成员，但是，只有洪秀全 1837 年的天启才是关键，他在梦中见到蓄着金须、身穿玄龙袍的上帝，还亲近了耶稣的妻与子，也即他的天嫂和其子天贵的堂兄堂姐。太平天国诸王没有一个受过神学教育，而美国公使在目前的战事中严守中立，禁止罗孝全访问天京，种种事迹如此复杂，要如何平衡或量其轻重呢？

天道无穷，杨秀清有了一探深浅的机会。提供这个机会的是英国人。1853 年，英国人乘“赫尔墨斯”号拜访天京受挫，之后便不曾派遣正式外交使节前来访问。但是到了 1854 年 6 月下旬，英国人再也挡不住心中好奇。谣传煤炭囤聚在由太平军时断时续控制的芜湖一带，英国公使包令声称，在上海的英国人急须确认太平天国“能否出于公益提供煤炭”，于是派了“响尾蛇”号（Rattler）船长麦勒西（Mellersh）率数人为使团，一探究竟。其中两名英国低级外交人员还受命查明太平天国的生活及信仰状况——“其政治观点和政府形式，其宗教书籍、教义和仪式，其家庭社会习惯，以及一切值得注意的相关事项。”[38]

这些英国人于1854年6月20日抵达南京，但他们不准接近城郊一步，也没有太平军到他们的船上来。他们感到沮丧之余，向东王杨秀清呈送了三十个问题，举凡贸易前景、军队数目、法令、关税、入教仪式、考试、圣库、男女分营、禁吸鸦片、爵位都在其中，还有两项颇为敏感的问题：洪秀全自称为耶稣之弟，此意为何？东王头衔众多，何以其中还有“劝慰师”、“圣神风”的称号？杨秀清很快就予以答复，文书装在一只宽三十厘米、长约四十六厘米的黄色封套中。问题若是涉及洪秀全的身份和他自己头衔，杨秀清闪烁其词、模棱两可，但他算是有问必答。英方立刻将杨秀清的回信译了出来：

> 你问（关于本军师是否及为何接受“劝慰师”、“圣神风”的称号，以及关于“禾乃师”与“赎病主”称号的含义），我的回答是：天父下凡圣旨指出，天下万国人民之病皆是东王所赎，天下万国人民蒙昧皆是圣神风化醒。今天父指出东王是圣神风，故封东王为“劝慰师”、“圣神风”、“禾乃师”、“赎病主”，使天下人民得知天父鸿恩，倚靠本军师……
>
> 你问（你们给予耶稣以天兄称号，给予天王以次兄称号，是否是推论出来的，后者实际上是上帝之子抑或反是取譬如此？），我的回答是，天王是上帝的第二子，是天父圣旨真命。兼天王亲自上过高天一一奉聆天父明命，是天父二子，为天下万国真主，凿凿有据也。[39]

杨秀清也向麦勒西船长提了五十个问题，从头三十个问题的范围和性质可看出太平天国对自己这一套主张的困扰。东王如是问：

> 尔各国拜上帝已咁久，有人识得：
>
> 一、上帝有几高大否？
>
> 二、上帝面何样色否？
>
> 三、上帝腹几大否？
>
> 四、上帝生何须否？
>
> 五、上帝须何样色否？
>
> 六、上帝须几长否？
>
> 七、上帝戴何样帽否？
>
> 八、上帝着何样袍否？
>
> 九、上帝原配是我们天母，即生天兄这个老妈否？
>
> 十、上帝前既生子耶稣，今复生子否？
>
> 十一、上帝单生独子，还是亦同凡人生有好多子否？
>
> 十二、上帝会题诗否？
>
> 十三、上帝题诗有几快捷否？
>
> 十四、上帝性有几烈否？
>
> 十五、上帝量有几大否？
>
> 十六、耶稣有几高否？
>
> 十七、耶稣面何样色否？
>
> 十八、耶稣生何样须否？
>
> 十九、耶稣须何样色否？

二十、耶稣戴何帽着何袍否？

二十一、耶稣元配是我们天嫂否？

二十二、耶稣生有儿子否？

二十三、耶稣长子今年几岁否？

二十四、耶稣生有几女否？

二十五、耶稣长女今年几岁否？

二十六、上帝现共有几多个男孙否？

二十七、上帝现共有几多个女孙否？

二十八、天上有几多重天否？

二十九、天上重重天都一样高否？

三十、天上头顶重天是何样否？[40]

后面的二十个问题涉及若干《新约》段落的诠释问题、劝慰师的地位、上帝谕命太平军摧毁满洲的本质、英国宣称中立，其意义何在。杨秀清的第五十个问题措词激烈："尔还胆敢强瞒天理，诡向天国讨取煤炭？"[41]

"响尾蛇"号上的这几个洋人也没受过神学教育，麦勒西船长等人为了尽力回答杨秀清的问题，还组织了一个戏称为"宗教会议"的讨论会，搬出《圣经》来逐条查阅，把杨秀清的五十个问题回了个大概。对一至八问的回答是，上帝无高矮，亦无宽窄。对九至十一问的回答是，上帝乃是神，不"婚配"，除耶稣之外，再无他子。对十二至十五问的回答是，上帝向来仁慈和蔼，他无所不能。对十六至二十问的回答是，《新约》并无明言。关于第二十一至二十七问的回答是,“羔羊婚娶”乃是比喻,表示“信者与基督同在”。关于二十八至三十问,回答是“不知”[42]。这些英国人的“宗教会议”,其回答虽然知无不言、谦谦有礼,但其结论在杨秀清看来却是很刺眼:

> 关于来信结尾的声明,诸如上帝明令你和你的臣民诛妖——他是上帝亲子,是天兄胞弟,他为万国真主——你,东王,被上帝任命为圣神风、劝慰师等等,吾人认为应当清楚向你说明,我们并不相信你们这种意义的教条,对这些皆不能表示赞同。我们只相信《旧约》、《新约》的启示,即上帝圣父是造物主和万物之主——耶稣是他的独生子——他降生于世并现作肉身。他因替世人赎罪而死在十字架上——三天后他复活了,然后升入天堂,和上帝始终为一体。为了审判世界,今后他还会再次降临,那些信他的人将得救,那些不信他的人会迷途。圣灵和上帝是一体,他已在世人之间出现过,即在我主升天之后不久。那些祈求他感化之人就会在心里接受他,并因此而获得新生。而圣父、圣子、圣灵三位一体就是真正的上帝。[43]

这些英国人反复重申,这些解释若有不明确之处,杨秀清应遵循基督所示:“你们查考圣经,因你们以为内中有永生,给我作见证的就是这经。”[44]

这封信在1854年6月29日送到东王手中。翌日,“响尾蛇”号离开南京前往上海,于7月7日抵沪。太平天国没让他们运煤,却在船上放了一些太平天国印刷坊刚印出的新书，其中有《利未记》、《申命记》、《约书亚记》，这些章节讲述了以色列部族在摩西死后，到他们最后抵达“应许之地”之间的事。船上也载了洪秀全修改过的《圣经》，他煞费苦心，论辩那些被“响尾蛇”号“宗教会议”批驳过的观点[45]。在“响尾蛇”号返抵上海的这一天，杨秀清在南京再次为上帝代言。意思很简短，但在太平天国史上却是未曾见过的：

> 朕今日下凡，非为别事。只因尔等将番邦存下的旧遗诏书、新遗诏书颁发，其旧遗新遗诏书，多有记讹。尔禀报韦正、翼王，禀奏东王，启奏尔主，此书不用出先。[46]

上帝借杨秀清之口，要求在场的太平众官员对此议论，他们也说不出什么。有个太平军老将说，他不识字，想不出这圣旨究竟有何用处；另一个受过旧教育，领悟到杨秀清究竟要得到什么答复，于是说道：“天父天兄圣旨决无差错。”这显然是说，由萧朝贵和杨秀清转达给世间的圣旨乃是真正的启示，而成文的太平天国经书则有待质疑。上帝借杨秀清之口说：“且未成文成章，尔等拿去斟酌，改好成文成章也。”[47]

这对洪秀全及其信徒的挑战非常明显：他们信奉《圣经》至今，其中的上帝话语现在应由人来修改。但由杨秀清代言的上帝话语则分毫无爽，谁也不能更改。

注释

1 简又文《太平天国革命运动》，171、175 页。
2 同上，185—188 页。
3 同上，182—183 页。
4 同上，193—194 页；郭毅生《太平天国历史地图集》，67—68 页。
5 芮玛丽（Wright）《中国保守主义的最后拼搏：1862—1974 年的同治中兴》，第九章；孔飞力《太平天国观念的起源：一场中国叛乱的文化交叉范畴》，第四章。
6 简又文《太平天国革命运动》，237—238 页。陈玉成是陈承瑢的侄子。
7 同上，202—203、210—212 页；郭毅生《太平天国历史地图集》，73—74、77 页。译注：原文如此。其实当时太平军屡屡增援庐州，但未成功。后因芜湖、镇江危急，杨秀清决定撤出皖北将士驰援。11 月 10 日，太平军撤出庐州，参加援芜之列。但此战损失亦不小。
8 简又文《太平天国革命运动》，196—198、254—256 页；魏斐德（Wakeman）《大门口的陌生人：1839—1861 年间华南的社会骚动》（*Strangers*），第十四、十五章；郭毅生《太平天国历史地图集》，97 页。译注：当时南昌城三面临水，曾国藩有水师，太平军缺乏水师，无力合围。
9 简又文《太平天国革命运动》，131—132 页；威廉斯《天京》，178—180 页。
10 郭廷以《太平天国史事日志》附录，41—44 页。
11 简又文《太平天国革命运动》，206—207 页，对交通的论述；以及 209 页。
12 《太平叛乱》，199—200、203 页。
13 《太平叛乱》，200、204、213 页。
14 《太平叛乱》，205、215、217 页。萧朝贵借耶稣之口，对洪秀全虐待妻子提出警告，早在 1849 年就已出现过；见《天兄圣旨》卷一，13b 页。
15 《太平叛乱》，205—207 页，记录了这时期的一个变化。
16 《太平叛乱》，214—215 页。
17 《太平叛乱》，217 页；《天父下凡诏书》第二集，载于《印书》，19 页。
18 见《天兄圣旨》卷一，5 页，即道光二十八年（1848）十一月中旬中的复述。
19 同上，卷一，13 页，道光二十九年一月十八日。
20 同上，卷二，14 页，道光三十年八月一日。
21 《太平叛乱》，217 页；《天父下凡诏书》第二集，载于《印书》，19 页。
22 《天兄圣旨》卷一，3b—4 页，道光二十八年十月二十四日。
23 麦都思（W.H. Medhurst）是这个汉语文本的第一个作者，经过小心谨慎的增删，他把它译成了英文，洪秀全讲话的完整内容在 1855 年 9 月 22 日、9 月 29 日、10 月 6 日《北华捷报》上。亦见《太平叛乱》，344—364 页。

24 《太平叛乱》，201—203、219 页；《天父下凡诏书》第二集，载于《印书》，20b 页；《圣经·约翰福音》，第 5 章，7 节；《太平叛乱》，234 页；简又文《太平天国革命运动》，159—160 页。

25 《太平叛乱》，204 页；《天父下凡诏书》第二集，载于《印书》，7 页，其中记载顶天侯秦日纲要搀扶或"肩负"东王，同时韦昌辉要扶送或"陪护"洪秀全至天王府。

26 《太平叛乱》，218 页，系据《天父下凡诏书》第二集，载于《印书》20 页修改而来。

27 《太平叛乱》，214 页；《天父下凡诏书》第二集，载于《印书》，17 页。

28 费煦班《中国的印象和目前的革命，它的进展与前景》，239 页注释，将洪天贵作为三兄；《太平叛乱》，202 页注释，引用太平天国统治时期一个名叫谢捷和的南京居民的说法，将冯云山称为三兄。译注：洪秀全长子初名洪天贵，后改为洪天贵福。

29 《太平叛乱》，377—378 页。

30 《太平叛乱》，379、391 页；夏春涛《太平天国宗教》，93 页。

31 《天父圣旨》，5—9 页，所标日期为太平历四年（译按：即 1854 年）一月二十七日。拷起来的是陈承瑢、蒙得恩和石达开的岳父黄玉昆；受谴责之后得到宽恕的是卢贤拔；卢贤拔参与制定十款天条，见简又文《太平天国革命运动》，161 页；被处死的是陈宗扬。

32 见《天父圣旨》，7 页，上帝（杨秀清）特意使人忆起早期黄日镇和周锡能两案件。周锡能案件亦见《太平叛乱》，89—97 页；黄日镇案件见《太平叛乱》，102、443 页。

33 《天父圣旨》，3—4 页；亦见瓦格纳《中国公众领域的运作：神学和太平天国宣传技术》，133—134 页，翻译和分析上略有不同。

34 《天兄圣旨》卷一，5b—6 页；王庆成《天父天兄圣旨》，7 页；瓦格纳《中国公众领域的运作：神学和太平天国宣传技术》，131 页。

35 《太平叛乱》，200—216 页，证明杨秀清引用四处《论语》中的不同篇章，引用《大学》中的一处。

36 简又文《太平天国革命运动》，230—231 页，这段译文最初由简又文翻译，然后据简又文《太平天国全史》卷二，1084 页汉文稍作改动而来。

37 简又文《太平天国革命运动》，266—267 页；《太平天国全史》卷二，1271—1276 页。

38 格里戈利《大不列颠和太平军》，173 页；这个报道的大部分由包令和麦都思写成，包含在克拉克和格里戈利的《西方人关于太平天国的报道文选》，157—171 页中。他们的完整长篇手稿，经删节和修改后保存在 PRO/FO671：2 中。

39 PRO/FO17：214，198v—199 页，在格里戈利的《大不列颠和太平军》中，180—186 页全文也引用此段话，引文在 181 页；关于信封，见克拉克和格里戈利《西方人关于太平天国的报道文选》，170 页。

40 PRO/FO17:214，页 203r、203v；格里戈利《大不列颠和太平军》，186 页。这段中两个关键讨论，见瓦格纳《天国观念》，44—46、65 页，以及夏春涛《太平天国宗教》，103—108 页。

41 格里戈利《大不列颠和太平军》，187—188 页。

42 同上，190—191 页。

43 PRO/FO17：214，207v 页；格里戈利《大不列颠和太平军》，189—190 页；克拉克和格里戈利《西方人关于太平天国的报道文选》，171 页，记录了包令在“宗教会议”上的发言。

44 格里戈利《大不列颠和太平军》，193 页。译按：这句经文出自《约翰福音》第 5 章第 39 节。

45 克拉克和格里戈利《西方人关于太平天国的报道文选》，165、168 页。

46 《天父圣旨》，12b—13 页，日期为太平历四年（即 1854 年）六月一日；夏春涛《太平天国宗教》，98—100 页；瓦格纳《中国公众领域的运作：神学和太平天国宣传技术》，136—137 页。

47 《天父圣旨》，12b—13b 页，日期为太平历四年（即 1854 年）六月一日。

第十六章 杀 戮

《圣经》不再刊印，太平天国领袖也开始找出错误，想做出一个能把他们的想法与经文内容相调和的版本。北伐步履维艰，终告失败；西征军被逐出湖南，东退休整。官军将三合会（小刀会）逆贼逐出上海，夺回了上海非租界区。大批官军仍聚集在南京东城墙附近。太平天国的规章仍在城镇乡下宣谕，但因战事频仍，太平军也征不到税，也难以将百姓集户入队。要将男女别营更是困难，1855年初，夫妇相聚开始不受限制，不过婚外苟合的男女仍要处决[1]。抽鸦片的人只要能表明是邪魔诱之误入歧途，上帝和杨秀清也免除其死罪，不过天王仍以诗来告诫勿犯愚行：

> 吹来吹去吹不饱，如何咁蠢变生妖！
>
> 戒烟病死胜诛死，脱鬼成人到底高。[2]

1855年，劝慰师东王杨秀清多病，不过他扩权的脚步并未受阻。他若卧病在“龙床”，也照样下令。有时，上帝托梦，而非当众宣谕，他便在次日复述梦境，当它做上帝圣训，也希望人人如此看待[3]。上帝下凡宣谕，场面越加壮观。杨秀清把皇亲的角色纳入仪典，在东王宫内复位其职，令之袍服整齐，分列杨秀清的六抬大轿两旁，在他出巡时随侍两旁，另有“金锣”、“金鼓”和“圣枪礼炮”齐响致礼。人人跪接东王驾到，即使寒风刺骨，雨雪纷飞，也要在宫外等上几个时辰，弗敢丝毫怠慢。上帝若是在夜间驾临，而天王的女侍未能及时开启威武的天王府门（朝门既多且重，时而无法迅速开启），上帝便会透过杨秀清大发雷霆[4]。有时连洪秀全都要出宫门迎接东王，在天王府门口跪接圣旨，而杨秀清则安坐养神。有时杨秀清不克前往天王府，洪秀全还移驾亲赴东王府。[5]

杨秀清连洪秀全的日常生活也不放过。杨秀清责怪洪秀全事母不孝，因为洪秀全不许宫女照顾他的母亲[6]。杨秀清从道德立场点出，太平军忠心旧部的高堂发妻受了冷落，不得不自己动手做粗活；他从各王府调派宫女去帮忙，或是捡拾柴火，或是耕种花园[7]。洪秀全的爱子天贵虽已立为太子，也遭杨秀清贬抑。因为杨秀清的儿子获允在杨秀清与天父皇上帝交谈时介于其中，杨秀清之子在“天阿公”面前匍匐，为其父求情，可见孝心显著[8]。

杨秀清独断朝纲已有数年之久。洪秀全想把自桂平就追随左右的心腹秦日纲和胡以晃封为王，好填补冯云山、萧朝贵遗下的空缺。杨秀清先表同意，后来两人西征一时失利，杨秀清便削去了二人刚受封的王位[9]。北王韦昌辉不断被唤来躬听上帝训诫，无分昼夜；若是北王胆敢拖延，便有当众受鞭笞之虞。秦日纲因“不尽职守”而遭上帝责骂，以下狱为奴相胁[10]。那些被杨判为“大违天规”者，则浇以膏油烧死，谓之“点天灯”[11]。

将领若在南京城街上见到东王府官员而有失礼节，便责以鞭笞；若是不愿表示悔过且“心存恶怨”，就会被处死[12]。杨秀清卧病时，东王府中的官属若有被杨秀清斥为玩忽职守或听任宫中有不当言论者，也被当众处决[13]。上帝觉得有必要重返人间，透过杨秀清对这些杀戮稍作解释：“此等逆天又欺禾，不知赎病是伊哥。敢在府门用眼看，诈聋奸草今如何。”[14]

杨秀清在军事上的角色也是无人能及，即使在卧病在床亦然。杨秀清运筹帷幄，决胜百里之外——他可能偶尔也会和洪秀全商量。他派出大军增援，试图营救受围的北伐军，结果无功而返。他批准收复武昌和进军湖南的军事行动，并在 1853 年协调各部进军安徽和江西两省。他知道位于南京下游八十公里处长江南岸的镇江乃扼通往天京和大运河的要冲，至关重要。因此，当官军倾巢而出，欲夺回镇江时，杨秀清调集兵力增援，并由身经百战的将领率军。太平军浴血苦战而大胜，不但解了镇江之围，也增强防卫能力。

部队精神还未养足，正在照护伤患之际，杨秀清断定，对聚集天京城东侧的官军大营发动攻击，此其时也。疲惫不堪的将领虽然大为不满，几乎要公开抗命，但还是凭着实战经验，趁敌之不备，连连直捣官军大营，结果大获全胜，一万多名官军被杀，彻底毁了官军大营，败军之将狂逃数十里才保住性命。官军统帅向荣自五年前的永安战役、桂平战役起就穷追太平军不舍，经此大败，心力交瘁，一倒不起！[15]

东王认为这些胜利乃是他权力的保证，他的野心也随之日炽。

天王称“万岁”，而杨秀清是“九千岁”，这乃天差地别，让杨秀清心中不平。杨秀清把最忠于天王的将领派以要务，即使军队元气还未完全恢复：石达开被派往西边的湖北省，秦日纲被派往江苏丹阳，北王韦昌辉被派往江西南昌。一等众将领带兵离开南京，杨秀清便告诉天王，他也想有“万岁”之衔。天王身边没有心腹将领，踌躇难决，便假意答应，建议以此盛事为两个月之后杨秀清祝寿。一面派出心腹密使暗中躲过杨秀清无所不在的耳目，分赴石达开、秦日纲、韦昌辉等处，命之立即返回天京，瓦解杨秀清的阴谋。[16]

说来也是机运弄人，此事后续发展竟以一个四处飘荡的爱尔兰人记载最详，他几乎不会读写，我们也不知其名。1856 年，这个爱尔兰人在镇江、南京待了几个月之后，向一个名叫雷诺兹（Reynolds）的船员说了他的见闻。雷诺兹此人熟悉中国，相信这个爱尔兰人讲的奇遇乃是真有其事。上海的那些阅历丰富的传教士也相信。[17]

一个爱尔兰人会在 1856 年出现在太平天国的根据地，由此可见时局之混乱。各国使节虽严守中立，但一些居无定所之人入太平军为天王效命，这却是禁无可禁。早在 1853 年，洋人就一直卖枪炮弹药给太平军，也为太平军卖命[18]。这些佣兵里头有“三名黑人”，可能来自印度，因为记载其为英国臣民，他们到了镇江参加太平军[19]。一些英国人还是冒险从事交易，牟取暴利，向各路反贼贩卖违禁品，譬如把火药粉登记为“中国鼻烟粉”，把艾菲尔德式（Enfield）步枪登记为“伞”[20]。连头脑简单之人也会玩这些花样，像是被“赫尔墨斯”号大副发现的那个英国人，以其“外貌呆头呆脑，不可能是战船上的人”而未受惩罚[21]。一名叫做“酒鬼”的美国人在广东招募了一小支外国佣兵，其中多是英国人，后来被英美出面联手禁止[22]。对英国的香港总督来讲，这些人不过是“一群非法支援外国革命的杀手，被遗弃的英王臣民，他们以加入爱国人士为由，烧杀掠夺，无所不为”。[23]

这种冒险不只吸引了英国人。法国船长德·普拉斯就把一名法国流浪汉关在“加西尼”号的铁笼里，他假称意大利人，说他看到一艘叫“挑战”号（Challenge）的美国船上有许多流浪汉，数目远超过中国水手[24]。有个人称安东尼（Antonie）或安东尼奥（Antonio）的意大利人早在1853年就参加了太平军。此人力气甚大，很让他得意的是一柄近十公斤的剑——他的绝招是在战场上倒地装死，当清兵靠近时跳将起来，取下清兵脑袋。他的洋人身份使他享有特殊待遇，太平军给他钱“去买他嗜好的鸦片和酒”[25]。镇江至少还有五个“马尼拉人”，留着长发，身穿中国服饰，以太平军的方式敬拜上帝。他们当的是刽子手，其中一人专门处死违犯太平律令的女犯[26]。

那爱尔兰人精通枪械，他并无固定为谁而战，他曾在上海和三合会反贼并肩作战，也曾为官军作战。后来官军夺回上海，他决定不留在上海，走陆路到了镇江。他既不懂汉语，翻译也少，便以下跪，饭前和安息日参加宗教仪式来向太平军首领表示忠诚[27]。安息日将至，则以大旗横挂街上预告之，即使不识汉文的洋人或是还弄不清楚西历的中国人都不会错过[28]。

这个爱尔兰人和从美国波士顿来的汤普森（Charles Thompson）在1856年4月到了镇江，此时围城刚告结束。爱尔兰人先是被派到大运河上去协助监督征集扬州的米粮。这份差事他做了整整一个月，身着本地服饰，估计有三万中国男女老少被征调来干活。征完扬州之后，便随太平军和一支百十来人的骑兵深入乡间，垒起临时工事。若到乡下征粮遇到官军，便可自保。他估计这种规模庞大的征粮能让镇江的太平军吃上两年。南京更是粮丰草足，可顶得了围城六年。[29]

5月，又有两个欧洲人加入。这四个洋人被派到秦日纲麾下，连续攻击镇江附近残余的官军营寨。太平军在镇江掳获大批军火和多门大炮，之后又得东王令，回防南京袭击官军大营。这些洋人在苦战之中记下太平军精妙的作战技术：太平军能迅速垒起防御工事；运用移动灵活的浮桥；在炮火下所展现的勇气；从官军营寨周围的房子收集可燃之物，围在营寨四周，点火困之，待官军逃出时将之击杀。爱尔兰人还提到太平军碰到“大型建筑”就毁掉它——这些建筑应是庙宇、富裕地主的家园或地方官员的衙门——但太平军对“属于穷人”的房屋却秋毫无犯,即使村民“闻军将至而尽逃”。爱尔兰人的波士顿朋友汤普森在交战时胸部受了重伤，虽经三名太平军医生救治，还是在十天后去世。汤普森在临死前“惊恐不安”，他告诉爱尔兰人，他宁肯在美国监狱中待三年，也不想在太平军里再待三个月。[30]

爱尔兰人证明了他的忠诚和干练，秦日纲召见了他和另一个新伙伴。秦日纲给他们马匹供其使用，给了到南京的路条。这表示他们地位有所上升，自是欣然接受，到了天京之后，经过仔细盘查，又等了几个时辰，才获准进入南京城。他们在城里又见了秦日纲及副将胡以晃，两人曾受洪秀全封“王”，但不久即被杨秀清废黜。这两个洋人又被上上下下搜了一遍，以防暗藏武器，然后被带去谒见东王杨秀清。他们不会讲汉语，就只能用眼睛看。在场的人都在东王面前下跪，念一段祷辞，而且杨秀清那三岁和七岁的儿子也在屋中时，众人都要下跪，有时下跪竟达十分钟之久。[31]

1856年夏天，爱尔兰人找到一个住在南京、会讲英语的翻译，一个“以前在广州做过木匠”的中国人，因此当杨秀清第二次召见这两人时，谈话的时间增长了。这个爱尔兰人只以“第二号人物”来称杨秀清：

> 翌晨六点钟左右，我们被召到第二号人物跟前，他问我们是怎样打仗的，他似乎以为我们只用拳头打。我们就打给他看，我们可以用剑和火器；他就递给我们一根棍子，我们尽所能做了攻守动作。我们告诉他用拳打只是在喝醉的时候。我们为了表达我们的意思，就拿起杯子装作喝醉。他让我们打了一点拳术，这逗乐了第二号人物，他大笑起来。他们带来一支英国手枪叫我们打，在距离五十码外的墙上贴了一张纸，我打到了纸的中央。我在瞄准的时候，第二号人物站在我的后面，我用武器的时候，他似乎有些不安。
>
> 他环顾宽大的宫殿，问我们，家乡的君主是否有这等宫殿，我们当然回答“没有”！[32]

这爱尔兰人觉得杨秀清这人不乏魅力，“他早起晚睡，看起来政务繁忙。他长相尊贵，面容可亲，态度和蔼”。[33]

东王让他们住在其妻舅家中，相当舒适，距东王府不到二十公尺。这两个洋人虽很想活动活动，但在接下来的三个月里却什么也不能做。有时他们把自己会唱的歌拿来哼哼，借此消磨时光，杨秀清的妻舅闻之觉得有趣，便给他们酒喝。虽有明令禁止饮酒，但他藏在府中，喜欢小斟一番。但这爱尔兰人自陈大部分时间都没事做，只“在城里走走，视情势许可自娱自乐”。令他们吃惊的是，妇女似乎可以自由走动，至少在搬砖石、木材、大米这些活的时候可如此。并非所有娱乐都被禁止，他们有两次看到“有纸龙和百兽排成长列”。[34]

在城里不准做生意，但这两个洋人注意到，太平军似乎很喜欢西洋货——八音盒、手套、雨伞、钟表——这些东西“几乎每条街”上都有卖。还有卖手枪的，这两个洋人不但能买到剑，而且能买到“第纳阿达姆式手枪”（Deane and Adam's revolver）[35]。按理说，王府外应该会挂着雕饰，以保护这个贵人的宫殿，但却是两件最新式的西洋火器放在门前，这是“两座威武的铜铸十二磅炮弹装平射炮，上面标明 1855 年马萨诸塞州造，炮架是以美国橡木所制”，两门炮完好无损，下面安有“古塔胶缓震垫”，炮塞“系在炮口”。这两门炮原是官军购置，用于镇压上海三合会的叛乱，后转交南京城外的官军大营，如今被拖到天京，安置在这个尊贵之地。[36]

这两个洋人不知哪儿雇到一名能讲葡萄牙语和英语的中国“男仆”，这样他们要上哪儿更方便了，对这座城市也更熟[37]。在这段期间，把这个爱尔兰人找来的秦日纲等人另有军务在身，被杨秀清派往外地，所以爱尔兰人对于充斥身旁的阴谋险恶毫无所知。我们是从太平天国的文献中得知（而非从洋人处得知），东王最后两次以上帝名义发布圣旨是在1856年8月15日，内容简短，用语恼怒，倒是与以前大不相同。第一次是在黎明时分：“秦日纲帮妖，陈承瑢帮妖，放烧烧朕城了矣，未有救矣。”第二次是中午时分：“朝内诸臣不得力，未齐敬拜帝真神。”[38]

这种沮丧的呼号是因秦日纲与陈承瑢大败而发，还是杨秀清无所不在的密探已获悉诸将应天王急召，奔赴天京，或只是一种预感，察觉自己的计谋将要败露，他大劫难逃而发？我们如今已无法断定，但这爱尔兰佣兵却给后人留下一幅图像，较为温和却令人难以忘怀：“我们最后一次看到他（杨秀清），他正在公开训斥约三千名广东人……他们全跪在地上。我们听说他们不愿出去打仗。”[39]

1856年9月1日午夜，北王韦昌辉率约三千名老兵抵南京，他已把江西战役的指挥权交给下属。秦日纲因离天京较近，此时已在城内，他随身带着精兵，是从夏天在镇江和南京城外战役中大获全胜的部队里精心挑出来的。秦日纲向洪秀全的妻弟赖汉英及胡以晃了解了状况，又和洪秀全稍稍谈过之后，决定不等石达开，抢在杨秀清集结城内六千多名忠于他的部队之前下手。于是，部队在曾饱受羞辱的北王率领之下突袭东王府，杨秀清还没来得及逃进为应付紧急事变的“空墙”，便遭斩杀。秦日纲、韦昌辉之前答应洪秀全，只杀杨秀清一人，如今所部不顾于此，见人就杀，无分男女、官位、老幼或职业。杨秀清的首级被割下来，挂在街心的一根木杆上。[40]

凌晨四时许，睡在东王府附近的这名爱尔兰人和朋友被炮火声惊醒，两人马上奔到临街的大门口，街上布满了秦日纲、韦昌辉的手下，他们不让这两个人出门。两人等到天亮才能前往东王府，发现街上尸体横陈——“尽是第二号人物的亲兵、属官、乐师、书吏和仆役”——军队大肆搜刮杨府，不到几个时辰就“洗劫一空”。[41]

对洪秀全来说（对韦昌辉、秦日纲等人亦然），眼前的问题是如何处置六千余名东王余党，其中有许多人都是在紫荆山就入教，遍布南京各处。他们一直是忠诚的拜上帝会众，为时至少有五年以上，但是他们到底效忠的是杨秀清，还是洪秀全，这点并不清楚。可以冒险留待日后考察其行止，也可以来个一不做二不休。洪秀全在与北王等将领商量之后，决定不冒这个险。他们的计谋很阴毒，也很有效。天王颁布诏书，用语愤怒，斥责将杨府上下赶尽杀绝的血腥行径，锁拿北王韦昌辉、秦日纲，令之跪在天王府宫门前。天王府的宫女贴出一份长逾两米的黄绸，以朱砂书写，判两人受五百大杖，这种酷刑当年在紫荆山是用来处置叛徒的。天王府的女官在府门前厉声宣读天王旨意，有些人在旁聆听，但有些东王余党则凑上前来看。东王余党都被请来看北王受刑，地点设在天王府内。出入东王府向来不得带兵刃，所以这次人人也把武器留在门外，坐在中庭两侧的长形大厅里。韦秦两人跪在天王府的外院，刑杖开始落在他们身上，东王余党蜂拥上前，争相观看。等到东王余党差不多到了，大小院门一齐关闭，杖击也停止。杨秀清的余党落入圈套，有如瓮中之鳖。

那两个西洋佣兵与守卫天王府前门的守卫在一起。这个爱尔兰人后来叙述：

> 次日清晨，关押东王余党的大厅门窗打开，一些炸药包

> 扔向被押的人群，而出口则守得滴水不漏。兵丁进了其中一座大厅，把被押者杀光，没遇到什么反抗。但在另一座大厅，被押者用厅墙和隔墙上的砖块拼死抵抗了六个多小时才被歼灭。屠杀者除了用火枪之外，还丢了一枚两磅重的葡萄弹——这些可怜虫把上身的衣服扒掉，许多人是力竭而死。最后，第五位和第七位（韦昌辉和秦日纲）为了让手下与第二号人物的人有所区别，命之挽起右袖，然后冲进去把还活着的人杀掉——过了一会儿，我们走进大厅，天啊！真是惨不忍睹，有些地方尸体堆了五六人高，有的人吊死，有的被扔进来的炸药包炸焦了——尸体全给搬到一块空地上，任由曝晒——之后，全城每户户主都得上报，屋里住着多少男女老少，每个人都领了一枚小牌（刻有印记）戴在胸前，如果发现第二号的人就抓起来——这些人被五人一队、十人一队、百人一队、千人一队地押到刑场砍头，妇孺也不能幸免，持续了好几个星期。所有吃过第二号人物茶饭的人都遭了殃。[42]

韦昌辉和秦日纲杀人杀到这个地步，却还不满足，杀戮又持续了三个月，死了好几千人，其中包括全部五百名东王府从前的宫女和女佣[43]。

翼王石达开从武昌附近赶回南京，路程比韦昌辉和秦日纲远得多。他在10月初抵达天京，途中就已得知这场匪夷所思的大屠杀。石达开义愤填膺，见了北王韦昌辉，当面指责他诛杀太甚，这等行径会帮了官军。韦昌辉大怒，说石达开可能是杨秀清一边的人，甚或已叛降了朝廷。石达开得友朋警告，说他也可能被暗杀，且城门紧闭，将不利于他，于是石达开在入城当天就縋城而出。当天深夜，韦昌辉和秦日纲包围了翼王府，破门而入，发现石达开已经逃了，就把他的妻子随从全数杀掉。[44]

石达开西行溯江而上，召集了忠于他的部队、心怀不满的将领所部，还有三合会各路人马。石达开年纪虽轻，但却是太平天国诸将之中最得军心的，有本事号令近十万大军。石达开得此大军为后盾，又有长江交通之便，便重返天京，告诉天王，只有看到韦昌辉和秦日纲的人头才能让他称心。北王韦昌辉得讯便派秦日纲前去阻击石达开部队推进，并将古报恩寺炸毁，以防石达开得此制高点，炮轰天京。韦昌辉还图谋囚禁洪秀全，但计谋还没得逞，洪秀全就让亲兵杀了韦昌辉，把韦昌辉的人头送给石达开。不久，秦日纲也被诱骗回城处死[45]。这并不能挽回石达开家人密友的性命，但至少还可堪告慰。1856 年 12 月，石达开再入天京，受到英雄凯旋般的欢迎，场面壮观庄严。

石达开重返天京之时，爱尔兰人和伙伴决定离开。他们已经看够了。“我们发现一切都乱七八糟，斩首变成家常便饭，我们想最好还是听由这些反贼自己去搞吧。”[46]这两个佣兵着中国服装，走了十天到达上海，一路上颇为惊险，又是坐手推车，又是徒步，又是租船，当地农民有的帮他们，有的也骗他们。到了上海，他们发现日期居然只是 1856 年 12 月 20 日，让他们想糊涂了。他们经历扭曲了他们的时间感：“我们完全弄不清楚日期，我们还以为应该是 1857 年 2 月份呢。”[47]

注释

1 《天父圣旨》，15 页，日期为太平历五年（即 1855 年）三月十九日；克拉克和格里戈利《西方人关于太平天国的报道文选》，187 页。译注：男女别营禁令正式废止应是在 1855 年 8 月 24 日，杨秀清在此日称天父于其梦中降首："秀清，尔好铺排尔一班小弟、小妹团聚成家，排得定定迭迭，我天父自有分排也。"

2 《太平叛乱》，422 页，据向达等人编《太平天国资料丛刊》卷三，191 页改写而成；《天父圣旨》，16 页，日期为太平五年六月十七日。

3 见《天父圣旨》中的七个例子，日期为太平四年八月二十四日，四年十二月十三日，五年二月十三日，五年六月七日，五年六月十七日，五年八月十七日，及五年十一月二日。

4 这些过程可参见《天父圣旨》，20—24b 页，日期为太平五年七月十九日，以及 32b—33 页，日期为太平六年三月五日。

5 见《天父圣旨》，25b—27b 页，日期为太平五年八月二十六日；克拉克和格里戈利《西方人关于太平天国的报道文选》，196 页，记载了一个洪秀全亲赴东王府的例子。

6 《天父圣旨》，26b 页，日期为太平五年八月二十六日。

7 同上，31b 页，日期太平五年九月五日。

8 同上，29 页，日期为太平五年八月二十七日，称上帝为"天公"。译注：上帝欲治杨秀清罪，秀清之子放声大哭，匍匐至天父前跪伏，哭曰："天阿公开恩，留阿爷理天事，小子愿代阿爷罪也。"

9 见郭廷以《太平天国史事日志》附录，21 页，1854 年他们的王号是"燕王"和"豫王"；《天父圣旨》，14 页，日期为太平四年十二月十三日；简又文《太平天国革命运动》，292 页，取消两个王号。

10 《天父圣旨》，14b—15 页，日期为太平五年二月十三日。

11 《太平叛乱》，385—386 页，李玉松案件；关于惩罚，见张汝南《金陵省难纪略》，716 页。

12 《太平叛乱》，393—394 页，李奉先案件。

13 《天父圣旨》，16—19 页，日期为太平五年六月二十八日，记录了四个类似的案例。

14 同上，19—20 页，日期为太平五年六月三十日。

15 简又文《太平天国革命运动》，278—286 页；克拉克和格里戈利《西方人关于太平天国的报道文选》，181—185 页。

16 简又文《太平天国革命运动》，290—291 页；柯温《太平起义：李秀成自述》，86 页。

17 柯温《太平起义：李秀成自述》，198 页；克拉克和格里戈利《西方人关于太平天国的报道文选》，180 页；麦高文在给 1857 年 4 月 25 日《北华捷报》所写的一篇文章中，给这个人起了个绰号叫"肯能"(Canny)，但并没有怀疑他描述的准确性。文翰在写给 1857 年 1 月 2 日《北华捷报》的早期信件中，也说"没有理由怀疑”这位爱尔兰人经历的“准确性”。整篇报道分印在 1857 年《中国的陆上朋友》连续三期上：1 月 15 日，1 号，1 页；1 月 21 日，2 号，10 页；1 月 30 日，3 号，增刊。这些将分别以# 1、# 2、# 3 引用。我特别感谢尼克拉斯·史宾斯（Nicholas Spence）帮我取得这些文件的复印件。时报版编注：据载，参与者应有两个欧洲人，其中口述者可能为肯能（Canny），此人在镇江投入太平军，随秦日纲参加天京事变，后在安徽离开太平军返回上海。雷诺兹所记的这份资料于 1857 年 1 月 15 日、21 日、30 日在香港《中国之友》（*Overland Friend of China*）连载。

18 J.Y. 王《1839—1860 年间的中英关系：英国外交部档案中的中文文件一览表》，228—229 页，第 26 件。

19 格里戈利《大不列颠和太平军》，208 页，引用麦勒西 1854 年 6 月 24 日记录；另一个“黑人”在 1853 年加入太平军，此事在克拉克和格里戈利的《西方人关于太平天国的报道文选》，182 页提及。

20 格里戈利《大不列颠和太平军》，34 页。

21 克拉克和格里戈利《西方人关于太平天国的报道文选》，82 页；引用威廉斯 1853 年 6 月 30 日记录。

22 格里戈利《大不列颠和太平军》，35 页；魏斐德《大门口的陌生人：1839—1861 年间华南的社会骚动》，147 页。

23 包令 1855 年 1 月 25 日写给克拉兰顿（Clarendon）的信，引用于格里戈利《大不列颠和太平军》，215 页注 12。

24 默西埃《1851—1854 年中国海域的“剿匪”战役》，225、284 页。

25 克拉克和格里戈利《西方人关于太平天国的报道文选》，181、186 页。

26 克拉克和格里戈利《西方人关于太平天国的报道文选》，182 页。

27 《中国的陆上朋友》，# 1；克拉克和格里戈利《西方人关于太平天国的报道文选》，181 页。

28 《中国的陆上朋友》，# 1；克拉克和格里戈利《西方人关于太平天国的报道文选》，182 页。

29 克拉克和格里戈利《西方人关于太平天国的报道文选》，183、185、189 页。

30 同上，184—185 页。

31 同上，186—187 页。

32 《中国的陆上朋友》，# 2；克拉克和格里戈利《西方人关于太平天国的报道文选》，187 页。

33 《中国的陆上朋友》，# 3；克拉克和格里戈利《西方人关于太平天国的报道文选》，196 页。

34 克拉克和格里戈利《西方人关于太平天国的报道文选》，187—188、199 页。

35 同上，195、199 页。

36 同上，196 页；《中国的陆上朋友》，# 3。

37 克拉克和格里戈利《西方人关于太平天国的报道文选》，193 页。

38 《天父圣旨》，34 页，日期为太平六年七月九日。

39 《中国的陆上朋友》，＃ 2；克拉克和格里戈利《西方人关于太平天国的报道文选》，188 页。

40 简又文《太平天国革命运动》，294—295 页；柯温《太平起义：李秀成自述》，86、196—198 页。我同意简又文关于李秀成的说法，秦日纲也参与其中，而不赞同郭廷以的说法；见柯温《太平起义：李秀成自述》，89 页、209 页注释。

41 克拉克和格里戈利《西方人关于太平天国的报道文选》，189 页。

42 《中国的陆上朋友》，＃ 2；克拉克和格里戈利《西方人关于太平天国的报道文选》，190-191 页。

43 《中国的陆上朋友》，＃ 2、＃ 3，其中记载被砍头的妇女达五百人，而杨秀清部下遭杀戮的达四万人之多，这个数字骇人听闻，也不大属实；克拉克和格里戈利《西方人关于太平天国的报道文选》，190—192、196 页。

44 简又文《太平天国革命运动》，299—300 页；克拉克和格里戈利《西方人关于太平天国的报道文选》，191 页；柯温《太平起义：李秀成自述》，86—87、198 页。

45 克拉克和格里戈利《西方人关于太平天国的报道文选》，193 页，记录了秦日纲离开长江军营。

46 《中国的陆上朋友》，＃ 2；克拉克和格里戈利《西方人关于太平天国的报道文选》，195 页。

47 《中国的陆上朋友》，＃ 3；克拉克和格里戈利《西方人关于太平天国的报道文选》，195 页。

第十七章　家　党

杨秀清虽死，但洪秀全无一刻不公开尊他。太平天国发布的敕令中，还是将杨秀清当作上帝的代言人和劝慰师，也常称东王封号。杨秀清有个弟弟逃过一劫，如今备受尊荣，位列王侯。[1]杨秀清的儿子都遭杀害，但为了保全杨家香火，洪秀全把次子天佑过继给东王做养子。洪秀全还指定太子天贵为耶稣的养子，这样耶稣在天上凡间便都能延续香火。[2]

西王萧朝贵有两个儿子还在人世，也身列上帝之孙。由于萧朝贵娶了天王的堂妹，所以被封为“天甥”。因此，萧朝贵的儿子就成了耶稣和洪秀全的外甥，上帝的孙子。由于萧朝贵英勇捐躯，所以在洪秀全发布的正式文告中，这两个上帝的孙儿名列天家之首。[3]

在1856年的腥风血雨之后，浮现了信心与信任危机，洪秀全除了以孩子和死者构建一个由婚姻和上帝后裔所组成的核心亲属圈子之外，也回头去找家族中的成年人寻求安慰和支持。他觉得最信得过的是自己的两个哥哥：洪仁发和洪仁达。1850年，他们携家带眷，冒险从官禄㘵来到紫荆山团聚，此后便支持洪秀全，忠心耿耿。

当初的五位封王，如今只有石达开一人还活着，洪秀全便再次封王，加封自己的两个哥哥来填补空缺。洪仁发封为“安王”，洪仁达为“福王”。为了不让石达开感觉委屈，洪秀全又将石达开从“翼王”升为“义王”——因为“翼王”封号与最早加封的东、西、南、北四王相比，总有些贬意。石达开竟然拒绝受封，令洪秀全颇感为难，于是又想了一种两全其美的办法：石达开仍称“翼王”，但洪秀全又加封他为“圣神风”，地位堪与昔日的杨秀清相比，而洪仁发、洪仁达自成一格，地位仅次于原有诸王之下。[4]

折中之计，无人欢喜。石达开认为洪仁发、仁达不堪重任却享有大权，心中不平。而洪仁发、仁达则把石达开当作旧势力的残余而怨之，想尽办法来削弱他的权力。石达开在1857年有近半年的时间算是管着南京一带，但如此掌权却是孤独的，他的家人都已不在，据说他一人独居，不接受口信，凡事都以文书请示。他在晚上批示，翌晨再由侍从将之张贴在王府外墙上。[5]李秀成对这段期间南京的情况知之甚详，他后来回忆：“翼王回京，合朝同举他提理政务，众人欢悦，主有不乐心，专用（他的哥哥）安、福两王……主用二人，朝中之人甚不欢悦。此人又无才情，又无算计，一味古执，认实天情，与我天王一样之意见不差。”据李秀成所述，石达开之所以被迫离京出走，就是洪仁发、仁达的“猜忌和挟制”，致使“朝中无人掌管”。[6]

1857年夏天，石达开平和离开南京，带走了最忠于他的部队。石达开并没有明言他对洪秀全的两位兄长有何反感，而他对天王的忠诚似乎也未受这两人作为所影响。石达开沿途张贴布告，称他离京乃是想继续西征，扩展太平天国势力，以“勉报主恩仁”。石达开对于他离开的真正原因含糊其辞，这看在知道前因后果的人眼里，自是心里雪亮，但其他人可就不明就里了：

> 真天命太平天国圣神电通军主将翼王石：
> 自恨无才智　天国愧荷恩
> 惟矢忠贞志　区区一片心
> 上可对皇天　下可质古人
> 去岁遭祸乱　狼狈赶回京
> 自谓此愚忠　定蒙圣君明
> 万事有不然　诏旨降频仍
> 重重生疑忌　一笔难尽陈
> 用是自奋励　出师再表真
> 力酬上帝徒　勉报主恩仁[7]

石达开一去不返，洪秀全立陷困顿，用李秀成的话来讲，就是“人心改变，政事不一，各有一心。主上信任不专，因东、北、翼三王弄怕，故未肯信外臣，专信同姓之重”[8]。

然而官军却未能利用太平天国的内在缺陷。官军围困南京的大营已毁于1856年的战役，士气低落，粮饷不足，而且又有二事分其心力：一是捻匪在华北势力滋长，切断了朝廷与南方的交通线，使得官军几乎无法协调进攻天京；一是朝廷因洋商长住广州，对外国商品的关税以及外交使节常驻北京等问题，而与英国有再启战端之势。捻匪使朝廷无法仰赖大运河来向北方补给，英国海军也从海上切断了南北的交通干线，使得华南、华中的地方将领只得自定策略，来对付太平天国。[9]

从咸丰内务府的财政记录来看，朝廷竟然如此困窘，实为不可思议：丝绸瓷器应是皇家荣耀象征，如今停止订购；取消给满洲储备旗兵及其家庭婚葬事宜的补助；熔化“金钟”——其成分只有十分之三的金，另有二分之一的银、五分之一的铜——制成一百四十克至四百二十五克重的小金锭，以之购买粮食和必需供应品；熔化铜制祭器和佛像来铸铜钱。朝廷还强令官员按爵位和官秩捐助，若干衙门裁减冗员以节省俸禄开支，取消修缮宫廷建筑的专案。[10] 到了1857年，连一些正黄旗的家庭也近乎挨饿，每月只有几公斤的救济粮。皇帝允许旗兵自立钱庄粮仓，想以此庇护这些武将免受物价狂涨的影响。[11] 即使如此，官军也仍有可能一举敉平太平军的，但官军却不断重申，凡是掳获在广西时即加入太平军的老长毛，就地处死，绝不宽宥，那些太平军将士就算对天王有二心，也不想坐以待毙[12]。

李秀成心里觉得被洪秀全“专信”的“族人”不只有洪仁发、洪仁达，洪秀全的妹妹，正宫赖氏的族人，还包括洪秀全大哥的八个儿子和二哥的两个儿子。洪秀全除了有两个儿子过继给耶稣和杨秀清为养子之外，另有两个年幼的儿子和八个女儿，系由洪秀全各个小妾所生，有些小妾已成婚——不过有几门婚事是幼时就已订了，成婚时还未成年，也没有与丈夫同住[13]。还有数十名来自官禄㘵及粤桂等地的洪家子侄，其中有不少是在太平天国起事之初，就长途跋涉来到紫荆山的，有些则是后来官军到洪秀全老家毁洪氏宗祠、祖坟，捉拿、敲诈洪氏族人时被迫出走的。从 1856 年、1857 年开始，洪秀全新编了《洪氏宗谱》，封之以尊衔。[14]

洪秀全在规定高官所能拥有的妻妾一事，倒是颇为宽宏：东王、西王各可拥有十一名（这是他们实际拥有，还是死后才有的荣耀则不得而知）；其他封王和洪秀全的兄长可有六个；高官可有三个，中级官员两个，小吏和一般人一个。有些人可能对这套规定感到失望，洪秀全的解释是："别生嫉。天父造亚当，使他与夏娃联结，一夫一妻，这原本是然。"但之后上帝和耶稣降临谕世时，"恩准朕多娶妻妾"。夫妻同房禁令在 1855 年撤销后，对于娶纳不合其身份者，亦不溯及既往："此谕前，多娶不合规定者（或纳妾者），朕不往究矣。"[15]

东王对于天王府中事务多所干预，如今东王已死，天王可照自己的意思来管这个由宫女组成的大家庭了。天王府位于南京城中心，自成一体。在紫禁城里，服侍皇帝妃嫔、处理日常杂务的是太监，没有去势的男子严禁入宫，只能在外宫署理衙务、戍卫皇宫。太平天国没有太监，因此，天王内宫全由女性在洪秀全监督下任事。宫中女性近两千人，主要分为三类：女官、女侍从和洪秀全家中女眷，包括洪秀全的母亲、岳母、正宫赖氏以及洪秀全在从紫荆山到天京漫漫途中迎娶的众多妃嫔。根据天贵的说法，洪秀全在南京的嫔妃有八十八名之多。[16]

1857 年，按虚岁的算法，洪秀全的儿子天贵已九岁了，洪秀全认为他已不能住在内宫了，于是就给他娶了四名妻子，将之送到外宫去住，甚至禁止他看望母亲和妹妹。有时天贵思母心切，便趁父亲朝务繁忙，溜回内宫看望[17]。洪秀全对子女的举止立了严格规范，要他们牢记在心：男孩四岁就不准与姐姐过于亲密；七岁就不能与母亲或其他妃嫔同床；必须距离姊妹三米以上；要学会自己洗澡；到了九岁，甚至连祖母、外祖母也不能看望。而姊妹也必须和他们分开：女孩五岁之后就不能再碰弟兄；九岁之后就须终日与女性为伴，连弟弟也不能见。[18]

洪秀全把儿子天贵"逐"出伊甸园式的内宫后，又给宫中各个等级的女性定下规章。这些规章琐碎而细密，散见于五百首洪秀全所作的叨絮诗文之中[19]。在宫中不准哭泣，不准愁眉苦脸，不准如狗吠一般尖叫怒吼，不准嫉妒[20]。人人各司其职，便秩序井然[21]。未经批准，不得擅自活动，铜锣一响就要点名应卯。夜里宫门要上锁，守夜则四处巡逻[22]。虽然报时打更须用锣鼓，但任何巨响或骤起之噪音都会让洪秀全心神不宁，故他自是不喜锣鼓。但洪秀全却喜欢听管风琴圆润悠长的声音，他在南京见到一架，便送进宫中，风琴不用时，他还要上锁[23]。洪秀全最喜欢的还是古琴那种柔和哀怨，对他来讲，这乃是太平天国景象升平之声；宫中每至黄昏便奏琴，至午夜方歇，宫女闲暇无事时，都要学着弹琴[24]。

在洪秀全的宫中，事事皆须清爽整洁，以免有火灾疫病之虞。宫中曾有过麻风病，使人"脸肿、变黑、身体腐烂、肮脏不堪"。宫中不得堆积垃圾；每次轮班都要清理痰盂；不得让飞虫接近洪秀全，尤其是在晚上。两个宫女用扇子为他驱赶飞虫，一个扇头、一个扇脚；扇子须离洪秀全一个手掌以上，不得碰到他[25]。浴室则是另一个纤尘不染、井然有序之处，女性若非当班，都不得进浴室；

若要使用，都得登记，俱道实情，不能隐瞒[26]。

洪秀全入浴时，宫女总是准备四条香气浓郁的干净浴巾，以丝制成，有黄有白，若是天气寒冷，浴巾还要热过。他的手帕、汗巾、面巾、须罩总是干干净净，定期更换[27]。一组侍奴负责清理他的上半身，另一组则照顾他的下半身。有给他剪胡子，有给他梳头束发，有给他擦鼻子，有给他整理脚和下体，有的给他细心清洗“肚脐附近”部位[28]。两个侍女每天清晨负责为他穿衣，可以站在他面前，面对着他，但是目光不能高过他的肩膀，更不能直视他，其他宫女亦然[29]。她们给他穿外袍，想法子套上衣袖，再把绣了花的领子抚平，但是绝不能碰他的脖子。宫女要从背后给他戴上帽子，帽子须端正[30]。

宫中女性一起床就要漱口，以保持清新宜人的气息，她们还要细心清洗眼圈[31]。她们的手也要保持干净。绝不可修拔眉发，不能穿奇装异服，不能缠足，但头发须梳理整齐，戴正发髻，衣衫鲜亮整洁，佩带饰花[32]。一如洪秀全所言，漂亮并不重要，耶稣或天父何时嫌过丑女？梳妆整洁才是要紧[33]。

洪秀全若在御花园走动，无分昼夜，侍女要注意他的衣服够不够暖，甚至要搀扶他走稳。洪秀全若想乘车舆游园，欣赏花鸟，她们就得拉着华丽的御辇，时刻小心颠簸，轻步慢行，保持距离，还要记得车头向左转时，同时要拉车尾向右转。[34]

洪秀全严禁宫女和他自己的孩子看儒书。杨秀清死前转达的上帝旨意没能动摇洪秀全，他把儒家古籍一概视作“妖孽之言”[35]。但是宫女每天在当差时或当差后要一起轮流诵读《圣经》和洪秀全的诗文：一天读一章《旧约》，然后读些诗文，第二天读一章《新约》。

读经时须特别注意人名地名，人名以单线标出，地名以双线标出。若是念到人名地名,每个人都大声读出,以确定发音准确无误。此外，每个安息日都要诵读十款天条。不按规定读经者，就会被告到洪秀全那儿，受到严厉处罚[36]。这些女子在每天的晨会上都要大声唱诵洪秀全的诗文，熟而记之。她们若是真心欣赏洪秀全的诗，也就不用去避讳[37]。

南京的夜晚长而冷，天王龙体康泰自为众人所瞩。她们仔细铺地毯、被子，安置火盆让他保暖，还给他吃人参鹿茸以增强体力；她们还给他按摩头脚、足踝、胳膊、膝盖，以解除身体疲劳[38]。在那最不可与外人道的事情上，洪秀全也不对女侍明言，只是特别赞扬祝福那些“救亮”的妃嫔：

> 真会救亮脱鬼迷，真会救亮是真妻。
> 真会救亮好心肠，真会救亮识道理。[39]

这些救亮者是女侍中的“最贵”者，是真“娘娘”或“贵妃”，她们可望得到“高封”[40]。

洪秀全在天王府中一言既出，都有无上权威，在女侍眼中，洪秀全永不犯错，正如上帝不会错待儿媳，耶稣不会错待弟媳。天父、天兄、天王威严神武，阎罗妖及其爪牙在他们面前就成了“低头钻地龟”[41]。洪秀全说宫中没有“暗角暗打人”之事，但这并不意味着在他那些卑躬屈膝的侍从之间没有恐惧和暴力。宫女知道，如果洪秀全大发脾气，她们也不能怪他[42]。一点芝麻小事都会让他火冒三丈，比如扇子扇错了地方，热巾送得迟些等等[43]。要是有人同样的错误犯了两次，就会被视为“惯于忤逆者”，杖击是最常见的处罚——挨打的人要面露欢悦，甚至在板杖落下时还要盛赞天王——要是这女子拒绝认错的话，那么就会以死刑来惩罚，会先将她带去焚香沐浴，再带到后花园的内院用大刀砍死[44]。正如洪秀全直言：“尔不顾主有人顾。”[45]

洪秀全不仅要照看死者、生者和天父之间的关系，他本人及其尘世亲属、亲属之间的关系，以及他自己与宫中女性之间的关系，而且他还要留意他身为上帝次子与《圣经》经文之间的关系。太平天国首领声称他们与上帝、耶稣之间有私人关系，麦勒西船长（Captain Merllersh）曾斥为无稽，东王以此而论《圣经》新、旧约多有讹误，需要修订；即使宫女日日唱诵《圣经》，但洪秀全仍须把全部心力放在调和通行之经文与东王看法之间的扞格上。

要从哪儿着手呢？洪秀全决定从《创世记》开始，并将重点放在两类他能明指并加以纠正的“错误”上头。一类错误关乎上帝的降凡；另一类涉及有违太平天国信念的家系成员关系，而这必是妖魔从中作梗之故[46]。洪秀全曾多次告诫女侍，妖魔胆大妄为，有时竟敢乔装为天父皇上帝或天兄耶稣，连洪秀全也被骗过，天王底下的臣属那就更不用说了[47]。

太平天国的理念融汇了洪秀全、杨秀清和萧朝贵的想法，三者相互交织，缺一不可。要修改《圣经》中有关上帝下凡降世之处，只消改动词句，变换强调之处即可。如旧版《创世记》第1章第26节称“上帝说，让我们造人”，经过洪秀全修改之后成了“上帝说，我要造人”[48]。旧版《创世记》第12章第13节有亚伯拉罕要求妻子撒莱保护他不受法老之害，洪秀全将之改成了亚伯拉罕要求“吾祖之灵”来保护。旧版《创世记》第19章第1节有“那两个天使晚上来到所多玛”，洪秀全的修改更直接，他写作“真上帝来到琐顿”，而在第13节、15节、16节，上帝代替了天使，直接驾临尘世行事。[49]在一些地方还插进旧版《圣经》所无的“大哥”、“小弟”之类的词，以加强家庭的亲密感[50]。更大胆的是，耶稣居然以“上帝长子”（为洪秀全作为次子余留空间）的身份写进《旧约》之中，且是个剑及履及的人。洪秀全让耶稣出现在《旧约》中还有一个例子，是在《出埃及记》的第4章第24节、25节，摩西在返回埃及途中，妻子西坡拉给儿子革舜作了割礼。在洪秀全的版本里头，耶稣当时也在场[51]。

挪亚和三个儿子的故事，某些情节也颇令洪秀全伤脑筋。洪秀全认为挪亚醉酒一事是问题所在，他不得不作修改。1843年，洪秀全读了梁发所述洪水一节。梁发只说方舟还浮沉于浪涛之中，没说舟中所载之人畜是否安全着陆。如今，《创世记》第9章告诉了急于评注《圣经》的洪秀全有关挪亚的着陆以及与上帝立约的下文，而且还这么继续下去：

（20节）挪亚始为农夫，树葡萄园。

（21节）饮其汁而醉，裸于幕内。

（22节）迦南之父含，见父裸，语二昆弟于外。

（23节）闪与雅弗取衣仔肩，反走于前，盖父之裸，首不回顾，不见父裸。

（24 节）挪亚醉而醒，始知稚子所为。

（25 节）曰："迦南必受诅，必为仆辈之奴，以事其昆弟。"

关于挪亚做农夫和种葡萄诸事，洪秀全决定保留不做删节，因为中文译本中对于田园劳作的叙述似乎并无贬意，但是第 21 节关于醉酒和露身两处必须修改。洪秀全将之替换成："累极，挪亚睡时从床上翻落跌地。"这样，第 22 节就可解释为挪亚是因从床上掉下来而露体。上帝所爱的人竟能醉得不省人事，连私处也给三个儿子看到，这在禁绝饮酒、抽鸦片的太平天国里就被悄然抹去了。洪秀全又将第 24 节"挪亚醉而醒"删去，代之以"挪亚睡醒了"，修改至此也就没有破绽了。[52]

洪秀全处理挪亚的故事，其手法与处理罗德一节如出一辙，把《圣经》人物身上那些不道德和行为失当的地方给删去。罗德的叔叔是亚伯拉罕，亚伯拉罕之子是以撒，以撒之子是雅各，雅各之子是犹大，洪秀全便进入一个特定的家族世系。因为《马太福音》开章便称耶稣是这四人的直系后裔。这个世系经耶西、大卫、所罗门传至约瑟，约瑟是耶稣之母马利亚的丈夫。洪秀全既是耶稣之弟、幼主天贵之父，显然需要让他在《旧约》中的那些祖先成为道德模范。在洪秀全看来，亚伯拉罕和以撒的问题不大，但这两人也有令洪秀全不安之处，因为他们曾对基拉耳王亚比米勒撒谎，说他们美丽的妻子——撒拉和利百加——其实是他们的姐妹。亚伯拉罕和以撒都怕亚比米勒若想夺其妻，可能会杀死他俩。但是就因为他们撒谎，不仅差点让妻子失身，还让上帝对亚比米勒大怒。洪秀全巧手天工，重新编写了这些情节，让这两位祖先脱罪，而把过错归于妻子或其他的中间人。[53]

对洪秀全而言，处理雅各更麻烦，上帝曾亲赐此人以色列之名。旧版《圣经》写得清清楚楚，雅各先是不顾手足之情，夺取哥哥以扫的长子名分，后来又得母亲之助，欺骗垂死的父亲以撒，受了父亲原想给以扫的祝福。这个情形太过不道德，洪秀全觉得细微的改动不足以掩饰，干脆重写了《创世记》第25章第31至34节，以及27章的大部分。

经过洪秀全的修改，家庭价值仍予保全，也不见有人撒大谎。雅各没让以扫“出卖”长子身份，好换取食物糊口。雅各反而是尊敬兄长，以弟弟的身份说了一小段话，要尊重以扫的长子身份，然后同意与以扫“共享”长子身份，来交换以扫很想吃的粥。[54]

至于雅各背叛他临终老父的愿望一节，洪秀全偷天换日，改成忠孝节义的典范。戏剧性没了，但却保住了荣耀。如果还有欺骗之事，那也是雅各母亲利百加的错，因为她怂恿雅各杀掉羊群中的两只肥羊羔，做成父亲爱吃的菜肴。雅各温言劝谏：“我兄以扫是我父所爱，长兄受父祝福才正当。”利百加回说，雅各讲的是对的，但他必须按她的话行事。她给雅各穿上一件她已涂上没药和鲜奶香气的上好衣服，又让他把用羊羔做成的美味带给他父亲。

在原本的《创世记》里头，垂死的以撒问：“吾子为谁？”雅各谎称：“我乃尔长子以扫。”他存心要讹父亲，一开始就穿上以扫的衣服，还把羊羔皮系在手上和颈项的光滑处，因为以扫“体毛蒙茸”，而雅各“体乃滑泽”。经过洪秀全的修改，系上羊皮一节没了，雅各也据实回答父亲:"我是你的二子雅各，来向我父致敬，请坐起，吃下这美味，我求我父给我祝福。"以撒深受感动，雅各是主动带来美味，而以扫却要人吩咐才会出去打猎；以撒闻到雅各身上的清香，看到儿子跪在面前要求祝福，心里感动之余，就把祝福给了小儿子。在洪秀全看来，祝福当然不能喝酒，所以就改成香美的肉汤。同理，以撒也不再祝福雅各此后都有"谷与酒咸丰足"，而是许诺雅各永远"麦谷丰登"。[55]

雅各的欺骗行径最是严重，洪秀全解决了之后，再来处理雅各四子犹大的难题。犹大是雅各和利亚所生，在《马太福音》开章所列的父系世谱中位列第四。洪秀全可一笔勾销罗德酒后乱伦的情节，因为无损《圣经》的主要线索。但是洪秀全对犹大和儿媳他玛乱伦之事，即使犹大无意为此，也不能置之不理，便就此删掉，因为犹大的故事对于《圣经》和以色列十二部落的命运至关重要。犹大和他玛生下双胞胎法勒斯和谢拉，其中的法勒斯在《马太福音》中被奉为约瑟的先祖；而且，犹大本人曾经最受父亲宠爱，凌驾其他十一位兄弟之上，得到父亲临终非凡的祝福：

> 犹大啊，你的弟兄们必赞美你，你手必掐住仇敌的颈项，你父亲的儿子们必向你下拜。犹大是个小狮子。我儿啊，你抓了食便上去，你屈下身去，卧如公狮，蹲如母狮，谁敢惹你？圭必不离犹大，杖必不离他两脚之间，直等细罗来到，万民都必归顺。(《创世记》第49章第8—10节)

犹大和儿媳他玛的故事不堪入目，但又很长，在《创世记》38章之中占了整整一章。它也是洪秀全第二次修改涉及三个兄弟的故事。犹大和挪亚一样，也有三个儿子：珥、俄南和示拉。珥娶他玛为妻，但他不知何故触怒了上帝，丢了性命。犹大急于想延续长子的香火，就把他玛许配给了珥的弟弟俄南。但俄南不愿让自己的子孙成为长兄的后人，"与嫂同室时泄精于地，恐生子以嗣兄"，结果也被上帝杀了。犹大又让两度守寡的他玛与三儿子示拉订婚，当时示拉还是个孩子。他玛老实在犹大家中，等示拉长大成人，但犹大却忘记了自己的承诺。当犹大自己的妻子死后，他上亭拿山去看管羊群和剪羊毛的人。他玛遭到遗弃，仍在谷中守寡。故事才到这儿，就让洪秀全忧心起来。他在修改《马太福音》第22章第24至26节时同样也有不满，撒都该人巧言盘问耶稣，引了一个相似的例子，称有弟兄七人相继娶了同一个女子都无嗣而终[56]。洪秀全干脆把"兄弟"都改作"另一男人"。在他玛一节，洪秀全也略去"弟弟"、"儿媳"之称，说《创世记》所述与中国习俗相符合，弟弟婚后所生之子应过继给已故的兄长，保证珥和他玛的香火延续不断。毕竟洪秀全也这样处置自己的儿子，把一个儿子过继给耶稣，一个儿子过继给杨秀清。但是洪秀全怎么处理犹大和他玛的下文呢？《创世记》第38章第13节至26节是这么写的：

> 或告大马曰："尔舅往亭讷剪羊。"大马见示拉已长，已未嫁之为妻，故去嫠服，以帕蒙面蔽体，坐于亭讷道旁，二泉之处。犹大见之，以其蒙面，意为妓者。遂于道旁就之，曰：

> “来！请容我与尔同室。”盖不知为子妇也。对曰：“尔以何予我，致容尔与我同室乎？”曰：“吾于群中取山羊之羔遗尔。”曰：“尔肯予我质以待遗至乎？”曰：“尔欲何暂？”曰：“尔印与绶，及手执之杖。”遂予之，而与同室。妇由之怀孕。大马起而往，去蒙面之帕，仍衣嫠服。犹大托友亚土兰人，遗山羊之羔，欲由妇手取其所质，而不遇之，询彼地之人曰：“道旁二泉之处妓者安在？”曰：“于此无妓者。”归见犹大曰：“我求之不得，土人亦云，于此无妓者。”犹大曰：“任彼自取之，恐贻我羞。视哉，我曾遗羔，而汝不遇彼。”
>
> 约略三月，或告犹大曰：“尔媳大马已为妓，而以苟合怀孕矣。”犹大曰：“曳之出而焚之！”妇被曳出时，遣人谓舅曰：“此物所属之人，我由之怀孕。”妇义曰：“请尔自辨，此印与绶及杖，悉属谁乎？”犹大识之曰：“妇义过我，因我不以子示拉予彼也。”后不复同室。

洪秀全别无他法，只能删掉整段故事，重写了一段长度相若的篇章，这么一来之后的刻版还可使用，页数也没有变动。在洪秀全的版本中，犹大看到了一位蒙脸“少妇”（不是妓女）坐在路边。犹大问了她，她自称是他的儿媳他玛。他惊讶不已，问她在那儿干什么，因为她应该在家服丧。她幽幽地告诉犹大，她这么做是要让他记起他让示拉娶妻的承诺，好让示拉的长子延续珥的香火。她开始怀疑犹大不想践约。犹大向她道歉——他的两个儿子年纪轻轻就死了，出于父爱，他自然不想让小儿子太早结婚。但是他答应马上补偿。他玛和犹大回家，他安排示拉娶了一个当地女子。不久，新娘说自己怀了孕。他玛兴奋不已，感谢主上帝。现在，洪秀全可以返回《创世记》第 38 章原文继续这个故事了：犹大的这个新儿媳给示拉生了对双胞胎兄弟：

> 产时，其胎惟孪。临产之际，一婴出其手；收生者以红线缚之，曰："是为首出者。"适子手入，而其弟出。收生者曰："尔何突如其来也？"此突如归尔。故名其名曰法勒士。后其兄出，有红线在手，故其名为锥拉。

洪秀全刚好还有空间，在这段结尾自己加上一句话："犹大选法勒斯续长子香火，谢拉为示拉之子。"[57]

洪秀全接着处理《出埃及记》，他修改了摩西律令中有关家庭的部分，好让眼前和将来都好管理。洪秀全发现上帝对摩西讲的话，其中有关肉欲的部分太过宽容，不能当作太平天国的道德纲领。根据《出埃及记》的原文，摩西所记录的如下：

> （16 节）人若引诱没有受聘的处女，与她行淫，他总要交出聘礼，娶她为妻。
>
> （17 节）若女子的父亲决不将女子给他，他就要按处女的聘礼，交出钱来。

洪秀全巧妙地重写这段，开头与 16 节相同，然后笔锋一转，让上帝的话语和洪秀全所规定的第七天条相吻合，洪秀全的第七天条反对奸淫，他已向所有太平天国随众宣布，犯此罪将受死刑。洪秀全改成这个模样：

> （16 节）人若引诱没有受聘的处女，与她行淫，他犯了天条第七款。
>
> （17 节）若其父晓此，当将此女与奸者交官，处死；决不容他知情不报，妄图隐瞒。[58]

这真是一项浩大的工程。《圣经》这么长，又有许多地方需要修改。但是主要的故事情节已经说得更清楚了，保住了家族的荣耀。洪秀全的孩子、他宫里的女侍，还有太平天国随众的后代永远都不可能知道，洪秀全在性与酒的问题上曾与《圣经》有过异见，以后也不会有异见。这类事情已向天下人厘清，摩西、上帝和洪秀全的思想是合而为一的。

注释

1 《太平叛乱》，931 页注 1。

2 《太平叛乱》，989—991 页；简又文《太平天国革命运动》，158 页注 52。

3 郭廷以《太平天国史事日志》，755 页，以及附录，20 页；《太平叛乱》，931 页。译注：此处“堂妹”名为“杨宣娇”，因洪、杨两人的关系，也被称为“洪宣娇”，她本姓黄或王，并非杨秀清的胞妹，至于她何以改姓杨，难以考证。萧朝贵的封号是“传救世圣主先师天兄天王天甥开朝第一等圣神雨雹，英忠军师奉天佐主顶天扶朝纲，忠武西王”。

4 简又文《太平天国革命运动》，301—302 页；郭廷以《太平天国史事日志》附录，20、22 页。

5 克拉克和格里戈利《西方人关于太平天国的报道文选》，194 页。

6 柯温《太平起义：李秀成自述》，87、91 页；《太平叛乱》，1401 页，采用 1865 年《北华捷报》的说法。

7 《太平叛乱》，697 页，据向达等人编《太平天国资料丛刊》卷二，694 页，略有改动。

8 柯温《太平起义：李秀成自述》，92 页。

9 孔飞力《晚期中华帝国中的叛乱及其敌人：军事化及其社会结构，1796—1864》第四部分；芮玛丽《中国保守主义的最后拼搏：1862—1874 年的同治中兴》，73—77 页。

10 《清代档案史料丛编》卷一，2、7、10、14、20、29 页。

11 同上，57—58 页，咸丰七年三月二十三日和咸丰七年八月五日；同上，62—63 页，咸丰八年六月二十四日，显示了作为进一步的节俭措施，1858 年取消了每年的满洲冬狩。

12 这一点由李秀成证实，柯温的《太平起义：李秀成自述》92 页中曾引用。

13 郭廷以《太平天国史事日志》附录，19、23 页；《太平叛乱》，981—982 页。

14 简又文《太平天国革命运动》，352—353 页；郭廷以《太平天国史事日志》附录，23、24、38 页，记载“国宗”名单和 1856 年、1857 年的日期。“国宗”一栏内亦包括其他王的亲戚。

15 《英国议会档案》中国卷第三二卷，153 页；《太平叛乱》985 页亦有引用。

16 《太平叛乱》，1530 页，记载洪天贵的供词。其他同时代人暗示总共 148 个或更多的妻妾——见《太平叛乱》，585 页；张德坚《贼情汇纂》，310 页。所有这些妃妾都被授以“娘娘”或“高级妃子”的尊称，但她们并没有像清帝国流行的那样按职阶形成一套阶级制。见简又文《太平天国革命运动》，138 页。

17 这段供词见《太平叛乱》，1531 页。

18 《太平叛乱》，898—900 页，《幼主诏书》；这些记忆见《太平叛乱》，1531 页。

19 《天父诗》，载于《印书》卷一四，标注年份为 1857 年；《太平叛乱》，585—666 页，其中引用的诗节编号，中英文版本是一致的。

20 第 139、157、358 节。

21 第 134—137、243—245 节。

22 第 218、304、151、230 节。

23 第 148、394、470、212 节；第 189 节中记录了“风琴”这种乐器。

24 第 170、260、416 节。

25 关于垃圾见第 129 节；麻风病见第 446、490 节；痰盂见第 152、154、296 节；害虫见第 158、159、241 节；扇子见第 177、263 节。

26 第 192、303 节。

27 第 179—180 节，188、297、224、281 节。

28 关于身体，见第 283 节；脸见第 485、200、393 节；脚见第 174 节；肚脐见第 485 节。

29 第 216、197、237 节。

30 第 267、337、338、310 节。

31 第 46、107、153、281 节。

32 第 284、393、286、410—411、9、282 节。

33 第 412 节。

34 第 217、247、414、415、422、423、426 节。

35 《太平叛乱》，1531 页，“幼主供词”。

36 第 265、427 节。

37 第 275、30 节。

38 第 392、364、390、375 节。

39 《天父诗》，载于《印书》，28 页，第 313 节。《太平叛乱》，636 页，有不同的译文。译注：之所以称之为“救亮”是因为洪秀全在诗文中自称“亮”或“日”，以对应他与上帝共有的“火”字。太平天国为了避讳，以“亮”代“火”，下同。

40 第 55、312 节。同样的资讯在第 187、354 节中则隐晦不彰。

41 第 378、389 节。

42 第 164、264 节。

43 第 264、328 节。

44 关于错误见第 327 节；欢笑见第 212、343、362 节；杖罚见第 17、18、111、189 节；死刑见第 340 节；女侍洗浴见第 429、432 节。

45 第 21 节。

46 伦敦英国国家图书馆东方及印度分馆之收藏部，拥有早期两个版本的太平天国圣经：略有改动的郭士立版本《旧遗诏圣书》（包括《创世记》第 1 章至 28 章，编号 15116.b.9），以及已知仅存的《钦定旧远诏圣书》复印本（从《创世记》到《约书亚记》）包含了洪秀全的全部修改内容（编号 15117.e.20）。为了简捷起见，这里的引文分别称之为《圣经 A》和《圣经 B》。完整的修改目录表在吴良和罗文奇参考价值很高的论文《太平天国印书校勘记》，267—273 页中列出。

47 《天父诗》，第 448 节；《太平叛乱》，657 页。

48 吴良祚和罗文奇《太平天国印书校勘记》，267 页。

49 同上，368 页；在《创世记》第 18 篇 16、22 节，和第 48 篇 16 节中，也加入了相似的内容。

50 洪秀全在《创世记》第 38 篇 12 节，以及第 43 篇 29 节中，也这样修改。

51 吴良祚和罗文奇《太平天国印书校勘记》，274 页。

52 见《圣经 A》和《圣经 B》，第 1 篇 36—37b 节；吴良祚和罗文奇《太平天国印书校勘记》，267 页。

53 《创世记》，第 20 篇 2—13 节，《印书》，24b—25 页；吴良祚和罗文奇《太平天国印书校勘记》，268—269 页。《创世记》第 26 篇 7—9 节中，关于亚比米勒看到艾萨克和利百加“戏玩”的相似故事，用同样的词清除了艾萨克的欺骗行为；吴良祚和罗文奇《太平天国印书校勘记》，269 页。

54 Divide 在汉语中就是“分”。《创世记》，第 25 篇 31—34 节，《圣经 A》和《圣经 B》，第 1 篇 34b 节；吴良祚和罗文奇《太平天国印书校勘记》，269 页。

55 《圣经 A》和《圣经 B》，第 1 篇 36—37b 节；吴良祚和罗文奇《太平天国印书校勘记》，270－271 页。洪秀全清除了另外一些以酒作奉礼的地方，例如《利未记》第 23 篇 13 节；《民数记》第 6 篇 20 节，和第 18 篇 27 节。

56 吴良祚和罗文奇《太平天国印书校勘记》，281 页。

57 所有这些修改见吴良祚和罗文奇《太平天国印书校勘记》，272—273 页。

58 同上，275 页。为了增加自己重写的篇幅，洪秀全将《出埃及记》第 22 篇 18 节全部删除了。

第十八章　番　师

1857 年 7 月 2 日，额尔金（Elgin）家族的第八代伯爵、金卡代（Kincardine）家族的第十二代伯爵詹姆斯·布鲁斯（James Bruce）乘皇家海军“香农”号（Shannon）战舰抵达香港，此时石达开刚离开天京不久，而洪秀全正埋首于修改《圣经》。“香农”号令人叹为观止，顺风时航行极速，且配备强大的蒸汽锅炉，光靠烧炭便可顶风全速航行五天；它也是远东水域装备最齐全的战舰，配有六十多门大炮，能发射六十八磅炮弹，还有火炮若干，可发射二十四磅的炮弹，并配有一支人数庞大、训练有素的皇家海军。在额尔金勋爵的眼中，“香农”号与那些亚洲船只比起来，直如鹤立鸡群。[1]

额尔金勋爵是英国女王的特使，身负多重使命。他受命与清廷谈判，若是不能达成协定便开战。不论何者，他都会提出五项“要求”：赔偿在华英国臣民的“伤残费”和广州城外外国工厂最近所受毁坏之损失；清廷须遵守 1842 年签订之条约；允许英国公使驻京，并可直接致函清廷大臣；加强中英贸易以及内地与香港的贸易；允许鸦片贸易合法化，俾使洋商按固定税率支付关税。他也会试探清廷是否同意中国女性（男性亦然）从口岸移民，不受限制，让在海外定居的工人能过正常的家庭生活。如果清廷不愿讨论这些问题，他将采取“强制性措施”，封锁中国北方的港口，阻遏大运河与黄河、长江交会处，占领广州或其他合适的港口和岛屿。[2]

额尔金勋爵恃才傲物。其父（第七代额尔金伯爵）曾把希腊帕特农神庙的壁椽拆下，卖给大英博物馆，人们对此毁誉不一。额尔金年轻时在牛津大学即精于古典文艺，后来走上仕途，一帆风顺，曾历任牙买加总督和加拿大总督等职[3]。1857 年，印度发生兵变，后又与日本进行外交周旋，至 1857 年夏天，额尔金才来到华南述职。清廷拒绝了额尔金开放广州的要求，他便指挥英军袭击并占领了广州，俘虏两广总督叶名琛，把他用船运往加尔各答监禁。额尔金余气未消，率英国舰队北上，攻陷拱卫通往北京要道的大沽港，迫使清廷卑躬屈膝，进行谈判。额尔金连战皆捷，心中自是得意，1858 年 10 月，他率舰队返回上海，决定以首任英王代表的身份沿长江溯流而上直抵武昌，以主张英国才用武力从咸丰那里得到的条约权，并开通与中国内地口岸的通商贸易。[4]

十年前在紫荆山，耶稣第二次降凡，借西王萧朝贵之口与其弟洪秀全对话时，洪秀全问了耶稣一个简单的问题：“天兄，太平时军师是谁乎？”天兄答曰：“冯云山、杨秀清、萧朝贵俱是军师也……”洪秀全问：“他姓什么？”耶稣说：“姓蔡。”洪又问道：“即来中国否？”耶稣说：“还在番邦也。”[5]

两个月之后，他们又有一次相关的对话。洪秀全做了一个梦，梦见带枪的恶魔袭击他，是天使天将把他救走。他把这个梦讲给耶稣听，问梦是否真切。耶稣说是真的，驰援将使乃是天父所派。“其名为谁？”洪秀全问。耶稣回答：“尔后便知之也。”[6]

乘“赫尔墨斯”号、“加西尼”号或“色斯奎哈那”号到南京的洋人都不像是天父所派的人选。那位称肯能的爱尔兰人、波士顿佣兵、意大利壮汉安东尼奥，都没有将军气概。以对清朝所造成的破坏来看，此人似乎就是额尔金勋爵。

1858 年 11 月 20 日，“夕阳转眼西沉，天色秀丽怡人”，额尔金率五艘武装战舰经过南京。虽然他事先派了小炮艇向太平天国守军警示他无意挑衅，但还是被太平军误击，一名英国水兵丧生，两名严重受伤，一个断了手臂，一个少了条腿[7]。额尔金对此事的看法，可见于日后他在伦敦白厅对外交大臣所言：“任何人力、任何障碍都不能阻挡我的前进。我们所采取的行动一旦开始，就要执行下去，这对于英国的声望显然至关重要。因此，我不认为这些叛军有权阻止我，也不能采取任何有可能让他们认为有此权利之作为。”于是，额尔金命令开火还击，这与 1853 年“赫尔墨斯”号的克制大不相同。[8]

额尔金在当晚的日记中解释了他的心境：“我们已过那座城市，但我很同意舰方的意见，我们不能就此作罢。若是如此，中国人当然会说自己占了上风，那么我们在回程可能会遭到更严重的袭击。因此，我们决定次日去摧毁几座侮辱我们的要塞。我希望太平军能前来联络，我们便能解释无意伤人；但实在说不准这些愚蠢的中国人会做些什么。”[9] 额尔金的秘书在日记中所记述的稍有出入：“于是，我们安排在翌晨炸毁他们的炮台，并迫使他们守军投降。”[10]

11 月 21 日早晨，寒风刺骨，英国船舰在浓雾中悄悄驶至派定的作战位置，有几艘船离太平军两岸炮兵阵地只有数十公尺，英舰将“猛烈的弹雨倾注到防御炮台上，相形之下，昨晚太平军的火力有如儿戏”。额尔金的秘书爬上桅帆的横杆，居高临下，可眺望太平军的堡垒，“看到太平军的士兵穿着鲜亮的衣服聚在大炮旁”，他还看到新发明的莫莎姆（Moorsum）炮弹在太平军阵地爆炸的效果，弹片四射，取人性命。一个半小时之后，太平军阵地再无炮声。[11]天王炮船统领见识到英军炮火如此威猛，当天晚上便致函“洋人阁下”，请求他们助太平军船舰，出兵摧毁清廷水军，那么他将恳请天王授予他们太平天国贵族头衔作为答谢[12]。

洪秀全另致函问候额尔金勋爵，信是以朱砂写在天王诏书所用的黄绸上。洪秀全以“西洋番弟”相称，共一百七十二行，每行七言，分为数节。诏书按太平天国的格式书写，文中提有天父、天兄时，另起行提高两格，洪秀全自己的名字则提高一格。额尔金的中文姓迁就诗的格律，写成“籁”而非“蔡”。洪秀全先向额尔金简述太平天国概况，洪秀全耶稣幼弟的身份，以及在南京建都的情况。洋人事务向由杨秀清处理，他细述杨秀清死前所受的痛楚：

> 爷哥带朕宰太平。爷遣东王来赎病，眼蒙耳聋口无声。受了无尽的辛苦，战妖损破颈跌横。爷爷预先降圣旨，师由外出苦难清，期至朝观遭陷害，爷爷圣旨总成行。太兄赎罪把命捐，替出世人万万千。东王赎病同哥苦，瘟脱归灵谢爷恩。[13]

洪秀全无意间提到 ：“爷爷圣旨降无数，略举一二降诏宣”，因为“爷哥革内万不知”。洪秀全用了四十四行的篇幅，向额尔金说了许久以前，在紫荆山和永安时期的上帝预言圣令，这些往事在洪秀全如在目前，所以他直接提了，并未加以说明。洪秀全写道，这些圣令都已应验，“早到天堂可悟之”。在预言的国度中，“太兄耶稣同爷样”，因此“半句圣旨无差移”[14]。诏书仍然以七言诗的形式写成，天王到了第一百一十九行，开始触及此信主旨 ：

> 西洋番弟听朕诏，同顶爷哥灭臭虫。
> 万事爷哥朕作主，弟们踊跃建万功。
> 朕前游行粤东省，礼拜堂诏罗孝全。
> 那时朕诏上过天，天父天兄托大权。
> 于今孝全曾到否？到则上朝共朕言。
> 天国迩来今既来，西洋番弟把心开。
> 朕前上天见裔排，万国扶朕在天台。
> 爷排定定今来到，替天出力该又该。
> 替爷替哥杀妖魔，报爷生养战胜回。[15]

额尔金的船舰牛刀小试，洪秀全又怎会不明白，他需要与此人携手共灭清妖？那些向太平军阵地开火的英国人没受惩罚，而向英军开火的太平军炮手则被处决。而且，太平军的伤亡也不如在船上看到的那么多，仅有三名军官和大约二十名士兵阵亡[16]。信使火速逆流而上，将洪秀全的信尽快送到额尔金勋爵手中，但由于额尔金的小型舰队全速前进，信还没送到，他已出了太平军控制的长江沿岸，进入官军重新夺回的地区。携着黄绸书卷的太平天国信差已是追赶无望了[17]。

1858 年 12 月底，额尔金结束长江溯流之行，在武昌拜会清廷官员之后，重新进入太平军控制的水域，天王的信才送到他手上，信封上书“大英国钦差大臣伯爵籁兄大人阁下玉览”。送信的太平军官在附函称，天王亲自委派他给额尔金送呈此信。[18]额尔金的旗舰不幸搁了浅，他已和船员挤在一艘小炮艇上过了几天，这几日恰是冰雪交加，寒冷异常。他觉得这封信是个“奇怪的文件”，写在“一卷黄丝绸上，大约有三寻长”。“诗中散发着某种狂热，糅合了大量他们独特的宗教神学”。[19]他觉得，“与太平军首领交往颇为尴尬，我不打算听从他们的提议上岸”。额尔金身边有个传教士，但不是罗孝全，而是韦烈亚力（Alexander Wylie），所以没必要回答洪秀全“于今孝全曾到否”的问题了。

额尔金私下记录，那些上岸的手下看到南京一派荒凉，策马有如入公园。城门的卫兵看来大多没带武器，妇女在街上任意走动。店铺虽然没开门，但供应似乎很充足。会见他们的太平军高级军官姓李，广西人，他答应英国人，如果他们在岸上过夜，将“能拜谒天国朝廷”。但没有一个英国人理会这项邀请，时机就这么错过了。额尔金勋爵没有登陆，也没有答复天王。[20]

注释

1 “抵任”，《议会档案 / 额尔金》，19 页 ；“装备”，沃尔龙德（Walrond）《额尔金》，190、192、195、198 页，以及《议会档案 / 额尔金》，35、40 页。

2 克拉兰顿（Clarendon）伯爵致额尔金的信（1857 年 4 月 20 日），《议会档案 / 额尔金》，2—3、5 页。关于道致额尔金赴中国的使命的直接原因“亚罗号战争”（Arrow War）的分析，见费正清《贸易》，以及《亚罗号战争》。

3 关于额尔金父子，见《全国人名词典》，104—106、130—131 页。

4 俄理范（Oliphant）《额尔金赴中国和日本的使命》（*Narrative*），卷一，292—350 页；沃尔龙德《额尔金》，210—257 页。

5 《天兄圣旨》卷一，3 页，日期为道光二十八年十月二十四日。

6 同上，卷一，12b 页，日期为道光二十九年一月十六日。

7 《议会档案 / 额尔金》，444 页 ；沃尔龙德，《额尔金》，285 页。

8 《议会档案 / 额尔金》，444 页。

9 沃尔龙德《额尔金》，285 页。

10 俄理范《额尔金赴中国和日本的使命》，卷二，311 页。

11 引文出处同上，313—314 页；又见沃尔龙德《额尔金》，285 页；《议会档案 / 额尔金》，455 页。

12 《议会档案 / 额尔金》，454 页 ；《太平叛乱》，713 页。

13 《议会档案 / 额尔金》，471—472 页，经威妥玛大幅度修改 ；《太平叛乱》，717 页。

14 《太平叛乱》，718—719 页 ；《议会档案 / 额尔金》，472—473 页 ；金毓黻《史料》，95—97 页。

15 中文见金毓黻《史料》，97—98 页 ；部分按照威妥玛在《议会档案 / 额尔金》473 页中的翻译，以及《太平叛乱》，720 页。

16 俄理范《额尔金赴中国和日本的使命》，卷二，461 页。

17 同上，454 页。

18 金毓黻《史料》，138—139 页 ；《议会档案 / 额尔金》，470 页 ；《太平叛乱》，721—722 页。

19 沃尔龙德《额尔金》，301—302 页 ；关于旅途部分，见《议会档案 / 额尔金》，470 页 ；俄理范《额尔金赴中国和日本的使命》，卷二，447—448 页。

20 《议会档案 / 额尔金》，451 页，威安玛的描述。

第十九章　干　王

1859 年 4 月，洪仁玕抵南京，拜见了自 1849 年之后便未曾谋面的堂兄——天王洪秀全，此时额尔金探访南京未久，而太平天国的政局正处于踌躇犹豫之中。天王又惊又喜，因为仁玕既是族人，且关系亲近。洪仁玕长于邻村，认识天王的亲戚。在洪秀全的族人中，他是最早信教的，且与冯云山有深交。洪仁玕了解香港，熟知洋人及其处事之道。他熟读《圣经》，对天王的启示、堂兄与上帝及耶稣的亲缘关系深信不疑。所以，洪仁玕到了没几天工夫，洪秀全便封这位堂弟以“主将”的尊号，统领太平军，又兼以“精忠军师”、“文衡正总裁”以及“总理朝政”、“外国事务总管”等衔。1859 年 5 月中，天王对他的信任无以复加，敕封洪仁玕为“干王”，取代那些已升天的建国元勋。[1]

洪仁玕自上次与堂兄分手后，过的是奇特且往往充满危险的生活。当年洪秀全在紫荆山发展会众，洪仁玕累试不第，考了五次都落榜。1850 年，官军至花县搜捕会众和洪秀全的族人时，供仁玕到广西投奔堂兄，但他通不过官军防线，且战事飘忽不定，变动颇速，所以他一直无法与堂兄会合。洪仁玕有家归不得，于是坐船到了香港，开始替外国传教士工作。[2]

洪仁玕听到太平军攻陷南京，建都于此的消息之后，也像罗孝全一样北上上海，但也无法通过官军阵地，到太平军本营，就连上海的三合会也帮不了他。于是，洪仁玕在上海的一间洋学堂里学习天文和天文计测——可能师从 1847 年就到中国的天才数学家和天文学家韦烈亚力。1854 年冬，洪仁玕决定再回香港，想办法在教会里找一份长期差事。洪仁玕乘的是蒸汽船，只花了四天，这对他是一大启发，形之为诗：

> 船帆如箭斗狂涛，风力相随志更豪；
> 海作疆场波列阵，浪翻星月影麾旄。[3]

洪仁玕在香港住了四年，继续学天文学，跟传教士工作，慢慢和挤在这块土地上的洋人建立交情，其中包括最早翻译儒家典籍的理雅各（James Legge），梁阿发启蒙师之子、亦是马礼逊和郭士立《圣经》译本的修订者威廉·米怜（William Milne）；班扬（John Bunyan）《天路历程》（*Pilgrims Progress*）的译者柏恩斯（William Burns），传教士医师霍布森（Benjamin Hobson），他以中文写过外科、妇科的书籍。洪仁玕又遇到了罗孝全和其他几个美国新教传教士，其中包括裨治文（E.C. Bridgman），他曾以翻译的身份与麦莲（McLane）公使共乘“色斯奎哈那”号到过南京。他还认识了一些来自日耳曼和北欧的巴塞尔传教会（Basel Missionary Society）传教士，包括瑞典出生的韩山文（Theodore Hamberg），他善于讲道，精通客家话，还与郭士立创立了汉会。韩山文与洪仁玕简述了太平天国的形成，洪仁玕又向他口述了太平天国的发展与兴盛。洪仁玕也常与容闳往来，容闳是最早留学美国并获学位的中国人，此时正想办法以他对中西的了解在政商方面谋发展。[4]

洪仁玕在香港所结交的朋友之中，最重要的无疑是苏格兰人理雅各。理雅各是亚伯丁郡的商人之子，在七个孩子中排行最小，他最初教数学，后来被委任为公理会的牧师，1843 年秋派往香港任新教神学院院长，这所学院以“培养中国本地牧师”为目的。洪仁玕在 1854 年回香港时，理雅各正在编纂一部“被西方各国认为最齐全而重要的十九世纪汉学文献集”[5]。洪仁玕为理雅各工作，既解教义，助其他中国人改信基督，也做理雅各的助手。洪仁玕有幸与理雅各结交，因为理雅各信任中国人，在他们身上看见许多优点，不断利用传教之便，尽量学习，用理雅各自己的话：“每天花几个小时挨家挨店地拜访信徒，无所不谈，让他们就某一话题与我交换想法。”[6]

洪仁玕去世多年之后，理雅各想起洪仁玕，说他是“我所知中国人中最友善、最多才多艺的。一想起他，我就心怀敬意和遗憾”。理雅各还说洪仁玕“是唯一一个与我走路时勾肩搭背的中国人”。有时他们在同一个礼拜一起传道，而当洪仁玕说起想到天京见堂兄，理雅各力劝他“就留在香港做牧师吧”[7]。

1857 年夏天，额尔金勋爵抵达香港，理雅各此时或许正与洪仁玕一同散步，他告诉洪仁玕他对未来的看法：

> 7月2日下午，我正与一个朋友在凯恩路上散步，看到一艘汽船正穿过撒弗海峡（Sulphur Channel）。起先我们以为是邮船，后来看清楚了是“香农”号，额尔金爵士就在船上。船进港时，“香农”号与“海军上将”号相互致意，炮声如雷鸣，在山间回荡，四周景物尽陷雾中，我对同伴说：“这就是清朝的丧钟。它对这些巨兽(leviathan)是莫之奈何的。”[8]

理雅各的中文功底扎实，在神学上识见广博，新教传教会已委托他与翻译名家麦都思（Walter Medhurst）一起“推敲怎样把上帝（Deity）之名译成汉语”。这让他与洪仁玕关系更近。理雅各一生著述颇丰，他始终主张用“上帝”一词，这与太平天国的用法一样。太平天国最初便是由“拜上帝会”而来[9]。圣徒保罗在给希伯来人的信使书中说明了祭司国王麦基洗德（Melchizedek）[译注：麦基洗德是古耶路撒冷的祭司国王，他向亚伯拉罕提供圣餐而从亚伯拉罕处收取什一税。圣保罗试图以此为例，向希伯来人证明上帝的普遍性]的典故，理雅各布以此来证明自己的神学立场。在理雅各看来，这种早期基督教的传道方法似乎是一个完备的范例，后世的评注家可依此对《圣经》的内容“存精华，补不足”。按照这个逻辑，儒家并不完全反对基督教义，因为“上帝”一词可散见于古籍之中。因此，理雅各认为：“《圣经》经文所累积的启示证明了，上帝在世上其他地方有可能也留下见证，即使这些见证随即为其他堕落的影响所歪曲。”[10]

理雅各与郭士立等几位传教士都对《以赛亚书》第49章11节、12节中的预言，另有一番解释：

我将使我诸山为途，我之大路将为高。视哉，斯人将自远方来，视哉，斯人将自北方西方而来，斯人将自秦之地而来。

在这些传教士眼里，“秦”（Sinim）指的就是中国，意指上帝早在两千多年前就已预言中国人也是上帝国度的子民。理雅各在1850年代后半正是以此为传教布道的主题。[11]

香港自1841年建埠以来，就弥漫着悲观气氛，洋人和军队罹患热病而丧生亦时有所闻，但是洪仁玕所处的1850年代的香港已日渐繁荣，尤其是维多利亚湾一带。理雅各把这繁荣归于太平天国以及广州一带秘密结社所造成的社会混乱，于是，1852年到1853年成了“香港繁荣的转捩点”。当时，中国的有钱人家逃往香港避乱；房屋需求紧俏，租金上扬；原本稀落的街道，如今摩肩接踵；华人开了新的商行，为本地商业注入活力；英国皇家工程协会修建了规划完善的道路、排水道和港口设施，英国人还种了灌木丛和竹子以改善空气质量；加上路灯和路灯夫、壮观的邮局以及从孟买来的园丁与邮递员、新建教堂和坚固的房屋，种种变化让香港有了新风貌，只是外地人抱怨这儿的房租和唯一一家好旅馆的价格过高。[12]

香港呈现了西方和中国最好的一面，也呈现了最坏的一面，它混合了这两种文化。对于中国人和洋人来说，香港是一个大赌场。这里有非法的鸦片贸易，诈骗绑架，以及帮派之间的残酷搏杀。胆大的强盗利用新建的下水道作秘密通道，躲过地上的哨兵。香港的妓院数量曾比正当人家的房子还多。犯罪和暴力盛行意味着“经常使用绞架”，不管中国人、英国人，都是当众绞死。[13]不过，华商也开始在贸易、地产和航运崭露头角。中国人研习英国法律。年轻的中国姑娘在特别的学校里受训，英语造诣颇高。虽然有些女孩后来和洋人私通，但其他的女孩仍可仿效卡德威尔（Daniel Caldwell）之妻——卡德威尔曾是香港探长，负责缉捕海盗，令人闻之丧胆，后来被升为登记注册的主管官员，他公开迎娶了一名皈依基督教的中国女子为妻。满心困惑的理雅各如此说道：“有时，我会想象不列颠女神站在山顶，自豪地俯视着这座由她的儿子所建造的罪恶大城。”[14]

1857 年 1 月，洪仁玕有机会目睹香港所发生的一件较复杂的案件，有人投毒意欲谋害洋人性命，案子很快查到面包坊一个叫阿朗的华人身上，理雅各吃过两次有毒的面包——清早及中餐时——但他大难不死，吃了毒面包之后大吐不止。舆情哗然，复仇的呼声甚嚣尘上，很多人认为阿朗会被处以私刑，但结果并未如此。最后，阿朗在英国法庭上公开受审，最后无罪释放，毒药是面包坊里两个伙计放在面团里，他们可能是受了那些痛恨英国人强行入城居住的广州人所煽动。阿朗在审判期间（以及审判刚结束时）受到保护性监禁，他在监狱里维持秩序，负责礼拜日教会礼拜流程，预先准备祷告书，让“所有的参加者保持良好的秩序”。[15]

洪仁玕有了传教士给他川资，于 1858 年夏天离开香港前往南京。他之所以在这时出发，可能是因为他的母亲在那年夏天过世，此后便无牵挂。不过因为此去凶吉未卜，所以他把妻儿和弟弟托理雅各家里照看，直到他能派人来接他们。[16]

洪仁玕安置家人之后，便冒险由广州北上，经东江到江西境内，再下赣江到华中，数百年来都是这个走法。此时已是 1858 年秋天，洪仁玕与曾国藩手下的一个部将联系上。官军大败，但洪仁玕却无法越界与太平军会合，反而丢了行李，不得不逃向西北，到达湖北黄梅一带。洪仁玕机巧应变，替一个地方官的儿子看病——这或许是用霍布森（Benjamin Hobson）教给他的医术，暂时得以栖身，筹些盘缠。洪仁玕听说额尔金的舰队到过武昌，正沿江而下，便托了一艘靠岸的英国船只带信给香港的朋友，告诉近况。1859 年初，他用刚攒下的钱买了一批货物，扮成商人绕过官军防线，于 1859 年 4 月底到达天京。[17]

洪仁玕在香港住了这么久，有很多事要禀告天王。1859 年 5 月，他写成一份洋洋洒洒的奏章，上呈天王，奏请设立邮亭网络，以期邮件及时送达，邮件应打成捆，按其缓急付邮资，邮件用火轮或蒸汽车派送，中途不停，直抵目的地[18]。旧房子可维持原样，但新房要建得又高又牢，成行排列。成立银行，印发银纸，收取百分之三的手续费，提高办事速度，以保护行商不受强盗打劫，因为商人身边不带银两，便没人会想到他们身上带了钱财。拓宽开直大路，疏浚河道，加快运输速度。制作精巧之物则授予五至十年专利权，发明用处越大，时限越长，对发明“无益之物”者，则严厉惩罚。西洋番国已有保障人身财产之制度，亦可在天国实施，只要给房屋、船只、商品、人身安全支付少许保险费，便可抵付水灾、火灾造成之损失[19]。

由天王在干王奏章的空白处批示看来，他都表同意，不过有关何时或如何实施的细节尚未确定。洪秀全也赞同洪仁玕的其他建议，诸如实行医生考核，废除奴隶，禁杀婴儿，禁止赌博演戏，不许偷懒等。[20]

洪仁玕有两条奏请，天王以其不可行而没有接受。一是在各地建立讯息网络，由天王派人管理，确保从各地送来的各类消息能迅速送到天王手中，且未经修饰。洪秀全在奏章的空白处写道："此策现不可行，恐招妖魔乘机反间。"等扫除妖魔之后，才可付诸实行[21]。干王也建议死罪应归上帝圣决，而非由人裁决，如此一来，人方可遵行第六条戒律"不可杀人"。天王批注："爷今圣旨斩邪留正杀妖杀有罪不能免也。"[22]虽然天王显然支持其他改革，但当时都没有落实。大军压境，将领多不在京城，洪仁玕曾对造访南京之人言道，各路统领再集天京方可有所作为，"故必俟协定，经多数赞成，乃可实行也"[23]。

洪仁玕观念务实，但他也对洪秀全由衷钦佩，两者取舍不定，在前来拜见的外国传教士面前，他也流露出这种矛盾情绪。当他从软椅站起，向来客致意，以英语说"你好"并与他们握手时，他是个和蔼的主人。但他穿的却是龙纹花缎长袍，头戴镶珠镀金冠，童子簇拥身旁，打着屏扇。下属身着绿黄袍，头发飘垂，以丝帕束之，列队在他面前敬候。[24]洪仁玕告诉西洋教士，天王的信条他不尽同意。"如何理解"天王在 1837 年和 1848 年的两次启示，他完全不清楚，但那极有可能是"真"的[25]。不过他不相信东王杨秀清的幻觉，虽然洪秀全“不许他人对此有所怀疑”。基于“基督是上帝最伟大的信使，洪秀全仅次于基督，排位第二”，洪秀全自认为基督之弟、上帝之子。[26]

洪仁玕解释，太平天国信众向上帝祷告时虽然会献上供品——米、菜或肉之类——但应将之视为“纯粹感恩，而非祭品”。同理，吟唱祷告之后，将祷词烧去只适用于新入教者，之后便不会这么做了。在太平天国治下并没有圣餐仪式，礼拜也从不喝酒。只要是虔诚信徒，都可主持浸礼——先洒清水，再洗濯胸膛。若是人们宣讲天王“降凡”时，应视之以“自然诞生，但赋有神圣使命”。天王不接受上帝不赋形体的看法，他认为上帝是有形的，他“不能容忍与之相左的观点”。而且，洪秀全也不会改变他在著作中所使用的上帝称呼。洪仁玕认为不应用“真上帝”一词，因为上帝没有真假之分，但天王予以严厉训斥。世间一切事物，天王都可圣裁，“但对于无关宗教之事物，天王蔑视之，认为这是“现世之物”，而非“天堂之物”。[27]

洪仁玕曾让一个英国访客进入他在南京的书房，这间书房清楚反映了他以前在香港的生活和目前在天京的生活之间的文化交融。这个英国人对干王的住所状况虽然颇有讥讽，但他还是捕捉到干王的心境与其多样面貌：

穿过一扇小门左转即为干王之私室，其中陈列甚富，有如博物馆，这是一间很开阔光亮的屋子，对着一个花圃。主要家具是一张苏州大床，镶满玉器等装饰，上盖黄帐。干

> 王常来此小憩。几张桌子沿墙放着，桌上陈列各式物品甚多。有一座望远镜（破了），一个枪盒（枪丢了），三支手枪（均已生锈），一箱炮盖，两盏玻璃灯（点不着），一块来路货肥皂，一本《渥尔威治的炮垒防御法》（*Woolwich Manual of Fortification*），一本《战争学》，一本《圣经》，好些中国书，外国传教士所著皆在其中，一刀黄纸，五六块表，一座中国钟，一个坏掉的风雨表，好些文告，几块石砚，多支金笔，几块污脏的烂布。其他桌上则有被虫蛀的书，一只帽盒，其中有龙冠，银镶的扇子，玉杯玉碟，金杯银杯，大浅盆，筷子、吃西餐的叉子，三只英国葡萄酒瓶，另有一瓶来路货杂酸菜。在其他各处则有英国海军剑一把，龙帽几顶，日本刀两把，法国碟两套，又有一件洋雕刻品，床上则有几块银元宝锭，用布包着。室中有圆云母石桌，围以中嵌云母石的木椅。有一穿着白袍蓝褂的仆人在那里扯风扇，让人凉快舒适。在此干王请你吃一顿好饭，他恳求特许，谓非有酒不能吃饭，即蒙允许。[28]

在天京那种气氛底下喝酒或许已让人惊讶，而干王对洋人的开放与五年之前天王和杨秀清对“赫尔墨斯”号、“加西尼”号和“色斯奎哈那”号的冷漠或敌视态度却大不相同。洪仁玕在奏章里试着表明他对这类事情的看法，建议对待洋人的明智之道：

> 盖轻污字样，是口角取胜之事，不是经纶实际，且招

> 祸也。即施于枕近之暹罗、交趾、日本、琉球之小邦，亦必不服，实因人类虽下，而志不愿下，即或愿下，亦势迫之耳，非忠诚献曝也。如必欲他归诚献曝，非权力所能致之，必内修国政，外示信义，斯为得尔。[29]

洪仁玕在这份奏章里，欲以寥寥数言，勾勒各国特征，以增广天王对西洋的认识。英国人智巧，但“骄傲成性”，以制度与王室之稳固，而博得“最强之邦”的名声。他们与人交往之言语文书称“照会、交好、通和、亲爱”。[30] 美利坚合众国正直、富有、强大，且不侵害邻邦。令人吃惊的是，如果在美国发现金矿银矿，也允许外国人去挖掘。这个国家没有乞丐，足证其优越。所谓“邦长”服务五年，离职后则“养尊处优”，由各组成州决定所选之人，将其名投入大箱，共推新领袖。美国人认为，如此所选之领袖应是“贤能”之人，并“以多议是者为公也”。[31]

日耳曼人“有太古之风”，虔诚而良知盛。斯堪的那维亚人心胸宽而友善，发色浅而面容“清幽”。法国一心沉潜于秘教不足取，但其技艺为其他洋人所仿效。俄国开始大力改革，以其疆土广袤，指日必成强国。日本近来与美国通商，取得新技术更速，“将来亦必去于巧焉”。[32]

天王若是担心洋人会趁进入中国之机，骗走太平天国之财。那么，洪仁玕奏请，太平天国应对本国臣民给予优待：

> 与番人并雄之法，如开店两间，我无租值，彼有租值；

> 我工人少，彼工人多；我价平卖，彼价贵卖：是我受益，而彼受亏；我可永盛，彼当即衰；彼将何以久居乎。[33]

循此思路，洪仁玕着手研议，太平军应大胆东进上海。一旦陷上海，太平军可以上海的一百万两库银，购买一支有二十艘现代汽船的舰队，再靠这支舰队沿江返回，解除官军对南京的封锁，重开西战场，夺回被官军占领的沿江重镇。[34]

天王派李秀成负责军事运作。这个选择很明智。李秀成于1851年攻打永安时入太平军，本是个大字不识几个的乡下人，但之后在西线和华中表现优异，善于用兵而获擢升，至1859年11月被封为忠王，与洪仁玕平起平坐[35]。李秀成为人直率大方，显然是唯一戴眼镜的太平军高级将领，部下与见过他的外国人都信他敬他[36]。1860年东线战役的细节究竟是由李秀成或洪仁玕策划，尚不明确，但无论出自何人之手，最漂亮的部分是由李秀成负责的。数千军队以迅雷不及掩耳之势穿过江南，攻占杭州，缓解了天京的局势，接着又突然回返南京，官军因派兵增援杭州，江南大营空虚，于是落入太平军之手。李秀成再往东，于6月2日取下苏州，最后再将兵力集结于上海，上海非租界区已如囊中之物。[37]

忠王李秀成对洋人抱着乐观——这在洪仁玕上奏中亦可看出——他相信洋人会接受事实。既然洋人在太平军与清妖之争中两不相帮，且太平天国也表达了与西方通商的意愿（除了鸦片、酒精、烟叶之外）。所以，太平军若是将清妖逐出上海，洋人不但没有理由反对，反而会大加欢迎。李秀成相信上海的洋人一定会欢迎他，而上海也必如苏州，不费吹灰之力便可拿下。[38]

1860 年 8 月中旬，李秀成率兵三千进攻上海。他致函驻上海之外国公使说明立场：洋人之住宅店面，凡挂出黄旗，便可不受干扰；所有洋人教堂——新旧教皆然——也得挂黄旗，以免受军队破坏（太平军未必能从建筑式样上分辨）。李秀成为表心意，还下令处决一名曾杀过洋人的太平军士兵——虽然这个洋人是助清妖攻打太平军。不过，为了确保安全，太平军攻城时，洋人最好留在屋内，等到战火平息。[39]

结果洋人放弃中立，激战三日，集中炮火猛轰太平军，派小队人马阻止太平军夺取上海，令李秀成大感震惊困惑，而对于洋人向他们开火，李秀成的部下也同样毫无准备，起先呆站不动，“当弹炮倾泻到阵地上时，他们像石头一样，一动不动，不回一枪”[40]。1860 年 8 月 21 日，李秀成满怀苦痛失望，致函英、美等各国领事：

> 惟本藩仍念及尔我共同崇奉耶稣，尔我关系之间，拥有共同之基础，信仰同一之教义。次本藩前来上海，只为订定条约，欲借通商贸易结成一致之关系，原非与尔等交战。若竟下令攻城，杀戮百姓，则无异同室操戈，徒令妖兵冷笑耳。
>
> 再则旅沪外人，各人之量度与地位相殊，其中必有具常识、明大义而辨利害者，伊等必不致人人贪图妖金而忘却与我天朝通商之利益也。[41]

东线战事至此势如破竹，但是 1860 年在上海受挫则是一大转折，自此万劫不复。太平军为了分散清妖势力，结果反倒分散了自己的力量，还与洋兵为敌。英、法司令官不仅要求太平军撤退，距上海五十公里以外，且禁止洋商逆长江而上，提供太平军补给武器。这个决定又导致太平军失了安庆，清朝水师得英国船只之助，不准商贾私枭在安庆卸货，安庆的命运就此而定。在曾国藩、曾国荃兄弟的指挥下，训练有素、纪律严明的湘军把安庆围了个水泄不通，太平军粮断援绝而投降，湘军将太平军士杀个片甲不留（总共超过一万六千人）。1861 年 9 月 12 日，安庆陷落，太平军失去了与华西、华北腹地交通的枢纽。[42]

但在 1860 年 8 月，距安庆陷落还有一年多的时间，而洪秀全对东征也没有明确的看法。他既不称赞洪仁玕、李秀成攻占苏州，为南京解围；也没有斥责他们在上海失利。洪秀全心里还在想着再次“北伐”，说不定最后能灭了清朝，一如额尔金勋爵率军在 1860 年 9 月占领北京，火烧圆明园，逼得清朝皇帝出逃京城。李秀成不同意在此时北伐，洪秀全虽然“满腔义愤”，但也只能由得他去。[43]

不管是在上海遭遇的问题，洋兵对抗太平军，还是洋兵持续在长江上巡逻，都没有动摇天王对正教的信仰。的确，洪秀全已经找到了一本书来替代他修改《圣经》的计划，而且根据干王洪仁玕的说法，这本书极受天王喜爱。这就是班扬（John Bunyan）于 1678 年所著的《天路历程》。[44] 有一个洪仁玕在香港就认识的传教士柏恩斯（William Bums）将此书译成中文，1853 年在厦门刊行。《天路历程》已有中文摘译流传，如今天王可透过全译本细细追索克里斯蒂安（Christian）往新耶路撒冷朝圣的旅程，这个全译本还配有十幅精心绘制的插图。洪仁玕可能是在1858年得到此书，并将之献给天王，不过此书流传甚广，除了1853年的版本之外，在1850年代中，香港、上海、福州等地都有印行，所以洪秀全可能在之前就已得到一本。[45]

《天路历程》里头的这个克里斯蒂安是班扬梦中的人物，但是这个梦栩栩如生，读者可以全身全心体会主人翁在罪恶的重负下蹒跚前行，最后，信仰和照看他的福音传道者之言令之获得自由。克里斯蒂安抛弃了家庭的温暖，离妻别子，饱受痛苦、折磨和死亡的考验，向新耶路撒冷前进。许多良友死在途中，有些同伴怠惰、信仰不坚，通不过考验。插图更是凸显了蕴涵在各个事件中的情绪：克里斯蒂安的儿子在母亲怀里，朝着正在远去的父亲伸手；克里斯蒂安在耶稣的十字架前祈祷，重担从他的背上卸下；克里斯蒂安以望远镜眺望新耶路撒冷，卫护骑士和牧羊人围在身旁。[46]

克里斯提安要能步入坦途，必须通过窄门，多少人在途中分心丧志，或走上歧途[47]。"苦诏普天进窄门"，洪秀全在1861年3月的诏书昭谕诸臣，因为"太平天日今日是；福音征验久传先；窄门在爷哥圣旨"。[48]洪秀全如今足不出宝殿，寓所还有双层黄色墙壁保护，但他每晨必以朱砂在黄绸上亲书敕令，贴在圣殿的"真神圣天门"之上。敕命所言皆为宗教教义，包括上帝与其子之间关系及本质。[49]

洪秀全把一道诏书交给另一个来访的新教教士，让他带回上海给上海的洋人看。洪秀全自言亲领世人到"天堂"，往后将由其子天贵"掌管俗世之事务"。1848年的启示，其意终于展现："爷哥下凡，附体于朕幼，以建无尽太平。"因此，"天、地、人、过去、现在和

班扬的《天路历程》中文译本插图，洪秀全在1850年代中读的就是这个译本，其时方由新教传教士译成中文，洪秀全称此书甚得己心。该译本特别画了十张插画，此处所见者为第一张与第十张。在第一幅插画中，克里斯蒂安卸下身上罪孽，离妻别子，开始到天国朝圣。邻人欧布斯提纳（Obstinate，意为“顽固”）和普莱雅伯（Pliable，意为“顺从”，他在书中在Slough of Despond折返回家）出而追之，其发辫清晰可见。在最后一幅插图中，克里斯蒂安历经千万险阻，渡过死亡之河，偕友伴侯佛（Hopeful，意为“希望”）进入永恒天国之门，天使吹响号角，夹道欢迎。（原件藏于美国国会图书馆）

未来”将融为一体[50]。从 1860 至 1861 年的诏书文告，可见洪秀全诉求的对象越来越广。他起先只对家人大臣言，接着昭告“西洋众弟妹”发表，以使“中西永远和约章，太平一统疆土阔”，最后则是“普天下大同世一家”[51]。

洪秀全以充满宗教意味的措词来表达他对东征和太平天国最后胜利前景的看法。洪秀全在 1861 年 6 月又下了一道诏书，告谕臣民，他上了天庭，与东王和西王商讨过战事进程，一起研究策略，以期使大军告捷[52]。有几次，现年十二岁的幼天王天贵也与天王、东王同行。洪秀全要儿子别害怕，因为天祖父会一直守护在身旁。洪秀全为了增强这种信念，还把儿子的名字改为“天贵福”，意为“天堂的宝贵幸福”。从此在太平天国须避“福”字，一如“耶和华”和“耶稣”这些字。书写“福”字时，须在中间加上一划。[53]

天贵虽然还年轻，但他的梦也开始与父亲相印证。他已经预言了 1860 年太平军第二次解南京之围，他梦到两条蛇绕城，他用剑杀了蛇。洪秀全大喜，为庆祝梦的应验，特立节日以纪念[54]。洪秀全并以诗文志之，还将之与自己梦中的胜利景象联系起来：

> 父子公孙坐天朝，太平一统烧蛇虎。[55]

> 上帝基督带作主，既斩蛇虎狗妖邪。
> 爷哥降带坐江山，同世一家奏凯还。[56]

上帝也透过洪秀全之妻又正月宫传话。她梦到上帝谕之：“你请天王宽心胸，天下太平漫漫来，就见太平天堂通，有日南片天门开，合紧大战永光荣。”[57]

有时，洪秀全也会把自己的梦与其母、子、妻之梦境相混。1860年，洪秀全在太平军取得苏州大捷之前告诉信徒，他在尘世的母亲看到三个已故的封王东王、西王、南王“去诛妖”，彼进军至金龙殿前，高声欢呼“万岁”[58]。

1860年10月某天拂晓，洪秀全记下一梦，圣父托梦给他，“朕见无数天兵将，进贡圣物宝纵横，在朕面前虔摆列，朕时含笑欢无声”[59]。两天之后，上帝再次托梦洪秀全，他与两名妇女同路而行，四只黄虎堵在路前，洪秀全为了救妇女，转头回去引老虎跟着他。他赤手空拳与老虎做殊死斗。正打着，老虎忽地变成了人，洪秀全也惊醒了。他在半梦半醒之间，得诗一首：

> 今有四虎尽杀开，普天臣民奏凯回，
> 天堂路通妖虎灭，一统乾坤天排来。[60]

洪秀全又沉沉睡去，回到打斗的场面。此时，他看到四只老虎瘫在地上死了。但是，虎尸旁躺着两个新的幽灵——两条黑狗。其中一犬显然已死，另一犬还有生机。洪秀全以手击之，它用人话大喊：“我恐。”洪秀全回说：“朕要诛你！”他在梦里杀了狗。洪秀全喜极而醒，告诉信徒说，他知道了他和儿子的统治将持续千秋万代。[61]

洪秀全回应艾约瑟的手迹

这是唯一现存的洪秀全阐述其神学思想的手迹，写于 1861 年春。墨笔字为艾约瑟神父所写，当时他正走访天京，并撰文论辩上帝并无真形。艾约瑟认为所有提到上帝形体的地方，如《约翰福音》、《提摩太书》、《启示录》、《以赛亚书》、《出埃及记》中所提到的，都不可照字面意思理解，只可作“喻”解。

洪秀全的评注用朱笔写于原件之上，开篇便可见其不满，他划掉艾约瑟的题目，代以自拟的篇名。文中第七行上起第七字，洪秀全涂去耶稣乃上帝独子之“独”字，并用“兄”字替换，因为耶稣若是上帝独子，则洪秀全显然无法成为耶稣之弟，此处改动便照顾到了这一点。在第 12 行中间位置，洪秀全涂去关于上帝形体的“喻”字，以“实”字代之。第 13 行和第 16 行行首亦如此处理。文中以朱笔重墨涂抹之处，显示洪秀全对艾约瑟如此解读启示录大为不满。

在艾约瑟文章末尾，洪秀全把重申上帝无形的最后一行文字划去，并作诗一首，向艾约瑟阐明自己的神学观点（其诗见 370 页）。写诗之处的笺纸背面盖有太平天国的一枚大印，亦为红色。红印力透纸背，在诗作上方中央也有洇染。诗行间散溅的朱色墨迹或能反映出天王提笔回应时的赫斯之怒。

此件蒙大英图书馆东方与印度典藏部好意，得以刊行。

注释

1　简又文《太平天国革命运动》，356—357 页；郭廷以《史事》附录，23 页。

2　简又文《太平天国革命运动》，351—356 页。

3　向达《资料》卷二，846 页，根据《太平叛乱》，1511 页，略作改动。

4　《太平叛乱》，759 页注 7、760—761 页注 8 至注 10；又见韦烈亚力《回忆录》，159—160 页，关于韩山文的记述；关于柏恩斯（Bums）的记述，见 175—176 页；关于理雅各的记述，见 117—122 页；关于霍布森（Hobson）的记述，见 125—128 页；容闳《西学东渐记》，108 页。容闳是耶鲁大学 1854 年的学生。

5　皮菲斯特（Pfister）《理雅各》（*Legge*），第二部分，34 页。

6　理雅各《殖民地》（*Colony*），169 页。

7　皮菲斯特《理雅各》，第二部分，44 页；理雅各《殖民地》，172 页。

8　理雅各《殖民地》，171—172 页。

9　韦烈亚力《回忆录》，118 页；皮菲斯特《理雅各》，第一部分，45 页。其他传教士也主张使用“上帝”的称呼，尽管它仍然没有被大多数人认可。各种争议的简介可见于麦都思《论中国人神学》。

10　对理雅各观念的概括，见皮菲斯特《理雅各》，第一部分，48—49 页。

11　同上，第二部分，35—36 页。

12　韦尔什（Welsh）《香港》（*Hong Kong*），169 页；理雅各《殖民地》，165—166、171 页。

13　理雅各《殖民地》，167—168 页；韦尔什《香港》，164—166、218 页。

14　理雅各《殖民地》，165 页；韦尔什《香港》，212 页，有关卡德威尔的叙述，以及 152 页，有关企业家的叙述。

15　理雅各《殖民地》，171 页。

16　皮菲斯特《理雅各》，第一部分，44 页；简又文《太平天国革命运动》，356 页。

17　《太平叛乱》，1512 页；简又文《太平天国革命运动》，357 页，同时引用呤唎《太平》卷一，226 页；韦烈亚力《回忆录》，217—218 页，有关收信者查尔摩斯（Chalmers）的叙述，当时理雅各正好不在。

18　《太平叛乱》，765、767 页；洪仁玕《资政新篇》，载于《印书》，14、16 页。

19　《太平叛乱》，关于保险，769 页；关于房屋，771 页；关于银行，765—766 页；关于大路，764、765 页；关于专利权，766 页。

20　《太平叛乱》，768—769 页。

21　《太平叛乱》，767 页；关于洪秀全相当近似的批注，见 764 页。

22　《太平叛乱》，772 页，与《资政新篇》，载于《印书》，21 页稍有不同。

23　容闳《西学东渐记》，110 页。

24 波顿（J.S.Burdon）的报道，载于克拉克和格里戈利《西方人关于太平天国的报道文选》，240 页；富赐礼《在家里的太平军》，《北华捷报》1861 年 10 月 19 日，被收入上书，360 页。

25 《最近向干王提出的问题》，《北华捷报》1860 年 8 月 11 日，同时被收录于克拉克和格里戈利《西方人关于太平天国的报道文选》，241 页。

26 《北华捷报》，1860 年 8 月 11 日。

27 同上。

28 富赐礼《在家里的太平军》，把“干王”翻译成“天王”。这篇文章也被收录于布莱基思顿（Blakiston）《五个月》，51 页。

29 《太平叛乱》，758 页，与《资政新篇》，载于《印书》，8b 页稍有不同。

30 《太平叛乱》，758 页。

31 《太平叛乱》，759 页；《资政新篇》，载于《印书》，9 页。译注：美国总统任期为四年，可能是洪仁玕本人的错误。

32 《太平叛乱》，有关日本，763 页；有关德意志，760 页；有关斯堪的那维亚和法兰西，761 页；有关俄罗斯，762 页。

33 《太平叛乱》，773 页，根据《资政新篇》，载于《印书》，22 页，有所改动。

34 柯温《太平起义：李秀成自述》，234 页注 77；《太平叛乱》，1525 页。

35 柯温《太平起义：李秀成自述》，四处可见；郭廷以《史事》附录，21 页。

36 克拉克和格里戈利《西方人关于太平天国的报道文选》，233 页，有关李秀成“热情的小脸”以及眼镜的叙述。

37 柯温《太平起义：李秀成自述》，109—115、230—233 页；《太平叛乱》，1524—1525 页。

38 柯温《太平起义：李秀成自述》，117—119 页。

39 白伦（Brine）《太平》，253—254 页；《太平叛乱》，923—924 页，有关天主教堂的叙述，以及 1119—1120 页。

40 根据呤唎《太平》卷一，298 页的转引；这幅“想象的画面”出自瓦格纳《天国观念》，113 页。

41 白伦《太平》，258—259 页，把“Shanghae”改为“Shanghai”，把“imps”改为“demons”；《太平叛乱》，1124 页。

42 简又文《太平天国革命运动》，403—428 页，有关安庆战役的精彩分析；李秀成的失败是相当偶然的，柯温《太平起义：李秀成自述》，130、260—264 页，同时引用来自赵烈文日记一针见血的陈述；洪仁玕把失败归罪于李秀成，见《太平叛乱》，1513、1525—1526 页。

43 柯温《太平起义：李秀成自述》，121 页、244 页注 42。

44 《北华捷报》，1860 年 8 月 11 日，也收录于克拉克和格里戈利《西方人关于太平天国的报道文选》，243 页，根据呤唎《太平》卷一，294 页的转引，表明杨格非（Griffith John）赞同这一说法；瓦格纳《天国观念》，59—60 页。

45 1853 年的厦门版本《天路历程》，收藏在国会图书馆（华盛顿特区），而 1855 年的香港版本，收藏于大英图书馆，东方卷集。简写本共 13 页，1851 年由缪尔黑（Muirhead）出版，这一说法乃根据韦烈亚力《回忆录》，168 页。其他版本，见上书，175—176、282 页；关于柏恩斯翻译之班扬（Bunyan）的续集，叙述了克里斯蒂安（Christian）的妻子克里斯蒂安娜（Christiana）的旅程，1866 年于北京出版。

46 见班扬《天路历程》的正文和插图 1、3、8，以及瓦格纳《天国观念》第 59 页的诠释。瓦格纳认为，最早的影响来自米怜 1861 年的摘要；但在《北华捷报》（1860 年 8 月 11 日）洪仁玕致艾约瑟（Joseph Edkins）的信中特别指出，洪秀全喜欢读的是 1853 年首次出现之班扬著作的译本，这封信亦收录于克拉克和格里戈利《西方人关于太平天国的报道文选》，243 页。

47 班扬《天路历程》，9、21 页；见瓦格纳《天国观念》，59 页的评论；夏春涛《宗教》，151—152 页，亦讨论了“窄门”以及它与《天路历程》的关系。

48 《太平叛乱》，939 页。

49 约瑟《访问南京记事》（*Narrative*），279 页。

50 由传教士花兰芷（J.L.Holmes）翻译的诏书的其余大部分，过于断章取义，以致无法反映诏书的实质内涵。《太平叛乱》，1126—1127 页重新翻译，取自白伦《太平》，266—267 页。我则用“Young Monarch”代替“Junior Lord”。译注：“启示”似指洪秀全之子天贵诞生一事。

51 《太平叛乱》，939、941、943、945 页。

52 同上，944、945 页。

53 同上，945、946 页。

54 《北华捷报》，1861 年 3 月 2 日，根据“一个本地基督徒”的观察和报告，并且由金能亨（William G.E. Cunnyngham）翻译，他当时正造访南京。

55 同上，936 页。

56 同上，940 页，1861 年 4 月 4 日的诏书。

57 同上，945—946 页。

58 同上，931 页。

59 同上，931 页。

60 同上，933 页，根据金毓黻《史料》，106 页，略作改动。

61 金毓黻《史料》，107 页；《太平叛乱》，934 页。

第二十章 孝 全

洪秀全梦见降服恶犬恶虎，而罗孝全则于1860年10月13日抵达南京。许多愿望和想法也随着他的到来而交叠。洪仁玕和洪秀全在广州一同上罗孝全的教堂，已是十三年前的旧事[1]。十一年前，洪秀全借萧朝贵之口问耶稣：“番人罗孝全是真心诚否？”好似他仍对罗孝全拒绝为他施洗一事而耿耿于怀。他得到的回答是“是真心也，有牵连也”[2]。七年前，洪秀全初入天京，派亲信到广州邀罗孝全到南京，向太平天国的信徒布道[3]。近两年前，洪秀全为了笼络额尔金勋爵，曾问及罗孝全是否一同前来，但没有得到答复[4]。一年多前，洪仁玕上奏天王，购置新式武器可加强天国力量，而让某些洋人来天国也最能符合太平天国的利益。各国“具有先进技能”和怀有“精巧方略”之人、传教士，凡能为天国献策，不谤议天国处事之道，应促其入太平天国[5]。

罗孝全之所以会来南京，背后有一连串的因缘际会。其中之一是额尔金勋爵在北京烧杀掳掠，迫使咸丰同意签订条约，允许洋人可自由进行贸易或传教布道。另一件事便是东征，这次虽然没能占领上海，但取得了苏州，使得从上海入太平天国境内较为容易[6]。而罗孝全此时摆脱了家庭之累，也没有经济的问题，虽然这些原因不见得让他心里愉快：罗孝全的妻子体弱多病，坚持要和两个孩子住在美国，两人早已貌合神离；他的第一个华人助手已经去世，而第二个助手受不了罗孝全，也离他而去；不过罗孝全打了多年官司，不堪其扰的官府终于同意给他五千二百美元，以赔偿他在广州的寓所和教堂两次遭到暴民抢劫所造成的损失[7]。

起先，洪秀全欢天喜地，待罗孝全有如一年半之前初见洪仁玕那般。罗孝全刚到不久，洪秀全向辖下所有基督徒许诺，可自由进行崇拜。他赞同罗孝全之议，让更多的新教传教士到南京来，可在城里新设十八处教堂，城外至少应有两三千所。罗孝全把自己看成“先行者”，写信告诉朋友，此乃传教的大好时机，可将福音遍传太平天国辖下六省三千万人，此一成功“无疑将证明基督徒的惊叹和钦佩”。[8]

洪秀全宣布，罗孝全是外交大臣，所有涉外讼案由他负责。他提供罗孝全住处——有两间在楼上的房间，离天王府不远——还提供食物和薪金。他赐给罗孝全三名新妇，罗孝全辞谢不受，不过洪秀全以太平天国服饰相赠，罗孝全倒是领受了。一名传教士在南京见到罗孝全，说他衣着华丽：“做太平天国打扮，身着蓝缎长袍，外罩绣花短上衣，头戴红头巾，脚蹬锦缎靴。”[9]

洪秀全当年差一点跟罗孝全受洗，但如今罗孝全和洪秀全唯一一次会见却令人难堪。天王府中的觐见仪式很是盛大，这点无可否认；对外国访客的敬意前所未有，揆诸太平天国历史，亦无二例。

罗孝全对洪秀全印象似乎也很深:“他比我想象的还要俊。个子高大,体形匀称,黑胡须修得很细致,声音很好听。”[10]宫廷礼仪明确规定,罗孝全见了洪秀全必须下跪。他本想拒绝,但一声断喝,令众人跪拜上帝,罗孝全心里一迷糊,自然就跪了下来。罗孝全跪下之后才明白,他跪的是洪秀全。洪秀全和罗孝全这次会面长达一小时,但是其间诸王不时又跪又唱,颂扬天王。罗孝全自始至终都是站着——根本没人邀他就座,除了天王之外,唯一享此殊荣的是天王之子天贵。洪秀全邀罗孝全就餐,陪席的竟是其他王爷,而非天王本人[11]。

洪秀全明白表示,他希望罗孝全所宣讲的基督教是太平天国的基督教,有它自己一套启示。罗孝全来南京,本是希望能改正洪秀全的错误观念,所以洪秀全这番话实是一大打击。罗孝全暗想以美国浸礼会版《圣经》(已由一批浸礼会教士译成中文)来代替太平天国目前所用的詹姆斯王钦订《圣经》(*King James Bible*)的郭士立译本。罗孝全还给洪秀全准备了《路加福音》的加注本,而他的两位同道则注了《使徒行传》与《罗马人书》[12]。另外,罗孝全不准在寓所中接待外国访客,这规定不近人情,虽然没那么严重,但很让罗孝全沮丧。罗孝全所受的看护越来越严密,他相信南京实施的是军事管制,在它所谓的基督教教诲之中,真理渺茫。南京的前途未明,但是太平天国对教堂的需求,渴望真正的布道者,他们在战场上的坚强意志,他们的坦率,还有洪秀全愿意和他讨论教义,都让罗孝全大受鼓舞。[13]

每逢安息日,南京城中心有一块空地挤满了人,“红黄白绿各色旗幡汇成旗海,在众人头顶迎风飘扬”,两名奉命在该日主讲的太平天国传教士布道。外地人亲眼见到这等露天礼拜的场面，很难不为之动容。这两名太平天国传教士头戴黄冠，灿然生辉，站在方形平台上的讲坛旁轮流向人群布讲，其中一人讲述军士的职责、家庭之爱与专心祈祷，另一人解释不准商人入城的原因以及应善待长者贫民。然后，两名传教士在讲坛上下跪，会众也一体下跪，一齐默祷。太平天国的礼拜仪式一结束，罗孝全便可布道，或以广东话，或以南京话，宣讲他所认为的“基督教要义”。他随便挑了一名士兵来问：“何为圣灵？”答曰：“东王。”显然，罗孝全的传道路还很漫长。[14]

罗孝全开始怀疑他能否改变洪秀全的观念，让他了解信仰的真谛，但是洪秀全对于能否改变罗孝全，却是从未丧失信心，洪秀全在致美国浸礼会的一封信中写道：

> 信实天父莫狐疑。勿以朕会受人欺，朕乃选民大救星，何故尔等疑朕无神谕？约书亚大败天父敌，太阳月亮止行为；亚伯拉罕坐于橡树下，即有三人立其旁。尔等细思量，尔等可知晓，尔等信之乎？朕实痛心于此事。朕尝数诏宣天下，普天与朕共一家。干王抵京得启示：知晓神谕胜受洗。感谢天父之看顾。天父上主临下界，不知不觉有如贼。信者将获救，尔将更见圣迹。钦此。[15]

1861年春，英国传教士艾约瑟（Joseph Edkins）也到了天京，他专研流体力学、弥尔顿（John Milton）的《失乐园》（*Paradise*

Lost）和《圣经》神学，1854 年在上海结识干王，成了朋友[16]。艾约瑟在停留天京期间，把一篇他以中文刊行的《上帝有形为喻无形乃实论》和其他几篇神学短文赠给洪秀全。

艾约瑟从几个朋友处得知，洪秀全视力不好，不读字体太小的书，而他又不愿戴眼镜，这点与忠王李秀成不同。因此，艾约瑟送给洪秀全的文章是以清晰的大号字体印刷，他还用“大字”写了一些自己的意见[17]。艾约瑟论辩的是上帝的无形，《约翰福音》第 1 章第 18 节便是明证：“从来没有人看见上帝，只有在父怀里的独生子将他表明出来。”艾约瑟还大力主张耶稣基督的神性，他把《尼森信经》和《阿萨纳信经》的译本呈交洪秀全，告诫他万万不能误入阿利厄斯（Arius）异教，阿利厄斯因否认耶稣的神性而受谴责[18]。艾约瑟用大号字体写作的设想奏效了。洪秀全亲笔评注以为回应。艾约瑟虽然并不信服，但看到自己的信上“布满了朱批和注释”，心中仍颇感欣慰。这些批注显然是以一支“很粗的”毛笔“草草写就”。洪秀全引述《约翰福音》第 1 章第 18 节时，略去了“独生子”的“独”字，如此一来，便不会抵触洪秀全是上帝之子的身份。洪秀全加注：“基督具上帝之形”，因“了如其父故也”。艾约瑟在给洪秀全的信中还从《约翰启示录》引了一段文字，解释对上帝的描述必须解为严格的“比喻”。

此后，我看见在天有门开。始闻一声如号筒之音，语我曰：“尔可上来此，又我示尔，斯后所将成之事也。”我即感于圣神，看天上设座，又一位坐其座焉。其坐之位像以青

> 碧玉及玛瑙玉，周围其座有天虹，像似葱玉。（《启示录》第4章第1—3节）

洪秀全在回信中把“喻”字改成“实”字[19]。

洪秀全略加评注，在此案中，法庭错了，而阿利厄斯是对的[20]。他表示他了解艾约瑟为何论及阿利厄斯，也了解阿利厄斯的观点被阿萨纳修斯（Athanasius）和宗教法庭驳斥的过程。洪秀全不仅屈尊读了艾约瑟论辩，还以诗加以反驳：

> 上帝最恼是偶像，爷像不准世人望。
> 基督暨朕爷亲生，因在父怀故见上。
> 爷依本像造坦盘，尔们认实亦可谅。
> 前朕亲见爷圣颜，父子兄弟无惝恍。
> 爷哥带朕坐天朝，信实可享福万样。[21]

洪秀全与这位西方传教士的私人通信，衍生出对信众的训谕。洪秀全在1861年5月颁布谕令，说这个问题是信仰的问题，也是历史和现实的问题。如果有二十多个人突然说上帝是父亲，世人只是加以怀疑，认为这扰乱了人的关系。如果有两百个人都说自己是天兄基督的亲戚，世人会认为上帝受到藐视。因为“自古无人见上帝”，这担忧是说得通的，因为它往往成真，世人会因无知而“作像陷沉沦”。但这种责难并不适用于洪秀全，也不能适用，因为“神爷惟神子能识，哥朕识父有耳闻”。所以天父、天兄耶稣和洪秀全这轮“明日”在高天上，遍洒其光芒：“有天有日照凡缘。爷哥在天朕真日，同创太平万万年，太平天日今日是，福音征验久传先。”[22]

洪秀全觉得这些神圣关系有些地方众人还没看清楚。他与天兄自然看得见天父，但这并不是说他们可和上帝平起平坐，“朕今诏明天上地下人间，天父上帝独尊，此开辟来最大之纲常”。洪秀全为了强调这一点，诏令“太平天国”更名为“上帝天国”。印玺皆须重刻，以反映现实。百官的称号，日后凡有赠予，都要反映这一变化——从“太平”改为“上帝”。[23]

艾约瑟和罗孝全此时看不到洪秀全圣颜，只是透过批注、诗文和诏书与之联系。艾、罗二人其实对此也不必惊讶，除了洪秀全的家人和心腹之外，没有人能见着天王。外国传教士里头也只有罗孝全见过天王一次，其他传教士即使获准觐见，按礼仪由一群手执黄旗的侍从领至宫中，也只是对着空无一人的宝座枯坐几个时辰，耳边听着赞美诗，看着祭案前的米和肉，香火袅袅升起，舒卷逸散[24]。要求履行新条约权利的西方领事官员尽可怒气冲冲，穿过天京城里七里长的大路，坐在天王府的客厅里，一等就是几个时辰，置身一篮篮木炭、一桶桶冒热气的水和一堆堆柴火之间，成群的男仆在旁窥看，有些胆子大点的宫女也在其中。官员听着铜锣声鸣，看着写在黄绸上的圣谕，但洪秀全就是不露面。[25]

有些外国访客从外面看到，天王府的院门不时打开，让宫女和侍从端着特别赠礼通过，宫门外水榭旁，泊着一艘镀金的大龙舟，天王乘船沿江而下，到达天京[26]。在天王府的外院，有几只灯笼丝绳悬着，忽明忽暗，其中一只全以玻璃制作，乃是取自苏州的巡抚衙门。庭院中坐着一名老仆，从年轻就在广州认识了天王。他什么人都不让进院子。镀金的圆柱上方有铭文一块,上刻“真神圣天门”，反映了太平天国名称的转变。洪秀全告诉随从，属灵事务是他生活的重心，从今而后，“一般事务”由天贵福处理。[27]

天王的“属灵事务”已为罗孝全和艾约瑟所提出的挑战所占据。这几个月以来（甚或这几年来），洪秀全在新旧约《圣经》的宽边上写下眉批——这《圣经》已经经过天王校订。他的这些眉批固然与《圣经》的章节相对应，但其思绪却如天马行空，无羁无束。洪秀全在校订《圣经》时，多少还是受到篇幅限制，不足以抒发己见，但在眉批中则可畅所欲言，不受长度限制[28]。《圣经》有些地方让洪秀全颇感困扰，此时他已完成修订，而从洪秀全信手拈来、琢磨字义的自在来看，他虽然没受过传教士的训练，但也能用《圣经》的内容与艾约瑟、罗孝全论辩。

洪秀全亲笔在《新约全书》页边眉批——或许还有别的地方，比如现已佚失的《约翰福音》——其中有七十条传至今日，大部分都在探讨家庭关系和天父上帝特性这个二元论题。洪秀全再三强调，耶稣不可能成为上帝，也不是上帝，一如洪秀全既非上帝、不可能成为上帝，也不可能自称为上帝。东王杨秀清是劝慰师，也是圣风所附，洪秀全常以他为例，以示圣父、圣子、圣风三位一体并非彼此平等，上帝是圣风，而杨秀清只是代上帝发言，并非上帝。洪秀全提醒信徒：“爷知新约有错记，故降东王诏证圣神是上帝，风是东王。”同理，洪秀全写道：“又知凡人误认基督即上帝”，所以“基督降西王以明太子在是，你自你、子自子、兄自兄、弟自弟”。如果真有“三位一体”这种概念，那么它指的是上帝的三个孩子——耶稣、洪秀全和杨秀清三兄弟，因为“至圣灵东王也，是上帝爱子，与太兄及朕同一老妈所生，在未有天地之先者，三位是父子一脉亲”。[29]

洪秀全不断反复强调家族纽带的本质。《马可福音》第 12 章 35 至 37 节记载了耶稣在逾越节前，与一些犹太经师在耶路撒冷殿中争辩救世主可能是“大辟（David）之子”的话题，洪秀全对此加以反驳：“基督即上帝，上天合为一……缘何朕上天时将见天上有天父上帝，天母老妈，又有太兄基督，天上大嫂，今下凡又有天父、天母、天兄、天嫂乎？”[30] 洪秀全欣然接受了记载于《使徒行传》上司提反（Stephen）在殉道前所说的话，用来支持洪秀全的解释。司提反对着人群大声呼叫：“吾看天开，而人子竖立上帝之右矣。”洪秀全说这“反明证，上帝是神父，基督是神子”[31]。当然，正如洪秀全在别处写道：“上天下凡总是一样，耳闻不若目见也。”[32]

从洪秀全其他的眉批看来，杨秀清和麦勒西（Mellersh）在“响尾蛇”号船上曾就上帝之有形无形所做过的神学论辩，他是不可能忘掉的。只要《新约全书》记载耶稣以肉身触人时，洪秀全一定会以眉批强调，虽然上帝并非耶稣，但他确实也在场，而耶稣正因上帝的在场而获得力量[33]。例如在《马太福音》中，耶稣以手触摸彼得岳母之手而使她痊愈，洪秀全写道：“上帝住临太兄头上，故出一言抚下手即愈也。”又如《马太福音》中说到耶稣“触摸两个盲人的眼睛”使之复明时，洪秀全批注：“上帝住临太兄，故摸目即见也。”[34] 当耶稣救治瘫痪的男子时，上帝“在上”；耶稣触摸并治愈了一名麻风病人，那是因为上帝就在耶稣“头上”[35]。洪秀全读到诸如耶稣“触摸棺材”使寡妇的独子起死回生之事，虽然他并没有说上帝就在现场，但仍小心解释，耶稣在此只是上帝派来的“先知”，决非上帝本人[36]。

洪秀全告诉信徒，太平天国之创建有许多不可解之谜，而《新约全书》提供了征兆或答案。他在紫荆山与永安先后提及“凡间天堂”或“小天堂”,可从《保罗达哥林多人前书》第15章来解释:“我们既有属土的形状，将来也必有属天的形状。”由此而言，“小天堂”或“凡间天堂”也就是南京“天朝”，它是肉身在凡间的上帝之国，而上帝的“大天堂”则是灵魂荣升之所在[37]。《使徒行传》第15章第14节至16节有重建圣殿的预言，这也与太平天国当前的目标相吻合。《圣经》是这么说的：

> 西门已述云，昔上帝顾异族类，由之择民可教其名矣，且圣人之言与此符合。按云，造万物之主曰，此后吾必回，顾大辟之毁堂而再建之，且吾必复兴其颓瓦再起之。”

一如洪秀全所批注，这一段预示了“上帝基督下凡，再建上帝殿堂在天京天朝矣”[38]。

洪秀全没有告诉艾约瑟、罗孝全的是，他越来越相信自己说话有如麦基洗德，乃是上帝的最高祭司与国王。洪秀全发现《圣经》上两段经文有关麦基洗德，说得极为明白。第一段在《创世记》第14章，此处只是提到麦基洗德，但对洪秀全而言已经足矣。如《创世记》第 14 章第 18 节所写，当亚伯拉罕凯旋时，“撒冷王麦基洗德为至上之神祭司，载饼与酒而出”。洪秀全对这段话已做了三处修订，因此在《太平圣经》中，这段话便成了“天国之王麦基洗德带馒与酒而出，他是至上帝之祭司”。洪秀全在眉批中，解释了他所改动的地方：“此麦基洗德就是朕，朕前在天上下凡显此实颜，以作今日下凡作主之凭据也。盖天作事必有引。”[39]

洪秀全顺着这条思路继续眉批《创世记》第 15 章。在这一章中，上帝答允亚伯拉罕，佑他子孙繁茂。洪秀全写道：

> 爷前下凡救以色列，出麦西郭，作今日爷下凡作主开天国引子。哥前降生犹太郭，代世赎罪，作今日哥下凡作主大担当引子。朕前下凡犒劳祝福亚伯拉罕，作今日朕下凡作主救人善引了。故爷圣旨有云：有凭有据正为多。钦此。[40]

麦基洗德第二次出现在《保罗达希伯来书》中。保罗写道：“无有此望，如灵魂有锚，稳固不动，又入于帘内之所矣。夫吾之先往者耶稣，早入彼永为祭主，依麦基洗德之班列矣。”[41] 保罗认为麦基洗德“无父无母亦无族谱，无始日，无终生，成如上帝之子”（《希伯来书》第 7 章第 3 节）。连利未（日后的最高祭司称其权威源于他）在“麦基洗德迎接亚伯拉罕之时，利未尚在祖父之身”（《希伯来书》第 7 章第 10 节）。洪秀全在经文边上的空白处写道：

> 此麦基洗德就是朕，前在天上老妈生太兄及朕辈，朕

> 时知爷将差太兄由亚伯拉罕后裔而生，故朕劳将兵犒劳视福亚伯拉罕，盖亚伯拉罕善人他。爷爷圣旨云：禾王作主，救人善一，以作今日下凡作主之凭据焉。钦此。[42]

洪秀全在《圣经》的页边写道："至朕在天上，当拉罕时，朕还颇记得。知爷将差太兄由拉罕后裔而生，故朕下救拉罕，祝福拉罕。"[43]

新教认为《启示录》第4章中以具象描述上帝，艾约瑟曾要洪秀全对此加以回应；结果洪秀全断然驳斥，说这描述乃是"实言"。洪秀全的眉批说明了他对艾约瑟所举例子的上下脉络细节相当清楚。例如《启示录》第3章第12节有一段："与我上帝之邑名，即由我上帝自天降下之新耶路撒冷者。"洪秀全在旁边写着：

> 今天史至矣，天朝有天父上帝真神殿，又有太兄基督殿，既到上帝之名与基督之名也。由于父上帝自天降下之新也露撒冷，今天京是也，验矣。钦此。[44]

洪秀全也在《启示录》中读到七封印是如何开启，每个封印又如何各具意义：白马骑士征服四方；红马骑士能带给世间和平；黑马骑士带着天秤；死神坐在灰马背上。但洪秀全最关心的是第六封印打开时。《圣经》说：

> 揭开第六印的时候，我又看见地大震动，日头变黑象

毛布，满月变红象血，天上的星辰坠落于地，如同无落果树被大风摇动，落下未熟的果子一样。天就挪移，好象书卷被卷起来；山岭海岛都被挪移，离开本位。地上的君王、臣宰、将军、富户、壮士和一切为奴的、自主的，都藏在山洞和岩石穴里，向山和岩石说："倒在我们身上吧！把我们藏起来，躲避坐宝座者的面目和羔羊的忿怒，因为他忿怒的大日到了，谁能站得住呢？"（《启示录》第 6 章第 12—17 节）

洪秀全在这一段的空白处写下自己的看法，阐述经文，以启天国陷于苦战的信徒：

朕是太阳，朕妻太阴，（太阳）变黑（月亮）如血，是隐诏降便众人。天将天兵是天星坠地者，隐诏降志诛妖。天去如卷卷，且各山岛移本处，是隐诏天地除旧换新，太平一统，舆国换新，世上长宪。自匿窝穴山岩，是隐诏今时曾蛇伏诛，残妖绝灭。今验矣。钦此。[45]

洪秀全最后大胆综论这些主题，以《启示录》第 12 章的开头与信徒同阅：

天上现出大异象来：有一个妇人身披日头，脚踏月亮，头戴十二星的冠冕。她怀了孕，在生产的艰难中疼痛呼叫。天上又现出异象来：有一条大红龙，七头十角，七头上戴着

> 七个冠冕。它的尾巴拖拉着天上星辰的三分之一，摔在地上。龙就站在那将要生产的妇人面前，等她生产之后，要吞吃她的孩子。妇人生了一个男孩子，是将来要用铁杖辖管万国的。她的孩子被提到上帝宝座那里去了。(《启示录》第12章第1—5节)

洪秀全在这段上方的空白处写满眉批，这情形与第11章同，说明这妇人何以就是他母亲，洪秀全何以就是祭司国王麦基洗德：

> 朕还记得朕入这位亚妈之胎，爷做有记号，即是穿太阳，以示身内胎生是太阳也。谁知蛇魔阎罗妖亦知得这妈身胎是朕，上帝特差生入世诛灭这蛇者，故蛇欲吞食之，翼占上帝之业。岂知上帝无所不能，生出之儿，蛇不能害。朕今诚会自证前时麦基洗德是朕太兄，升天后身穿太阳，这妈生出之儿亦是朕，故令爷哥下凡带朕作主，专诛灭此蛇也。今蛇兽伏诛，天下太平矣，验矣。钦此。[46]

注释

1 韩山文《太平天国起义记》，31—32页。

2 《天兄圣旨》卷一，14页，道光二十九年一月二十一日。我把"牵连"翻译成"connected together"。又见艾约瑟在《访问南京记事》第265页中，对罗孝全的善良所下的评论："由上帝告诉洪秀全，所以他相信了。"

3 《太平叛乱》，573—575页，关于信差的陈述见于克拉克和格里戈利《西方人关于太平天国的报道文选》，75—80页，其中耶·哈伯（Yeh.A.Happer）记载了信差送信的过程。曾经有一封信被称为洪秀全真正的邀请函，现在认为有可能是后来捏造的。见《太平叛乱》，509—510页。

4 《议会档案/额尔金》，473页。

5 《太平叛乱》，758页。

6 见罗孝全1860年9月29日的信，载于《北华捷报》，1860年10月27日，以及他致《中国陆上的邮件》的信，见克拉克和格里戈利《西方人关于太平天国的报道文选》，253页。

7 关于罗孝全妻子生病的记述，见普鲁登《罗孝全》，215、284页，以及邓元充《罗孝全》，61页；普鲁登《罗孝全》，164页，有关他的第二个助手阿春的情况，108—118、284页，有关于官司的记述。他的第一个助手春死于1845年，罗孝全用感人的笔调描写了他的过世，这封信写于1845年4月6日，见于《南方浸礼会对外传教部档案》，维吉尼亚的里斯曼，罗孝全的文章《春在广州的所作所为》，第15号标签，第1760盘胶片，第49篇。关于罗孝全的妻子维吉尼亚厌恶丈夫的记述，见她于1867年10月6日写的信，同上，信件，第一号标签。感谢劳拉·马克丹尼尔（Laura McDaniel）提供的这一条以及其他参考资料，感谢美国浸礼会对外传教社团提供的帮助。

8 《美国浸礼会对外传教部档案》，宾夕法尼亚州福格谷，罗孝全，卷75之5，南京，1860年11月8日和1860年12月1日致兄弟会会长信函附件；普鲁登《罗孝全》，289—290页。

9 库格林《陌生人》，274页；普鲁登《罗孝全》，290—291页；艾约瑟《访问南京记事》，265、267页；《北华捷报》，1861年9月7日。罗孝全以前的同事高第丕于1861年春访问南京时，写信给一个朋友说，他看到罗孝全"穿着首领们丢弃的袍子"，"是我所见过的衣着最油腻的白人"，这句话引自库格林的《陌生人》，276页；牧师霍伯森认为那是"一件脏的黄色中国袍子——邋遢和不整洁的可悲展览"——引自克拉克和格里戈利《西方人关于太平天国的报道文选》，298页。容闳很久前在郭士立太太的澳门学校里遇到过罗孝全，发现他看起来老了，尽管"穿着双笨重的中国鞋悠闲地"走来走去（《西学东渐记》，107页）。

10 罗孝全的信，收录在克拉克和格里戈利《西方人关于太平天国的报道文选》，254 页。

11 同上，255 页。

12 《北华捷报》，1861 年 9 月 7 日；韦烈亚力《回忆录》，97 页，第 5 项。关于罗孝全的合著者查理·华盛顿·盖拉（Charles Washington Gaillard）和罗斯威尔·荷巴特·格雷斯（Rosewell Hobart Graves），见韦烈亚力《回忆录》，230、240—241 页，以及普鲁登《罗孝全》，205、285 页。罗孝全的《圣经》手写本保存于布朗大学图书馆。

13 关于约西亚（Josiah Cox），收录于克拉克和格里戈利《西方人关于太平天国的报道文选》，313 页，有关管制的记述。罗孝全致《北华捷报》的信（1861 年 3 月 30 日）也收录于《西方人关于太平天国的报道文选》，262—264 页。

14 艾约瑟《访问南京记事》，276—277 页。

15 艾约瑟在《访问南京记事》中把干王译成"Shield King"。"主的日子来到，好像夜间的贼一样"（《帖撒罗尼迦书》第 5 篇，第 2 节），这种说法洪秀全最先从梁阿发的译本中看到；见简又文《全史》，469—471 页。洪秀全在《圣经·启示录》第 22 章 17—20 节的批注中，把这些话应用到自己身上，见《太平叛乱》，237 页。

16 韦烈亚力《回忆录》，187—191 页；关于弥尔顿以及他在科学上的成就见该书，189 页。

17 艾约瑟《访问南京记事》，294—296 页，包括两条洪秀全对自己眼病的说法。眼病被杨格非在致他弟弟的信中证实，这封信收录于克拉克和格里戈利《西方人关于太平天国的报道文选》，297 页。又见瓦格纳《天国观念》，99 页。

18 艾约瑟《访问南京记事》，295 页。

19 艾约瑟《访问南京记事》，295 页；萧一山《诏谕》，第二项（第六盘），包括洪秀全写有批注及标有重点的艾约瑟文章的图片。原稿藏于大英图书馆，东方部分第 8143 扎第 5896（J）卷。蓝纸黑字写得很清楚。

20 艾约瑟《访问南京记事》，272 页注释，提到洪秀全从《中国月刊》上看到艾约瑟写于 1857 年的相关文章。这篇文章有可能是艾约瑟的《主与耶稣一体》，发表于《华阳河和通书》（中西历一致的历书），文章被提到是在韦烈亚力的《回忆录》，189 页注 8。

21 这首诗别出心裁，是洪秀全用朱砂写在艾约瑟文章最后一页的（参见注 19）。文件大约有一半的字能够辨识清楚，后面有太平天国的方印为证。在简又文的赠书第 22 页上，有重新整理过之文章及印章的照片。这首诗的影印件载于萧一山的《诏谕》卷二，2 页，第七幅照片，抄本在向达编的《资料》卷二，672 页，这与我从《太平叛乱》，1205 页上看到的有较大出入。

22 《太平叛乱》，939 页。

23 同上，938 页。

24 关于花兰芷，见《北华捷报》，1860 年 9 月 1 日，转载于克拉克和格里戈利《西方人关于太平天国的报道文选》，250 页。

25 关于巴夏礼（Parkes），1861 年 4 月 2 日，《英国议会档案》，爱尔兰大学出版社地区研究系列，122 页，函 5 附件 2，海军上将致汉门德（Hammond）的信，1861 年 6 月 15 日。

26 富赐礼《南京和那里的居民》。

27 同上，以及《英国议会档案》，爱尔兰大学出版社地区研究系列，100 页。

27 评论可见修订过的太平圣经《钦定旧遗诏圣书》和《钦定前遗诏圣书》，均保存于大英图书馆。尽管标明洪秀全批注所写的日期是不可能的，但富赐礼在看《圣经》手稿时，于他的文章《洪秀全的基督教》190、200 页中指出，我们现在所看到的那些批注日期不会晚于 1861 年 10 月。夏春涛《宗教》，142 页，则争辩说应为 1860 年。

29 金毓黻《史料》，85 页，根据《太平叛乱》第 234 页，稍有改动。

30 金毓黻《史料》，80 页；《太平叛乱》，230 页。

31 《圣经·使徒行传》，第 7 章，56 节；金毓黻《史料》，81 页；《太平叛乱》，231 页；博尔《末世学》，362 页。

32 金毓黻《史料》，85 页；《太平叛乱》，235 页。

33 《圣经·马太福音》，第 8 章，15 节；金毓黻《史料》，77 页；《太平叛乱》，227 页。

34 《圣经·马太福音》，第 9 章，29 节；金毓黻《史料》，77 页；《太平叛乱》，228 页。

35 《圣经·马可福音》，第 2 章，3—5 节；金毓黻《史料》，79 页；《太平叛乱》，229 页；以及《圣经·马太福音》，第 8 章，3 节；金毓黻《史料》，77 页，“upon the head”意为头上；《太平叛乱》，227 页。

36 《圣经·路加福音》，第 7 章，14—15 节；金毓黻《史料》，80 页；《太平叛乱》，230 页。

37 《圣经·哥林多人前书》，第 15 章，49—53 节；《太平叛乱》，232 页；金毓黻《史料》，83 页。

38 《圣经·使徒行传》，第 15 章，14—16 节；《太平叛乱》，231 页；金毓黻《史料》，81 页。

39 金毓黻《史料》，75 页，部分根据《太平叛乱》，225 页；吴良祚和罗文奇《印书》，283 页，指出在原印本里把“王”误印为“主”，而且金毓黻误把这段话放在《圣经·创世记》第 15 章里。

40 金毓黻《史料》，75—76 页，部分根据《太平叛乱》，225 页。

41 《圣经·希伯来书》，第 6 章，19—20 节。在《圣经·诗篇》第 110 章第 4 节里也有一条批注，但在太平天国《旧约圣经》里没有印《诗篇》，而以《约书亚记》结束。

42 《太平叛乱》，233 页，根据金毓黻的《史料》84 页作了修改，而且把“Hewong”改为“Hong”。

43 《太平叛乱》，236 页，根据金毓黻的《史料》86 页作改动。

44 《太平叛乱》，235 页，根据金毓黻的《史料》86 页稍作改动。

45 《太平叛乱》，235 页，根据金毓黻的《史料》86 页稍作改动。

46 《太平叛乱》，236 页；金毓黻，《史料》，87 页。按照我的理解，洪秀全用的“胎”字有两种不同含义，第一意为“子宫”，第二意为“胎儿”。

第二十一章　雪　降

罗孝全在 1862 年 1 月 20 日离开南京，到停泊在长江边的一艘英国船寻求庇护。他给报纸写了一封信，怒气冲冲，称干王洪仁玕大大委屈了他，而洪秀全则是“狂人，完全不适合统治，且政府全无组织可言”[1]。《北华捷报》（*North China Herald*）在 2 月初报道了罗孝全安全抵达上海，但字里行间对这位牧师并无同情之意，反而戏称他为“浦东大主教阁下”、“冒牌的狄奥根尼（Diogenes），日后将成传教士里的柏拉图”[2]。在报纸的编辑眼里，罗孝全误道公众，错看太平天国多年，他的出逃只不过还了公众一个如诗的公道而已。“这人最先点了火，引发这场大规模的渎神和屠杀，最后也逃离自己所唤醒的恶魔——一如浮士德逃离魔鬼梅菲斯特。”[3]

罗孝全离开天京时，李秀成正在上海城外重新集结太平军，决心压倒洋人以扳回在安庆的惨重损失。太平军逼近上海，有两个洋人见识了太平军的力量和战备。这两个人都打过仗，一个喝醉了，一个则是清醒的。喝醉的那人名叫高华斯顿（Charles Goverston），是停泊在上海的英舰“大英帝国”号上的水手。他事后对英国副领事解释，1862 年 1 月初，他获准有 48 小时“自由”去查探上海，但“因酒醉”而误了出发时间。他在没有“完全清醒”的情况下，“带上一个会讲英语的中国人”前往察看被说得天花乱坠的太平军，结果很快就看到了。他在距城防工事仅五六公里处，突然被一小群太平军围了起来，高华斯顿吓着了，“这一惊真把他吓醒了”。有个太平军军官让他喝了很多“差点把他撑坏的甜露酒”，他又醉得不省人事了。之后他便不感害怕，也没酒可喝，太平军把他关起来，并透过他的中国翻译盘问了四天，诘问上海有无法军英军，驻在何处，人数多少，有无重炮等等。问完之后，太平军要高华斯顿带一封信回去给洋人：太平军决心占领这座城市，要求英法军队尽速撤离。太平军保证不破坏、不抢劫欧洲人的财产。

高华斯顿没醉，也不害怕，他估计光在他被监禁的地方附近，就约有太平军一万五千人：“附近村庄都是他们的人，每个房间都挤满了。”很多太平军配有外国滑膛枪，有些枪上带有“测距仪”，有些是日耳曼造的。太平军里有几个欧洲人，其中一个讲英文的“阿拉伯人”还是太平军将领的“仆役”。这阿拉伯人告诉高华斯顿，有些太平军还配备了欧洲最先进的恩菲来复枪（Enfield Rifle）。高华斯顿注意到，太平军似乎供应装备很精良，“将士伙食充足”，“气色很好”。但太平军对召来的苦力却很残忍，竟杀掉那些不堪重负的人；他们也不付钱给来帮忙的洋人，只许诺占领上海之后，他们会“得到很多东西”。[4]

1862 年 1 月 20 日，英国人兰伯特（Joseph Lambert）向英国官员提供有关太平军计划和军力更详细的情报。兰伯特跟一个欧洲“同事”在一支船队里当督办，这支船队由中国商人出资，拥有四十二条船，挂法国国旗在内地采买丝绸。这两个洋人被太平军捉到，关了三天，由一个讲英语的广东人审问。太平军以死相胁，这两人的雇主付了两千美元，死刑也就免了。太平军要兰伯特回上海，替太平军买滑膛枪和弹药，并把四封信分送英、法、美、荷兰四国领事。如果他不照办的话，那么太平军一到上海，一定找得到他，把他的脑袋砍下。兰伯特所送的信，措词很凶：

> 法英若是企图抵抗，一旦攻占上海，就会把洋人的脑袋全砍掉，且停止茶丝贸易；英法若是不干涉，白人皆可经商，且遍行无阻。

兰伯特估计，在他被俘虏的那一带约有近四千名太平军。这些人装备不足——可能十个人只有一把滑膛枪——但是他们已经建了“一座正规的钢铁铸造厂”，正在浇铸大炮炮筒[5]。

上海的外国人本已如惊弓之鸟，这个消息更是火上加油，于是加强了上海城防，沿外国租界部署四千兵力、防御工事和炮阵，八艘英国战船也起锚联防上海。炮阵有三点五米高，先以二十厘米见方的新加坡硬木搭成，若是时间允许，再用石块代替——联军的旋转山炮可发射三十二磅炮弹。为了预防意外爆炸，备用军火都放在一条停在河中的旧船上。为了修筑这些防御工事，洋人自掏腰包，筹募了八万六千两白银。[6]

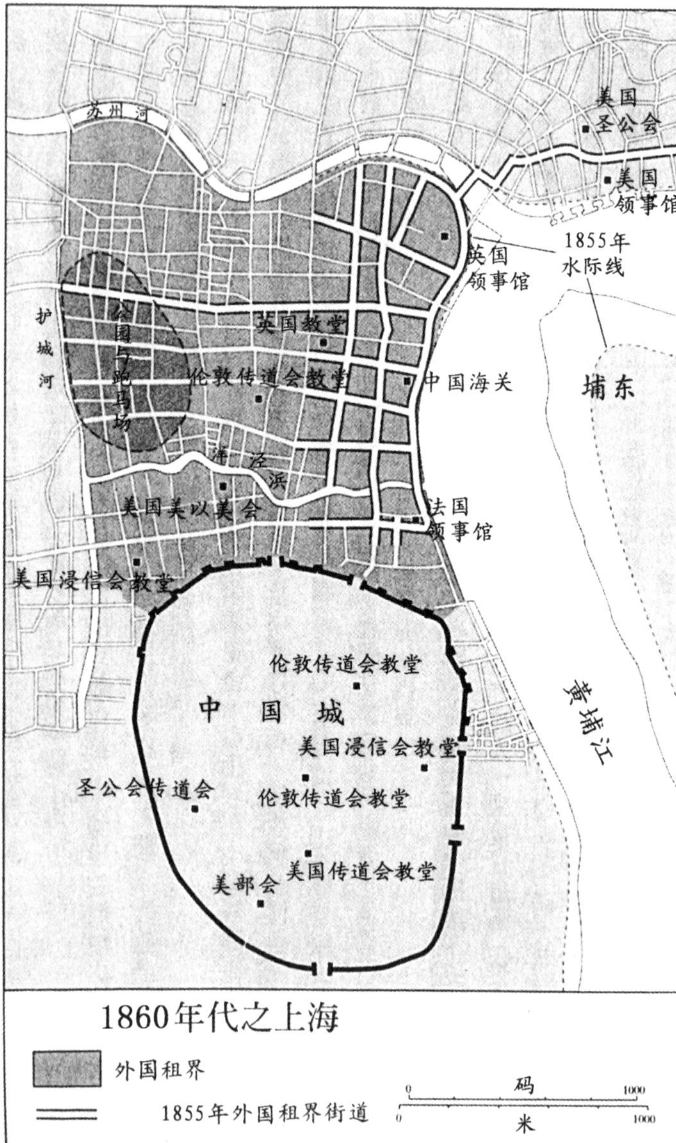
苏州河
美国
圣公会
美国
领事馆
1855年
水际线
英国
领事馆
护城河
公园与跑马场
英国教堂
伦敦传道会教堂
中国海关
浦东
洋泾浜
美国美以美会
法国
领事馆
美国浸信会教堂
伦敦传道会教堂
中国城
美国浸信会教堂
黄浦江
圣公会传道会
伦敦传道会教堂
美部会
美国传道会教堂
1860年代之上海
外国租界
1855年外国租界街道
码
米
0
1000
0
1000

英国的“上海租界租地人会议”在英国领事馆集会，有三四十名富商与会。即使上海有可能失守，他们的防御计划打的算盘也很精，从中还可图利。譬如护城河也能当排水渠，所以华人地主也乐于支付这笔费用。把租界变成中国富人的“避难城”，不仅房租大为提高，也鼓励了“上层华人”“自由入股，认捐碉堡的花费”。把碉堡当成长期投资，价值可观，因为“若有动乱，便可对付暴民”。[7]

1862 年 1 月 15 日，一个名叫西勒（J.C.Sillar）的人在会中提议，英国“与太平军首领好言相谈”，把上海拱手让出，由“这些印发《圣经》的人”来接管这座“崇拜偶像的本地城市”，以“平和易手这座城市”。这么一来，英国人不但能洗清犯下的“滔天罪行”，也能使租界上的中国难民免于灾难——西勒先生夸大其词，估计难民人数会有七十万——否则的话，这些难民将“成千上万地冲到马路上来，淹死在河里……同时街上会堵满被践踏的尸体”。但没有一个人同意西勒的建议，一教士宣称，现在是“对太平军采取迅速而坚决行动”的时候了，这个相反的建议“在热烈的掌声中获得通过”。[8]

没人料到天时有变。1862 年 1 月 26 日下起大雪，历五十八个小时方止，积雪达七十六厘米厚，经过风吹，有些地方的积雪更厚。雪停了之后又开始降温，气温逐渐下降。到 1 月 30 日，气温已降到摄氏零下十二度。整个原野天寒地冻，达二十多天之久，《北华捷报》称此酷寒气候“未尝见诸上海的气象记录也”。[9]

这场大雪对太平军乃是一大灾难，他们没有足够的冬衣御寒，既不能突破郊区防线，也不能打碎堵塞河道的冰块。“我们动弹不得”，李秀成一语道之。[10]

1862年初这几个月至为关键，太平军的攻势被天气所阻，没能突破上海业已增强的防御工事，既没占领非租界区，也未能打败洋人。1862年暮春，曾国藩的弟弟率官军从安庆出发向下游挺进，趁太平军兵力空虚之际，攻占了雨花台脚下的战略要地，扼长江江岸和南京南大门之间。李秀成放弃夺取上海的打算，1862年秋回师攻击官军在天京周边筑起的防御工事和围栅。他用尽办法来破坏官军工事，却是劳而无功。[11]

太平军的处境固然严峻，但他们所受的苦远远比不上这一带的百姓，战事无止境，百姓也家破人亡，流离失所。长江三角洲的百姓至少要对付八路来回征伐的人马，包括太平军的野战部队，与太平军松散结盟的秘密社团和其他非正规军，独立的水陆帮匪，地方团练和农民自卫武装，由像曾国藩弟兄之流所招募的大队官军，归江苏省官员统率的朝廷正规军，由清廷雇佣、由美国人华尔（Frederick Ward）指挥的洋枪队，以及由英国人指挥，以海军上将何伯（Hope）和陆军准将士迪佛立（Staveley）为首的西洋各国海陆联军。

在这一年多来，从上海经苏州到长江边，甚至直至南京城下的洋人和中国人，不管走的是水路还是陆路，皆可见到荒凉景象，对此已是见怪不怪了：在这片长宽各约八十公里的地区，每间房舍几乎都被破坏，或是烧掉一角，或是拆了门板屋梁。这些木料或是充作军队的薪材，或是用来搭建浮桥，或是充作防御工事，绕村而立。在这些用作短期营地的村庄里，男丁被各方人马强行征用，妇女则被掳走，徒余“炮弹壳与白森森的尸骨间杂相伴”，三五老人收拾断垣残壁[12]。这些村落的“房舍尽毁；满地污秽；尸骨或弃之于野，或于沟壑，听任腐烂”。江边的屋舍都遭洗劫，有时连绵数十里而不绝，百姓顶多只能睡在简陋的草房或芦苇棚下。[13]

只要能拿来烧的东西，不管是木材、干草、棉花梗、芦苇，价格都翻了一两翻。村民以“老人为主，脸上满是痛苦绝望”[14]，站在河边，拿出小篮，里头有一点鸡蛋、橙子或小块猪肉等。在路上遇到的村民,脸上刺着“太平天国”四个字,表明他们是从战场逃出，又被太平军军官抓到，以此方式警告他们不要再开溜。有些人脸颊下陷，上有疤痕，是因想用刀刮掉脸上的字。[15]

旅人遇到的难民，有些是三五成群，有些则多达三百五十人左右，男女老少皆有，还有些残疾人，有的扛着家当，有的扛着旗子和长矛，有的空手而行。西方传教士循陆路走过废弃的村庄，只见尸骨四处散落，动物在残垣间觅食。而走水路的传教士发现，他们有时要从浮在河上的腐尸之间慢慢开出路来。[16]一个在苏州附近旅行的传教士看着眼前的尸体“直想吐”，有一幅景象长驻心头，萦绕不去，“一个小孩活活饿死，干尸撑坐在中国人给还不会走路的小孩用的那种似椅似床的东西上”[17]。

就连那些英国退伍军官也深有同感。他们见多识广，早对战争引起的苦痛习以为常了，起先讥讽传教士多愁善感，过于夸大苦难，到后来也有类似的看法。“在所有我们有机会去过的地方”，英国远征军军需官渥西雷（Garnet Wolseley）写道：“人民的痛苦和惨状无法以笔墨形容。一大家子挤在用芦苇搭成的矮棚里，刺骨的北风从破敝处呼啸而入，这些人衣衫褴褛，蜷缩在一起以取暖。老人沮丧不乐，太过虚弱，无法工作，而孩子的脸上饿到露出渴望的神情，凡是见过这场面的，便会永难忘怀。”[18]

人调整自己以适应周遭的现实，而日子也还在这么继续下去。有个洋人在大雪停了之后，随巡逻队到乡下去侦察了一两天。他们小心翼翼地绕过一名中国男子的尸体，一把长矛刺穿了他的脑壳。接着他们发现自己走在一条满是脚印的小路上，小路积雪很深，在尽头有一伙村民聚在一起，躲在仍在冒烟的断垣残壁间喝茶守岁，等候大年初一的来临[19]。

很多中国难民涌向上海，太平军和其他军队动向的流言决定了他们的步伐快慢:有时他们“匆忙沿街路狂奔，有如一群受伤的鹿”，有时则“带着日渐减少的食物和衣服蹒跚而行，脸上布满惊恐之情”[20]。太平军攻下杭州等城镇时，乔装改扮混在难民里进城，官府为了防止旧事重演，干脆下令关闭城门，拒绝难民入内。外国租界的滨江大道和码头上挤满了人，饥荒和疾病蔓延，外国人采取隔离控制。运河上的印度兵奉命升起吊桥，外国警察实行宵禁，严禁中国人在晚上八点以后上街[21]。如果遇上巡逻队，外国人必须报上口令，而有居住权的当地中国人则须出示“通行证”。若是中国人没有通行证，一律逮捕，逐出外国控制区。[22]

英国司令官士迪佛立将军对无常的局势不抱任何幻想，派皇家工兵队的戈登（Charles Gordon）上尉去查看上海防务。他布设了防卫炮兵阵地、堡垒和壕沟，这样英国人既可以保护自己免受外面太平军的攻击，又可以防范城内的中国居民和难民——“从一些居民的不满情绪来看，恐有偶发事端。”[23]英国侦察兵能看到焚村的火焰、太平军驻地的旗子和军队，看到雪停之后，一队太平军满载掠夺物品而归，扛着米、豌豆、大麦、锅、床和衣服，用矛赶着猪和羊，对世俗需求的规模之大，令英军颇感惊讶[24]。

甚至到了1862年夏天，情势仍无好转。英国领事报告："我们这儿又挤满了难民，这次的人数比以往还多。他们居然在房子前面的江岸、石桥边的路上扎营。无数的妇女、老人、孩童风餐露宿，他们没有足够的食物，令人触目惊心。"[25]战事无休无止，导致缺衣少食，那些为了寻求庇护而住在上海的村民境况悲惨。1862年夏天，李秀成最后一次进攻不成之后，一名自称"慈善家"的西方人写下了他闯进中国难民麕集处之所见：难民挤在汉伯利路（Hanbury's Road）旁以竹子搭成的陋屋里，有些人"外表又瘦又可怜"；一些人"因饥饿和疾病而处于死亡边缘"，他们躺在烂泥地里，每次江水涨潮都会淹在水里；活人中间夹着"腐烂程度不等的"死尸，有时活人就和死去的亲人在一起。一个还活着的母亲躺在地上，虚弱到无法搬动她那两个已死去、光着身子的孩子，他们"身上盖着融雪和烂泥"，躺在她的身旁。这些骨瘦如柴的活人仅靠一种时有时无的捐献"米票"制维持生活，为了买更多的粮食，那位"慈善家"呼吁上海居民捐款五百美元，他保证自己会提供其中的三分之一[26]。1862年年底，气候寒冷，所有在中国剧院里看戏的洋人都被请求捐献与门票相等的钱，"为饥饿、可怜的中国人提供食物"[27]。

1862年的大雪之后，洋人的狗开始失踪。最早不见的是一条黑猎犬，在2月份被人从医院附近带走[28]。第二条是"梯撒"（Teazer），一条浅棕色的长腿牛头獒，尾巴短而粗，鼻嘴色黑[29]。接着一条名叫"烟灰"（Smut）的黑褐相间的牛头㹴便从皇家海军战舰"紧迫"

1860年，太平军进逼上海，促使外国人以武力自保，训练中国兵士，组成“常胜军”（Ever-Victorious Army）。常胜军按西洋兵法操练，装备齐全，皆着制服，先后由美国军官华尔（Frederick Ward）、英国军官贺兰（John Holland）、戈登（Charles Gordon）指挥。法国人亦成立类似的组织，名之为常捷军（Ever-Triumphant Army）。这些军队的表现虽然有时荒腔走板，不过在建立上海周边防卫上仍扮演要角，后来又有助于清军在华东压制太平军。中国军队最早的照片是摄于额尔金在1860年攻打直隶时，这两张照片可能摄于1863、1864年之后，所示即在上海由华洋共组的军队。

(Urgent) 号上失踪了。之后是两条在一起的母狗——一条是黑白两色的小“日本”,另一条是长着白长毛黑耳朵的“北京”种狗,叫青青,快要生小狗了[30]。士迪佛立将军的狗在8月8日丢失，是一条“棕白色短毛猎犬”，挂在脖子的项圈上刻有它的中文名[31]。戴着黄铜项圈的“哥克”，一条白底黑点的大狗在8月15日杳无踪影，这天恰是那位“慈善家”闯进死亡和垂死的难民中间的日子。此后不久，第一条刚剪过毛名叫“水手”的纽芬兰狗被人从伦敦传教会的野犬收容所带走[32]。1862年岁末，丢失的狗已不计其数了，其中有纽芬兰狗、长毛猎狗、牛头犬、短毛猎狗、獚，苏格兰㹴:“牛”、“骰子”、“弹簧”、“领带”、“木偶”、“漂泊者”、“毕奇”、“托比”、“穆斯”、“格林劳”、“桃热”、“那鲁”、“比尔”……[33]

乡村的惨状从宠物的大量丢失一事上可见一斑。沿着长江一带，战事频仍，太平天国土地制度已成了沦为征收、捐献或没收稻谷之事。在长江三角洲东部一些肥沃的地区，太平军依然被不满的农民看成拯救者，他们乐意看到地主逃跑，也乐于拿出收成向太平军交租纳税[34]。但在很多地方，1861年后农民便自行组织自卫团体驱逐太平军,祈求自己的神灵保佑他们的战士来抗拒“长毛”[35]。在作战时，太平军因往来必经的桥梁被当地农民悄悄拆除而损失惨重，官军逼近时只能背水一战。一群群愤怒的当地村民手持棍棒包围太平军，威胁其生命。当地村民还靠着人多势众，拦截太平军护送粮草和军饷的队伍，将太平军在激战中急需的重要补给抢劫一空。[36]

对洋商洋兵来说，这暴雪虽让人难过，但却是“上天佑助”：暴雪重创太平军，在河中巡逻的洋船也受阻于冰雪，却仍是神恩。

对于那些到过太平天国地盘的洋人来说，很多以往显得多姿多彩或令人振奋的东西都不复昔日光彩。太平天国的服饰显得既不精彩、也没有创意，倒像是“庸俗的丑角服”，一种“滑稽戏装”[37]。太平天国新封诸王穿着他们那种“江湖郎中般的黄色外衣，戴着闪闪发光的王冠”，竟犹如“懒洋洋的浪荡公子”[38]。南京的街道上挤满“很多容貌姣好的年轻妇女”，穿着华丽的丝绸，但她们都是从苏州捉来的，而俘虏也经常想逃跑。恢宏的宫殿拔地而起，“在一片残迹之中显得格外突兀”，每一块清空的地，四周挤着被赶出来的人家[39]。太平天国那些顽皮的小男孩在洋人眼中曾是那么可爱迷人，而现在却显得凶巴巴的，或是营养不良。南京的那种寂静曾被视为太平的先兆，现在却显出末日逼近的恐慌[40]。那些不可一世的太平军战士，近看之下，“肮脏且病态恹恹”，华丽的丝绸和丁当作响的手镯掩不住身上的疤痕和正在溃烂的伤口[41]。

甚至连曾经兴致盎然地与洪秀全论辩、一心想为太平天国的宗教带来新生的艾约瑟，也逐渐放弃了定居南京的美妙幻想。艾约瑟担心在他外出布道时，年仅二十三岁的年轻妻子会遭遇不测。而且，太平天国禁止按日计酬的雇工进城，艾约瑟夫妇的居住条件恶劣，气候有损健康，水质脏污，在在让艾约瑟非常不满。他注意到连住在这里多年的中国人也要在水里加药，才敢喝下去。对于这对年轻夫妇来说，“责任召唤他们来南京，而意愿则对他们说应该北上”，最后，意愿占了上风。[42]

罗孝全和艾约瑟走后，除了一些出于热爱或为了钱而留下来的传教士之外，天京里几乎没有什么洋人了。最后一个新教教士到南京是在1863年春天，他给香港报纸写的报道与其说充满敌意，还不如说是小心翼翼。在这位传教士看来，南京仍然相当繁荣，城里还种着一些庄稼。他获准拜见了干王洪仁玕。洪仁玕对洋人的不友好行为大感困惑，洋人要是与南京兵戎相见，便以禁止一切对外贸易相胁[43]。洪仁玕与洋人打了多年交道，他说罗孝全从南京出走乃是基于“一些小误会”[44]。不管是出于误会，还是别的难以言明的原因，此事足以让洪仁玕失宠。

洪秀全革除洪仁玕的职位，不再负责推动太平天国的现代化，也不再让他统率太平军，他奉命只能督导幼天王的教育，这个差事使他如此“焦虑”，为此他“竟掉下了眼泪”[45]。

上海附近地区战事不断，南京日渐孤立，但这并不意味着洋人商务有所减少。其实，自从列强与清廷修订了1860年的商业外交条约，重开与长江内陆口岸汉口的内河贸易之后，上海成为丝绸、鸦片、军火、粮食和茶叶等货项的商贸中心。停泊在黄浦江岸边和下游河段的船只越来越多，于是发行了一份日报——《每日船务与贸易消息》——以补周报《北华捷报》之不足[46]。到了1862年9月，又发行了另一份副刊《上海新报》(*The Chinese Shipping List and Advertiser*)，该报以中文刊行，报道中国的贸易情况，每逢周二、周四、周六出版[47]。

在上海的美国人的确有所减少。1861年，美国内战的消息传到中国，美国的“东印度舰队”解散。舰队司令官司百龄拒绝在接到海军部的确认前，同意支持南部联盟的军官提出的辞职请求，但司百龄本人却被华府突然解除司令职务，因为他生于南卡罗莱纳州。

那些有战斗力的美国船舰奉命马上返回本土。此后三年，只有偶尔出现南军“私掠船”将至的传闻[48]。1862 年 6 月,第一艘日本船“全幸丸”入坞上海,好似填补美国的空缺。该船原为英国船“休战”号，被日本政府用三万四千美元买下，此番“满载杂货”，并“负有收集各类资讯的使命，包括商业、统计和地理资讯”[49]。

洋人涌进上海，有的身怀万贯，有的一贫如洗，而这座城市也很快调适过来，接纳了他们。最有钱的人可寄寓于提供免费午餐的“欧罗巴大饭店”，而法租界内新开张的“帝国信使酒店”也有上等客房[50]。一家名为“克拉兰顿”的新建豪华旅馆于 1863 年 7 月开张，替代了原有的帝国饭店，这家新旅店现在开设了全新的保龄球房——这是刚离开的美国人留下的风尚[51]。一个最近离开的访客在新命名的“额尔金扶轮社”里备受礼遇，该社是“北华信鸽俱乐部”每周集会的总部[52]。“亚司脱俱乐部”里设有一个新的台球房,而“东方台球沙龙”则坐落在教堂街和布道路交接处上海图书馆的旧址，这里还卖果酒和烈酒，这种种或许可以看成上海价值观念变化的象征[53]。米勒旅馆是最好的一家旅馆,它没有保龄球房,也没有台球房。在隔开英租界与中国城的洋泾浜河上，有一艘名为“海马”号的旧双桅船已改装成“海马漂游旅馆”，这个旅馆是那些希望住得安静的人的好去处,房租很合理,每月六十美元,另加一美元早、晚餐费，当然，所有住客“必须预先交纳房租，不得例外”[54]。

这些新需求和新品味逐渐成为上海的娱乐风尚。丰裕洋行(Fogg & Co.）正在销售六套保龄球设备、六副台球和球杆，还可买到球杆皮套和防滑粉。城里建了两间“照相馆”,除了为当地居民拍照外，还拍摄参与战役的军队[55]。“莱斯雷教授（Professor Risley）和大天才艺人公司带着十四无与伦比的马”在城里演出。此时不仅赛马场大大拓宽，还从澳大利亚的悉尼运来二十匹阿拉伯赛马和用来运货的母马与阉马[56]。

港口挤满了船，逃犯、没出息的人、流浪汉也不断涌入。警察局的日志上记满了他们称为“贫民”和“流民”的骚扰、过失和无端施暴。一些犯行常是轻微得可怜，这也反映出罪犯的悲惨遭遇：一些洋人因为偷一块面包、一片肉、一些桃子或一些短袜而被警察登记在案，而失主都是华人小贩[57]。但也有一些案件涉及不同程度的暴力，从酒后攻击他人、蓄意强暴华洋妇女到诱拐中国男孩不一而足[58]。在破敝拥挤的棚户区，斗殴致伤和谋杀事件时有发生，社会所不容的人聚居在此，有些人为了躲避在“竹城”、虹桥“爱福礼酒店”、法租界内号称“利物浦之臂”的低级公共场所，或“爱伦水手之家”周围巡逻的巡捕（即所谓的“马尼拉人”），越河到官府和洋人都管不到的浦东去[59]。

英国领事在虹桥区每年发行“娱乐场所”执照，企图以此控制娱乐和暴力，但这个计划总是不断受阻。比如，虹挢区有一家旅馆频频出现犯罪行为，最后才发现巡捕马森是犯罪活动的共谋；巡捕海顿则连续几月“收受非法赌场老板的贿赂”[60]。在1863年被起诉的案件中，约有四分之一与巡捕有关，有的被控失职、工作时睡觉、酗酒、不守规章制度，有的则被控殴打良民。不少巡捕是累犯：4号巡捕因酗酒七次被捕，28号巡捕被捕九次，32号巡捕第十四次被捕[61]。1863年初，巡捕房总监对工部局抱怨，他手下可靠的巡捕只够巡逻南北向的街道。当地的暴徒和罪犯很清楚这一点，因此他们便可恣意在东西向的街道上行抢[62]。

最难控制的是那些与太平军做军火交易的人。此类案件数量在1863年持续增加："罗蒂，三十一岁，苏格兰人，家住上海，向叛军出售武器。""哈迪和其他人负责管理船上的军火，协助叛军过关。""史都基思，别名比奇，和其他人一起违反中立原则。"[63]军需品唾手可得，显然无法控制。有些军火从远地运来，香港甚至新加坡每年至少有三千门大炮进入国际军火市场，各家海军商店都出售炮和小型武器[64]。工部局虽然一再抱怨军火贸易过热，但它自己也促成了部分军火的扩散，因为每当新型远距来复枪运来配备给各支志愿兵部队，工部局就把旧式的滑膛枪和雷管卖出去以筹集资金[65]。英国军队也在推波助澜，士迪佛立将军卖了第二十二旁遮普步兵团和第二孟加拉国步兵团的"军火和装备"，以减少这两个团队受命回防印度时所需的调防费用[66]。

在上海的英国人把携带武器视为理所当然；其财产细目上除了白兰地、香烟、家具、陶器、狗和床垫等物品外，往往还有短枪、来复枪、左轮手枪[67]。英国翻译官密迪乐性喜冒险，但心性平和，在大多数洋人转而对付太平军之时，他仍对太平军忠心耿耿。他提到他逆流而上时所带的装备，其中包括"一支直径32毫米的雅克单管来复枪，两条单管肩背猎鸟枪，两支配有长枪管的双管短枪（霍克将军用的那种），两条普通长度的双管短枪，还有一对手枪皮套和两条伦敦武器公司出产的（阿达姆式）左轮枪带"[68]。

军火走私者和军火商经常从事大规模的买卖。一家"以卖军火给叛军而闻名”的美国公司在1862年里卖给太平军的军火如下：2783杆滑膛枪，66支卡宾枪，4支来复枪，895门大炮，484小桶火药，10947磅炮药，18000发子弹以及3113500枚雷管。这支由四个美国人、一个翻译和十一个苦力开着两条船组成的商队取得了在太平天国辖区里“水陆”均有效的通行证，这个通行证由忠王李秀成手下的军官签署，日期为“天父天兄天王太平天国十二年四月二日”[69]。不到两个月的工夫，英国巡捕抓到一条船，船上有一些欧洲人，还有装运给太平天国的1550000枚雷管和48杆滑膛枪。法国人截住了另一条船，上装约五千件“军火”；值得注意的是，法国人还没收了“一些用以生产军火的工具”。上海的一家报纸因此指出，这些军火很多竟是“在我们眼皮底下，在黄浦江对岸”生产的[70]。

这类军火买卖对太平军来说非常重要。1862年夏天，一个在南京的洋人写道，“这座城市有一些天资聪颖的能人”，在那儿造的枪炮——包括重炮——比官府造的还好[71]。在外商与太平军做交易时，雷管可充做货币[72]。有些被截获的军火中，包括三百磅标着“小桶盐酱”字样的弹药，而雷管标为“螺丝”甚或是“宗教册子”，来复枪则假称“雨伞”[73]。大部分外国军火走私者和不法商人是英国人或美国人，也有比利时人、瑞典人、普鲁士人或意大利人[74]。太平军在战场上缴获的西洋武器包括火药、滑膛枪，甚至还有十二磅重的榴弹枪，这些意外得来的武器被收到南京等地的军火库里[75]。

1863年初，李秀成打算在皖北发动攻击，以转移包围南京的曾国藩兄弟的注意力。几周之后，果敢出击的忠王所部便陷在泥沼和滂沱大雨中。在长江以北的作战区内，频繁的战事已耗尽粮食补给，而新庄稼还没来得及收割。李秀成的部队中很多人病倒；有些人吃野草，有些人则死于饥饿。安徽的官军已记取教训，事事谨慎，他们稳坐在防御工事后，拒不受惑出击[76]。这场战役虽然打得很勇敢，但却以惨败告终，一如李秀成的上海之役，而因此又抽调了好几万用于直接解除南京之围和固守苏州到上海之间各城镇的太平军将士。这些城镇接二连三落入无情、装备精良的驻沪英法陆海军手中，与英法军队协力作战的有清军和“常胜军”，常胜军一开始由来自马塞诸塞州塞勒姆镇的华尔（Frederick Ward）统率，后来由戈登率领[77]。

1863 年 5 月，李秀成放弃西征，奉天王之命，火速经由长江北岸回师南京。他在准备渡江时遇上了清军，此时配有西式武器的官军已实力大增。据李秀成描述：“斯时正逢大江水涨，路道被水冲崩，无处行走……官兵纷乱。然后将舟只先渡将官战兵马匹过河，将已过尽，尚有老小以及不肯上舟马匹落在江边。此时九洑洲又被水没，官兵无栖身之所，有米无柴煮食，饿死甚多，正逢九帅发水军前来攻打”。[78] 其结果惨不忍睹，一位仍效忠于太平天国的西洋佣兵如此描述：

> 即使天京在望，这些人的苦难还未结束，因为他们又遭到敌人突袭，损失惨重。这支疲惫饥饿的部队一到江边，敌军炮艇便不断开炮轰击。部队沿江岸绵延近两英里，杀之易如反掌。他们坚守阵地，毫不畏缩，这种坚韧不拔的精神令人难以置信。敌军的猛烈炮火向密集人群平射而来（大多

> 是英国火炮所发），他们提起最后一口气，一一上船……
>
> 岸上的景象映入眼帘，其悲惨令我永难忘怀。眼看就要到达目的地，但许多兵士已经过于衰弱，已经动弹不得。他们为了回到这里，付出了这么多的艰苦奋斗，忍受了这么多的痛苦，可是现在却不得不留下来等死。他们的人数太多，所以同伴无法一一助他们在敌人的炮火之下渡江。炮弹不断在这些骨瘦如柴的人们中间隆隆爆炸。由于过于拥挤，许多人都被后面的人挤落江中，被江水卷起。成千的炮艇向这些拥挤在一起寸步难行的人猛烈轰击。那些筋疲力尽的残兵在倒在地上的同伴尸体中挣扎。这些景象真是惨不忍睹。这些军队昔日军容强盛，如今天天目睹残部渡江，令人心感愁苦，却又爱莫能助，敌人的无情炮火向着这些挤在江边的无援人群轰击，炸死了一排排的人，一切只有逆来顺受。[79]

洪秀全对李秀成还是没说什么，既没有安慰他，也没有鼓励他。洪秀全在这段时间也一直没从天父或天兄那儿接到什么安抚鼓励的话语。就算洪秀全的妻、母或长子曾把他们的梦告诉他，他也不再与太平天国的忠实信徒分享了。洪秀全在南京刊印一书，在结尾回顾了每次耶稣下凡的过程，以及在紫荆山透过萧朝贵传达的讯息；他回顾了刚定都南京时，天父透过杨秀清及其随从传达的谩骂和允诺；他记录了萧朝贵在永安受伤后的受苦心声：“越受苦，越威风。”他还转录了杨秀清死前的呼号：“放火烧朕城了矣！未有救矣！”[80] 在那遥远的往日，天堂的声音是多么频繁啊！如今，天堂却沉寂了下来。

由曾国藩所率的湘军击溃太平军之后不久，就有十二幅图描绘清军节节胜利的过程。此处所选的四张图分别描绘四场战役。（原件藏于台北故宫博物院）

1854年7月25日，官军在湖南洞庭湖畔的永州破太平军，解长沙之围。

1855年10月的桐城之役，自此太平军无望再取湖南。

1856年12月9日，官军夺回武昌。

官军在1864年10月擒拿洪秀全之子洪天贵福，太平天国至此告终。

注释

1 《英国议会档案》，爱尔兰大学出版社地区研究系列，1862 年 1 月 22 日罗孝全的信，函 44 附件 6，1862 年 2 月 7 日麦都思致罗塞尔（Russell）的信；转载于克拉克和格里戈利《西方人关于太平天国的报道文选》，314—315 页。

2 《北华捷报》，1861 年 9 月 7 日。译注：狄奥根尼为古希腊哲学家，犬儒学派的代表人物之一，主张个人的精神自我满足而藐视一些社会习俗。

3 《北华捷报》，1862 年 2 月 8 日；《每日船务与贸易消息》，1862 年 2 月 3 日，列出与罗孝全一起于 2 月 2 日乘"威廉"号到上海的乘客名单。罗孝全接下来的信件和对洪仁玕的指控，有部分收录在《北华捷报》（1862 年 3 月 6 日），以及《英国议会档案》，370—371 页。呤唎（Lindley）在《太平天国革命亲历记》卷二，566—568 页，对罗孝全在南京的活动不遗余力地进行攻击。

4 《英国议会档案》，235—236 页，关于查尔斯·高华斯顿（C.Goverston）对副领事马可汉（Markham）说的话，1862 年 1 月 18 日，上海，函 41 附件 2，麦都思致罗塞尔的信，1862 年 1 月 23 日。领事麦都思早在 1862 年 1 月 14 日就已警告英国臣民要反对这类"冒险活动"。《英国议会档案》，227 页。

5 《英国议会档案》，232—237 页，约瑟夫·兰伯特（Joseph Lambert）对副领事马可汉说的话，1862 年 1 月 20 日，函 41 附件 12，麦都思致罗塞尔的信，1862 年 1 月 23 日。

6 《英国议会档案》，231—232 页，1862 年 1 月 15 日的特殊会议记录，上海，函 41 附件 9；《北华捷报》，1862 年 2 月 1 日；《英国议会档案》，256 页。

7 《英国议会档案》，229 页，1862 年 1 月 3 日的会议记录，函 41 附件 7。

8 《英国议会档案》，233—234 页，函 41 附件 9。同一个会议在《北华捷报》（1862 年 1 月 25 日）上有记载。

9 《北华捷报》，1862 年 2 月 1 日、15 日。《英国议会档案》，256 页，有 1862 年 2 月 4 日麦都思致卜鲁斯的信。

10 柯温《太平起义：李秀成自述》，130 页，有关于冰与雪的记述；138、273 页，显示 1862 年年底冬衣缺乏。

11 简又文《太平天国革命运动》，518—521 页。

12 《北华捷报》，1861 年 3 月 2 日，《一个本地基督徒》；克拉克和格里戈利《西方人关于太平天国的报道文选》，237—239 页。

13 《本地基督徒》，刊印于《北华捷报》；《北华捷报》，1861 年 3 月 2 日、3 月 23 日、4 月 6 日。

14 《英国议会档案》，261 页；容闳《西学东渐记》，101 页。容闳把这一景象看成是发生于 1859 年 11 月，但因为它发生于苏州陷落后，以及从其他内证来看，我们认为他指的是 1860 年 11 月。

15 《本地基督徒》,《北华捷报》。

16 同上;关于杨格非,见克拉克和格里戈利《西方人关于太平天国的报道文选》,231—232 页。

17 关于花兰芷,同上,230 页。

18 沃尔斯利(Wolseley)《记事》(*Narrative*),350 页;335 页亦有提及。关于太平天国起义在这个阶段里人员损失的综合分析,见何炳棣的《人口》,236—242 页。同书的 274 页记录了学者、太平军俘虏汪士铎对黯淡前途的分析。

19 《每日船务与贸易消息》,1862 年 2 月 3 日。

20 《英国议会档案》,239 页。

21 同上,238—241 页,函 42 附件 2。

22 《每日船务与贸易消息》,1862 年 1 月 27 日、2 月 24 日。

23 《中国:1854—1864 年,信函,综合》,戈登(Gordon)致士迪佛立将军(Staveley)的报告,1862 年 6 月。

24 《每日船务与贸易消息》,1862 年 3 月 27 日。

25 《英国议会档案》,392 页,麦都思致卜鲁斯的信,上海,1862 年 6 月 9 日。

26 《每日船务与贸易消息》,1862 年 8 月 15 日。

27 《每日船务与贸易消息》,1862 年 12 月 1 日。

28 《每日船务与贸易消息》,1862 年 2 月 21 日。

29 《每日船务与贸易消息》,1862 年 3 月 11 日。

30 《每日船务与贸易消息》,1862 年 3 月 30 日、7 月 7 日。

31 《每日船务与贸易消息》,1862 年 8 月 8 日。

32 《每日船务与贸易消息》,1862 年 8 月 15 日、9 月 26 日。

33 所有这些去失的狗的主人,均在 1862 年 10 月 2 日和 1863 年 5 月 27 日的《每日船务与贸易消息》上登有寻狗广告。

34 白凯(Katherine Bernhardt)《租税》,第三章,特别是在 106—109 页;柯温《太平起义:李秀成自述》,133、243 页。

35 科尔《包立生》,特别见于 26—29、41—43 页。

36 柯温《太平起义:李秀成自述》,118、124—125 页。

37 《英国议会档案》,288—289 页。

38 同上,116 页。

39 同上,115、370 页。

40 富赐礼《明陵》,载于《北华捷报》,1861 年 7 月 6 日。

41 《英国议会档案》,170 页。

42 艾约瑟《访问南京记事》,291 页;艾金思(Jane Edkins)《中国的风土与人民》,201、204 页。由其信件显示,他们为做此决定所进行的争论,远多于她的丈夫在《访问南京记事》中所提到的。

43 关于罗伯茨德（W. Lobschied），他曾游过南京，并致信香港的《日报》，记载于呤唎的《太平》，卷二，598—603 页。

44 《太平叛乱》，1527 页。

45 同上，1513 页。

46 《每日船务与贸易消息》由《每日船务》发展而来，最早于 1862 年出版。见金和克拉克（Kingand Clarke）《指南》（*Guide*），77、177 页。

47 《每日船务与贸易消息》，来源于《北华捷报》，1862 年 9 月 26 日。关于上海早期的商业以及繁荣时期的情况，均详细记载于琳达 · 库克 · 约翰逊（Linda Cooke Johnson）的《上海》（*Shanghai*）。

48 罗伯特 · 欧文 · 约翰逊（R.E.Johnson）《中国驻地》（*China Station*），109—113 页。

49 《英国议会档案》，392 页，麦都思致卜鲁斯的信，上海，1862 年 6 月 9 日。

50 《每日船务与贸易消息》，1862 年 12 月 1 日、1863 年 4 月 10 日。

51 《每日船务与贸易消息》，1863 年 6 月 3 日；《北华捷报》，1863 年 7 月 4 日。

52 《每日船务与贸易消息》，1862 年 11 月 22 日。

53 《每日船务与贸易消息》，1863 年 5 月 26 日，1862 年 9 月 26 日。

54 《每日船务与贸易消息》，1862 年 12 月 1 日。

55 关于丰裕洋行，见《每日船务与贸易消息》，1863 年 1 月 8 日；关于照相馆，见《每日船务与贸易消息》，1862 年 1 月 27 日、1862 年 2 月 21 日、1862 年 6 月 3 日。这两家照相馆是 J. 纽曼和 C.&W. 沙德斯。

56 关于莱斯雷（Risley），见《每日船务与贸易消息》，1862 年 9 月 26 日；关于赛马，见《每日船务与贸易消息》，1863 年 2 月 14 日，5 月 29 日。

57 “上海领事馆巡捕名单，一八六三年十二月三十一日除夕”，第 252、327、120、328 号案宗。

58 “1862 年上海巡捕房名单”，第 30、63、106 号案宗，以及“上海领事馆巡捕名单，一八六三年十二月三十一日除夕”，第 346 号案宗，有关对苏珊 · 切雪儿（Susan Cheshire）的袭击。

59 《每日船务与贸易消息》，1862 年 2 月 28 日；《北华捷报》，1862 年 3 月 15 日、1864 年 6 月 23 日。

60 关于执照，见《每日船务与贸易消息》，1862 年 12 月 1 日；关于马森（Mason），见《每日船务与贸易消息》，1863 年 5 月 30 日；关于海顿（Hayden），见“1862 年上海巡捕房名单”，第 112 号案宗。

61 “上海领事馆巡捕名单，1863 年十二月三十一日除夕”，四处可见，以及第 314、321、344 号案宗，有生动的重犯者记录。关于一宗令人吃惊的警察滥用权力殴打上海“绅士”，打得他在烂泥地里打滚的案件，见《每日船务与贸易消息》，1863 年 5 月 20 日、5 月 21 日。

62 《每日船务与贸易消息》，1863 年 2 月 18 日。

63 “上海领事馆巡捕名单，1863 年十二月三十一日除夕”，第 17、55、203 号案宗。

64 《英国议会档案》，424 页，卜鲁斯致罗塞尔的信，1862 年 7 月 14 日。

65 《每日船务与贸易消息》，1863 年 2 月 23 日。

66 《英国议会档案》，爱尔兰大学出版社地区研究系列，521 页，士迪佛立致卜鲁斯的信，上海，1862 年 11 月 13 日，函 103 附件 3。

67 根据《每日船务与贸易消息》（1862 年 7 月 7 日）报道，一位绅士提到自己有“五支卡尔特式手枪”和一条大警犬。

68 《北华捷报》，1860 年 10 月 27 日。

69 《英国议会档案》，469 页，海军上将何伯致海军部的信，1862 年 10 月，函 74 附件 1。

70 《每日船务与贸易消息》，1862 年 5 月 30 日。

71 《北华捷报》，1862 年 6 月 28 日；柯温《太平起义：李秀成自述》，161—162 页。

72 《英国议会档案》，442—443 页。

73 关于盐酱，《每日船务与贸易消息》，1862 年 9 月 26 日；《北华捷报》，1862 年 2 月 1 日。后者具有讽刺意味，标有日期“1962”以及“Qestmoi”字样。

74 关于比利时人，见《英国议会档案》，458 页；关于瑞典人，《北华捷报》，1861 年 6 月 15 日；关于普鲁士人，《北华捷报》，1864 年 6 月 16 日；关于意大利人，《英国议会档案》，489 页。

75 柯温《太平起义：李秀成自述》，118、135、136 页；简又文《太平天国革命运动》，458 页；关于榴弹炮，《英国议会档案》，101、247、259、383 页。

76 柯温《太平起义：李秀成自述》，138—139 页。

77 简又文《太平天国革命运动》，452—460 页；史密斯（Smith）《雇佣军》（*Mercenaries*），四处可见；柯温《太平起义：李秀成自述》，238—242 页。关于华尔最新的研究，见卡尔（Carr）《恶魔战士》（*Devil Soldier*）。

78 柯温《太平起义：李秀成自述》，139—140 页，有很大改动。

79 呤唎《太平》卷二，623—624 页。

80 参见《天兄圣旨》卷二，49b 页，以及《天父圣旨》，34a 页。这两本书里洪秀全的所作所为与瓦格纳《天国观念》110 页的描述比较一致，1853 年后“幻觉没有提供更多的指导”，随之“用透视法显示”“未来事件的发生”。关于书中所记述的洪仁玕，见夏春涛《宗教》，180—181 页。唯一保存下来的《天父天兄圣旨》，存于大英图书馆，没标注日期。太平天国颁行诏书总目印在第一卷，总目中的《前遗诏圣书》的“前”字代替了原来的“新”字，由此，《天父天兄圣旨》的写作可能早于《前遗诏圣书》，而流通晚于《前遗诏圣书》。夏春涛的《宗教》，142、148 页据此下结论说，这本书是在太平天国第 29 本书之后，1861 年之前印刷的。第 29 本书是洪秀全的哥哥们描述弟弟的启示，其所列之书目中的《新遗诏圣书》仍用“新”字，而在 1861 年的《太平天历》颁布之前，“前”字作为一个常用字频频出现。这是常识。但是如果它出版时间晚，为什么《天兄圣旨》不标为第 30 卷，仍不清楚，而且为什么它的版式与其他太平天国书卷包括第 29 卷和 1861 年的年历相当不同。即使富礼赐得到其他的印书，包括《旧遗诏圣书》和《前遗诏圣书》，却没有在1861年或1862年获得此书，显然它在那时流传不广。

第二十二章　死 别

李秀成眼睁睁看着部下死在长江北岸，同一个星期，在一千六百公里外的四川省，翼王石达开向官军投降了。石达开从1857年离开南京后，便征战无休，率部跨越十五个省份，跋涉了九千六百多公里的路程，起先是想找个永久的根据地，之后则只求逃生。其间，这支忠于他的部队因疾病、死亡和逃跑而渐渐减少。6月13日，石达开身陷重围、孤立无援而又疲惫不堪，徒步走入官军统帅的大营投降，希望以一死换取对那些追随他多年的两千旧部的生路。石达开为了不让妻儿落入官军手中受辱受苦，先让五名妻妾自杀，把未成年的孩子淹死。当年曾指挥长沙保卫战，令西王丧命的骆秉章审问石达开，六周之后便将他凌迟处死。石达开的两千旧部被囚在当地一处大庙，也被屠杀殆尽。[1]

1863年7月，天王命李秀成重辟战场以支撑苏州防卫，此时石达开投降的消息还没传到南京。李秀成有一个月的时间判断南京的局势，他在离开前向洪秀全提出了一个他觉得唯一可行的计划：储存所有的粮食、武器、弹药和火药，好让天京真正成为一座名符其实、牢不可破的堡垒。如此可令在西线战场所向无敌的曾国藩和得意门生李鸿章动摇信心（李鸿章的军队已与洋人合作，收复了上海一带）。[2]据李秀成的说法，这个计划也不成，这次是因为洪秀全贪婪的亲戚，不准南京居民买谷子，如果要买，须领取买谷许可证和通行证——办理证件的钱全部落入洪秀全亲戚的口袋，就算有人办好手续，设法找到了谷子，运回南京还需根据谷子的价值纳税[3]。

1863 年 10 月，形势越发严峻，官军逼近天京，缴获了上百吨太平军储积的糖，俘虏了一千名太平军及其骡马[4]。11 月，官军统帅下令在南京南面一带开挖了一条十六公里长的壕沟，从长江经城南蜿蜒向东。李秀成出苏州征战，12 月初，苏州落入官军之手。官军保证赦免太平军降将和城内平民，后来又背信弃义，悉数杀尽。12 月中，李秀成返回天京指挥城防，官军发动了对南京的第一次攻城，在深挖的地道里装满炸药，轰开城墙的主要建筑，但太平军还是抵挡住了试图通过破口的官军[5]。

到了 1863 年 12 月，李秀成想尽一切可能，发现绝对保不住南京，他鼓足勇气，对仍令他敬畏的天王说："粮道绝门，京中人心不固，老少者多，成兵无有，俱是朝官，费粮费饷者多……京城不能保守，曾帅兵困甚严，濠深垒固，内无粮草，外救不来，让城别走。"[6]

洪秀全给李秀成的答复虽含糊，却又充满信心：

> 朕奉上帝圣旨、天兄耶稣圣旨下凡，作天下万国独一真主，何惧之有。不用尔奏，政事不用尔理，尔欲出外去、欲在京，任由于尔。朕铁桶江山，尔不扶，有人扶。尔说无

兵，朕之天兵多过于水，何惧曾妖者乎！尔怕死，便是会死，政事不与尔干。[7]

李秀成虽然忠于天王，但对这类话也不由得有所怀疑。在他看来，这种话显然有扰军事统帅。洪秀全为了向天父表达崇敬，下旨放弃“太平”二字，仅用“天国”称之，其间的问题自此不断加剧。李秀成后来如此描述他的不安：

天王之事，俱是那天话责人，我等为其臣，不敢与其驳，任其称也。称天朝、天军、天民、天官、天将、天兵、御林兵者皆算其一人之兵，免我等称为我队之兵。我称为我队我兵者，其责之云：尔有奸心之意。天军、天官、天兵、天国，那有尔兵。不称天兵、天国、天官者，恐人霸占其国。[8]

天京以南仍有大批太平军征战，但官军慢慢渗透到军队和天王之间，截断了彼此的联系。干王洪仁玕于1864年初被派往太湖一带征集粮草，他“对各军力陈赶紧援助天京之重要”，但发现他虽有名位，却无人愿意回应。“天军为恐少了粮草，多不愿回应号召。”[9]到了春天，官军集结南京一带，以致洪仁玕无法回到天王身边，不得不在太湖南边距南京二百里远的湖州建立根据地[10]。

1864年1月，李秀成在天京周边发动了另一次大胆突击，试图冲破官军对谷仓常州的包围，重续补给线[11]。李秀成突围未成，又订新的战略计划，命令分开作战的四路军队南进江西，夺取粮食补给。这些军队虽然牵制了部分官军，但却挡不住曾国荃所部的步步推进。该部在配有浅水铁甲汽船的洋兵支持下，逐城逐地驱赶太平军。1864 年 2 月底，太平军有一批超过一万三千六百多公斤的粮草在天京城墙边被官军截下。接下来的三个月，有可能助太平军的那些粮库相继陷落。[12]

官军一一占领南京四周的制高点，李秀成等太平军将领虽然猛烈反击，还是没能收复山头。官军还在城外野地上修筑双层胸墙包围南京，两层胸墙间相距三百米。胸墙上每隔四百米到八百米便有一座碉堡，共有一百二十座，每座碉堡里驻有全副武装的官军。[13]人在南京，如今是插翅难飞了，只有偶尔有一些找野菜的太平军士兵在官军睁只眼、闭只眼的情形下，用绳子从城墙上吊下来弄些少得可怜的食物。有人三五成群，从城里冒险逃出，闯过无人区逃到避难所，这些避难所是曾国荃的宣传，为力图逃跑的妇孺提供保证安全的栖身之所。看守城门的太平军士兵并不阻止他们逃跑，但在放这些人出城之前还要对他们劫掠一番。[14]通过防线的妇女被官军安置在特殊的围栅里，据戈登的观察，这些妇女"只要村民想要，就可讨来为妻[15]。

也没人能循水路来去，城墙和河岸之间的洼地有人巡逻守卫，而且外国领事也不准洋商以船只运送补给到天京，只有少数极鲁莽的洋人冒着被武装官军巡逻队捕获的危险，靠着偷运食物获取暴利。此时从汉口或上海往南京运输大米、食油或煤炭，跟前几年那批西洋浪人贩卖枪支弹药一样可大发横财。若是传闻某艘洋船已运粮返回，便会成为其他西洋亡命之徒的攻击目标，杀死其船员，取走银钱[16]。

官军步步进逼城墙，许多战事也转到地下。官军挖掘一条又一条地道，而太平军则加以破坏，向官军的地道灌水或秽物，或与官军近身肉搏，官军以风箱灌入毒气，将太平军逼出。到了1864年春末，三十多条地道已开挖或近乎完工，许多地道的规模相当大，一如戈登在参观官军环形防御工事时所见：

> 我们向下走进坑里，发现离地面四米半深的地下有条走廊，一米半宽，大约两米高，在离城墙二十米的地方分成支路，每隔不远还有小孔用来通风。走廊用木头支撑加固，每天能挖大约四米半。[17]

较长的地道很容易被城墙上的太平军发现，或是因为地道上方的植物枯死，或是因为官军没有地方把挖出来的土藏起来。但官军缩小包围，环形防御工事离城墙更近，有些地方离城墙已不到三十米，在此集结大炮，向阻挠地道工作的太平天国护城军发射猛烈的炮火。[18]

根据李秀成所述，他在1864年春天告诉洪秀全："合城无食，男妇死者甚多，恳求降旨，应何筹谋，以安众心。"但是，饥饿并未让天王畏惧。他仔细读了《出埃及记》第16章，知道上帝会保护忠诚的太平军，一如他每天清晨在地面的露水里撒吗哪，来保佑在西乃荒漠里的以色列子民，达四十年之久。洪秀全从1862年起，下令属下模仿以色列子民，每年存放十蒲式耳的吗哪以佑其渡过难关。《圣经》上说是如白霜的小圆物，味道甘甜，但吗哪到底是什么，并不能确定，《遗诏圣书》上以甜露和甘露来形容[19]。洪秀全回答李秀成："合城俱食咁（甜）露，可以养生。"并下令："取来做好，朕先食之。"没人知道该怎么遵旨，李秀成说："我天王在其宫中阔地自寻，将百草之类，制作一团，送出宫来，要合朝依行毋违，降诏饬众遵行，各而备食。"[20]天王也在宫里吃那些结成块的野草。1864年4月，洪秀全在五十岁寿诞之后几个月病倒了。5月，病情有所好转，但很快又加重了。病因不详，李秀成确信是由于"食咁露"，而且"又不肯食药方"。他的堂弟洪仁玕说这是一次"拖了二十天的病"。其子天贵福则说他的父亲"被病拖垮了"。[21]洪秀全在5月30日的谕旨里（或旁人以他的名义），说他去天国的时候到了，并请求天父天兄遣天兵来保卫天京[22]。

1864年6月1日，洪秀全安静地去世，死时并没有大张旗鼓。一名宫女只用黄绸尸布将遗体裹起，埋在地下，一如他教导太平军对待死去的同胞一般。对一个很快就会升天的人来说，是不需要棺材的。其实，洪秀全不久前还下令禁用棺材，并禁止部下言及"死"字，而要用"升天"或"迁福"。[23]

洪秀全死了五日之后，幼天王天贵福坐上王座。诸大臣先向上帝祈祷，然后向新天王表示敬意效忠。官军谨慎筹划总攻，在这段期间幼天王坐了六个礼拜的王位，一如他所忆："朝事都是干王掌管，兵权都是忠王掌管，所下诏旨，都是他们做现成了叫我写的。"[24]然而，由于干王洪仁玕一直在南边的湖州，所以幼天王基本上是处于忠王李秀成的控制之下。李秀成说："自幼主登基之后，军又无粮，兵又自乱。主又幼小，提（摄）政无决断之人才。"因此，"合城文武，无计可施"。[25]

1864 年 7 月 19 日的正午，官军统帅曾国藩下令点燃南京城东墙下地道里的炸药。爆炸的威力炸开城墙，石块纷飞。官军从缺口中蜂拥而入，太平军挡了一阵，但旋即陷入混乱、撤退和屠杀。起初，幼天王茫然站在王宫里，四位年轻妻子绊住他，不让他逃跑。但他突然挣脱，和两个弟弟冲出人群，跑向忠王府。四人骑上马，在亲兵簇拥下试图逃出城门，但试了几个城门，都被挡了回来。他们在城西一座废弃的庙里藏了一段时间，这座庙建于山丘上，由此可看到城内官军的动向。这帮忠诚的太平天国信徒换上了官军衣服，这是为了应付这种危急情况而准备的。官军忙着强奸妇女、抢劫钱财，或为灭迹而纵火时，他们在黑暗中抓住时机，穿过东门附近的城墙缺隙逃命。在混乱中，天贵福的两个弟弟落在后面，在当晚与十二万太平军将士一起被杀。[26]

余人骑马向南疾奔，逃离这座烈火熊熊的城市。途中，忠王李秀成的马倒下，其他人顾不了他，继续疾驰。又累又困的李秀成在拂晓时分爬上一座小山，在一座破庙里睡了过去。他醒来时发现附近村民抢走了他身藏的细软。过了不久，其他一些人恼于他无钱打发他们走，便把他交给了官军。李秀成受审，写下了冗长的自白书，尔后便被处死了。死前，他请求官军停止在南京的屠杀，赦免两广籍的太平军老兵，允许他们回家去做生意。李秀成向审问他的人提出："至肯赦者，天下闻知，无有不服。"[27]

李秀成还建议：从洋人处购买最好的大炮和最有效的炮架——因为这两者缺一不可——然后，让最好的中国工匠精心复制，并教会别人如何铸造。这样，"以一教十匠人，以十教百匠人，我国人人可悉……欲与洋鬼争衡，务先买大砲早备为先，与其有争是定”。[28]至于太平天国，已经没有未来了：“今我国末，亦是天之定数，下民应劫难，如其此劫。”那么，他又怎么会辅佐天王那么久，拥护天王那么坚决呢？李秀成托言“实我不知之也。如知……”[29]

李秀成被俘时，一心以为幼天王已死。其实天贵福脱了险，且仍有一百多个随从跟着他。他们绕太湖西岸到了湖州，干王洪仁玕在此领有大军[30]。湖州也几乎被敌军包围——李鸿章所率的官军，以及一支由法国军官率领、由中国人和菲律宾雇佣兵组成的“常捷军”。这支军队之所以如此命名，是存心和“常胜军”一较长短。常胜军驻守上海，始由美国佣兵华尔率领，1862年华尔战死，由英国军官戈登率领。一些从前的太平军将领也与法军、官军并肩作战——他们归降了久已对抗的朝廷，既获取官职，也获得保住战利品、玩牌和安心抽鸦片的机会。让法国军官惊讶的是，这些叛变的太平军将领仍然坚持一个“不容质疑的事实”，那就是洪秀全曾“升天四十日，并在那里得到了开始他的使命所必需的指令”。[31]

湖州的气氛严酷不安。一小帮外国佣兵仍在此为太平天国而奋斗——当然他们甘心的程度各有差别，但是他们每天都会看到一二十次行刑场面，被处死者往往是由于一些极其琐碎的小事，而被怀疑有贰心的士兵则被绑在柴堆上活活烧死。通向湖州城的路上随处可见一些被肢解的尸体，以此警告官军、法军和叛变的太平军：一旦他们被擒获，将是何等下场。有两名法军统领死了，但不是死在太平军手里——其中一个被一门缴来的坏炮炸了个粉碎，另一名则被自己的军队击中后脑，这究竟是蓄意所为，抑或意外事故，就无人知晓了。有些法国军官挥舞着军刀，身先士卒，向太平军的防护沟冲锋，却发现自己的部下没人跟着冲上来，但为时已晚，于是被太平军抓住，砍成肉泥。[32]

在湖州的佣兵中，有个名叫尼里斯（Patrick Nellis）的英国人，他指挥一支由西洋人组成的小分队，其中有爱尔兰人、英国人、希腊人、澳大利亚人、法国人和德国人。尼里斯心不在焉地听干王洪仁玕作了近一小时的布道，几乎什么也没听懂，做完礼拜后，洪仁玕亲自向他打招呼，令他颇为惊讶。洪仁玕用很慢的英语问尼里斯是哪国人。尼里斯回说他是英国人，洪仁玕回想起他离开香港后那些失望的岁月，便说他“还从没遇到过一个好洋人”。然后，洪仁玕告诉尼里斯，他很快就会离开湖州去南方，并要求他一同前往，因为尼里斯对于大炮和枪械极为内行。结果，他们没有一起走，尼里斯也未曾见到幼天王天贵福。无人敢谈论天国的新统治者，也无人敢谈及天京刚发生的事情。一如尼里斯所说：“太平军只言不提，事实上任何这类的谈话是极其危险的，太平军中那些当诸王听差的小孩都是间谍，涉及任何这类谈话的人都必死无疑。”[33]

除了像尼里斯这种佣兵之外，英国人涉入这场战争的程度比以往要少。英国人有一段时间放弃中立政策，和官军站在同一边，但在 1864 年春天，英国政府决定英国军官毕竟不应该为了中国的利益参加战争，于是，由英国军官实际掌握的“常胜军”宣告解散[34]。英军无事一身轻，静待太平军灭亡的消息传来，他们以跑步、跳高、三十二磅射击、跳越障碍、远距离掷板球、绑袋跳跃、三人接力跑、攀缆越壕等来打发时间。对旁人来说，最受欢迎的游戏是七十五码蒙眼手推车竞赛，互撞、翻车、摔倒的场面看起来很有趣，而当看见参赛者推车转错方向独自一个人满场乱跑时，观众简直是乐不可支。[35]

然而，常捷军依然积极作战，渴望胜过其他外国军队。脱逃的太平军诸王在湖州被围得如铁桶一般，法军则冒着酷暑奋力推进。如此炎热的天气，连那些在中国征战多年的老兵也没遇见过；有些士兵中暑而死，有些则死于霍乱，霍乱是由遗弃在一些城镇街巷和乡间小道旁的尸体传染的[36]。法国军官发现，按西洋疗法用白兰地和樟脑医治的霍乱患者常常死去；而由中医用针灸扎患者鼻、嘴、腹、前额、指缝和腿关节等处的穴道后，霍乱居然痊愈了[37]。为了鼓舞士气，法国人唱起故国歌谣，畅饮香槟酒，他们在阴凉处挖些小坑，灌满从附近河里或山泉打来的水来冰香槟[38]。一名法国兵穿着泳衣在暖洋洋的运河里畅游，当他游过一条架着木板桥的小河汊时，有个妇女孤零零地躲在远处岸边，表示愿与他结交之意。法军指挥官注意到这件事，后来就从一处村庄带回了一群妇女来为部下服务[39]。有的军官派人将台球桌运到前线，把它支在给碉堡遮阴的太阳篷底下，这样，他们在等着打仗的时候，就可以打打台球了[40]。而那些希望能把战争阴影抛诸脑后的士兵，则在黄昏时分前去一个被他们叫做“忘步泉”的地方喝苦艾酒（“忘步泉”一名源自那些在北非征战过的部队从阿拉伯人那里学来的俚语），这个地方是他们的疯狂之泉，他们的遗忘之泉[41]。

官军、法军、太平天国叛军配备新式武器，且人数日增，力量远远胜过湖州的太平军守军，所以到了1864年8月底，洪仁玕和幼天王便弃城而逃。他们继续南行，似乎想回到太平天国运动发源的广东。他们又在逃亡中苟活了一个月。到了10月，一队官军突袭营寨，洪仁玕与幼天王失散。10月9日，洪仁玕首先被擒[42]。在受官府审讯的过程中，洪仁玕反复申述他对天王无上权能的确信。他对他们称，洪秀全“长予九龄”，“其天禀圣聪”[43]。至于紫荆山之崛起，“固由历年神迹所致”；虽然太平天国运动终告失败，但“其享福最久者，首推天王”，因为那些跟他一起在紫荆山首事的同伴皆已过世，唯有他留存于世。11月23日，洪仁玕在江西省会南昌被处决[44]。

官军袭击营地，擒获洪仁玕之时，幼天王天贵福由十个随从陪伴，逃了出去。他们经过一座小桥，爬上附近山丘，躲进土坑。幼天王的随从被官军发现并带走了，而他本人却设法躲过搜捕，在山里藏了四天，惊恐万分而又孤单无援，最后饿得浑身瘫软无力，竟想自行了断。突然，不知是幻觉抑或现实，“一个极高极大的人，浑身雪白”，给了他一个饼吃，随即就消失了。恢复体力后，天贵福剃掉了太平军式的长发，几天后，他谎称姓张，来自湖北。在当地的一户农家找了份活干。农忙过后，他继续前行，其间有人抢走了他所余的衣物，而另一个还强迫他挑竹子。[45]

洪天贵福最后于1864年10月25日被官军抓获。他乞求朝廷宽宥，还写了一份简短的供状。他对父亲的回忆很简略：“老天王叫我读天主教的书，不准看古书，把那古书都叫妖书。我也偷看过三十多本，所以古书名色也还记得几种。”[46] 关于整个这场漫长的战争以及所有的规划，他告诉清军的仅仅是“那打江山的事，都是老

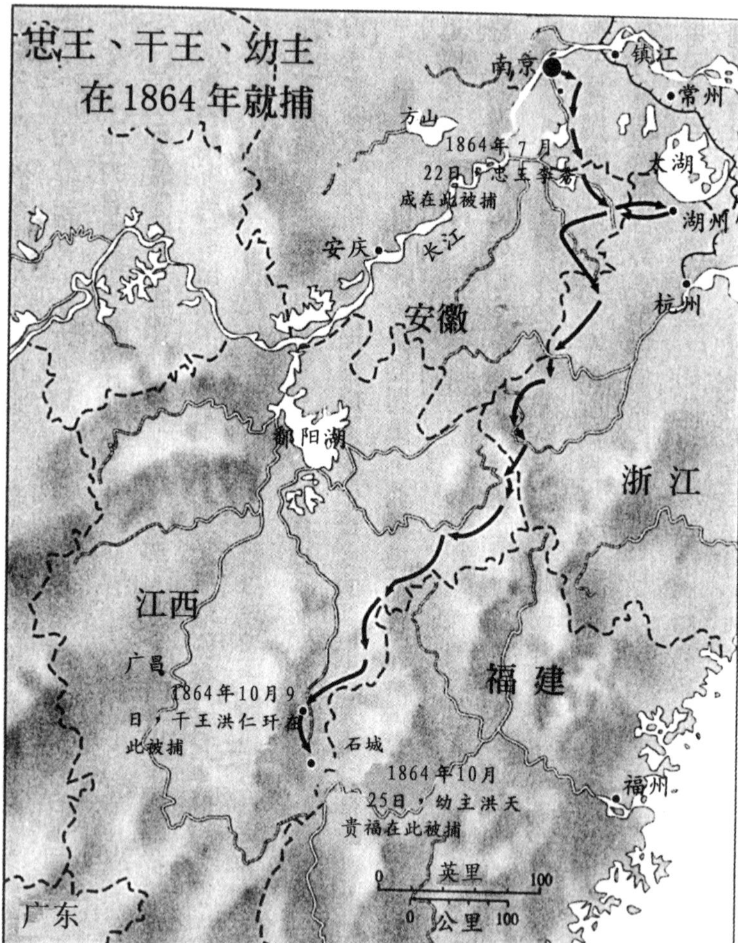
忠王、干王、幼主
在1864年就捕
南京
镇江
常州
方山
1864年7月
22日，忠王李秀
成在此被捕
太湖
湖州
安庆
长江
杭州
安徽
鄱阳湖
浙江
江西
广昌
1864年10月9
日，干王洪仁玕在
此被捕
石城
福建
1864年10月
25日，幼主洪天
贵福在此被捕
福州
英里
0
100
0
公里
100
广东

天王做的，与我无干”。他告诉审讯者，他自己最大的心愿，如能获释，那他将静心研习儒学，并努力去考个秀才。[47]审判他的官员得很有幽默感，才会让幼天王多活几天，听由他去考中他父亲一再落第的科试，但没有人胆敢给予这种机会。于是，1864 年 11 月 18 日，幼天王被处决，是日离他十五岁生日正好还有一星期[48]。

到了 1864 年年底，不仅天王已辞世，而且所有那些他册封于他左右的核心圈内的诸王都已死尽：北王、东王、南王、西王、翼王、干王、忠王以及洪秀全之子幼天王天贵福。即使天父皇上帝对洪秀全的离世感到伤心，也没有任何迹象可寻。洪秀全的天兄耶稣也是默不作声。甚至那位在生他时疼痛号叫并奋力保护婴儿不被七头龙吞食的天妈，此时也在天庭沉默不语。

在那些洋人正在兴建的城镇，码头边商船樯桅如林，洋人在此随意活动。三五洋人玩着走钢索，一些人合绑着脚，东倒西歪地跑着，一些人做着手推车比赛——用布蒙上眼睛，推着车子，在满场观众的喝彩声中摸索着，冲向连自己也看不清的终点，一些人在城墙外支起遮阳篷打台球，一心想击败对手。有些同伴则厌倦于无所不在的死亡气息，离开营地，走到颇具魅力的忘步泉。他们在此手端着冰凉的酒杯，凝望天兵营寨闪烁不定的篝火，耳边不时传来锣鼓号角声，逐渐沉醉于遗忘之中。

注释

1 简又文《太平天国革命运动》，318—319 页；关于石达开的行进路线，见该书 304—317 页，以及郭毅生《地图》，115—120 页。

2 柯温《太平起义：李秀成自述》，136 页；该书第 87 页的内容显示出 1864 年李秀成仍然不知道石达开的命运；关于李鸿章部队的发展，见斯佩克特（Spector）之《李鸿章》，以及《太平起义》，第六章。

3 柯温《太平起义：李秀成自述》，122、146 页。

4 简又文《太平天国革命运动》，524 页，讲到贮藏的谷物共超过五万担——一担约为一百三十磅。

5 简又文《太平天国革命运动》，525 页。

6 柯温《太平起义：李秀成自述》，140 页。

7 同上，141 页；夏春涛《宗教》，273 页，记述了这段富有敌意的话的宗教背景。

8 柯温《太平起义：李秀成自述》，147—148 页。

9 《太平叛乱》，1513 页。

10 日意格（Prosper Giquel）引用逃兵的证词，认为洪仁玕到湖州是 1864 年 5 月，但洪仁玕有可能几个月前就已到了那儿；洪仁玕在自述里也没有给出准确的日期；见日意格《日记》（*Journal*），80、87 页；《太平叛乱》，1513—1514 页。

11 柯温《太平起义：李秀成自述》，289 页注 83；简又文《太平天国革命运动》，526 页。

12 柯温《太平起义：李秀成自述》，145 页；简又文《太平天国革命运动》，527 页。

13 戈登的报告，见柯温《太平起义：李秀成自述》，298 页。

14 同上，有关寻野菜之太平军的记述；同上，151 页、294—295 页注 24—26，有关逃亡者的记述。

15 柯温《太平起义：李秀成自述》，298 页。

16 简又文《太平天国革命运动》，525 页。见大卫·威廉斯（David Williams）的证言，他曾化名托马斯·赛鄂斯（Thomas Sayers）、查利（Charlie）、查尔斯（Charles），刊于《北华捷报》，1863 年 10 月 3 日。

17 柯温《太平起义：李秀成自述》，295 页注 27；引言来自该书，299 页注 42。

18 同上，297 页注 41。

19 同上，291 页；《旧遗诏圣书》，《圣经·出埃及记》，载于《印书》，26b 页。

20 柯温《太平起义：李秀成自述》，145—146 页；《太平叛乱》，1474—1475 页，关于洪秀全的话有另一种说法。

21 关于李秀成的话，见柯温《太平起义：李秀成自述》，153 页；关于洪仁玕的话，见《太平叛乱》，1513 页；关于天贵福的话，见《太平叛乱》，1531 页。

22 郭廷以《史事》卷二，1072 页；简又文《太平天国革命运动》，528 页。

22 关于注释版的死者祷文，见《太平叛乱》，118 页，与载于《印书》第 8 页的《天条书》有差别；曾国藩向皇帝报告说，洪秀全的尸体用黄缎“龙袍”褒埋，于七月三十日找到并挖出，随后被斩首、焚烧。曾国藩补充说，尸体的头上已没有头发，但仍留有灰色的小胡子。见李华达《自传》，82、95 页。关于洪秀全的葬礼，见夏春涛《宗教》，299—302 页。

24 《太平叛乱》，1531 页。

25 柯温《太平起义：李秀成自述》，153 页。

26 简又文《太平天国革命运动》，530—531 页；《太平叛乱》，1531 页，幼天王的自述；柯温《太平起义：李秀成自述》，154、299—300 页，引用了赵烈文的日记，详细描述擒获过程。

27 简又文《太平起义：李秀成自述》，157—158 页。

28 同上，161—162 页。

29 同上，182 页、305 页注 84。柯温书中的附录一和附录二，有关于李秀成和清朝军官的对话，包括同赵烈文的对话。附录三是对李秀成供词之不同版本的综合分析。

30 柯温《太平起义：李秀成自述》，155 页；郭毅生《地图》，143 页，有准确的行军路线以及日期。

31 有关归王邓光明的描述，见日意格《日记》，72、75 页。关于常捷军的源起，见莱博（Leibo）《转让技术》（*Transferring Technology*），26—31、36—38 页。

32 关于尸体的描述，见日意格《日记》，32、78 页；该书 35、36 页有关被杀的统领和军官的描述。

33 《帕特里克·尼里斯的叙述》，《北华捷报》，1864 年 11 月 12 日。又见同一报纸的《马克·可龙的声明》。

34 理查德·史密斯（Richard Smith）《雇佣军》（*Mercenaries*），131—132、155—156 页。

35 《北华捷报》，1864 年 5 月 21 日。这种蒙眼手推车竞赛，是用真车跑过长长的路段，从 1830 年代起在英国流行；其他种类的手推车比赛，在古怪而又具有吸引力的《独轮推车闻话》（*Causeries brouettiqus*），212—220 页中有描述；该书，236—240 页，有关中国式的独轮车赛的描述。

36 日意格《日记》，77、93、88—89 页。关于湖州战役的总体看法，见莱博《转移技术》，51—60 页。

37 日意格《日记》，88—89 页。

38 同上，77、84、98 页。

39 同上，99、102 页。

40 同上，84 页。

41 同上，85 页、152 页注 46。

42 《太平叛乱》，1507 页。

43 同上，1514 页。

44 同上，1521、1529 页；简又文《太平天国革命运动》，536 页。

45 《太平叛乱》，1532 页，根据向达《资料》卷二，856 页稍作改动。

46 《太平叛乱》，1531 页。

47 《太平叛乱》，1532 页。

48 简又文《太平天国革命运动》，536 页。这些太平军将领死后的一段时间里，各太平军余部在福建以及广东北部继续作战，在南京陷落时，他们正外出寻找粮草补给；1866 年 2 月，这些残余的太平军被清军击败。见简书 537—544 页。简又文在 535 及 536 页提到，洪仁玕与李秀成各有一个儿子得以逃脱，并长大成人。简又文进一步断言，洪秀全的两个儿子也幸存下来，但研究太平天国史的学者们大部分不同意这一观点。

参考书目

中文、日文

《安良谕》，1845 年为桂平县金田村所编。《太平天国文献资料集》，345—348 页。

《颁行诏书》，1851 年。《太平天国印书》，第三卷，第 2 件。

《贬妖穴为罪隶论》，1853—1854 年，《太平天国印书》，第十卷，第 2 件。

陈徽言《武昌记事》，向达等编《太平天国资料丛刊》，第四卷，577—606 页。

洪仁玕《资政新编》，1859 年，《太平天国印书》，第十六卷，第 1 件。

《花县志》，四卷，1687 年和 1890 年编撰，1967 年台北翻印。

《建天京于金陵论》，1953—1954 年，《太平天国印书》，第十卷，第 1 件。

金毓黻编《太平天国史料》，北京，1955 年。

《旧遗诏圣书》，1852—1853 年，《太平天国印书》，第五至八卷。（有关太平天国早期的《创世记》版本，亦见英国图书馆，书号 15116.b.9.）

李滨《中兴别记》，1911 年。

李维舒等编《玉历至宝钞》，北京，1890 年（亦见 Clark 和 Wieger 书）。

梁发《劝世良言》，广州，1832 年，台湾 1965 年再版。

麦都思《天理要论》，1834 年，1854 年经修改重印为太平圣书。见《太平天国印书》，第十二卷，第 1 件。

《钦定前遗诏圣书》（《新约》，缺《约翰福音》），大英图书馆，东方与印度分部，黑盒装，# 15117.e.l9。

《钦定禁笔字样》，《太平天国印书》，第二十卷，第 3 件，无页码，无日期。

《钦定旧遗诏圣书》（《旧约》，从《创世记》到《约书亚记》），大英图书馆，东方与印度分部，黑盒装 # 15117.e.20。

《清代档案史料丛编》，北京，1978 年，第一卷，1—81 页。

《清史列卷》，共八十卷，十册装，台北重印，无出版日期。

《三字经》，1852 年，《太平天国印书》，第四卷，第 2 件。

沈复《浮生六记》，伦敦，1983 年。

《大清历朝实录·道光朝》，台北重印，无出版日期。
《太平救世歌》，据称乃杨秀清作于 1853 年，《太平天国印书》，第四卷，第 3 件。
《太平天国革命时期广西农民起义资料》，第二卷，北京，1978 年。
《太平军目》，《太平天国印书》，第二卷，第 4 件。
《太平礼制》，1851—1852 年，《太平天国印书》，第十五卷，第 3 件。
《太平天国诗歌浅探》，天津市历史博物馆编，北京，1978 年。
《太平天国文献资料集》，中国社会科学院编，北京，1982 年。
《太平天国艺术》，南京，1959 年。
《太平天国印书》，太平天国历史博物馆编，第二十卷，南京，1961 年。
《太平天日》，1848 年编，《太平天国印书》，第一卷，第 3 件。
《太平条规》，1852 年，《太平天国印书》，第二卷，第 3 件。
《太平诏书》，1844—1846 年，《太平天国印书》，第一卷，第 1 件。
《天朝田亩制度》，1853 年，《太平天国印书》，第九卷，第 3 件。
《天父圣旨》，第一卷，1860—1861 年，与第二卷《天兄圣旨》扎在一起，英国图书馆，东方与印度分部，黑盒装，# 15293.e.29。
《天父诗》，1857 年，《太平天国印书》，第十四卷。
《天父下凡诏书》，1853 年，第一集，1852 年，《太平天国印书》，第三卷，第 1 件；第二集，1853—1854 年，同上书，第十一卷，第 1 件。
《天路历程》，班扬（John Bunyan）著，William Burns 译，1853 年厦门版，1855 年香港版，1856 年上海版。
《天命诏制书》，1852 年，《太平天国印书》，第三卷，第 3 件。
《天情道理书》，1854 年，1858 年修改，载于《太平天国印书》，第十二卷，第 2 件。
《天条书》，1847 年，《太平天国印书》，第一卷，第 2 件。
《天兄圣旨》，两卷，1860—1861 年，与两卷《天父圣旨》扎在一起，英国图书馆，东方与印度分部，黑盒装，# 15293.e.29。
向达等编《太平天国资料丛刊》，八卷，上海，1952 年。
谢介鹤《金陵癸甲记事略》，向达等编《太平天国资料丛刊》，卷四，649—682 页。
《行军总要》，1855 年，《太平天国印书》，第十三卷，第 2 件。
《幼主诏书》，1960 年，《太平天国印书》，第二十卷，第 2 件。
《幼学诗》，1851 年，《太平天国印书》，第二卷，第 2 件。
《玉历抄传经释》，1839 年，伦敦大英图书馆藏。
《御制千字诏》，1854 年，《太平天国印书》，第十三卷，第 1 件。
张汝南《金陵省难纪略》，向达等编《太平天国资料丛刊》，卷四，683—722 页。
张德坚《贼情汇纂》，向达等编《太平天国资料丛刊》，卷三，25—348 页。
中文传教著作集。耶鲁大学斯特林纪念图书馆 207 室（此处也收有朝鲜语小册子）。

蔡少卿《太平天国革命前夕雷再浩和李沅发起义的几个问题》，《太平天国学刊》，第 2 辑（1985 年），350—362 页。
陈周棠《洪氏宗谱》，杭州，1982 年。
陈周棠编《广东地区太平天国史料选编》，广州，1986 年。
程演生《太平天国史料，1850—1864 年》，香港，1963 年。
稲田清一《太平天国前夜の客民について——広西省桂平县における郷约·保甲制度再编成を素材として》，《名古屋大学东洋史研究报告》，第十一号 1986 年，60—69 页。
方之光和崔之清《太平天国“小天堂”内涵辩考》，《太平天国学刊》，第一辑（1983 年），209—223 页。
郭廷以《太平天国史事日志》，二卷，1946 年出版，1976 年台北再版。
高先知《客家旧礼俗》，台北，1986 年。
郭毅生《太平天国历史地图集》，北京，1989 年。
韩山文《太平天国起义记》，香港，1854 年。
简又文《太平天国典制通考》，三卷，香港，1958 年。
简又文《太平天国全史》，三卷，香港，1962 年。
简又文赠太平天国革命运动图书。耶鲁大学，斯特林纪念图书馆。
姜涛《洪秀全“登基”史实辩证》，《历史研究》，1993 年第 1 期，146—147 页。
菊池秀明《太平天国前夜の広西における移住と「客籍」エリート：桂平县金田地区の族谱分析を中心に》，《史学杂志》101 卷 9 号（1992 年），1—36 页。
罗尔纲《“太平天国经集考”和“后记”》，《学院》第 2 卷第 1 号（1948 年），13—28 页；第 3 号，66 页。
罗尔纲《重考“洪宣娇”从何而来》，《历史研究》，1987 年第 5 期，132—137 页。
罗尔纲《太平天国史》，4 卷，北京，1991 年。
罗香林《客家史料汇编》，香港，1965 年。
茅家琦《关于郭士立和冯云山的关系问题》，《太平天国学刊》，第 1 辑（1983 年），267—271 页。
茅家琦《太平天国通史》，3 卷，南京，1991 年。
祁龙威《太平天国文书史略》，《太平天国学刊》，第 5 辑（1987 年），224—229 页。
荣孟源《阎罗和玉历》，《太平天国学刊》，第 1 辑（1983 年），189—200 页。
史式《太平天国的造字与改字》，《太平天国学刊》，第 4 辑（1987 年），148—164 页。
苏开华《小天堂新见》，《太平天国学刊》第 4 辑（1987 年），290—294 页。
王尔敏《1854 年上海“泥城之战”原图》，《中研院近史所简报》，第十四卷（1985 年），371—375 页。
王庆成《金田起义的准备和日期诸问题史述》，《太平天国学刊》，第 1 辑（1983 年），41—88 页。
王庆成《太平天国的文献和历史》，北京，1983 年。

王庆成《太平天国的历史和思想》，北京，1985 年。
王庆成《关于洪秀全族谱》，《太平天国的历史和思想》，487—499 页。
王庆成《壬子二年太平军进攻长沙质疑》，《太平天国的历史和思想》，164—192 页。
王庆成《天父天兄圣旨》，辽宁，1986 年。
王庆成《关于“旨准颁行诏书总目”和太平天国印书诸问题》，《太平天国学刊》，第 5 辑（1987 年），178—223 页。
吴良祚《略论太平天国避讳的研究和利用》，《太平天国学刊》，第 5 辑（1987 年），248—274 页。
吴良祚和罗文奇《太平天国印书校勘记》，《太平天国学刊》，第 5 辑（1987 年），266—300 页。
夏春涛《太平天国对圣经态度的演变》，《历史研究》，1992 年第 1 期，139—154 页。
夏春涛《太平天国宗教》，南京，1992 年。
萧一山《太平天国诏谕及书函》，前言中署刊于 1935 年北平，1961 年台北重印。
赵德兴《论太平天国的城市政策》，《历史研究》，1993 年第 2 期，49—62 页。
钟文典《太平军在永安》，北京，1962 年。
钟文典《太平军大旗联语与歌谣口号》，《太平天国学刊》，第五辑（1987 年），244—247 页。
钟文典《有关太平军永安突围后进军路线的几个问题》，《历史档案》，1988 年第 3 期，95—97 页。
諸橋轍次《中文大辞典》，12 卷，1961—1969。
庄建平《凌十八起义及其历史作用》，《历史档案》，1993 年第 1 期，100—107 页。

西文

American Baptist Foreign Mission Society Archives. Valley Forge, Pa. Issacha Jacox Robert Papers and Correspondence.
Anderson, Benedict. *Imagined Communities: Reflections on the Origin and Spread of Nationalism*, London, 1985.
Bai Limin（白黎明）. *Primers and Paradigms: A Comparative Approach to Understanding Elementary Education as a Precondition for Industrialization in Late Imperial China*, Ph.D. diss., La Trobe University, 1993.
Bak, Janos M., and Gerhard Benecke, eds. *Religion and Rural Revolution*, Manchester, 1984.

Barnett, Suzanne Wilson, Suzanne Wilson, and John King Fairbank, eds. *Christianity in China: Early Protestant Missionary Writings*, Cambridge, Mass. 1985.

Barnett, T. H. *Singular Listlessness: A Short History of Chinese Books and British Scholars*, London, 1949.

Bays, Daniel H. "Christian Tracts: The Two Friends." In Barnett and Fairbank, eds., *Christianity in China*, pp.19-34.

Bernard, W. D., and W. H. Hall: *Narrative of the Voyages and Services of the Nemesis, from 1840-1843*...2vols., London, 1844.

Bernhardt, Kathryn（白凯）. *Rent, Taxes, and Peasant Resistance: The Lower Yangzi Region, 1840-1953*, Stanford, Calif., 1992.

Bingham, J. Elliot. *Narrative of the Expedition to China from the Commencement of the War to the Period*...2vols., London, 1842.

Biot, Edouard tr. *Le Tcheou-li ou rites des Tcheou*（The rites of Zhou）. 2vol. Paris, 1851.

Blakiston, Thomas: *Five Months on the Yangtse*, London, 1862.

Bloch, Ruth H. *Visionary Republic: Millennial Themes in Thought, 1756-1803*, Cambridge, 1985.

Boardman, Eugene Powers. *Christian Influence upon the Ideology of the Taiping Rebellion, 1851—1864*, Madison, Wis., 1952.

——. "Millenary Aspects of the Taiping Rebellion（1851-1864）." In Sylvia Thrupp, ed. *Millennial Dreams in Action: Studies in Revolutionary Religious Movements*, New York, 1970, pp.70-79.

Bohr, P. Richard. "Liang Fa' s Quest for Moral Power." In Barnett and Fairbank, eds., *Christianity in China*, pp.35-46.

——. *The Politics of Eschatology: Hung Hsiu-chuan and the Rise of the Taiping, 1837-1853*, Ph.D. diss. University of California, Davis, 1978.

BPP/Elgin: British Parliamentary Papers. Correspondence Relative to the Earl of Elgin's Special Missions to China and Japan, 1857-1853, London, 1859.

BPP/IUP: British Parliamentary Papers. Irish University Press Area Studies Series, China, 32. Correspondence, Memorials, Orders in Council, and Other Papers respecting the Taiping Rebellion in China, 1852-1864, Shannon, 1971.

Bridgeman, Elijah（裨治文）. "Obituary of the [sic] Edwin Stevens, Late Seaman's Chaplain in the Port of Canton", *Chinese Repository*5（March 1837）, pp.513-518.

Brine, Lindesay. *The Taeping Rebellion in China: A Narrative of Its Rise and Progress*, London, 1862.

Broman, Sven. *Studies on the Chou Li*, Stockholm, 1961.

Brown, Carolyn T. ed. *Psycho Sinology: The Universe of Dreams in Chinese Culture*, Washington, 1988.

Cambridge History of China, The. Vol.10, pt.1. Late Ch' ing, 1800-1911. Edited by John K. Fairbank. Cambridge, 1978.

Callery, Joseph M. and, M. Yvan: *History of the Insurrection in China, with Notices of the Christianity, Creed, and Proclamations of the Insurgents*, trans, John Oxenford, New York, 1853.

Canton Press, The. Sept. 1835-Dec.1837. British Library, Colindale, London.

Canton Register, The. Jan.1834-Dec.1836, Beinecke Library, Yale University. January-December 1837. British Library, Colidale, London.

Carr, Caleb. *The Devil Soldier*, New York, 1991.

Causeries brouettiques (Wheelbarrow talk), Madrid, 1925.

Chinese Repository, 20vols, Canton and Macau, 1831-51.

Clark, G W.. "The Yu-li or Precious Records." *Journal of the China Branch of the Royal Asiatic Society* 28 (1893-94), pp.233-400.

Clarke, Prescott. "The Coming of God to Kwangsi...Karl Gutzlaff and the Chinese Union..." *Papers on Far Eastern History* (ANU, Canberra), 7 (March, 1973), pp.145-181.

Clarke, Prescott, and J. S. Gregory. *Western Reports on the Taiping: A Selection of Documents*, Canberra, 1982.

Cohen Myron L. "The Hakka or 'Guest People', Dialect as a Socio-cultural Variable in Southeastern China", *Ethno-history*15, 1968, pp.237-292.

Cohn, Norman. *Cosmos, Chaos, and the World to Come: The Ancient Roots of Apocalyptic Faith*, New Haven, Conn., 1993.

——. *The Pursuit of the Millennium*, London, 1957.

Cole, James H. *The People the Taipings: Bao Lisheng's "Righteous Army of Dongan"*, Berkeley, Calif., 1981.

Collis, Margaret Morgan. *Strangers in the House: J. Lewis Shuck and Issachar Roberts, First American Baptist Missionaries to China*, Ph.D. diss. Virginia University, 1972.

Collis, Maurice. *Foreign Mud: Being an Account of the Opium Imbroglio at Canton in the 1830s*, New York, 1974.

Daily Shipping and Commercial News(《上海新报》, Shanghai, China), 从 1862 年 1 月 27 日 (vol.7, no. 2214) 到 1863 年 6 月 3 日 (vol.8, no.2633) 各期。British Library, Colindale, London.

Davis, John Francis (德庇时). *The Chinese: A General Description of the Empire of China and Its Inhabitants*, 2vols., London, 1836.

——. *China during the War and since the Peace*, 2vols.London, 1852.

DNB: The Dictionary of National Biography

Doezema, William R. "Western Seeds of Eastern Heterodoxy: The Impact of Protestant

Revivalism on...Hung Hsiu-chun, 1836-1864." *Fides et Historian*25, no.1 (1993), pp.73-98。

Douglas, Robert K. *Catalogue of Chinese Printed Books, Manuscripts and Drawings in the Library of the British Museum*, London, 1877.

Downing, C. Toogood. *The Fan-qui in China in 1836-1837*, 3vol., London, 1838.

Drake, Fred W. "Protestant Geography in China: E.C. Bridgeman' s Portrayal of the West." In Barnett and Fairbank, eds., *Christianity in China*, pp.89-106.

Eberhard, Wolfram. *Studies in Hakka Folktales*, Taipei, 1974.

Edkins, Jane R. *Chinese Scenes and People*, London, 1863.

Edkins, Joseph (艾约瑟): Narrative of a Visit to Nanjing, *Chinese scenes and people* 附录, pp.239-307.

Elliott, Mark C. "Bannerman and Townsman: Ethnic Tension in Nineteenth Century Jiangnan." *Late Imperial China*, vol.11, no.1 (June, 1990), pp.36-74.

Eminent Chinese of the Ching Period. Ed. Arthur W. Hummel (恒慕义), 2vols., Washington, 1943.

Esherick, Joseph W. (周锡瑞). *The Origins of the Boxer Uprising*, Berkeley, Calif., 1987.

Fairbank, John King. *Trade and Diplomacy on the China Coast: The Opening of the Treaty Ports, 1842-1853*, Stanford, Calif., 1969.

Fishbourne, E. G (费煦班). *Impressions of China and the Present Revolution, Its Progress and Prospects*, London, 1855.

Forrest, Robert James (富赐礼). "The Christianity of Hun Tsiu Tsuen: A Review of Taiping Books", *Journal of the North China Branch of the Royal Asiatic Society*, n.s.4 (Dec. 1867), pp.187-208.

——.The Ming Tombs, *North China Herald*, no.571 (July 6, 1861).

——.The Taipings at Home, *North China Herald*, no.586 (Oct. 19, 1861).

——.Nanking and the Inhabitants Thereof, *North China Herald*, no.570 (June 29, 1861).

——.From Soochow to Nanking, *North China Herald*, no.564 (May 18, 1861), no.567 (June 8, 1861).

Fox, Grace: *British Admirals and Chinese Pirates, 1832-1869*, London, 1940.

Giquel Prosper (日意格). *A Journal of the Chinese Civil War, 1854*, ed. Steven A. Leibo. Honolulu, 1985.

Goddard, Francis Wayland. *Called to Cathy*, New York, 1948.

Graham, Gerald S. *The China Station: War and Diplomacy, 1830-1860*, Oxford, 1978.

Gregory, J. S.*Creat Britain and the Taipings*, London, 1969.

Groot, J.J.M. De (高延). *The Religious system of China*, 6vols., 1892. Reprint, Taipei, 1989.

Gulick , Edward V. *Peter Parker and the Opening of China*, Cambridge, Mass., 1973.

Curwen, G.A. *Taiping Rebel: The Deposition of Li Hsiu-cheng*, Cambridge, 1977.

Gutzlaff, Charles (Karl)(郭士立). *Journal of Three along the Coast of China, in 1831, 1832, and 1833*, London, 1834.

Hay, John C. Dalrymple. *The Suppression of Piracy in the China Sea, 1849*, London, 1889.

Hashimoto, Mantaro J.(桥本满太郎). *The Hakka Dialect: A Linguistic Study of its Phonology, and Lexicon*, Cambridge, 1973.

Hill, Christopher. *A Tinker and a Poor Man: John Bunyan and His Church, 1628-1688*, New York, 1989.

Hillard, Katharine. *My Mother's Journal (Harriet Low) :A Young Lady's Diary of Five Years Spent in Manila, Macao, and the Cape of Good Hope, from 1829-1834*, Boston, 1900.

Hodges, Nan Powell. *The Voyage of the Peacock: A Journal by Benajah Ticknor, Naval Surgeon*, Ann Harbor, Mich., 1991.

Ho Ping-ti (何炳棣). *Studies on the Population of China, 1368-1953*, Cambridge, Mass., 1959.

Holmes Welch, and Anna Seidel, eds. *Facets of Taoism: Essays in Chinese Religion*, New Haven, Conn., 1979.

Holstun, James: *A Rational Millennium: Puritan Utopias of Seventeenth Century England and America*, Cambridge, 1987.

Hou Ching-lang (侯锦郎). The Chinese Belief in Baleful Stars, In Welch and Seidel, eds. *Facets of Taoism*, pp.193-228.

Huang Chun-chieh, and Erik Zürcher , eds. *Norms and the State in China*, Leiden, 1993.

Hunter, William: *Bits of Old China*, Shanghai, 1911。

——. *The "Fan Kwae", at Canton, before Treaty Days, 1825-1844*, 1882 Reprint, Shanghai.

Hutcheon, Robin (赫奇公羽). *Chinnery: The Man and the Legend*, Hong Kong, 1975.

Jen Yu-wen. *The Taiping Revolutionary Movement*, New Haven, Conn. 1973.

Jessie Lutz. "The Grand Illusion: Karl Gutzlaff and Popularization of China Missions in the United States during the 1830s." In Patricia Neils, ed. *United States Attitudes*, pp.46-77。

Johnson, David、Andrew J. Nattan (黎安友) and Evelyn S. Rawski (罗友枝), eds., *Popular Culture in Late Imperial China*, Berkeley, Calif., 1985.

Johnson, Linda Cooke. "Shanghai: An Emerging Jiangnan Port, 1683-1840", In Linda Cooke Johnson, ed., *Cities of Jiangnan in Late Imperial China*, Albany, N.Y., 1993

Johnson, Robert Erwin: *Far China Station: The U.S. Navy in Asian 1809-1893*, Annapolis,

1979.

Johns, Susan Mann, and Philip Kuhn. "Dynastic Decline and the Roots of Rebellion." In *The Cambridge History of China*, vol.10, pt, 1., pp.107-162.

Kaltenmark, Max（康德谟）.The Ideology of the Taiping Ching", In Welch and Seidel, eds. *Facets of Taoism*, pp.19-45.

Karlgren, Bernhard（高本汉）. *The Early History of the Chou Li and Tso Chuan Texts*, Stockholm, 1931.

King, Frank H. H. and Prescott Clarke. *A Research Guide to China Coast Newspapers, 1822-1977* , Cambridge, Mass.1965.

Kuhn, Philip. Origins of the Taiping Vision: Cross-cultural Dimensions of a Chinese Rebellion, *Comparative Studies in Society and History* 19（1977）, pp.350-366.

——. The Taiping Rebellion, in *The Cambridge History of China*, Vol.10, Pt.1, pp.264-317.

——. *Soulstealers: The Chinese Sorcery Scare of 1763*, Cambridge, Mass., 1990.

——. *Rebellion and Its Enemies in Late Imperial China: Militarization and Its Social Structure, 1796-1864*, Cambridge, Mass., 1970.

Kutcher, Norman Alan. *Death and Mourning in China, 1550-1800*, Ph.D. diss. Yale University, 1991.

Laai Yi-faai. "The Part Played by the Pirates of Kwangtung and Kwangsi Provinces in the Taiping Insurrection." Ph.D. diss., University of California, 1950.

Lau Tzu: Tao Te Ching. Trans. D. C. Lau（刘殿爵）, New York, 1963.

Lay , W. T. *The Autobiography of the Chung-wang*, Shanghai, 1865.

Legge, James（理雅各）trans. *The Chinese Classics*, 2en rev. ed.7vols., 1892. Reprint, Taipei, 1963.

——. "The Colony of Hong Kong." *China Review1*（1872）, pp.163-176.

Leung, Angela Ki-Che（梁其姿）. "To Chasten Society: The Development of Widow Homes in the Qing, 1773-1911." In *Late Imperial China*14, no.2（1993）, pp.1-32.

Lin-le[Augustus Lindley]. *Ti-ping Tien-Lwoh: the History of the Ti-ping Revolution*. 2vols., London, 1866

LMS: London Missionary Society Archives, "South China and Ultra Gangs, 1807-1874." 藏于 London University, School of Oriental and African Studies, Council for World Missions Collection.

Lutz, Jessie Gregory. "The Grand Illusion: Karl Gutzluff and Popularization of China Missions in the United States during the 1830' s." In Patricia Neil, ed., *United States Attitudes*, pp.46-77.

——. "Gutzlaff: Missionary Entrepreneur." In Barnett and Fairbank, eds., *Christianity and China*, pp.61-87.

Malan, S. C. *San tsze King or the Triliteral Classic of China*, London, 1856.

Mair, Victor H.（梅维恒）. "Language and Ideology in the Written Populations of the Sacred Edict." In David Johnson et al., eds., *Popular Culture*, pp.325-359.

Marty, Martin E., and R. Scott Appleby, eds., *Fundamentalisms Observed*, Chicago, 1991.

McAleavy, H. Wang Tao: *The Life and Writings of A Displaced Person*, London, 1953.

McGinn, Bernard. *Visions of the End: Apocalyptic Traditions in the Middle Ages*, New York, 1979.

McNeur, George Hunter. *China's First Preacher, Liang A-fa, 1789-1855*, Shanghai, 1934.

——. *A Hakka Index to the Chinese-English Dictionary of Herbert A. Giles...and S. Wells Williams*, Shanghai, 1904.

Maclver, D. A. *Chinese-English Dictionary, Hakka Dialect*, Shanghai, 1926.

Meadows, Thomas Taylor（密迪乐）. *The Chinese and Their Rebellions*...London, 1856.

Medhurst, W. H.（麦都思）. *A Dissertation on the Theology of the Chinese*, Shanghai, 1847.

——. "Extract from the Manuscript Journal of the Reverend W.H. Medhurstin the Huron (in) 1835." *Chinese Repository*4 (January 1836), pp.406-411.

Memoir of Rev. William Milne, D. D., Late Missionary at Malacca[anon], Dublin, 1825.

Mercier, V. *Campagne du "Cassini" dans les mers de China, 1851-1854*, Paris, 1889.

Michael, Franz（梅谷）, and Chang Chung-li（张仲礼）. *The Taiping Rebellion: History*, Vol.1, History, Seattle, 1966. Vols.2 and 3, *Documents and Comments*, Seattle, 1971. 第 2、3 卷页码连续，缩写为 TR（《太平叛乱》）。

Morrison, John Robert（马礼逊）. *A Chinese Commercial Guide, Consisting of a Collection of Details Respecting Foreign Trade in China*, Canton, 1834.

Morse, Hosea Ballou（马士）. *The Chronicles of the East India Company Trading to China, 1635-1834*, 5vols., Oxford, 1926-1929.

——.*The International Relations of the Chinese Empire, 1834-1911*, vol.1, Shanghai, 1910 年 . vols2and3, London, 1918.

Moul, Archdeacon. *Personal Recollections of the Taiping Rebellion, 1861-1863*, Shanghai, 1898.

Murray, Dian. "Migration, Protection, and Racketeering: The Spread of the Tiandihui within China." In Ownby and Heidhues, eds., *"Secret Societies" Reconsidered*, pp.177-189.

——: *Pirates of the South China Coast, 1790-1810*, Stanford, Calif. 1994.

Murray, Dian, and Qin Baoqi（秦宝琦）. *The Origins of Tiandihui: The Chinese Triads in Legend and History*, Stanford, Calif., 1994.

NA-DD: National Archives. Diplomatic Despatches From United States Ministers to China, 1843-1906. Records of the Department of State. Microfilm series 92. Washington, D.C.

NA-DI: National Archives. Diplomatic Instructions, China, vol.1, 1843-1867. Records of the Department of State. Microfilm series 77. Washington, D.C.

Naquin, Susan（韩书瑞）. *Millenarian Rebellion in China: The Eight Trigrams Uprising of 1813*, New Haven, Conn., 1976.

"Native Christian, A." "Journey from Shanghai to Nanking, January 15, 1861," trans. Rev. W. G. E. Cunnyngham, *NCH*（*North China Herald*）, no.553（March 2, 1861）.

Neil, Patricia, ed. *United States and Policies toward China: The Impact of American Missionaries*, Armonk, N. Y., 1990.

Ng, Vivien W. *Madness in Late Imperial China: From Illness to Deviance*, Norman, Okla., 1990.

North China Herald, The, Reprint in Shanghai, issues for 1851-65.

Oliphant, Laurence. *Narrative of Earl of Elgin' s Mission to China and Japan in 1857, 1858*, 1853, 2vols., Edinburgh 和 London, 1859.

Overland Friend of China, Hong Kong, 1857. The British Library, Colindale, London.

Ownby, David, and Mary Somers Heidhues, eds., *"Secret Societies" Reconsidered: Perspectives on the Social History of Early Modern South China and Southeast Asia*, Armonk, N. Y., 1993.

Perry, Elizabeth J.（裴宜礼）. *Rebels and Revolutionaries in North China, 1845-1945*, Stanford, Calif., 1980.

——. "Taipings and Triads: The Role of Religion in Inter-rebel Relations". In Bak and Benecke eds., *Religion and Rural Revolt*, pp.342—353。

PRO/FO: Public Record Office Archives, Kew Gardens, London.

PRO/FO 17/214: "Despatch no. 78 of Sir John Bowring to the Earl of Clarendon, July 1854."

PRO/FO 17/405: "Shanghai Police Sheets for 1862." Enclosure in Sir F. Bruce' s no.136, Aug. 1863.

PRO/FO 97/108: Shanghae Consulate Police Sheet, Year Ending 31st December, 186.

PRO/FO 97/109: Shanghae Consulate Police Sheet, Year Ending Dec. 31st.1861.

PRO/FO 97/111: Shanghae Consulate Police Sheet for Year Ending 31 December, 1863.

PRO/FO 97/113 : Shanghae Consulate Police Sheet for Year Ending 31 Dec. 1864.

PRO/FO 671/2: China: 1854-1864. Correspondence, General.；含 Lewin Bowring and W.H. Medhurst, Jr.1858 年致 Elgin 的报告草稿，以及 Gordeon 致 Staveley 将军的上海防务报告。

PRP/FO 672/2: Shanghai Registers-Deaths-7 March 1851 to 3 Dec. 1864。

Pruden, George Blackburn, Jr. *Issachar Jacox Roberts and American Diplomacy in China during the Taiping Rebellion*, Ph.D. diss., American University, 1977.

Rait, Robert S. *The Life and Campaigns of Hugh First Viscount Gough, Field Marshal*, 2vols., London, 1903.

Roberts, Issachar Jacox. "Chun' s Doings in Canton." Southern Baptist Foreign Mission Board, Archives. Richmond, Va.

Rubinstein, Murray. *The Origins of the Anglo-American Missionary enterprise in China: The Canton Years, 1807-1840*, Forthcoming from American Theological Library Association.

Schipper, Kristofer (施舟人). *The Taoist Body*, trans. Karen Duvall, Berkeley, Calif. 1993.

Schlyter, Herman. *Der China missionar Karl Gutzlaff und seine Heimatbasis*, Lund, 1976.

——. *Karl Gutzloff als Missionar in China*, Lund, 1946.

Scott, Beresford. *An Account of the Destruction of the Fleets of the Celebrated Pirate Chieftains Chui Apoo and Shap-Ng-tsai*...Gillingham, Kent, 1851.

Seidel, Anna. The Image of the Perfect Ruler in Early Taoism Messianism: Lao tzu and Li Hung, *History of Religions*9 (1969-70), pp.216—247.

Shih, Vincent C. Y. (施友忠). *The Taiping Ideology: Its Sources, Interpretations, and Influences*, Seattle, 1967.

Shuck, Jehu. "Sketch of Yuhwang Shangte, One of the Highest Deities of the Chinese Mythology." *Chinese Repository*10 (1841 年), pp.305-309.

Sipro, Audry. *Paintings of the Heavenly Kingdom: Rebellion and Its Conservative Art*, unpublished papers, 1992.

Smalley, William A. *Translation as Mission: Bible Translation in the Modern Missionary Movement*, Macon, Ga., 1991.

Smith, Richard J. "Divination in Ching Dynasty China." In D. W. Y. Kwok, ed. *Cosmology, Ontology, and Human Efficacy: Essays in Chinese Thought*, Honolulu, 1993, pp.141-178.

——. *Mercenaries and Mandarins: The Ever Victorious Army of Nineteenth Century China*, Millwood, N. Y., 1978.

Southern Baptist Foreign Mission Board, Archives (SBFMB), Archives, Richmond, Va.

Spector, Stanley. *Li Hun-chang and the Huai Arm: A Study in Nineteenth Century Chinese Regionalism*, Seattle, 1964.

Stevens, Edwin. A Brief Sketch of the Life and Labors of the Late Rev. William Milne, D.D, *Chinese Repository*1 (1932), pp.316-325。

——. Expedition to the Bohea (wooe), *Chinese Repository*4 (1835), pp.82-96。

——.Voyage of the Huron), *Chinese Repository*4 (1835), pp.308-335。

——. Promulgation of the Gospel in China, *Chinese Repository*3 (1835), pp.428-438。

——. Obituary Notice of the Reverend Robert Morrison, D.D., with a Brief View of His Life and Labors, *Chinese Repository*3 (1834), pp.177-184。

——: Seaman in the Port of Canton, *Chinese Repository*2 (1834), pp.422-425。

Steven, Leibo: *Transferring Technology to China: Prosper Giquel and the Self-Strengthening Movement*, Berkeley, Calif., 1985.

Stifler, Susan Reed. "The Language Students of the East India Company's Canton Factory." *Journal of the North China Branch of the Royal Asiatic Society* 69（1938）, pp.46-82.

Taylor, Charles（戴作士）. *Five Years in China, with Some Account of the Great Rebellion*, Nashville, Tenn., 1860.

Teng Ssu-Yü（邓嗣禹）. *Historiography of Taiping Rebellion*, Cambridge, Mass., 1962.

——. "Hung Jen-Kan, Prime Minister of the Taiping Kingdom and His Modernization Plans." In *United College Journal*（Hong Kong）, 8（1970-1971）, pp.87-95.

——. *New Light on the History of the Taiping Rebellion*, Cambridge, Mass., 1950.

Teng Yuan Chung（邓元冲）. "Reverend Issachar Jacox Roberts and the Taiping Rebellion." In *Journal of Asian Studies*23, no.1（1963 年）, pp.55-67.

Ter Harr, Barend, J. "Messianism and the Heaven and Earth Society: Approaches to Heaven and Earth Society Texts", In Ownby and Heidhues, eds., "*Secret Societies*" *Reconsidered*, pp.153-176。

——.*The White Lotus Teachings in Chinese Religious History*, Leiden, 1992.

Tong Te-kong（唐德刚）. *United States Diplomacy in China, 1844-1860*, Seattle, 1964 年 .

Van Beek, Walter E. A. ed. *The Quest for Purity: Dynamics of Puritan Movements*, Berlin, 1988.

Wagner, Rudolf G. *God's Country in* the Family of Nations: The Logic of Modernism in the Taiping Doctrine of International Relations, In Bak and Benecke, eds., *Religion and Rural Revolt*, pp.354-372。

——.Imperial Dreams in China, In Brown, ed. *Psycho-Sinology*, pp.11-24。

——.Operating in the Chinese Public Sphere: Theology and Technique of Taiping Propaganda, In Huang and Zürcher, eds., *Norms and State in China*, pp.104-138。

——.*Reenacting the Heavenly Vision: The Role of Religion in the Taiping Rebellion*, Berkeley, Calif., 1982。

Wakeman, Frederic Jr.（魏斐德）. *Strangers at the Gate: Social Disorder in Mouth China, 1839-1861*, Berkeley, Calif., 1966.

Walrond, Theodore. *Letters and Journals of James, Eighth Earl of Elgin*, London, 1873.

Watson, Burton. *Meng Chiu, Famous Episodes from Chinese History Legend*, Tokyo and New York, 1979.

Weller, Robert P. *Chaos and Control in Taiping Rebels, Taiwanese Ghosts and Tiananmen*, Seattle, 1994.

Welsh, Frank. *A Borrowed Place: The History of Hong Kong*, New York, 1993.

Wieger, Léon, *Moral Tenets and Customs in China*, trans. L. Davrout, Ho-kien-fu(河间府),

1913.

——, trans. Yu Li Chao Chuan: The Precious Regulations, In Wieger, *Moral Tenets*, pp.332-402.

Wilhelm, Richard (卫礼贤), trans., *The I Ching or Book of Change*. Translated into English by Cary Baynes, Princeton, N.J., 1967.

Williams, Samuel Wells (卫三畏). Correspondence. In Williams Family Papers. Yale University, Sterling Memorial Library, Manuscripts and Archives, MS no.547.

Wills, John E. Jr. *Mountain of Fame: Portraits Chinese History*, Princeton, N.J., 1994.

Wilson, Thomas A. *Genealogy of the Way: The Construction and Use of the Confucian Tradition in Late Imperial China*, Stanford Calif., 1995.

Withers, John L. Ⅱ. *The Heavenly Capital: Nanjing under the Taiping, 1853-1864*, Ph.D. diss., Yale University, 1983.

Wolseley, G.. J. *Narrative of the China in 1860*, London, 1862.

Wong, Isabel K. F. "Geming Gequ: Songs for the Education of the Masses." In Boonie S. Mcdougal ed., *Popular Chinese Literature and Performing Arts the People' s Republic of China, 1947-1973*, Berkeley, Calif., 1984.

——. *Deadly Dreams: Opium, Imperialism and the "Arrow War" (1856-1860) in China*, unpublished.

Wong, J. Y. *Anglo-Chinese Relations, 1839-1860: A Calendar of Chinese Documents in the British Foreign Office Records*, Oxford, 1983.

Woodhouse, A. S. P. *Puritanism and Liberty*, London, 1961.

Wright, Marry Clabaugh. *The Last Stand of Chinese Conservatism: The Tung-chih Restoration*, 1862-1874, Stanford, Clif., 1957.

Wylie, Alexander (韦烈亚力): *Memorials of Protestant Missionaries to the Chinese*...Shanghae[原文如此], 1867.

Yap, P.M. (晏保民): The Mental Illness of Hung Hsiu-chuan, Leader of the Taiping Rebellion, *Far Eastern Quarterly* 13 (1954 年), pp.287—304.

Zürcher, Erik (许理和): "'Prince Moonlight'": Messianism and Eschatology in Early Medieval Chinese Buddhism, *T'oung Pao* 68 (1982), pp.1-59.

——: Purity in the Taiping Rebellion, In van Beek, ed., *The Quest for Purity*, pp201-215.

Yung Wing (容闳). *My Life in China and America*, New York, 1909.